高等院校会计专业本科系列教材

GAODENG YUANXIAO KUAIJI ZHUANYE BENKE XILIE JIAOCAI

U0724828

智能审计

ZHINENG SHENJI

主　编　杜永红

副主编　李海霞

重庆大学出版社

内容提要

本书依据"大数据""云计算""人工智能"和"区块链"等信息技术的新要求与新变化,结合审计技术与审计方法变革的迫切需求,以新时代审计应用问题为主线,按照"大数据审计、人工智能审计、信息系统审计、信息技术环境下的专项审计"四个模块进行内容编撰,全书共分为10章。通过本书的学习,读者能够掌握信息化时代的审计相关理论,掌握信息科技在审计中的应用方法,从而能够适应新时代对审计工作提出的新要求和新挑战。

本书既可作为普通高等院校审计学、会计学、信息管理等多个专业的本科、硕士研究生教材,也可作为审计学和信息管理培训机构的用书,还可作为从事审计工作相关人员的参考书。本书提供电子课件、教学大纲、习题解答等,可通过重庆大学出版社网站下载,也可通过扫描封底的二维码获取。

图书在版编目(CIP)数据

智能审计 / 杜永红主编. -- 重庆:重庆大学出版社,2023.4

高等院校会计专业本科系列教材

ISBN 978-7-5689-3128-1

Ⅰ.①智… Ⅱ.①杜… Ⅲ.①智能技术—应用—审计学—高等学校—教材 Ⅳ.①F239.0-39

中国国家版本馆 CIP 数据核字(2023)第 058624 号

智能审计

主 编 杜永红

策划编辑:龙沛瑶

责任编辑:龙沛瑶 版式设计:龙沛瑶
责任校对:谢 芳 责任印制:张 策

*

重庆大学出版社出版发行

出版人:饶帮华

社址:重庆市沙坪坝区大学城西路 21 号

邮编:401331

电话:(023) 88617190 88617185(中小学)

传真:(023) 88617186 88617166

网址:http://www.cqup.com.cn

邮箱:fxk@cqup.com.cn (营销中心)

全国新华书店经销

重庆巍承印务有限公司印刷

*

开本:787mm×1092mm 1/16 印张:19.25 字数:435 千

2023 年 4 月第 1 版 2023 年 4 月第 1 次印刷

印数:1—2 000

ISBN 978-7-5689-3128-1 定价:49.00 元

前言

　　随着大数据、云计算、物联网等新技术的迅速发展，各类信息呈现爆炸式增长，政府及企事业单位的运营与新技术更加紧密融合，审计技术和审计方法不断创新。智能审计已经与企事业单位的关键资源、核心技术并列成为最重要的财富和资源，也成为各行各业在信息系统安全建设、信息科技风险评估、企业数据治理分析等方面不可或缺的重要组成部分。根据"大数据""云计算""人工智能""区块链"等新时代信息技术的新变化，结合审计技术与方法变革的迫切需求，把握新时代审计脉络，以智能审计应用问题为中心，开展大数据审计、人工智能审计、信息系统审计，以及新技术环境下的专项审计显得尤为重要。因此，只有掌握信息化、智能化时代的审计相关理论，掌握信息科技在审计中的应用方法，才能从容适应科技信息迅猛发展对审计工作提出的新要求和新挑战。

一、本书的内容

模块	章	内　　容	目　　的
审计基础篇	第1章 审计基础知识	审计的基本内涵 审计的业务流程 风险导向审计 审计方法 审计证据 审计文书	了解审计的基本内涵 了解审计的业务流程 了解风险导向审计 掌握审计证据的获取方法 掌握审计底稿的编制规范 掌握审计报告的出具要求
	第2章 审计信息化	科技强审战略 审计信息化概述 金审工程 现代信息技术与审计 审计软件	了解科技强审战略 了解金审工程 掌握现代信息化技术在审计中的应用 掌握审计软件的应用

续表

模块	章	内 容	目 的
审计技术篇	第3章 信息安全	信息安全的基础知识 信息安全的发展 信息安全技术 信息安全管理	了解信息安全的基础知识 了解信息安全技术 掌握信息安全管理体系 掌握信息安全管理标准
	第4章 大数据技术	大数据概述 大数据与云计算、物联网 大数据核心技术 大数据编程语言	了解大数据概念 了解大数据与云计算、物联网关系 掌握大数据核心技术 掌握大数据编程语言
智能审计篇	第5章 大数据审计	大数据审计概述 大数据审计的内涵 大数据审计的方法 大数据环境下的联网审计 区块链审计 基于大数据技术的金融审计 和大气污染防治审计	理解大数据审计概念与内涵 掌握大数据审计技术与方法 掌握大数据环境下的联网审计 了解区块链审计技术 分析大数据审计案例
	第6章 人工智能审计	人工智能概述 人工智能审计概述 人工智能审计技术 人工智能审计方法	了解人工智能的概念 了解人工智能对审计的影响 了解人工智能审计的基础技术 掌握审计机器人的应用 掌握人工智能审计的实施方法
	第7章 信息系统审计概述	信息系统审计的发展历程 信息系统审计的内涵 信息系统审计的目标与内容 信息系统真实性审计 信息系统安全性审计 信息系统绩效审计	了解信息系统审计的内涵 了解信息系统审计的目标 掌握信息系统审计的内容 掌握信息系统审计的类型 掌握信息系统绩效审计的方法
	第8章 信息系统审计实施	信息系统审计的工作流程 信息系统审计的工具与方法 数字证据取证的方法与技术 信息系统审计的程序 信息系统内部控制 信息系统内部控制审计	了解信息系统审计的工作流程 掌握信息系统审计的方法与工具 了解数字证据取证的方法与技术 掌握信息系统审计的程序 了解信息系统内部控制 掌握信息系统内部控制审计
	第9章 专项审计	信息科技外包审计 灾备与业务连续性审计 关键信息基础设施安全审计 云安全审计 工控系统安全审计 移动互联网安全审计 物联网安全审计	掌握信息科技外包审计 掌握灾备与业务连续性审计 掌握关键信息基础设施安全审计 掌握云安全审计 了解工控系统安全审计 了解移动互联网安全审计 了解物联网安全审计

续表

模块	章	内 容	目 的
智能审计标准	第10章 智能审计的规范与标准	与智能审计相关的组织 与智能审计相关的国际规范和标准 与智能审计相关的国内规范和标准	了解与智能审计相关的组织 掌握与智能审计相关的国际规范 掌握与信息系统审计相关的国内规范 了解与信息安全相关的国内外标准

二、本书的特点

1.学术价值

本书以案例分析为切入点,吸收学术研究的最新理论研究成果,依据智能化时代审计技术与方法的新要求与新变化,系统介绍了智能审计的理论知识与实务应用,强化理论性与实践性的深度融合。本书以智能审计应用问题为中心进行内容编写,理论知识体系清晰合理、难易程度适中,逻辑结构严密,从而有助于有效地培养IT审计师在审计实务工作中精准地使用职业判断,将它贯穿于审计计划、审计实施、审计报告和后续审计等审计全过程。

2.编写特色

1)系统性

本书对智能审计理论进行了深入的探索与研究,系统地介绍了智能审计的整个过程,包括大数据审计、人工智能审计、信息系统审计,以及信息技术环境下的专项审计,及时反映了新时代信息技术对审计工作的新要求与新变化。全书分为四个模块,共10章,每章内容既有机统一,又独立成章,每章有知识图谱梳理知识点。

2)准确性

本书主题鲜明、内容丰富,对智能审计理论与实践深入浅出进行了描述。主要是从案例导读入手,对相关案例进行详细分析,对具体问题的讲述力求语言简练准确,能满足不同层次的读者群体的学习需要。

3)层次性

本书对审计基础知识、审计技术基础、审计技术应用、智能审计相关标准等进行了全面系统的讲解,将智能审计涉及的理论、实务与标准进行层次递进性讲解,便于读者学习和用于指导实务工作。

4)务实性

本书在内容编排上以智能审计应用问题为中心,以审计专业能力的提高和职业技能发展组织教学为主线,强化理论课程、实践需求和现实问题之间的关联度。

5）前瞻性

本书注重当前国内外学术研究领域的新动态、新进展、新理论的介绍，引导读者进行文献研读、辩论研讨、探究实践等，有效提高读者解决智能审计实际应用问题的实战水平和决策能力。

全书共分为10章，由杜永红总体策划与总纂。各章编写人员及分工如下：第1章、第6章、第7章由杜永红编写，第8章、第10章由李海霞编写，第3章、第4章由梁林蒙编写，第2章、第9章由孙恩慧编写，第5章由高欣编写。

本书在编写过程中，参考了大量同类教材、著作和期刊等，在本书的参考文献中有列出，限于此处篇幅，恕不一一列出，特作说明并致谢。由于受资料、编者水平及其他条件限制，书中难免存在一些不足之处，恳请同行专家及读者指正。编者邮箱：susan0513@sina.com。

三、本书的读者对象

本书既可作为普通高等院校审计学、会计学、信息管理等多个专业的本科、硕士研究生教材，也可作为审计学和信息管理培训机构的用书，还可作为从事审计工作相关人员的参考书。本书提供电子课件、教学大纲、习题解答等，可通过重庆大学出版社网站下载，也可通过扫描封底的二维码获取。

编　者

2022年8月

目录

第1章　审计基础知识 …………………………………… 1

1.1　审计的基本内涵 …………………………………… 3

1.2　审计的业务流程 …………………………………… 6

1.3　风险导向审计 …………………………………… 8

1.4　审计方法 …………………………………… 12

1.5　审计证据 …………………………………… 15

1.6　审计文书 …………………………………… 18

本章小结与知识图谱 …………………………………… 24

第2章　审计信息化 …………………………………… 26

2.1　科技强审战略 …………………………………… 27

2.2　审计信息化概述 …………………………………… 31

2.3　金审工程 …………………………………… 39

2.4　现代信息技术与审计 …………………………………… 41

2.5　审计软件 …………………………………… 48

本章小结与知识图谱 …………………………………… 53

第3章　信息安全 …………………………………… 55

3.1　信息安全的基础知识 …………………………………… 57

3.2　信息安全的发展 …………………………………… 63

3.3　信息安全技术 …………………………………… 64

3.4　信息安全管理 …………………………………… 67

本章小结与知识图谱 …………………………………… 73

1

第4章　大数据技术 ·················· 75

　4.1　大数据概述 ·················· 76

　4.2　大数据与云计算、物联网 ·················· 80

　4.3　大数据核心技术 ·················· 86

　4.4　大数据编程语言 ·················· 102

　本章小结与知识图谱 ·················· 106

第5章　大数据审计 ·················· 108

　5.1　大数据审计概述 ·················· 110

　5.2　大数据审计的内涵 ·················· 113

　5.3　大数据审计的方法 ·················· 117

　5.4　大数据环境下的联网审计 ·················· 124

　5.5　区块链审计 ·················· 133

　5.6　基于大数据技术的金融审计和大气污染防治审计 ·················· 137

　本章小结与知识图谱 ·················· 147

第6章　人工智能审计 ·················· 149

　6.1　人工智能概述 ·················· 150

　6.2　人工智能审计概述 ·················· 154

　6.3　人工智能审计技术 ·················· 158

　6.4　人工智能审计方法 ·················· 162

　本章小结与知识图谱 ·················· 172

第7章　信息系统审计概述 ·················· 174

　7.1　信息系统审计的发展历程 ·················· 176

　7.2　信息系统审计的内涵 ·················· 179

　7.3　信息系统审计的目标与内容 ·················· 180

　7.4　信息系统真实性审计 ·················· 182

　7.5　信息系统安全性审计 ·················· 186

　7.6　信息系统绩效审计 ·················· 190

　本章小结与知识图谱 ·················· 196

第 8 章　信息系统审计实施 ·················· 199

8.1　信息系统审计的工作流程 ················· 201

8.2　信息系统审计的工具与方法 ··············· 202

8.3　数字证据取证的方法与技术 ··············· 205

8.4　信息系统审计的程序 ··················· 207

8.5　信息系统内部控制 ···················· 216

8.6　信息系统内部控制审计 ················· 220

本章小结与知识图谱 ····················· 224

第 9 章　专项审计 ······················ 227

9.1　信息科技外包审计 ···················· 229

9.2　灾备与业务连续性审计 ················· 231

9.3　关键信息基础设施安全审计 ··············· 236

9.4　云安全审计 ······················· 238

9.5　工控系统安全审计 ···················· 244

9.6　移动互联网安全审计 ··················· 247

9.7　物联网安全审计 ····················· 250

本章小结与知识图谱 ····················· 253

第 10 章　智能审计的规范与标准 ·············· 256

10.1　与智能审计相关的组织 ················· 259

10.2　与智能审计相关的国际规范和标准 ··········· 262

10.3　与智能审计相关的国内规范和标准 ··········· 280

本章小结与知识图谱 ····················· 292

参考文献 ·························· 294

第1章 审计基础知识

审计质量是指审计人员发现财务报告的问题并愿意披露这种问题的联合概率。审计质量同时取决于审计人员的专业胜任能力和独立性这两种因素的交互影响。完善审计理论及技术方法、提高专业胜任能力以应付经济环境的巨大变化，对保持审计职业的发展有着深远意义。

【案例导读】

案例1：康美药业财务造假案

2021年11月12日，广州市中级人民法院对康美药业（600518）证券集体诉讼案作出一审判决：康美药业承担24.59亿元的赔偿责任；公司实际控制人马兴田夫妇及邱锡伟等4名原高管人员组织策划实施财务造假，属故意行为，承担100%的连带赔偿责任；另有13名高管人员按过错程度分别承担5%、10%、20%的连带赔偿责任。

案例回放：

据中国证券监督管理委员会（以下简称"证监会"）调查，2016—2018年，为了配合虚增的营业收入，康美药业通过财务不记账、虚假记账，伪造、变造大额定期存单或银行对账单，伪造销售回款等方式虚增货币资金。

2016—2018年，康美药业合计虚增营收275.15亿元，占同期公告营业收入40%以上；虚增营业利润39.36亿元，占同期公告营业利润的三分之一，营造出一种业绩蒸蒸日上的表象。

2019年8月，康美药业造假实锤。证监会对其下发《行政处罚及市场禁入事先告知书》，并指出其存在四大方面的问题：康美药业采用财务不记账、虚假记账，伪造、变造大额定期存单或银行对账单等方式配合虚增营业收入。

2021年11月12日，广州市中级人民法院对康美药业（600518）证券集体诉讼案作出一审判决。该案是新《中华人民共和国证券法》（简称《证券法》）确立中国特色证券特别代表人诉讼制度后的首单案件，是迄今为止法院审理的原告人数最多、赔偿金额最高的上市公司虚假陈述民事赔偿案件。

康美药业一审民事诉讼案中,审计机构广东正中珠江会计师事务所,正中珠江合伙人、签字会计师杨文蔚承担100%(24.59亿元)连带责任。

康美药业的审计机构正中珠江,面临着严厉的惩罚。因在康美药业审计业务中涉嫌违反相关法律法规,2019年,广东正中珠江会计师事务所被证监会立案调查。2021年3月19日,中国证监会官网发布了对正中珠江的行政处罚决定书。

根据《证券法》第二百二十三条,证监会决定对正中珠江会计师事务所责令改正,没收业务收入1 425万元,罚款4 275万元,共计罚没5 700万元。并对2016年报、2017年报、2018年报的审计签字注册会计师分别被罚款10万元(杨文蔚、张静璃)和3万元(刘清),项目经理苏创升被罚款10万元。康美药业案件也拖垮了这样一个地区性的大所。在2019年初,广东正中珠江会计师事务所有107家分所,是内资大所之一。

如何识别造假的公司?

①虚增收入:就是收入"无中生有",大多是通过虚构业务、伪造合同实现的,用虚假确认收入的方法来做大收入。像康美医药就是虚增收入。

②货币资金进行虚增资产:为了使资产负债表看起来更健康,上市公司通常采用虚增资产,尤其是虚增流动资产的方式。

③非经常性损益来调节利润:因为营业外收入和资产处置损益通常不容易造假,所以很多上市公司会通过增加投资收益的方式来虚增利润。香溢融通(600830)便是这样。

④隐藏债务:隐瞒一些负债可以让资产负债表更好看,降低企业的杠杆。

⑤借助关联交易操控利润:关联交易具有两面性:一方面可以降低交易成本、提高运营效率;另一方面为规避税赋、转移利润、操控报表提供了条件。

> **警示**:财务造假是资本市场的"毒瘤"之一,严重损害投资者的合法权益,严重危害市场秩序,必须坚决、果断、及时加以清除。而清除这些"毒瘤"的最有效方法,就是提高资本市场违法行为、违规行为、犯罪行为的成本,让做坏事的人付出高昂的代价,形成"坏事做不起""不敢做坏事"的震慑效应。

【学习目的】

审计是一项具有独立性的经济监督活动,独立性是审计区别于其他经济监督的特征;审计的基本职能是经济监督。本章主要介绍了审计的基本内涵、审计方法、审计业务流程等,要求学生:

1)了解审计的基本内涵

2)了解审计的业务流程

3)了解风险导向审计

4)掌握审计证据的获取方法

5)掌握审计底稿的编制规范

6)掌握审计报告的出具要求

1.1 审计的基本内涵

审计能够有效监督管理层,并向利益相关方指出管理上的漏洞。审计是由独立的审计机构和审计人员依法对被审单位的会计资料和其他经济资料实施必要的审计程序,收集审计证据,运用审计标准来判断被审计单位的经济活动的合法性、公允性和效益性的经济监督、评价与鉴证活动。

1.1.1 审计基本特征

审计本质是一项具有独立性的经济监督活动。审计本质具有两方面含义:其一是指审计是一种经济监督活动,经济监督是审计的基本职能;其二是指审计具有独立性,独立性是审计监督的最本质的特征,是区别于其他经济监督的关键所在。

审计具有三个基本特征。

1)独立性

独立性是审计的本质特征,也是保证审计工作顺利进行的必要条件。独立性体现在审计人员与被审计单位应当不存在任何经济利益关系,不参与被审计单位的经营管理活动等各个方面。

2)权威性

权威性是保证有效行使审计权的必要条件。各国国家法律对实行审计制度、建立审计机关以及审计机构的地位和权力都做了明确规定,保证审计人员依法执行职务受到法律的保护。

3)公正性

公正性反映了审计工作的基本要求,审计人员理应站在第三者的立场上,进行实事求是的检查,作出不带任何偏见的、符合客观实际的判断,以正确地确定或解除被审计人的经济责任。

1.1.2 审计职能

审计职能是指审计自身固有的功能。审计职能不是僵化的、一成不变的,它随着经济的发展而有所变化。审计主要具有以下职能:

1)经济监督职能

经济监督职能是审计最基本的职能,它是指审计具有对被审计单位的经济活动进行审核检查,划清是非界限,明确经济责任,提高资金使用效益,并保障国民经济和社会健康发展的功能。审计的经济监督职能是审计一产生就具有的,是最基本的职能。在实际工作中,无论哪类审计都具有这种职能。

2）经济评价职能

经济评价职能是指审计具有对被审单位经济活动的过程与结果进行审查、分析，并据此作出准确的估价与评判的功能。审查与分析是评价的基础，只有查明了客观经济活动的真相，对照一定的标准，并采用一定的科学分析方法进行分析后，才能做出比较准确的评价意见。在准确评价的基础上，才能进一步向被审计单位提出改进管理、提高效益的办法和途径。经济评价职能在内部审计和经济效益审计中体现得比较充分，在实际审计工作中还有发挥广泛作用的余地。

3）经济鉴证职能

经济鉴证职能也称审计公证或审计证明职能，它是指审计组织对被审计单位的经济活动信息是否客观公允，或者有关经济责任的履行情况给予客观证明的功能。审计的鉴证职能是社会审计的主要职能。在"两权"分离的条件下，企业的投资者、股东、债权人，还有税务机关、往来客户等需要由责任方（企业）之外的第三方（审计）来对责任方的财务报表等信息作出鉴证结论，以增强责任方财务信息的可信程度。

1.1.3 审计作用

审计作用是指审计根据自身的功能去完成审计任务时所产生的客观效果。审计在现代化经济建设中的作用可归纳为以下三个方面。

1）制约作用

制约作用又称为保护性作用，是指审计通过监督职能的运用，揭露和制止经济活动中的错弊和问题，预防弄虚作假、贪污盗窃行为的发生，从而保障经济的顺利发展。其实质是反向约束不法行为，主要表现为揭示差错和弊端，以及维护财经法纪。

2）促进作用

促进作用又称为建设性作用，是指审计对会计资料和其他经济资料所反映的经济活动进行分析、评价，予以客观证明，并提出改进措施，从而发挥审计的建设性作用，促进经济效益的提高。主要表现为改善经营管理、提高经济效益、加强宏观调控。

3）证明作用

证明作用是指完成鉴证职能所赋予的任务后发挥的证明被审计单位某些经济情况、经济行为、经济事实真相的作用。

1.1.4 审计分类

常用的审计分类标准包括审计内容和目的、审计主体、审计范围、审计时间、审计地点。其中，按审计内容和目的分类与按审计主体分类是审计的基本分类。

1）按审计内容和目的分类

按审计内容和目的可将审计分为三类，即财政财务审计、财经法纪审计和经济效益审计。

（1）财政财务审计

财政财务审计是指审计人员检查财政预、决算和企事业财务收支活动，并判断其是否真实正确和合规合法的一种审计。按照审计的具体内容与目的的不同，财政财务审计还可以细分为财政审计、企事业单位财务报表审计。

审计内容：被审计单位会计资料的正确性和真实性及其所反映的财政、财务收支的合法性和合规性。

审计目的：明确被审计单位的受托经济责任。

（2）财经法纪审计

财经法纪审计是以维护国家财经法纪，保证党和国家各项方针政策的贯彻落实为目的的一种经济监督形式。财经法纪审计针对的是比较严重的违反法规的行为，一般都实行专案审计。

审计内容：被审计单位和个人严重侵占国家资财，严重损失浪费以及其他严重损害国家经济利益等违反财经纪律行为所进行的专案审计。

审计目的：保护国家财产、维护国家的路线、方针和政策及法律规章得以贯彻执行。

（3）经济效益审计

经济效益审计，也称经营审计，是由审计组织或审计人员在坚持可持续发展的条件下，为促进经济效益的提高，对被审计单位经济活动的效益状况和影响因素进行的审查、分析和评价活动。

审计内容：被审计单位的财政财务收支及经营管理活动的经济性和效益性。

审计目的：促使被审计单位改善经营管理、提高经济效益和工作效率。

2）按审计主体分类

审计主体是指审计行为的执行者，包括审计机构和审计人员。审计按执行主体可分为国家审计、内部审计和注册会计师审计。

（1）国家审计

国家审计是指由各级政府审计机关针对被审计单位进行的审计。由于这类审计的执行主体是各级政府审计机关，而各级政府审计机关是为了维护国家利益而开展审计工作的，因此简称为国家审计，也称政府审计。

（2）内部审计

内部审计是指本部门或本单位的专职审计机构，针对本部门或本单位的财务收支和其他经济活动所进行的以提高经济效益为主要目的的审查、评价活动，由于其机构设置在本部门或本单位内部，故称为内部审计。

（3）社会审计

社会审计是指由经过批准的社会审计组织依法独立承办的审计查证和咨询服务活动，又称民间审计、独立审计或注册会计师审计。注册会计师提供的审计业务可以分为如下几类。

①财务报表审计。财务报表审计的目标是注册会计师通过执行审计工作，对财务报表是否按照规定的标准编制发表审计意见。规定的标准通常是《企业会计准则》和相关

会计制度。

②经营审计。经营审计是注册会计师为了评价被审计单位经营活动的效率和效果，对其经营程序和方法进行的审计。经营审计结束时，一般要向被审计单位管理层提出经营管理建议。

③合规性审计。合规性审计的目的是确定被审计单位是否遵循了特定的法律、法规、程序或规则，或者是否遵守将影响经营或报告的合同要求。合规性审计的结果通常报送给被审计单位管理层或外部特定使用者。

1.2　审计的业务流程

案例 2：罕见"没一罚六"！深圳堂堂会计师事务所被证监会罚没逾 1 300 万元

2022 年伊始就有资本市场"看门人"遭罚。据证监会官网 7 日消息，深圳堂堂会计师事务所（下称"深圳堂堂"）在 *ST 新亿年报审计中审计独立性严重缺失，审计程序存在多项缺陷，审计报告存在虚假记载和重大遗漏，缺乏应有的职业操守和底线。证监会拟对深圳堂堂采取"没一罚六"的行政处罚，相关主体涉嫌犯罪问题将移送公安机关。

案例回放：

据深圳堂堂官网，2021 年 11 月，证监会对其下达的《行政处罚及市场禁入事先告知书》认定，深圳堂堂涉嫌在 *ST 新亿年报审计执业中未勤勉尽责，出具的审计报告存在虚假记载和重大遗漏，情节严重，吴育堂、刘润斌、刘耀辉等为主管人员以及其他直接责任人员。

证监会对深圳堂堂给予严厉处罚，没收业务收入 199 万元，罚款 6 倍，计罚款 1 194 万元，对相关签字注册会计师分别罚款 100 万元、50 万元、30 万元，并对相关注册会计师采取 10 年、5 年、3 年的市场禁入措施。"没一罚六"金额约为 1 393 万元，3 名负责人合计被罚 180 万元。

证监会认定，本案中，深圳堂堂在明知 *ST 新亿年报审计业务已被其他会计师事务所"拒接"的情况下，与 *ST 新亿签订协议，承诺不在审计报告中出具"无法表示意见"或"否定意见"，并要求如发生被监管部门处罚的情形，*ST 新亿应予补偿。

警示：证监会表示，深圳堂堂审计独立性严重缺失，审计程序存在多项缺陷，审计报告存在虚假记载和重大遗漏，缺乏应有的职业操守和底线。

审计业务流程又称审计程序，是指审计人员在对审计项目从开始到结束的整个过程中采取的系统性工作步骤。审计业务流程一般包括计划阶段、实施阶段和完成阶段，每个阶段又包括若干具体工作内容。

1）审计计划阶段

调查了解被审计单位的基本情况；与被审计单位签订业务约定书；初步评价被审计

单位的内部控制;确定重要性水平;分析审计风险;编制审计计划。

2)审计实施阶段

对被审计单位内部控制进行控制测试;对会计报表项目进行实质性测试;整理、评价执行审计业务中收集到的审计证据。

3)审计完成阶段

复核审计工作底稿;形成审计意见;编制审计报告。

1.2.1　社会审计业务流程

社会审计业务流程主要包括接受业务委托、计划审计工作、实施风险评估程序、实施控制测试和实质性程序、完成审计工作和编制审计报告五大程序。

1)接受业务委托

会计师事务所应当按照执业准则的规定,谨慎决策是否接受或保持某客户关系和具体审计业务。在接受新客户的业务前,或决定是否保持现有业务,或考虑接受现有客户的新业务时,应当执行一些接受与保持客户的程序,以获取如下信息:客户的诚信;具有执行业务必要的素质、专业胜任能力、时间和资源;是否能够遵守职业道德规范。

决定接受业务委托后,注册会计师应当与客户就审计约定条款达成一致意见。对于连续审计,注册会计师应当考虑是否需要根据具体情况修改业务约定条款,以及是否需要提醒客户注意现有的业务约定书。

2)计划审计工作

计划审计工作十分重要,计划不周会影响审计工作的效率。对于任何一项审计业务,注册会计师在执行具体审计程序之前,都必须根据具体情况制订科学、合理的计划,使审计业务以有效的方式得以执行。计划审计工作主要包括:在本期审计业务开始时开展的初步业务活动;制订总体审计策略;制订具体审计计划等。

3)实施风险评估

风险评估是指注册会计师实施的了解被审计单位及其环境并识别和评估财务报表重大错报风险的程序。实施风险评估包括:了解被审计单位及其环境;识别和评估财务报表层次以及各类交易、账户余额、列报认定层次的重大错报风险,包括确定需要特别考虑的重大错报风险,以及仅通过实施实质性程序无法应对的重大错报风险等。

4)实施控制测试和实质性程序

注册会计师评估财务报表重大错报风险后,应当运用职业判断,针对评估的财务报表层次重大错报风险确定总体应对措施,并针对评估认定的层次重大错报风险设计和实施进一步审计程序,以将审计风险降至可接受的低水平。

5)完成审计工作和编制审计报告

注册会计师按照有关审计准则的规定,并根据所获取的各种证据,合理运用专业判断,形成适当的审计意见。本阶段的主要工作有:复核审计工作底稿和财务报表;与管理层和治理层沟通;评价所有审计证据,形成审计意见;出具审计报告等。

1.2.2 国家审计业务流程

国家审计业务流程主要分为准备阶段、实施阶段、报告阶段和后续(审计机关审定审计报告、作出处理处罚)阶段。

1)准备阶段

审计的准备阶段是指审计机关从审计项目计划开始,到发出审计通知书为止的这一段时间。准备阶段是整个审计过程的起点和基础,本阶段的准备工作主要如下:

①明确审计任务,学习法规,熟悉标准。

②进行初步调查,了解被审计单位的基本情况。

③拟订审计工作方案。

2)实施阶段

审计的实施阶段是审计组进驻被审计单位,就地审查会计凭证、会计账簿、会计报表,查阅与审计事项有关的文件、资料,检查现金、实物、有价证券,并向有关单位和人员调查,以取得证明材料的过程。它是审计全过程最重要的阶段。本阶段主要应做好以下几项工作:

①深入调查研究,调整审计方案。

②审计实施阶段。

③实施实质性测试,搜集证明材料。

④编制审计工作底稿。

3)报告阶段

审计的报告阶段,也叫审计的终结阶段,是审计工作的总结阶段,这一阶段的工作主要是编制审计报告,作出审计决定,其主要步骤如下:

①整理和分析审计工作底稿。

②审计组编写审计报告。

4)后续阶段

后续阶段主要包括审计机关审定审计报告和可能出现的审计行政复议。审计机关审定审计报告阶段的主要工作有四个方面:一是审定报告,对审计事项作出评价;二是出具审计意见书;三是对违反国家规定的财政收支、财务收支行为,需要依法给予处理、处罚的,在法定职权范围内作出审计决定或者向有关主管机关提出处理、处罚意见;四是提出审计结果报告和审计工作报告。

1.3 风险导向审计

风险导向审计是指注册会计师通过对被审计单位进行风险职业判断,评价被审计单位风险控制,确定剩余风险,执行追加审计程序,将剩余风险降低到可接受标准。

审计人员在作出审计判断的过程中,不可避免地要承担判断错误的风险。执业的不确定性和风险,要求注册会计师必须从高于内部控制制度的角度出发,综合考虑企业内外的环境因素,科学运用风险导向审计。具体而言,就是在对企业环境和经营活动进行全面分析的基础上,制订审计策略,运用审计风险模型,积极而有效地采用分析性审计程序,以规避风险、提高审计效率。

1.3.1　审计风险

1)审计风险定义

风险是指发生伤害、毁损、损失的可能性。国际审计准则第 25 号《重要性和审计风险》将审计风险定义为:"审计风险是指审计人员对实质上误报的财务资料可能提供不适当意见的风险。"

中国注册会计师协会 1996 年公布的《独立审计具体准则第 9 号——内部控制与审计风险》中定义:"审计风险是指会计报表存在重大错报或漏报,而注册会计师审计后发表不恰当审计意见的可能性。"

2)审计风险特征

审计风险性质的总表现为某些特质或特征。

①审计风险的客观性。抽样审计引起的误差可控,一般难以消除。

②审计风险的普遍性。审计风险存在于审计过程的每一个环节。

③审计风险的潜在性。审计风险是一种可能风险,造成损失有一个显化过程。

④审计风险的偶然性。审计风险通常由客观原因或未意识到的主观原因造成。

⑤审计风险的可控性。通过识别风险,采取相应的措施加以避免。

3)审计风险模型

美国注册会计师协会发布的第 47 号审计标准说明中提出了审计风险模型:

审计风险 = 固有风险 × 控制风险 × 检查风险

也可以用以下公式表示:

审计风险 = 重大错报风险 × 检查风险

重大错报风险 = 固有风险 × 控制风险

所谓重大错报风险是指财务报表在审计前存在重大错报的可能性。

我国独立审计准则对审计风险中三个要素定义的基本内容是:

①固有风险是指假定不存在相关内部控制时,某账户或交易类别单独或连同其他账户、交易类别产生重大错误或遗漏的可能性。

②控制风险是指某一类账户或交易类别单独或连同其他账户、交易类别产生错报或遗报而未能被内部控制防止、发现或纠正的可能性。

③检查风险是指某一账户或交易类别单独或连同其他账户、交易类别产生重大错报或漏报而未能被实质性测试发现的可能性。

固有风险、控制风险是由被审计单位导致的,只能客观评估,不能控制;检查风险是审计风险要素中唯一可以通过审计师进行控制和管理的风险要素。

固有风险和控制风险对最终的审计风险的影响是间接的,检查风险则直接影响最终的审计风险。

4)审计风险的社会可接受标准

审计风险的社会可接受标准是通过对大量致损资料的分析(包括法院判决和庭外解决),承认审计风险的发生是不可完全避免的前提下,从经济、心理等因素出发,确定一个整个社会都能接受的界限,作为衡量总体审计风险严重程度的标准。

5)重要性水平(Materiality)

重要性水平是指用金额额度表示的会计信息错报与错弊的严重程度,该错报、错弊未被揭露足以影响会计信息使用者的判断或者决策。

只有在确定的审计目标是"对会计报表真实性、公允性发表意见"的情况下,才需要确定重要性水平。

在确定计划的重要性水平时,需要考虑对被审计单位及其环境的了解、审计目标、财务报表各项目的性质及其相互关系、财务报表项目的金额及其变动幅度,还应当从性质和数量两个方面合理确定重要性水平。

6)控制检查风险

检查风险是审计风险的独立变量,任何一个环节的失误都可能会导致检查风险产生,检查风险的实际水平直接与审计人员的工作密切相关。所以,影响审计风险的因素自始至终存在于审计过程中。

控制检查风险要注意事项:

①接受客户的恰当性:审计师充分了解客户的情况。

②委派人员的合适性:审计师的业务能力是审计质量的重要保证。

③审计方案的科学性:制订科学的审计工作方案,使整个审计过程得到有效的控制,减少失误。

④审计证据取得的适当性:采用审计方法的恰当性,审计证据数量的恰当性,审计证据质量的恰当性,同时还要兼顾取证的成本效益。

⑤分析性审核的恰当性:通过分析性审核程序,评估被审计单位信息系统固有风险的水平。

⑥符合性测试的恰当性:通过符合性测试评价内部控制制度,对控制风险的评估结果将会影响审计师的审计策略。

⑦审计抽样的恰当性:根据经验确定抽查的重点和数量,从而减少抽样风险。

⑧运用审计标准的恰当性:选用恰当的审计标准,且审计师充分理解并正确使用这些标准,从而减少运用审计标准的风险。

⑨出具审计报告的恰当性:在签发审计报告时,准确表达所要表述的内容与语言,以减少签发报告的报告风险。

1.3.2　审计风险的评估与应对

《中国注册会计师审计准则第 1211 号——通过了解被审计单位及其环境识别和评估重大错报风险》第 8 条规定注册会计师应当实施风险评估程序,为识别和评估财务报表层次和认定层次的重大错报风险提供基础。

1)风险评估程序

风险评估程序主要包括:

①询问管理层以及被审计单位内部其他人员。

②分析程序。

③观察和检查。

需要询问的被审计单位内部其他人员,是注册会计师根据判断认为可能拥有某些信息的人员,这些信息有助于识别由于舞弊或错误导致的重大错报风险。

(1)了解被审计单位及其环境

了解被审计单位及其环境包括行业状况、法律环境、监管环境及其他外部因素;被审计单位的性质;被审计单位对会计政策的选择和运用;被审计单位的目标、战略以及可能导致重大错报风险的相关经营风险;对被审计单位财务业绩的衡量和评价;被审计单位的内部控制。

(2)了解被审计单位的内部控制

了解被审计单位的内部控制包括了解控制环境;了解被审计单位是否已建立风险评估过程;了解风险评估过程及其结果;了解与财务报告相关的信息系统;了解被审计单位如何沟通与财务报告相关人员的角色和职责以及与财务报告相关的重大事项;了解被审计单位如何应对信息技术导致的风险;了解被审计单位用于监督与财务报告相关内部控制的主要活动;了解内部审计的职能范围以及内部审计在被审计单位组织结构中的地位和作用;了解被审计单位监督活动所使用信息的来源。

(3)识别和评估重大错报风险

在对重大错报风险进行识别和评估时,注册会计师应当确定识别的重大错报风险是报表层次还是各类交易、账户余额和披露的认定层次。在评估重大错报风险时,注册会计师应当实施下列审计程序:

①在了解被审计单位及其环境的整个过程中,结合对财务报表中各类交易、账户余额和披露的考虑,识别风险。

②评估识别出的风险,并评价其是否更广泛地与财务报表整体相关,进而潜在地影响多项认定。

③结合对拟测试相关控制的考虑,将识别出的风险与认定层次可能发生错报的领域相联系。

④考虑发生错报的可能性,以及潜在错报的重大程度是否足以导致重大错报。

(4)确定风险性质需考虑的事项

主要包括:

①风险是否属于舞弊风险。

②风险是否与近期经济环境、会计处理方法或其他方面的重大变化相关,因而需要特别关注。

③交易的复杂程度。

④风险是否涉及重大的关联方交易。

⑤财务信息计量的主观程度,特别是计量结果是否具有高度不确定性。

⑥风险是否涉及异常或超出正常经营过程的重大交易。

2)针对认定层次重大错报风险的应对——实施进一步审计程序

进一步审计程序相对于风险评估程序而言,是指注册会计师针对评估的各类交易、账户余额、列报认定层次重大错报风险实施的审计程序,包括控制测试和实质性程序。

(1)控制测试

针对内部控制的运行进行测试,以确定内部控制运行的有效性。控制测试的程序包括询问、观察、检查、重新执行和穿行测试。

(2)实质性程序

对各类交易、账户余额、列报的细节测试以及实质性分析程序,以发现认定层次的重大错报。细节测试是对各类交易、账户余额、列报的具体细节进行测试,目的在于直接识别财务报表认定是否存在错报。

实质性分析程序主要是通过研究数据间关系评价信息,将该技术方法用作实质性程序,即用以间接识别各类交易、账户余额、列报及相关认定是否存在错报,从技术特征上看仍然是分析程序。

1.4 审计方法

我国审计准则规定,审计人员实施审计时,可以运用详查、内控测评、抽样审计、计算、分析性复核、询证、监盘以及计算机辅助审计等方法,审查被审计单位银行账户、会计资料,查阅与审计事项有关的文件、资料,检查现金、实物、有价证券,取得审计证据。

1.4.1 按审查书面资料的技术分类

按审查书面资料的技术,审计方法可分为审阅法、核对法、复算法、查询法和比较法。

1)审阅法

审阅法是对凭证、账簿和报表,以及经营决策、计划、预算、合同等文件和资料的内容详细阅读和审查,以检查经济业务是否符合法规,经济资料是否真实正确、是否符合会计准则的要求。

2)核对法

核对法是指对会计凭证、会计账簿和财务报表等书面资料,按照其内在联系进行对照检查,通过查明证、账、表之间是否相符,以获取审计证据的一种复核查对的方法。

3）复算法

复算法就是对凭证、账簿和报表以及预算、计划、分析等书面资料进行重新复核、验算的一种方法。

4）查询法

查询法是指审计人员根据审计过程中发现的问题和疑点，向被审计单位内外有关人员进行调查和询问，以弄清事实真相并获取审计证据的一种查证询问的方法。

审计人员征询意见、获取证据时，可以采用面谈或书面函询问的方式：面谈是审计人员当面向被审计单位内外有关人员了解情况，以获取审计证据的一种方式，形成口头证据；书面函询问是通过向与被审计单位有关的组织发函来调查情况，以获取审计证据的一种方式，也称为函证，形成书面证据。

5）比较法

比较法就是通过相同被审计项目的实际与计划、本期与前期、本企业与同类企业的数额进行对比分析，检查有无异常情况和可疑问题，以便跟踪追查提供线索，取得审计证据。

1.4.2　按审查书面资料的顺序分类

按审查书面资料的顺序，审计方法可分为顺查法和逆查法。

1）顺查法

顺查法就是按照经济活动发生的先后顺序，依次从起点查到终点的审计方法。对会计资料的审查是按照会计核算程序的先后顺序，依次审核和分析凭证、账簿和报表。

2）逆查法

逆查法就是按照经济活动进行的相反顺序，从终点查到起点的审计方法。在财务收支审计中，就是按照会计核算程序的相反顺序，先审查会计报表，从中发现错弊和问题，然后有针对性地依次审查和分析报表、账簿和凭证。

顺查法和逆查法的主要区别在于审计的顺序是否与会计记账程序一致。按"经济业务发生—原始凭证、记账凭证—账簿（明细账—总账）—会计报表"顺序的审计方法即为顺查法；反之，则为逆查法。

1.4.3　按审查书面资料的范围分类

按审查书面资料的范围，审计方法可分为详查法和抽查法。

1）详查法

详查法是指对被审计单位一定时期内的全部资料，特别是对重点项目的全部会计资料（包括会计凭证、会计账簿、财务报表等）进行全面详细审查的一种方法。

详查法的优点：①审查全面而详细，不易疏漏，特别是针对弄虚作假、营私舞弊等违法乱纪行为；②审计风险小，审计质量高。

详查法的缺点:费时费力,审计成本较高。

2)抽查法

抽查法是指从被审计单位一定时期的会计资料中选择其中一部分或者选择某一时期的会计资料进行审查的一种方法。抽查法通常与审计抽样联系在一起,审计抽样在现代审计中应用广泛。

抽查法可分为任意抽样法、判断抽样法和统计抽样法三种。

抽查法的优点:①审查有重点,省时省力;②成本低、效率高,往往能够取得事半功倍的效果。

抽查法的缺点:①审计结论过分依赖审计抽样的样本;②如果审计样本的选取不合理或者不具有代表性,则很可能出现以偏概全的情况,不能发现问题,做出错误的审计结论。

1.4.4 证实客观事物的方法

证实客观事物的方法,是指审计人员搜集书面资料以外的审计证据,以证明和落实客观事物的形态、性质、存放地点、数量和价值等的一类审计方法。这类方法包括观察法、盘点法、调节法和鉴定法等。

1)观察法

观察法是指审计人员进驻被审计单位,亲临现场实地考察企业生产经营管理工作的运行、内部控制系统的运行等情况,以获取审计证据的一种方法。

2)盘点法

盘点法是指审计人员对各项财产物资进行实地盘点,以确定其品种、规格、数量和金额等实际情况,通过比较盘点记录与实物记录,以证实有关实物账户的余额是否真实、正确,并证实账实是否相符,进而从中搜集审计证据的一种方法。

3)调节法

调节法是指由于被审计单位报告日数据与审计日数据存在差异,或由于被审计项目存在未达账项时,通过调整有关数据,从而获得需要证实数据的一种方法。有时,这种方法也称为数据调节法。

4)鉴定法

鉴定法是指在分析与鉴别书面资料、财产实物和经济活动时,审计工作超过了一般审计人员的能力和知识水平,从而邀请有关专门部门或人员运用专门技术进行确定和识别的一种方法。

1.5　审计证据

《中国注册会计师审计准则》第 1301 号,以及第 1211 号、1324 号、1313 号、1101 号和 1231 号审计准则也都对获取和评价审计证据作出了相关要求。这说明审计证据在审计中的位置是相当重要的,是审计的灵魂。

审计证据是指审计人员获取的能够为审计结论提供合理基础的全部事实,包括审计人员调查了解被审计单位及其相关情况和对确定的审计事项进行审查所获取的证据。审计人员应当依照法定权限和程序获取审计证据。

1.5.1　审计证据的特点

1) 客观性

审计证据的客观性是指审计证据应能如实反映客观存在的事实。审计证据的客观性关系审计意见、审计结论的公允性和合理性,关系审计证据的可靠程度,还关系审计目标是否能够实现。

2) 充分性

审计证据的充分性是对审计证据数量的衡量。审计证据的数量要能够支持审计人员的审计意见。客观公正的审计意见必须建立在有足够数量的审计证据的基础之上,审计证据数量太少或范围太窄,均难以形成客观公正的审计意见。

3) 相关性

审计证据的相关性是指审计证据应与审计目标相关联,这样才具有证明力。审计人员在收集资料时,应收集与被审项目有关的资料,无关的资料不能作为审计证据。

4) 可靠性

审计证据的可靠性是指审计证据的可信程度。审计证据的可靠性受其来源和性质的影响而呈现出不同的可靠性。

审计人员在分析审计证据的可信程度时,应当注意以下两点:

①以下证据来源的可靠性更强:以书面形式而非口头表达;取自独立来源;由审计人员而非被审计方获取;经独立的第三方证实;被独立的第三方保存。

②审计人员应考虑其获取的任何线索的来源、性质(书面、口头、视觉、电子)以及真实性(数字和亲手签名、印章)等属性,以便评估这些线索和证据的可信度和进一步确认的需要。

5) 时效性

审计证据的时效性是指审计证据的效力受一定的时间限制。

审计人员获取的审计证据,应当具有适当性和充分性。适当性是对审计证据质量的衡量,即审计证据在支持审计结论方面具有的相关性和可靠性。相关性是指审计证据与审计事项及其具体审计目标之间具有实质性联系;可靠性是指审计证据真实、可信;充分性是对审计证据数量的衡量。审计人员在评估存在重要问题的可能性和审计证据质量的基础上,决定应当获取审计证据的数量。

1.5.2 审计证据的分类

1)按证据形态分类

审计证据按其形态可分为实物证据、书面证据、口头证据、视听证据和环境证据。

(1)实物证据

通过实地观察和参加清查盘点所获得的,用以证明有关实物资产是否存在的实物证据。例如,审计人员可以通过监盘的方式,对各种存货和固定资产加以证明是否存在。实物证据通常是证明实物资产是否存在的最有说服力的证据。

(2)书面证据

通过实施测试程序和运用不同的方法所获取的以书面资料为存在形式的书面证据,是最基本的证据。它包括与审计有关的各种会计凭证、账簿、报表、经济合同、总结报告等。

(3)口头证据

由被审计单位有关人员或其他人员进行口头答复所形成的口头证据。一般而言,口头证据可能带有个人观点,可靠性较差,证明力较小,但具有一定的旁证的作用,能够发现一些重要线索。

(4)视听证据

通过录音、录像所记载的声音、语言、形象或行为等来证明案件事实的视听证据。

(5)环境证据

环境证据,也称情况证据,是指对被审计单位产生影响的各种环境因素所形成的一类证据。具体包括被审计单位内部控制情况、管理人员素质情况、各种管理条件和管理水平等对被审计单位产生的影响。

2)按证据取得来源分类

审计证据按证据取得来源可分为外部证据和内部证据。

(1)外部证据

外部证据是指从被审计单位之外的机构或人员处取得的证据,包括对查询问题的答复、银行对账单、鉴定材料等。外部证据主要是书面证据,其虚构和篡改的可能性较小,一般具有较强的证明力。

(2)内部证据

内部证据是指从被审计单位取得的证据,比如会计记录、被审计单位管理当局声明书等。

3）按证据作用分类

审计证据按证据作用可分为直接证据和间接证据。

（1）直接证据

直接证据是指可以直接证明被审计事项的重要证据。如通过实地盘存取得的库存现金、库存材料数额等。由于是直接接触事实获取的证据，因此具有较强的证明力。

（2）间接证据

间接证据是指可以间接证明被审计事项的证据。间接证据的证明力不如直接证据。

1.5.3　审计证据的收集、鉴定与整理分析

审计证据的收集是指根据审计目的的需要而收集、获得证据的审计活动，是审计过程的中心环节。审计证据由于数量多、来源广、内容复杂、形式多样，所以，在审计证据的收集阶段，审计人员应通过各种途径，采用各种方法，如调查、观察、询问、函证、计算等，收集各种审计证据，并加以初步整理。

1）收集审计证据的基本要求

在收集审计证据过程中，必须保证审计证据的客观性、相关性、可靠性、充分性、时效性与合法性。

2）收集审计证据的基本方法

收集审计证据主要有调查、观察、询问、函证、计算等基本方法。对不同类型的证据，需要使用各种不同的技术方法才能取得。根据我国《中国注册会计师审计准则第 1301号——审计证据》的要求，获取审计证据可以使用检查记录或文件、检查有形资产、观察、询问、函证、重新计算、重新执行和分析程序等审计方法。

3）审计证据的鉴定

审计证据的鉴定是审计人员根据形成审计意见所必需的审计证据，应具有充分性和适当性的特点，对初步整理后的审计证据进行鉴定判别，以保证所收集整理的审计证据足以支持审计人员发表的审计意见。

4）审计证据的整理分析

为了使分散的审计证据结合起来形成具有充分证明力的审计证据，必须将收集、鉴定的审计证据加以综合分析，评价被审计单位的经济活动，得出审计意见和结论。常见的审计证据整理分析方法包括分类、计算、比较、小结、综合等。

在综合评价阶段，审计人员凭借专业知识水平和业务经验，对经过鉴定的具有现实证明力的审计证据，通过归纳、整理和分析，转化为具有充分证明力的审计证据，审计证据便可以用来证明被审计事项，最终形成审计意见和结论。

1.6 审计文书

案例 3:中汇会计师事务所对*ST 巴士发表"无法表示意见"

我们不对后附的巴士在线公司财务报表发表审计意见。由于"形成无法表示意见的基础"部分所述事项的重要性,我们无法获取充分、适当的审计证据以作为对财务报表发表审计意见的基础。

案例回放:

审计报告

中汇会审〔2018〕2441 号

巴士在线股份有限公司全体股东:

一、无法表示意见

我们接受委托,审计巴士在线股份有限公司(以下简称"巴士在线公司")财务报表,包括 2017 年 12 月 31 日的合并及母公司资产负债表,2017 年度的合并及母公司利润表、合并及母公司现金流量表、合并及母公司所有者权益变动表以及财务报表附注。

我们不对后附的巴士在线公司财务报表发表审计意见。由于"形成无法表示意见的基础"部分所述事项的重要性,我们无法获取充分、适当的审计证据以作为对财务报表发表审计意见的基础。

二、形成无法表示意见的基础

1.我们在对巴士在线公司全资子公司巴士在线科技有限公司(以下简称"巴士科技公司")审计过程中,所实施的函证、访谈等程序未能获取满意的审计证据,涉及应收账款 37 639.06 万元、营业收入 45 137.45 万元。由于巴士科技公司未能提供完整的资料,我们无法实施进一步的审计程序或者替代审计程序获取充分、适当的审计证据。因此,我们无法确定是否有必要对应收账款、营业收入以及财务报表其他项目做出调整,也无法确定应调整的金额。

2.因本报告三所述的关于巴士科技公司持续经营能力存在重大不确定性的事项,其未来主营业务发展存在重大不确定性,导致我们无法获取充分、适当的审计证据以合理判断巴士科技长期资产是否存在减值以及具体的减值金额。

三、与持续经营相关的重大不确定性

如财务报表附注二(二)、十(二)以及十一(二)所述,自王献蜀失联以来,巴士在线公司因财务报表附注十(二)所述的多项未决诉讼事项,导致多项资产被冻结;巴士科技公司视频直播业务和网生社区业务已停止运营,且发生了部分账户被冻结等情况。这些事项或情况,表明存在可能导致对巴士在线公司、巴士科技公司持续经营能力产生重大疑虑的重大不确定性。截至审计报告日,巴士在线公司、巴士科技公司已拟定如财务报表附注二(二)所述的改善措施,但其持续经营能力仍存在重大不确定性。该事项不影响已发表的审计意见。

四、强调事项

我们提醒财务报表使用者关注,如财务报表附注十(二)所述,巴士在线公司原法定代表人兼总经理王献蜀及其控制的中麦控股有限公司等公司在 2017 年度存在向多家非银行金融机构及个人(以下简称"债权人")进行融资的行为。王献蜀在未经过巴士在线公司正常内部审批流程的情况下,以巴士在线公司的名义与债权人签订了担保/借款协议,由巴士在线公司对其及其控制的公司的融资行为承担连带保证责任。后因王献蜀个人原因,导致部分融资款项无法按时偿还。2018 年 2 月开始,巴士在线公司陆续接到相关法院/仲裁机构起诉的通知,相关债权人要求巴士在线公司还款以及对王献蜀及其控制的公司所欠款项承担连带保证责任。截至审计报告日,巴士在线公司已收到的诉讼/仲裁请求涉及借款本金 40 510.80 万元(其中,巴士在线公司直接借款 7 000 万元,承担连带保证责任 33 510.80 万元),巴士在线公司已将其作为预计负债计入 2017 年度的财务报表。在接到相关通知前,巴士在线公司未发现王献蜀的上述行为。同时,子公司巴士科技公司在 2018 年 3 月部分银行账户被天津灿星文化传播有限公司申请诉前保全,申请金额为 1 453.65 万元。截至审计报告日,巴士科技公司尚未收到法院诉讼材料。

对于上述事项,因诉讼或仲裁的结果以及是否存在其他尚未主张权利的债权人存在不确定性,进而对财务报表可能的影响也具有不确定性。本段内容不影响已发表的审计意见。

五、管理层和治理层对财务报表的责任

管理层负责按照企业会计准则的规定编制财务报表,使其实现公允反映,并设计、执行和维护必要的内部控制,以使财务报表不存在由于舞弊或错误导致的重大错报。

在编制财务报表时,管理层负责评估巴士在线公司的持续经营能力,披露与持续经营相关的事项(如适用),并运用持续经营假设,除非管理层计划清算巴士在线公司、终止运营或别无其他现实的选择。

巴士在线公司治理层(以下简称"治理层")负责监督巴士在线公司的财务报告过程。

六、注册会计师对财务报表审计的责任

我们的责任是按照中国注册会计师审计准则的规定,对巴士在线公司的财务报表执行审计工作,以出具审计报告。但由于"形成无法表示意见的基础"部分所述的事项,我们无法获取充分、适当的审计证据以作为发表审计意见的基础。

按照中国注册会计师职业道德守则,我们独立于巴士在线公司,并履行了职业道德方面的其他责任。

中汇会计师事务所(特殊普通合伙)　　　　中国注册会计师:任成
中国·杭州　　　　　　　　　　　　　　中国注册会计师:徐剑锋
　　　　　　　　　　　　　　　　　　　报告日期:2018 年 4 月 25 日

> **警示:**注册会计师的责任是在实施审计工作的基础上对财务报表发表审计意见。中国注册会计师审计准则要求注册会计师遵守职业道德规范,计划和实施审计工作以对财务报表是否不存在重大错报获取合理保证。

1.6.1 审计业务约定书

审计业务约定书是指会计师事务所与被审计单位委托人签订的,用以记录和确认审计业务的委托与受托关系、审计目标和范围、双方的责任以及报告的格式等事项的书面协议。

《中国注册会计师审计准则第 1111 号——审计业务约定书》要求,注册会计师应当在审计业务开始前,与被审计单位就审计业务约定条款达成一致意见,并签订审计业务约定书,以避免双方对审计业务的理解产生分歧。

审计业务约定书具有经济合同的性质,一经由约定各方签字或盖章认可,即成为法律上生效的契约,对各方均具有法定约束力。审计业务约定书的具体内容可能因被审计单位的不同而不同,但应当包括以下主要内容:

①财务报表审计的目标。
②管理层对财务报表的责任。
③管理层编制财务报表采用的会计准则和相关会计制度。
④审计范围。
⑤执行审计工作的安排。
⑥审计报告格式和对审计结果的其他沟通形式。
⑦不可避免地存在着某些重大错报可能仍然未被发现的风险。
⑧管理层为注册会计师提供必要的工作条件和协助。
⑨注册会计师不受限制地接触任何与审计有关的记录、文件和所需要的其他信息。
⑩管理层对其作出的与审计有关的声明予以书面确认。
⑪注册会计师对执业过程中获知的信息保密。
⑫审计收费,包括收费的计算基础和收费安排。
⑬违约责任。
⑭解决争议的方法。
⑮签约双方法定代表人或其授权代表的签字盖章,以及签约双方加盖的公章。

1.6.2 审计计划

审计计划是指审计组织为了完成各项审计业务,达到预期的审计目标,在具体执行审计程序之前编制的工作计划。

1) 审计计划的分类

审计计划的分类主要有三种。
①按时间要素分为长期审计计划、中期审计计划、短期审计计划。
②按内容要素分为审计工作计划和审计项目计划。

③按范围要素分为总体审计计划和具体审计计划。

2)审计计划的作用

在审计工作中,审计计划有以下几项作用:①为审计人员和审计工作明确方向;②减少重复审计工作;③减少未来不确定因素的负面影响;④为审计考核工作提供前提条件;⑤为审计控制工作提供标准;⑥提高审计效率和社会效益。

3)审计计划的内容

(1)总体审计计划

总体审计计划是对审计的预期范围和实施方式所作的规划,是审计人员从接受审计委托到出具审计报告整个过程基本工作内容的综合计划。总体审计计划的基本内容包括:被审计单位的整体情况,审计目的、审计范围及审计策略,重要会计问题及重点审计领域,审计工作进度及时间、费用预算,审计小组组成及人员分工,审计重要性的确定及审计风险的评估,对专家、内部审计人员和其他审计人员工作的合理分配以及其他有关内容。

(2)具体审计计划

具体审计计划是依据总体审计计划制订的,对实施总体审计计划所需要的审计程序的性质、时间和范围所做的详细规划与说明,一般通过编制审计程序表的方式体现。具体审计计划应当包括各具体审计项目的一些基本内容,如审计目标、审计流程、执行人及执行日期、审计工作底稿的索引以及其他有关内容。

计划审计工作并非审计业务的一个孤立阶段,而是一个持续修正的过程,贯穿于审计始终。由于未预期事项、条件的变化或在实施审计程序中获取的审计证据等原因,注册会计师应当在审计过程中对总体审计策略和具体审计计划作出必要的更新和修改。

1.6.3　审计工作底稿

审计工作底稿是指审计人员对制订的审计计划、实施的审计程序、获取的相关审计证据,以及得出的审计结论作出的记录。审计工作底稿,是审计证据的载体,是审计人员在审计过程中形成的审计工作记录和获取的资料。它形成于审计过程,也反映整个审计过程。

1)审计工作底稿作用

①审计工作底稿是连接审计工作的纽带。

②审计工作底稿是形成审计结论、发表审计意见的依据,是最终形成审计报告的材料。

③审计工作底稿是明确审计责任、评估专业胜任能力和工作业绩的依据。

④审计工作底稿为审计质量控制与审计质量检查提供了基础依据,是控制审计质量的标准。

2)审计工作底稿分类

(1)综合类工作底稿

综合类工作底稿是指在审计计划阶段和审计报告阶段,为规划、控制和总结整个审计工作并发表审计意见所形成的工作底稿。主要包括审计业务约定书、审计计划、审计报告书未定稿、审计总结、审计调整分录汇总表等综合性的审计记录。

（2）业务类工作底稿

业务类工作底稿是指审计人员在审计实施阶段为执行具体程序所形成的工作底稿。主要包括执行预备调查、控制测试和实质性程序所形成的记录。

（3）备查类工作底稿

备查类工作底稿是指审计人员在审计过程中形成的、对审计工作仅具有备查作用的审计工作底稿。主要包括与审计业务约定事项有关的重要法律文件、重要的会议记录与纪要、重要的经济合同与协议、企业营业执照、公司章程等原始资料的副本或复印件。

3）编制审计工作底稿的注意事项

审计工作底稿作为审计人员在整个审计过程中形成的审计工作记录资料，在编制时要注意以下事项：

（1）在内容上

①资料翔实：资料来源真实可靠，内容完整。

②重点突出：力求反映对审计结论有重大影响的内容。

③繁简得当：根据记录内容不同进行详细和简单记录。

④结论明确：明确表达最终的专业判断意见。

（2）在形式上

①要素齐全：构成工作底稿的基本内容要全部包括在内。

②格式规范：采用的格式应规范、简洁。

③标识一致：审计符号要前后一致，并明确反映在工作底稿中。

④记录清晰：内容要连贯，文字要端正，计算要准确。

4）审计工作底稿的复核

工作底稿必须由有关专业人员进行复核，以保证审计意见的正确性和工作底稿的规范性。一般采用三级复核制度：

①第一级复核为详细复核，由项目负责人负责，对下属各类审计人员编制或取得的工作底稿逐张进行复核。

②第二级复核为一般复核，由部门经理负责，在详细复核的基础上，对工作底稿中的重要审计事项和审计结论进行复核。

③第三级复核为重点复核，在一般复核的基础上对审计过程中的重大审计事项和重要的工作底稿进行复核。

审计工作底稿的复核内容为：

①审计工作底稿从形式上包括的要素是否齐全，是否规范。

②审计工作底稿记录的事项所引用的资料是否翔实可靠。

③各种审计程序是否按计划实施并取得相应的证据。

④各种审计证据是否充分适当。

⑤审计判断是否有理有据。

⑥审计结论是否恰当。

5）审计工作底稿的管理

审计人员在审计结束后，要对工作底稿进行整理，归档和保密工作。审计档案分为：永久性审计档案和当期审计档案。

①永久性审计档案应长期保管。

②当期审计档案自审计报告签发之日起至少保存 10 年。

③不再继续审计的被审计单位，其永久性审计档案的保管年限与最近一年当期档案的保管年限相同。

1.6.4　审计报告

审计报告是指审计人员根据审计计划对被审计单位实施必要的审计程序，就被审计事项作出审计结论，提出审计意见和审计建议的书面文件。

1）出具审计报告的基本要求

出具审计报告的基本要求是：内容全面完整；证据充分适当；责任界限分明；语言准确简练。

2）出具审计报告的步骤

（1）整理和分析审计工作底稿

审计项目负责人应对全部审计工作底稿进行综合分析，将有关问题进行归类，对注册会计师及其助理人员在审计过程中是否遵循了独立审计准则要求进行检查，并全面总结审计工作。

（2）调整被审计单位的会计报表

审计人员向被审计单位通报审计情况、初步结论、应调整会计报表的事项以及应在会计报表附注中予以披露的事项，提请被审计单位予以调整和披露。对于会计记录或会计处理方法上的错误，注册会计师应提请被审计单位改正，并相应调整会计报表的有关项目；对于会计处理不当或其他应该调整的事项，注册会计师应提请被审计单位调整，包括在附注中披露和审计报告中的说明。

（3）确定审计报告意见的类型

注册会计师以经过整理和分析的审计工作底稿得出的综合结论为依据，并根据被审计单位是否接受其提出的调整和披露意见等情况，确定审计报告意见的类型。审计报告意见类型如图 1.1 所示。

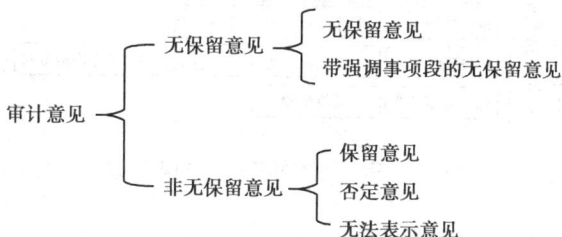

图 1.1　审计意见类型

(4)出具审计报告

审计报告一般由审计项目负责人编制。一般先拟订审计报告提纲,概括和汇总审计工作底稿所提供的资料。然后,根据报告提纲进行文字加工就可以出具审计报告。审计报告完稿后,应经会计师事务所业务负责人复核,并提出修改意见。审计报告经复核、修改后定稿,在两名注册会计师签章并加盖会计师事务所公章后,正本直接送达委托人,副本归档存查。

本章小结与知识图谱

本章首先介绍了审计基础内涵,然后讲述了审计业务流程、审计方法、风险导向审计,以及审计证据的特点、分类和收集、鉴定与整理分析,最后讲述了审计文书,如审计计划、审计工作底稿及审计报告的编制方法,如图1.2所示。要求学生了解审计基础内涵,掌握审计业务流程、审计方法、风险导向审计,掌握审计证据获取和审计文书的编制。

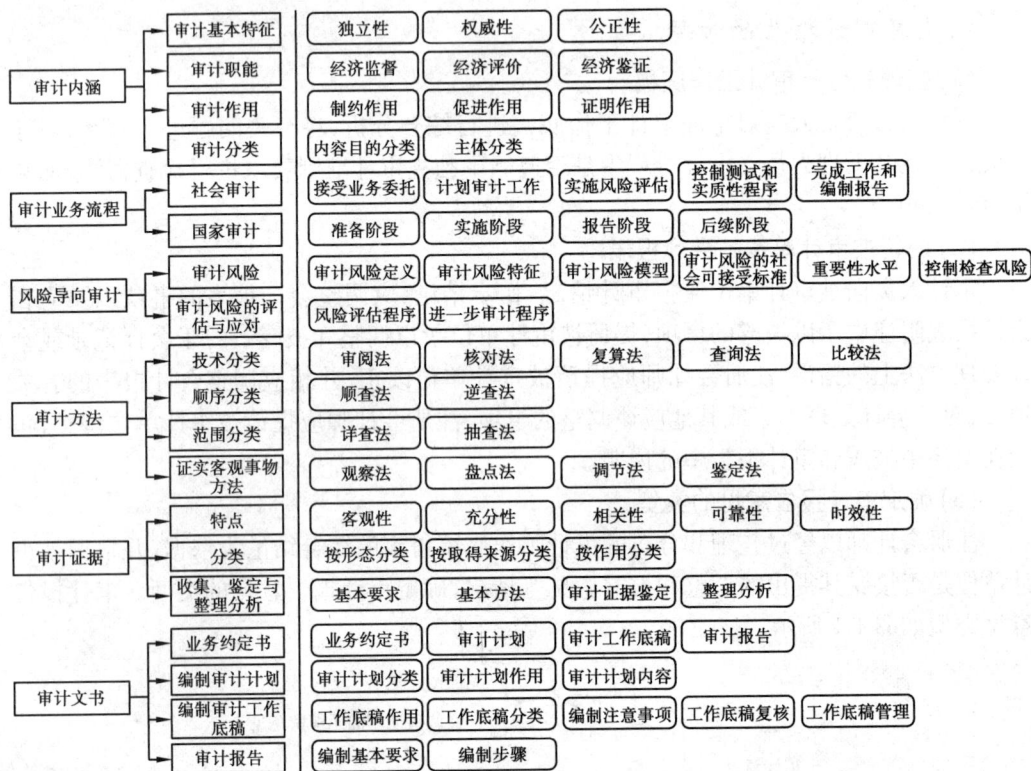

图1.2 审计基本知识——知识图谱

【课外思考与阅读】

思考题：

1）审计的基本特征是什么？

2）什么是审计风险模型？

3）审计证据的特点是什么？

4）审计证据的收集方法有哪些？

5）审计意见如何分类？

小论文选题指南：

查看中国注册会计师协会官方网站，选择某个审计意见为非无保留意见的企业进行近 3 年到 5 年的审计报告分析。

第2章 审计信息化

2018年5月23日,习近平总书记在中央审计委员会第一次会议上,对审计工作作出全方位部署。习近平总书记强调要坚持科技强审,加强审计信息化建设。按照中央审计委员会部署要求,各级审计机关持续加强网络信息基础设施建设,打造高素质专业化数据团队,大力推进数据集中,深化数据分析运用,以信息化建设推动新时代审计事业新发展,更好发挥审计在党和国家监督体系中的重要作用。

【案例导读】

案例1:银行函证区块链服务平台正式投入应用

2021年12月18日,"银行函证区块链服务平台"正式发布,该平台为中国银行业协会和中国注册会计师协会积极落实《关于进一步规范银行函证及回函工作的通知》等文件要求,研究推动函证数字化建设工作,改进提升函证业务规范化水平而推出。

案例回放:

银行函证及回函,是注册会计师实施审计过程中,在获取被审计单位授权后,直接向银行业金融机构发出询证函,查询被审计单位银行存款、银行借款、担保、理财等信息的真实性,银行查询、核对相关信息并提供回函的过程。近年来,资本市场中财务舞弊、会计师审计失败等风险事件时有发生,给商业银行带来了法律风险和声誉风险。

银行函证区块链服务平台秉承权威性、公正性和公益性的建设理念,建设思路遵循市场化、开放性和渐进性原则,逐步推进银行函证向集约化、电子化、规范化、精细化方向转型发展,具备三方面的核心优势。

一是在平台目标定位方面。平台改变了线下分散函证的回函模式,改为线上集中办理,可实现线上完成银行函证的申请、授权、发送、回函等全流程,加快函证处理效率,有效解决传统纸质函证模式的多种弊端,减少会计师事务所、银行、被审计单位等关联方的人工介入程度,增强风险管控,降低数据错漏和舞弊风险。

二是在平台安全保障方面。平台只保留函证传输过程信息,不保留函证数据信息,注重信息的隔离与保密,确保银行及事务所的数据安全。平台拥有金融级安全防护环境,可实现 7/24 小时全天候系统安全运行。

三是在平台技术支撑方面。平台选择"工银玺链"作为底层区块链技术,工银玺链不仅技术优势显著,而且拥有完全自主知识产权,已通过中华人民共和国工业和信息化部(简称"工信部")可信区块链权威认证,并已有多个成熟应用项目。

> **警示:**区块链技术为解决经济和金融等领域的信任问题,提供了底层支持技术,其拥有的高可靠性、简化流程、交易可追踪、节约成本、减少错误以及改善数据质量等特性,再次重塑全球金融业的基础框架。

【学习目的】

随着科技信息的迅速发展,各领域数据规模、种类、容量极速增长,审计机构应主动适应信息化发展新趋势,全面强化科技强审理念,全面提升审计监督的深度和精准度。本章主要介绍了科技强审战略、金审工程,以及现代信息化技术在审计中的应用,要求学生:

1) 了解科技强审战略
2) 了解金审工程
3) 掌握现代信息化技术在审计中应用
4) 掌握审计软件的应用

2.1　科技强审战略

2.1.1　科技强审战略内涵

习近平总书记在中央审计委员会第一次会议上指出,要坚持科技强审,加强审计信息化建设。新时期,科学技术在审计机关应用的深度和广度在不断提高,现代科技融入了审计业务、审计管理的各个环节。实施科技强审战略是指导新时代审计改革的重要举措,是实现审计全覆盖不可或缺的手段,是充分发挥审计在党和国家监督体系中地位和作用的重要保障。

1) 强化审计工作对先进技术方法的创新应用

加快建设"金审工程"的关键基础性软硬件设施,重视大数据技术、地球信息技术、物理测量技术、遥感监测技术等方面的创新和运用情况,强化审计业务领域、审计内部管理的技术创新应用。

2) 将审计信息化嵌入审计工作各环节

以审计各领域全面信息化为抓手,整合审计资源;规范数据采集应用方式,建立健全审计对象个体信息、审计对象行业数据、审计项目信息等基础数据库;将政策研究与数据分析有机融合,创新拓展大数据技术应用。

3)探索前沿技术、颠覆性技术与审计工作融合

审计机构应跟踪前瞻性科学问题研究进展,探索新兴技术与审计工作的关联度,分析对审计对象的影响趋势,及时揭示和反映新情况、新问题和新趋势,提供具有预见性、全局性、战略性的技术前沿方面的审计报告。

2.1.2 科技强审的价值

审计信息化的广泛、深入应用,不仅对审计形成多方面促进和提升,也给科技强审带来新的价值。

1)加速审计转型

根据审计价值曲线图,如图 2.1 所示。审计时间越提前,审计高度越高,审计价值也越大。审计科技的应用,能让审计掌握的数据和信息变得更加全面,覆盖面进一步提升,从而使持续审计、动态趋势评价和事前预防审计成为可能。利用大数据技术实现对海量数据的深度分析、挖掘,能够为审计提供更加准确、综合的视角,打破传统审计在数据规模、范围和类型等方面的限制,使得传统审计一些无法完成的事项变为可能。

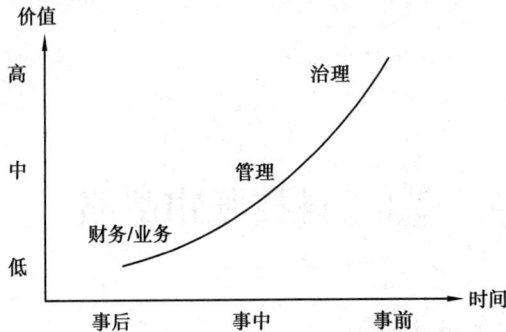

图 2.1 审计价值曲线图

2)审计更加智能

随着大数据、人工智能、自然语言处理、机器人流程自动化、云计算等技术逐步在审计领域中应用,审计处理的数据更多,处理的效率更高。如通过机器学习模型,直接对大量的审计数据进行分析和处理,产生相应的风险预测和假设结果,改变传统审计依靠审计人员经验编写规则的局限;机器人流程自动化技术的应用,能够实现对文档的初步审阅、审计证据的自动化采集和持续采集以及审计底稿的初步填写等,显著提升审计效能;爬虫技术给审计带来更丰富的异构多源数据,解决审计人员信息不对称的难题,为全面深入地了解和识别客户的关联风险提供了有力帮助。

3)审计变得更加精准

借助审计科技找准突破口,精准发力,直指关键、重点问题,将成为未来审计的主要方向。例如 2009 年京沪高铁建设项目跟踪审计,该项目国家投资巨大,经济活动复杂,

极大地增加了审计工作难度。为此,审计人员围绕着关注对象及其与其他单位和个人的关系采取了抽丝剥茧的策略,逐步揭露了贪腐网络。如果审计人员能较早从工商、税务等部门获得数据,并从技术角度进行社会网络分析,能更快绘制完整图景,无疑将使审计工作更精准,提高审计工作效率。

4)审计项目间的关联更加紧密

传统审计是通过单个审计项目提出审计发现和审计建议,注意力集中于当前事项,这些项目之间互相割裂,缺乏全局观和整体感。利用审计网络化作业平台,将发现的问题保存在数据库中,可定期对不同审计项目发现的问题进行归纳、总结,实现审计的数据分析,在条线、流程上进行串联,找出一些普遍性、倾向性、共性的问题,出具针对管理、流程设计等方面的分析报告或管理建议,促进管理增值型审计价值的提升。

5)审计服务职能更加强化

传统审计是通过抽样进行检查发现疑点的,审计建议往往只针对某个点或面。而"画像"技术综合利用数据挖掘、深度学习、计算机建模等技术,从海量数据中识别和提取出用于描述审计对象的特征指标,用数据对特征指标进行量化,识别存在的风险总量信息,让数据"说话",能够更加真实、全面、动态地反映出审计对象的状况,促进审计人员作出更加客观、综合的评价,提出更加全面、深层次的建议。

6)审计指挥系统发挥作用

传统审计在审计计划制订、项目安排、人员分工等方面往往依靠人为经验,缺乏数据、技术支撑,审计质量把控主要依靠项目会议、事后复核等工作程序进行管理。通过审计项目管理平台全流程的管理,后台质量控制人员就能实时掌握审计的资源和进度,实现过程质量的把控和指导。在制订审计计划时,由于有更全面的内外部数据支撑,并由机器自动实现对风险预测,直指风险要害,将使审计计划变得更加科学。

7)提高审计效率,节约审计成本

传统审计主要以现场形式开展,导致大量人员出差,工作效率低下。依托审计数据及技术的发展,如经营、业务、管理基础数据,运营、财务、授信等影像数据,视频数据,视频会议系统,实时在线确认、电子签名等,审计人员足不出户即可完成原来大部分现场审计的工作,不但大大提升了审计工作效率,也大大减轻审计成本和审计对象的迎检成本。

2.1.3 推进科技强审战略

"科技强审"是一项长期的系统性工作,需要强化审计理念,早谋划、早部署,积极推进审计科技的实践运用,将审计信息化建设落到实处。

1)强化科技强审理念

科技强审要发展,理念需先行。重视审计数据扩展、模型研发、系统建设、人员培养等基础性工作;不断探索审计科技在推进审计思路、审计方法创新中的作用和对策;加大"科技强审"的宣传力度,不断提升全员让数据"说话"的能力,营造崇尚审计科技应用的审计文化氛围。

2）加大资源投入

审计科技的发展，离不开资源的持续投入。将"科技强审"纳入审计战略工作任务，在制订年度计划时统筹安排好人力资源参与数据分析、模型研发、系统建设等工作；在先进审计工具、系统建设、人才培养等方面持续投入资金，不断提升信息技术在审计领域的应用。

3）夯实数据基础

数据是审计科技手段提升的基础，扩大内外部数据来源，包括结构化和非结构化数据的扩展；对数据表添加多维度标签，以方便数据的使用；将在建设过程中发现的数据质量问题，及时反馈给数据责任及数据管理部门，督促各部门数据质量的持续提升。

4）探索先进的审计方法

推动互联网、大数据、人工智能等先进技术在审计工作中的应用，优化和重构审计业务流程；组建跨专业、跨条线、跨部门的虚拟研究小组，结合实际工作对审计监督、内控评价、事前审计、质量控制、新兴领域、大数据分析与应用等方面进行理论研究。

5）搭建先进的审计科技应用平台

构建包括作业、数据、监控、知识在内的四大平台审计系统，如图2.2所示。作业平台提供程序化审计、质量控制、绩效考核等功能；数据平台主要支持多数据源、多数据种类的接入，确保数据使用范围和安全；监控平台实现对异常信息、员工行为、风险指标的监测和处理；知识平台实现非现场信息的收集、上传，提供对规章制度的自动收集和查询、审计经验共享等。审计科技应用平台支持事前预警、事中分析、事后评价功能，广泛适应云计算、数据挖掘、可视化技术的应用，能够不断支持探索智能化、机器学习等技术应用。

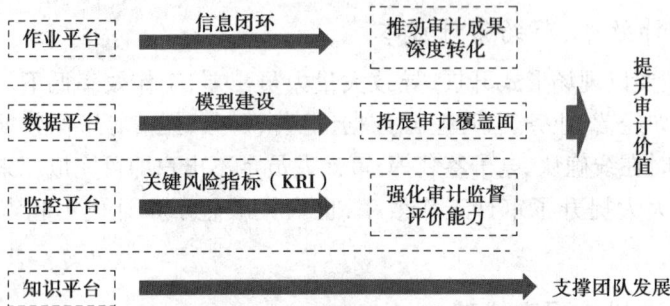

图2.2 审计科技应用平台

案例2：通过审计智能分析平台查找境外机构境内外汇账户被集中控制、涉及洗钱交易的情况

在中国银行总行集团反洗钱审计项目中发现，境外机构境内外汇账户（NRA）在核心银行系统中的客户信息和账户信息存在明显有违商业常理的可疑特征，初步怀疑NRA账户被集中控制、贸易背景不真实。例如，同一地址大量重复注册使用，且较多客户具有相同账户联系人、联系电话、法定代表人等。

案例回放：

为进一步揭示 NRA 账户之间贸易背景不真实，或作为地下钱庄的资金通道等潜在洗钱风险隐患，审计人员使用数据分析系统，结合银行内、外部数据，对全量的客户、账户、交易等信息进行多维度关联分析，通过可视化分析软件 i2 将结果进行展示，并对 i2 软件生成的因账户间资金往来而形成的多个组群关系进行深入分析，发现 NRA 公司账户呈现被集中控制、过渡资金明显的典型可疑特征，大量在境外没有经营实体的境内客户，通过代理注册等方式合法注册成立疑似空壳公司，并开立 NRA 账户，进而通过集中控制多个 NRA 账户进行虚构贸易背景的关联交易，或作为地下钱庄的资金通道，存在较大的洗钱风险隐患。

2.2　审计信息化概述

随着信息技术的发展，组织的运行越来越依赖于信息技术（Information Technology，IT）。

2.2.1　审计信息化简介

1）信息化应用与发展

中共中央办公厅、国务院办公厅印发的《2006—2020 年国家信息化发展战略》指出："信息化是充分利用信息技术，开发利用信息资源，促进信息交流和知识共享，提高经济增长质量，推动经济社会发展转型的历史进程。"

我国一直高度重视信息化工作。早在 20 世纪 90 年代，我国相继启动了以"金关""金卡"和"金税"为代表的重大信息化应用工程；1997 年，召开了全国信息化工作会议；党的十五届五中全会把信息化提到了国家战略的高度；党的十六大进一步作出了以信息化带动工业化、以工业化促进信息化、走新型工业化道路的战略部署；党的十六届五中全会再次强调推进国民经济和社会信息化，加快转变经济增长方式。"十五"期间，国家信息化领导小组对信息化发展重点进行了全面部署，作出了推行电子政务、振兴软件产业、加强信息安全保障、加强信息资源开发利用、加快发展电子商务等一系列重要决策部署。各地区各部门从实际出发，认真贯彻落实，不断开拓进取，我国信息化建设取得了可喜的进展。

党的十九大报告要求"善于运用互联网技术和信息化手段开展工作"。2018 年 4 月 20 日至 21 日，全国网络安全和信息化工作会议在北京召开。中共中央总书记、国家主席、中央军委主席习近平出席会议并发表重要讲话。习近平总书记强调，信息化为中华民族带来了千载难逢的机遇。

"十四五"时期新发展理念：以信息化培育新动能，用新动能推动新发展，以新发展创造新辉煌。随着新一代网络信息技术不断创新突破，数字化、网络化、智能化的深入发展，信息革命正从技术产业革命向经济社会变革加速演进。"十四五"时期的"新基建"

"数字中国""大数据"将作为新时期的国家发展战略核心,科技信息化建设成为实现国家战略发展的关键要素。

"两网一站四库十二金"电子政务建设工作简介

两网:指政务内网和政务外网。

一站:指政府门户网站。

四库:即建立人口、法人单位、空间地理和自然资源、宏观经济等4个基础数据库。

十二个"金"字工程:

(1)金财工程

"金财工程"即政府财政管理信息系统,简称 GFMIS,由财政部牵头,有关部门配合。GFMIS 的建立将从根本上改变财政系统多年来"粗放"的管理模式。该系统的建立有利于支撑政府职能的转变,有利于促进政府行为的规范,有利于提高政府宏观经济管理和决策水平,有利于加强财政资金管理,有利于从源头上防止腐败。

(2)金农工程

金农工程由农业部牵头,国家计委、国家粮食局、中农办等部门配合。实现增强政府宏观调控能力和综合服务能力,增强农民信息意识和信息利用能力,增强农产品国际市场竞争力的目标。具体建设任务包括开发四个系统、整合三类资源、建设两支队伍、完善一个服务网络。

(3)金盾工程

中央和地方安排专项建设资金,加快建设和完善维护稳定、打击犯罪、服务群众和行政管理等方面急需的应用系统,共享性强、覆盖面广、使用频率高的公安信息资源库以及部、省、市三级公安信息中心和主干网。

(4)金保工程

劳动保障部明确"一卡多用,全国通用"的建设目标,规划要求社会保障卡建设要统一规划,各地根据当地的实际情况在统一标准、统一管理体制的前提下具体实施。

(5)金税工程

"金税工程"是整个税收管理信息系统工程的总称,主要监控对象是增值税专用发票。依托税务系统计算机广域网,以总局为主、省局为辅高度集中处理信息,功能覆盖各级税务机关税收业务、行政管理、决策支持、外部信息应用等所有职能的功能齐全、协调高效、信息共享、监控严密、安全稳定、保障有力的中国电子税务管理信息系统。

(6)金关工程

"金关工程"即外贸业务处理系统,是由外经贸部牵头组织实施的国家重点工程。逐步推行各类对外经贸业务单证的计算机网络传输,提高对外经济贸易的现代化管理水平,实现国际电子商务,增强国家的宏观调控能力。

(7)金水工程

建设水资源实施监控系统,针对大江河重点防洪地区和易旱地区,为各级防汛抗旱部门及时、准确地提供各类防汛抗旱信息,并较准确地作出降雨、洪水和旱情的预测报告,进而为防洪抗旱调度决策和指挥抢险救灾提供有力的技术支持和科学依据。

（8）金质工程

"金质工程"的建设内容包括"一网一库三系统"的建设,即建设质检业务监督管理系统、质检业务申报审批系统、质检信息服务系统,建设质检业务数据库群,建设软硬件及网络平台。

（9）金审工程

金审工程是审计信息化系统建设项目的简称,建成对财政、银行、税务、海关等部门和重点国有企业事业单位的财务信息系统及相关电子数据进行密切跟踪,对财政收支或者财务收支的真实、合法和效益实施有效审计监督的信息化系统。

（10）金卡工程

金卡工程是以电子货币应用为重点的各类卡基应用系统工程。以计算机、通信等现代科技为基础,以银行卡等为介质,通过计算机网络系统,以电子信息转账形式实现货币流通。

（11）金贸工程

金贸工程确定了中国商品交易中心为试点和示范的实施单位,明确了抓好中国商品交易中心电子商务系统的建设,形成我国的电子贸易体系。

（12）金企工程

金企工程通过建立大量的各类产品数据库、企业数据库、行业数据库等形成全国经济信息资源网,建立起国家经济宏观调控支持系统,为国家宏观经济决策提供科学依据和信息服务,同时为建立全国范围的电子市场奠定了基础。

2）审计信息化概念与内涵

审计信息化离不开信息技术的发展,而信息技术的发展则是推动工业社会向信息社会迈进的动力,信息技术如雨后春笋般地出现在我国的各行各业,并逐渐渗透到日常审计工作中。因此,审计信息化是指现代信息技术对审计的影响以及审计对现代信息技术的运用。

从技术方面来看,审计信息化是以审计信息资源开发利用为核心,以计算机硬软件技术、网络通信技术、数据管理技术、集成技术等为依托的信息技术在审计工作中的扩散。

从组成要素来看,审计信息化由信息基础设施、信息技术与信息产业、信息技术应用和信息人才所组成。其中,信息基础设施又包括信息网络、信息资源、信息政策与标准 3个方面。在上述 4 个要素中,信息基础设施、信息技术与信息产业是基础,信息技术应用是核心,信息基础设施的建设、信息产业的发展都要以信息技术应用为核心。信息人才是关键,其他要素的发展,都需要信息人才,才能够顺利进行。

从过程方面来看,审计信息化是在审计作业处理与决策、审计行业管理工作中普遍采用信息技术,加快信息技术在审计领域的推广水平,推动审计工作发展和进步的过程。

从层次角度看,审计信息化涉及审计行业管理的信息化和审计事务处理的信息化。审计行业管理的信息化是指通过信息技术的渗透、蔓延和信息资源的充分开发与利用,使审计行业管理手段更为先进和科学并不断完善的过程。审计事务处理的信息化是指在审计事务处理中充分利用信息技术以提高处理效率。

从信息技术应用层面来看,审计信息化涉及审计作业信息化、审计管理信息化和审计决策信息化。审计作业信息化是指借助审计软件和工具软件实施审计程序,进行审计作业的过程。审计管理信息化则涉及审计项目管理、审计机构(政府审计部门和会计师事务所等)管理、审计行业管理(法规标准、资质认证、审计软件市场管理等)和审计文书管理的信息化;审计决策信息化是指借助计算机、利用数据库和数据仓库技术对各种信息进行分析,从而选择、比较、决断重大审计事项的过程。

从审计主体来看,审计信息化分为政府审计信息化、社会审计信息化和内部审计信息化。从审计对象来看,涉及被审计单位的经济活动和信息系统。由于在信息技术环境下,被审计单位会借助电子商务平台开展经济活动,因此,被审计单位的经济活动会涉及网上交易和电子支付。而信息系统则指企业管理信息系统和支持电子商务活动的网站。

从审计目的和内容来看,审计信息化包括信息技术环境下财务报表审计、经营审计和信息系统审计等方面。

3) 审计信息化构架

信息技术在经济管理领域的广泛应用,使审计环境和审计对象发生了变化。作为经济监督重要组成部分的审计工作,必须在思想观念、人员素质、审计标准、审计方式和审计手段等方面进行变革,审计作业方式必须与时俱进,全面实现审计信息化。审计信息化的构架主要由基础设施、应用系统、审计知识库、标准规范和人才建设 5 部分组成,如图 2.3 所示。

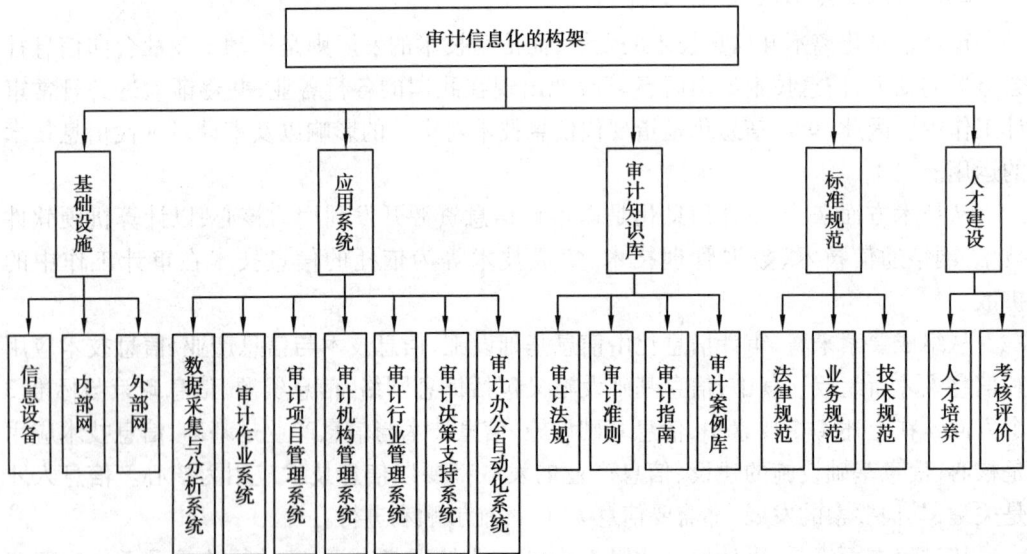

图 2.3　审计信息化的构架

34

（1）基础设施

基础设施主要是指信息设备和网络系统。信息设备是人和信息基础设施的接口设备。按照"资源共享、布局合理、经济实用、确保需要"的原则，构建审计信息化网络系统，审计信息化网络系统由内部网和外部网构成。内部网是在一个协同作业的审计组织内部，采用 Intranet 技术实现该组织应用需求的网络应用系统。外部网是利用 Internet 技术搭建的，以信息资源共享为目标，是实施审计信息公共服务的网络应用系统。

（2）应用系统

应用系统是审计信息化的核心部分，辅助审计人员完成审计作业、审计管理和审计决策工作。应用系统主要包括数据采集与分析系统、审计作业系统、审计项目管理系统、审计机构管理系统、审计行业管理系统、审计决策支持系统和审计办公自动化系统。

①数据采集与分析系统可以访问不同类型的数据库，采集被审计对象的电子数据，并提供数据分析工具，供审计人员进行数据分析，以便发现疑点，搜索线索。

②审计作业系统提供了工作底稿制作平台，运用审计作业系统，审计人员可按照审计作业顺序，借助底稿制作平台制作各种审计工作底稿，执行审计工作，从而规范工作底稿，提高审计效率。

③审计项目管理系统可以对审计项目从受托登记到审计进度、成本控制、工作业绩考核、案卷归档等全过程进行管理。

④审计机构管理系统可以对政府审计部门和会计师事务所进行机构设置、部门管理、员工管理、业务管理、执业成本管理、档案管理、日常工作安排和培训管理等。

⑤审计行业管理系统可以实时处理行业管理信息，提升行业管理水平和工作效率。

⑥审计决策支持系统可以运用数据库和数据仓库技术对各种信息进行分析，为选择、比较、决断重大审计事项提供有效支持。

⑦审计办公自动化系统可以实现审计组织的信息资源共享、内部电子邮件、网上公文审批和自动流转、工作日程安排、小组协同办公、工作流程自动化。

（3）审计知识库

审计知识库存储了审计法规、审计准则、审计指南、审计案例库及其他相关信息，审计人员在审计过程中可以随时查阅。在实际工作中，应及时更新和完善审计知识库。

（4）标准规范

为促进审计信息化的发展，必须建立和完善相关的标准规范，包括法律规范、业务规范和技术规范。我国已建立了与审计相关的法律规范，然而，由于被审计单位实现了信息化，审计环境发生了变化，在实际审计工作中会出现一些新问题，而现行法规中并未明确规定，导致在审计实践中遇到了法律障碍，因此，必须不断完善法律规范。业务规范是指审计准则和审计指南，业务规范滞后也会影响信息技术环境下的审计工作，制约审计信息化的发展，审计准则和审计指南应考虑信息技术环境和出现的新型审计业务且不断完善。审计信息化不仅要有信息技术的支持，还要开发许多种审计软件，应用于审计工作的各个领域，特别是"金审工程"的实施，要把多种软件开发统一到"金审工程"应用系统平台上；因此，必须建立相应的技术规范，制订审计应用平台数据交换接口标准、审计软件开发指南等,使审计软件的开发更加系统化、标准化,从而延长软件生命周期,节约开发成本。

(5)人才建设

开展审计信息化工作,人才建设是关键,需要一支既熟悉审计业务又掌握信息技术的高素质审计队伍,因此,必须做好人才培养建设工作,建立人才考核评价机制。不仅要大力培养现行审计人员应用信息技术和审计软件的基本能力,而且要培养一大批具有丰富审计经验和较强信息技术能力的审计人才,抓好审计信息化骨干和专家队伍的培养,以推动审计信息化的快速发展。

2.2.2 审计信息化相关术语

1)信息技术(IT)审计

随着信息技术的发展,组织的运行越来越依赖于信息技术(Information Technology,IT)。信息化环境下的信息技术不但成为开展审计的工具,即计算机辅助审计技术(Computer Assisted Audit Techniques,CAATs);也成为审计的对象,即信息系统审计。由此,IT审计成为审计领域研究与应用的热点,IT审计包括的主要内容如图2.4所示。

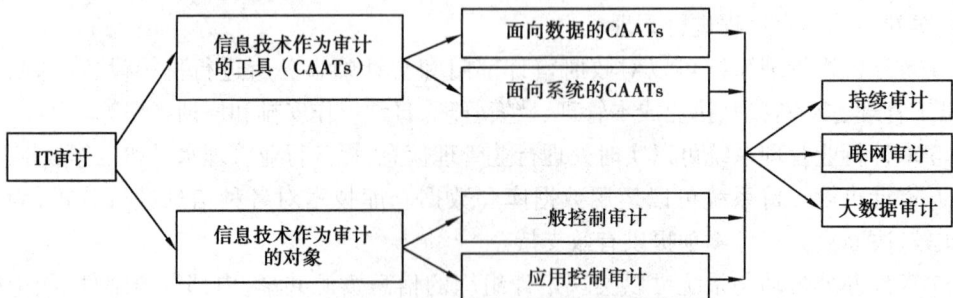

图 2.4 IT 审计

2)计算机辅助审计

审计对象的信息化客观上要求审计机关运用信息技术,全面检查被审计单位的经济活动,发挥审计的监督作用。审计署对计算机辅助审计的定义为:审计机关、审计人员将计算机作为辅助审计的工具,对被审计单位财政、财务收支及其计算机应用系统实施的审计。

计算机辅助审计技术通常分为面向系统的计算机辅助审计技术和面向数据的计算机辅助审计技术两大类。

3)电子数据审计

国际内部审计师协会(Institute of Internal Auditors,IIA)2011年发布了全球技术审计指南《数据分析技术》,可见,电子数据审计是目前国内外审计领域关注的重点。2014年12月,国家审计署进行机构调整,增设了电子数据审计司。电子数据审计司的增设充分说明电子数据审计在目前我国审计工作中的重要性。电子数据审计可理解为"对被审计单位信息系统中的电子数据进行采集、预处理以及分析,从而发现审计线索,获得审计证据的过程"。

　　为了避免影响被审计单位信息系统的正常运行,规避审计风险,并保持审计的独立性,审计人员在进行电子数据审计时,一般不直接使用被审计单位的信息系统进行查询、检查,而是将所需的被审计单位的电子数据采集到审计人员的计算机中,利用审计软件进行分析。概括起来,目前我国研究及开展的电子数据审计的原理,如图 2.5 所示。

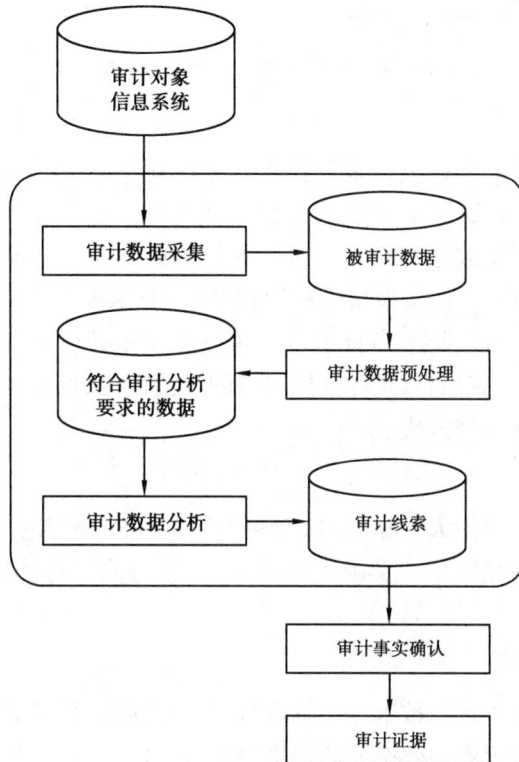

图 2.5　电子数据审计的原理

4)信息系统审计

　　信息系统审计(Information System Audit,ISA)一般理解为对计算机信息系统的审计,信息系统审计的国际权威组织——国际信息系统审计与控制协会把信息系统审计定义如下:

　　信息系统审计是收集和评估证据,以确定信息系统与相关资源能否适当地保护资产、维护数据完整、提供相关和可靠的信息、有效完成组织目标、高效率地利用资源并且存在有效的内部控制,以确保满足业务、运作和控制目标的需求,在发生非期望事件的情况下,能够及时地阻止检测或更正的过程。信息系统审计的主要内容如图 2.6 所示。

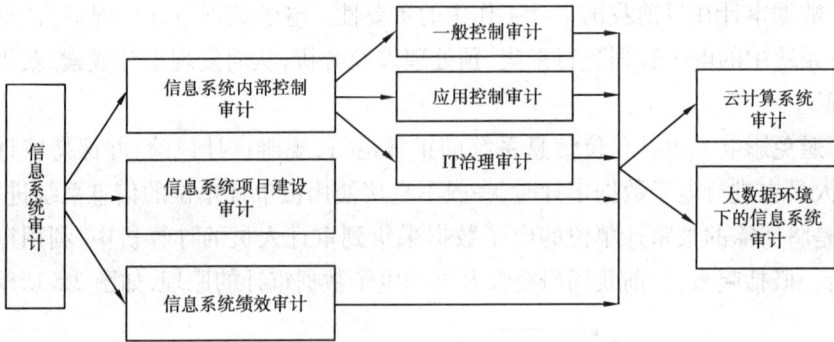

图 2.6　信息系统审计的主要内容

5）持续审计

互联网等信息技术的发展使得审计技术与方法向持续、动态、实时的方向发展。持续审计（Continuous Auditing,CA）成为审计信息化的一个重要发展方向。持续审计是指能在相关事件发生的同时或之后很短的时间内就能产生审计结果的一种审计类型。持续审计也被称为实时审计。要实现持续审计,需要一个在线的计算机系统把审计部门和被审计部门联系起来,所以,持续审计也称为持续在线审计（Continuous Online Auditing,COA）,随着信息化程度的提高以及计算机网络的广泛使用,目前正在开展的所谓联网审计也是持续审计的一种实现方式。

6）大数据审计

大数据审计主要指运用大数据思维,归集不同行业和部门的数据,进行分析、挖掘,进而发现数据之间的内在联系,提高问题的洞察力,是提高审计质量、提高审计效率和实现审计全覆盖的关键所在。

7）联网审计

联网审计是指审计机构与被审计单位进行网络互连后,在对被审计单位财政财务管理相关信息系统进行测评和高效率的数据采集与分析的基础上,对被审计单位财政财务收支的真实性、合法性、效益性进行实时、远程检查监督的行为。通过联网审计,审计人员可以非现场实时或定时地监督被审计单位的业务活动、内部控制和风险管理。

8）智能审计

随着人工智能技术的发展及其在相关行业的应用,审计、会计等领域也迫切需要应用人工智能技术。人工智能技术可以减少审计数据采集和分析的时间,降低简单重复的劳动;运用人工智能等技术,对审计大数据进行分析,特别是将纸质合同中的信息数字化后,能够让软件自主学习审计的思维模式,使审计人员把更多的精力用于解决关键问题上。

智能审计就是运用大数据、人工智能、云计算、机器人、自动化等先进的信息技术,实现审计作业和审计管理的智能化,从而全面提高审计效率。

2.3　金审工程

2.3.1　"金审工程"的概念

金审工程是审计信息化系统建设项目的简称,是《国家信息化领导小组关于我国电子政务建设指导意见》中确定的 12 个重点业务系统之一。金审工程的建设,全面推动审计数字化转型改革工作,形成上下贯通、执行有力的审计组织体系,形成多层次、广覆盖、全方位的审计监督格局。

2.3.2　"金审工程"建设的背景

到了 20 世纪 80 年代,以查账为主要手段的审计职业遇到了来自计算机技术的挑战。被审计对象的信息化,从客观上要求审计机关的作业方式必须及时作出相应的调整,要运用计算机技术,全面检查被审计单位的经济活动,发挥审计监督应有的作用。

1998 年,中共审计署党组根据当时的状况,认真分析了信息化条件下审计工作面临的"失去审计资格"的职业风险,于 1998 年底向国务院汇报工作时提出建设审计信息化系统的建议,得到了国务院的充分肯定。1999 年 12 月,国家审计署根据国务院的要求,上报了《审计信息化系统建设规划》。

在国务院领导和有关部门的大力支持下,国家发改委于 2002 年 7 月 28 日正式批准"金审工程"开工。2002 年 8 月,《国家信息化领导小组关于我国电子政务建设指导意见》(中办发〔2002〕17 号)中,批准了"金审工程"开工。

2002 年 8 月,在《国家信息化领导小组关于我国电子政务建设指导意见》(中办发〔2002〕17 号)中,批准"金审工程"作为我国电子政务建设的重大业务系统建设工程,列入了国家"十五"期间首先启动的 12 个"金"字号电子政务重大工程之一。

"金审工程"一期建设中,对实现"预算跟踪+联网核查"审计模式所采用的联网审计方式进行了试点。为更好地研究联网审计技术,为"金审工程"二期建设提供技术支持,2004 年国家科技部批复了审计署申请的"国家高技术研究发展计划"(简称"863 计划")项目《计算机审计数据采集与处理技术》软件重大专项研究课题。

目前,"金审工程"一期和二期已经顺利完成。"金审工程"三期是在"金审工程"一期和二期的基础上,运用云计算、大数据等现代信息技术,持续完善和发展国家审计信息系统,建设审计综合作业平台、国家审计数字化指挥中心、审计模拟仿真实验室和审计综合服务支撑系统,提升审计指挥决策、审计质量管理、数据汇聚与共享、数据综合分析等能力。

2.3.3　"金审工程"建设的目标

"金审工程"的总体目标是:建成对财政、银行、税务、海关等部门和重点国有企事业单位的财务信息系统及相关电子数据进行密切跟踪,对财政收支或者财务收支的真实性、合法性和效益性实施有效审计监督的信息化系统;逐步实现审计监督的三个"转变",即从单一的事后审计转变为事后审计与事中审计相结合,从单一的静态审计转变为静态审计与动态审计相结合,从单一的现场审计转变为现场审计与远程审计相结合;增强审计机关在计算机环境下查错纠弊、规范管理、揭露腐败、打击犯罪的能力,维护经济秩序,促进廉洁高效政府的建设,更好地履行审计法定监督职责。

"金审工程"的建设内容可以概括为:建设一个审计专用网络,使它能够连通全国审计机关和重点被审计单位,高效实用;开发一批软件,从而满足审计业务需求,并在推广应用中不断完善;建立一个数据库群,为审计业务和决策、为政府和社会公众提供有效信息;配置一批计算机设备,特点是经济实用,避免炫耀性消费;培养一支能胜任审计信息化的新型队伍。

2.3.4 "金审工程"应用系统

金审工程的重中之重是应用系统开发,按照与时俱进的要求,采用新的模式,实现新的拓展。一是水平拓展,实施协调一致的集成开发软件模式;二是垂直拓展,实施审计系统统一使用的软件模式;三是网络拓展,实施网络环境应用为主的软件模式。根据审计业务和管理的需要,规划了审计管理和审计实施两大系统,"金审工程"应用系统如图2.7所示。

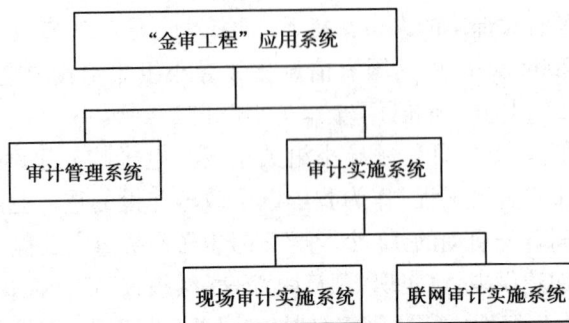

图 2.7 "金审工程"应用系统

1) 审计管理系统

审计管理系统(Audit Management System, AMS)是审计机关管理审计业务和行政办公的信息系统。审计管理系统具有对审计业务支撑、审计办公管理、领导决策支持、审计信息共享等管理内容和技术功能,以审计计划项目信息为先导,对审计项目实施信息互通、结果反馈、业务指导、公文流转、审计决策等各环节进行全面管理和技术支持,形成审计业务、管理、决策的一体化。

2) 审计实施系统

审计实施系统是审计机关利用计算机技术开展审计项目的信息系统。根据审计实施方式的不同,审计实施系统可分别规划为现场审计实施系统和联网审计实施系统两大部分。现场审计实施系统是审计人员实施就地审计方式的信息系统,对外称为审计师办公室(Auditor Office,AO)。

(1)现场审计实施系统

基于对各行业审计数据采集转换的向导和模板,基于审计准则和专业审计指南的向导模板,基于审计师经验的总结提炼并编制成系统可以识别和执行的计算机审计方法,基于审计抽样理论和实务向导,基于审计中间表和审计分析模型等构建技术的支持;并辅之相应的专业审计功能,实现对各专业审计项目的业务支持和知识共享。

(2)联网审计实施系统

联网审计实施系统(On-Line Auditing,OLA)是指审计机关实施联网审计的信息系统。联网审计是对需要经常性审计且关系国计民生的重要部门和行业实施"预算跟踪+联网核查"模式的计算机审计。联网审计以确定的采集周期在线获取对方系统中审计所需数据,进行实时的审计处理,及时发现问题并及时反馈,督促被审计单位及时规范管理,采用动态、远程审计的方式,达到事中审计的效果和效益,并对积累的历史数据进行趋势分析和预测评价,提出审计评价意见和审计建议。

2.4　现代信息技术与审计

2.4.1　大数据

大数据是继云计算、物联网后又一颠覆性的技术革命。《大数据时代》的作者维克托·迈尔·舍恩伯格对大数据的解释是:大数据并不是一部分数据样本,而是关于某个现象的所有数据;维基百科对大数据的解读是:大数据或称巨量数据、海量数据、大资料,指的是所涉及的数据量规模巨大到无法通过人工在合理时间内截取、管理、处理并整理成为人类所能解读的信息。大数据之"大"并不仅仅在于其"容量之大",数据的搜集、存储、处理以及共享等极具挑战性的任务也赋予大数据之"大"更多的意义,即人类可以从这些海量数据中挖掘有用的数据,通过对这些数据的筛选、清理、整合和分析,捕捉有用的信息,为人类创造新的价值。

概括来说,大数据主要具有以下特点。

1)大量(Volume)

数据量大,非结构化数据的超大规模和快速增长,比结构化数据增长快 10~50 倍。

2)多样(Variety)

大数据的形式多样,有很多不同形式,如文本、图像、视频、机器数据等。

3)快速(Velocity)

一方面数据量增长速度快,另一方面大数据要求实时分析,要求处理速度快。

4) 真实性(Veracity)

数据必须是准确的、可靠的、一致的,具有可追溯性。

5) 可视化(Visualization)

大数据分析的结果往往难以解释。通过可视化分析工具开展大数据分析,并生成易于理解的图形和图表,对于用户理解大数据以及大数据分析结果而言非常重要。国际内部审计师协会在 2017 年发布的《理解与审计大数据》指南(GTAG,2017)中,把可视化作为大数据的一个重要特点。

2.4.2　云计算

1) 云计算的内涵

根据国家标准化管理委员会给出的定义,云计算(Cloud Computing)是指通过网络访问可扩展的、灵活的物理或虚拟共享资源池,并按需自助获取和管理资源的模式。

云计算三个层次的服务模式如下。

(1) 软件服务(Software as a Service,SaaS)

软件服务为很多用户提供了应用软件服务,用户不需要日常的 IT 操作人员。

(2) 平台服务(Platform as a Service,PaaS)

平台服务为很多用户提供了运行应用软件的环境,用户需要维护自己的应用软件。

(3) 设施服务(Infrastructure as a Service,IaaS)

设施服务为很多用户提供了运行应用软件的环境,用户需要有自己的技术人员,如系统管理员、数据库人员、开发人员等。

2) 云计算的特点

概括来说,使用云计算主要具有以下特点。

(1) 可提供动态变化的计算环境

云计算平台能够按需对服务进行配置和管理,可以支持多种不同类型、不同需求的应用;云计算平台能够根据需要分配资源,具有可伸缩性,对业务具有灵活性。

(2) 数据存储能力强大

云计算平台可提供海量存储环境,能够按需进行数据存取,支持海量数据管理和存储业务。

(3) 减少了相关成本

使用云计算能够极大地提高硬件利用率,并能够在极短的时间内升级到巨大容量,而不需要用户自己频繁地投资构建新的基础设施、培训新员工,不需要频繁地升级软件,从而减少了相关成本。

(4) 云计算具有强大且高效的数据处理能力

云计算在对用户需要的信息进行计算处理时,可将庞大的计算处理程序拆分成无数个子程序,然后将这些子程序交由多部服务器组成的庞大系统进行搜索及计算分析,最后直接将处理结果回传给用户,这一过程可在极短时间内完成,因此具有强大、高效的数据处理能力。

（5）云计算能够提供专业、高效和相对安全的数据存储

优秀的云计算供应商能够提供专业、高效和相对安全的数据存储,用户运用云计算技术将数据存储在云计算平台中,相对于用户自己管理数据存储,它能在一定程度上消除因各种由安全问题导致的数据丢失的顾虑。

3）主流云计算服务提供商

目前一些典型的云计算服务供应商有:

（1）亚马逊网络服务（AWS）

亚马逊网络服务（Amazon Web Services,AWS）是全球最全面、应用最广泛的云平台,通过全球数据中心提供超过 200 项功能齐全的服务,如计算、存储和数据库等基础设施技术,以及机器学习、人工智能、物联网等新兴技术。数百万用户都在使用亚马逊云服务来降低成本,提高敏捷性并加速创新。

（2）微软 Azure

微软 Azure 是一个灵活的企业级公有云平台,提供数据库、云服务、云存储、人工智能、互联网等高效、稳定、可扩展的云端服务。它可以用来托管应用程序,可以使用 SQL 关系数据库、NoSQL 存储和非结构化 Blob 来存储不同类型数据等。微软 Azure 可以根据需要快速扩展或缩减,用户只需为使用的功能付费即可。

（3）阿里云

阿里云创立于 2009 年,是全球领先的云计算及人工智能科技公司,为 200 多个国家和地区的企业、开发者和政府机构提供服务。阿里云致力于以在线公共服务的方式,提供安全、可靠的计算和数据处理能力。阿里云在全球 28 个地域开放了 85 个可用区,为地球数 10 亿用户提供可靠的计算支持。

（4）华为云

华为云成立于 2005 年,是华为的云服务品牌,致力于提供稳定可靠、安全可信、可持续创新的云服务。

2.4.3　大数据、云计算、人工智能与智能审计

案例 3:安永在审计过程中使用无人机监控库存

安永在审计过程中使用无人机来统计被审计生产工厂的车辆数量,并将这些数据直接传送到其全球审计数字平台——EYCanvas。另外,使用无人机可以在审计过程中获取更多数据,这使得审计人员不再用手动盘点库存,节省的时间可以更专注于其他领域的审计工作。

大数据、云计算与人工智能等技术之间有着密切的联系。云计算的相关技术可以用来完成大数据存储和计算;人工智能和机器学习方法可以用来完成大数据分析,其中机器学习为人工智能的一个重要分支;人工智能的应用需要大数据的支持,离开大数据,人工智能技术无法取得好的应用效果。

对智能审计来说,丰富的审计大数据为应用人工智能技术开展智能审计提供了基

础;云计算的相关存储技术为审计大数据存储提供了基础,云计算的相关计算技术为智能审计中审计大数据的分析计算和人工智能算法的实现提供了基础,保证智能审计的有效实现。概括来说,智能审计中大数据、云计算与人工智能之间的关系,如图 2.8 所示。

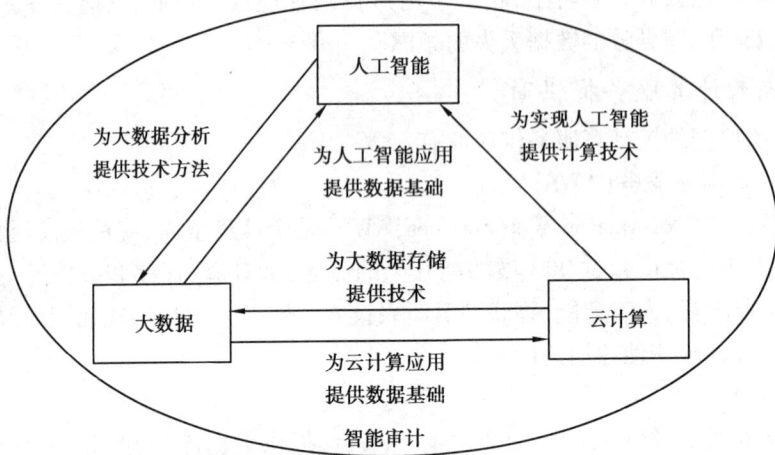

图 2.8　大数据、云计算、人工智能与智能审计之间的关系

大数据审计与智能审计既有区别,又有联系。大数据审计强调如何利用大数据开展审计工作,以及面对大数据环境如何开展审计,强调的是大数据;智能审计强调如何利用人工智能相关技术开展审计,强调的是技术。与此同时,两者又有密切的联系,大数据审计利用大数据开展审计工作的一些技术方法需要人工智能相关技术;智能审计在利用人工智能相关技术,开展审计时,有些技术也需要大数据的支持,才能更好地发挥人工智能相关技术的优势。

2.4.4　区块链与审计

2019 年 1 月 10 日,国家互联网信息办公室发布《区块链信息服务管理规定》。2019 年 10 月 24 日,在中央政治局第十八次集体学习时,习近平总书记强调,"把区块链作为核心技术自主创新的重要突破口""加快推动区块链技术和产业创新发展"。"区块链"已走进大众视野,成为社会的关注焦点。

1) 区块链定义

狭义区块链是按照时间顺序,将数据区块以顺序相连的方式组合成的链式数据结构,并以密码学方式保证的不可篡改和不可伪造的分布式账本。

广义区块链是运用块链式数据结构验证与存储数据,运用分布式节点共识算法生成和更新数据,运用密码学的方式保证数据传输和访问的安全、运用由自动化脚本代码组成的智能合约,编程和操作数据的全新的分布式基础架构与计算范式。

2) 区块链特征

(1) 去中心化

区块链技术不依赖额外的第三方管理机构或硬件设施,没有中心管制,除了自成一体的区块链本身,通过分布式核算和存储,各个节点实现了信息自我验证、传递和管理。去中心化是区块链最突出最本质的特征。

（2）开放性

区块链技术基础是开源的,除了交易各方的私有信息被加密外,区块链的数据对所有人开放,任何人都可以通过公开的接口查询区块链数据和开发相关应用,因此整个系统信息高度透明。

（3）独立性

基于协商一致的规范和协议（类似比特币采用的哈希算法等各种数学算法）,整个区块链系统不依赖其他第三方,所有节点能够在系统内自动安全地验证、交换数据,不需要任何人为的干预。

（4）安全性

只要不能掌控全部数据节点的 51%,就无法肆意操控、修改网络数据,这使区块链本身变得相对安全,避免了主观人为的数据变更。

（5）匿名性

除非有法律规范要求,单从技术上来讲,各区块节点的身份信息不需要公开或验证,信息传递可以匿名进行。

3）区块链技术对审计影响

（1）分布性

区块链审计具有公开透明、去中心化、分布式等特征,它不再依赖于集中统一的管理,从而避免了依赖于信任中心数据库、垄断所有数据的弊端。在区块链审计中,各个链上节点能够实现自我管理与数据交易账本的更新,通过全网广播的方式,对所有节点进行公开透明的处理,各节点看到的共享账本数据跟中心数据库一样,是全局数据模型的描述,节点间的权利和义务也是均等的;在维护和更新数据时,不需要考虑共享账本的存储和操作的执行能力,由全网链条节点按照规定好的协议共同完成,不需要任何其他人工干预。

（2）安全性

区块链审计的特征在数据安全性方面显得尤为突出,主要作用体现在数据篡改验证、数据溯源、时间戳以及加密安全机制等方面。

首先,区块链审计中的数据信息一旦经过链上所有节点验证,就会自动存储到区块链中,链中每一个区块会通过特定信息环环相扣连接起来,形成一个完整的区块链网络,每一个区块中的区块头都会包含着前一个区块的哈希（Hash）值,该值是经过随机哈希运算而产生的;区块链安全机制规定数据一经上链无法更改,如果想要更改链上的数据信息,需要经过链上所有节点中的 51% 同意,因此区块链上数据信息是不可随意篡改的。

其次,为了解决在链上因全网广播交易信息公开而带来的隐私安全性问题,区块链采用了非对称加密安全机制,使交易信息实现匿名交易,节点上看到的数据信息都是经过加密算法后的乱码,很好地保护了个人隐私。

此外,区块链还构造了一个时间戳概念,在区块链中随机产生的哈希值上加上时间标记,每一个新区块生成时,都会被打上时间戳,这样能充分证明数据在某个特定时间之前是已经存在的、完整的、可追溯和验证的。时间戳概念的出现,使得更改一条记录信息的困难程度按时间的指数倍增加,区块链运行时间越久,篡改难度越高,安全性越高。

(3)共识性

区块链审计中另一个特征就是共识机制。运用共识机制来保证链上各节点数据的一致性,从而使去中心化的区块链系统中区块数据达成有效性共识。目前主要的共识机制有工作量证明、权益证明、授权股权证明等,区块链系统即封装了这些共识机制。

工作量证明可以简单地理解为用一份证明来确认已经完成的工作量,即通过对工作的结果进行认证,来证明完成的工作量,这是一种非常高效的方式。

权益证明是工作证明的一种升级共识机制,主要是为了解决在工作证明共识机制中高度依赖节点计算能力,造成资源浪费严重且安全性不足的一种替代方案,权益证明获得区块记账权的方式不再依赖于节点的算力资源,而是通过评估区块链系统中获得最高权益的方式来获得区块记账权,权益是指节点对一定数目的数字货币的所有权,称为币龄或币天数。

授权股权证明共识机制又称受托人机制,类似于"董事会投票",持币者投出一定数量的节点,代理他们进行验证和记账。为了激励更多人参与竞选,系统会生成少量的数字货币(代币)作为奖励。授权股权证明与议会制度或人民代表大会制度有些许相似。如果代表不能履行他们的职责(当轮到他们时,没能生成区块),他们会被除名,网络会选出新的超级节点来取代他们。与工作证明、权益证明共识机制不同,授权股权证明共识机制中每个节点都能够自主决定其信任的授权节点且由这些节点轮流记账生成新区块,因而大幅减少了参与验证和记账的节点数量,可以实现快速共识验证。

(4)智能性

区块链审计中还有一个核心优势是具有智能合约的特征,智能合约的出现使区块链在没有集中控制和人工及其他任何第三方干预的情况下能够按一定规则自主智能运行。其中区块链中的智能运行规则是以程序代码的方式实现,预先在程序代码中定义了审计法则、审计标准以及触发合约执行的条件。目前,业界对智能合约尚未有明确达成一致的定义,暂时可将智能合约看作是运行在分布式账本上预置规则、具有状态、条件响应的,可封装、验证、执行分布式节点复杂行为,完成信息交换、价值转移和资产管理的计算机程序。区块链的去中心化使得智能合约在没有中心管理者参与的情况下,可同时运行在全网的所有节点,任何机构和个人都无法将其强行停止。

智能合约是区块链的核心构成要素,它使得在审计过程中区块链上的各个节点具有高度的自治性。由于采用一致的规则和协议,区块链具有自动地进行数据采集、传输和存储,以及控制和管理各类链上智能资产等功能,使得区块链系统所有节点在相互信任的环境下自由安全地交换数据、记录数据、更新数据,每个节点可对本身的数据库进行自我管理与更新。

2.4.5　3S 技术与审计

1) 3S 技术

3S 技术是遥感技术(Remote Sensing, RS)、地理信息系统(Geography Information Systems, GIS)和全球定位系统(Global Positioning Systems, GPS)的统称,是空间技术、传感器技术、卫星定位与导航技术和计算机技术、通信技术相结合,多学科高度集成的对空间信息进行采集、处理、管理、分析、表达、传播和应用的现代信息技术。将 RS、GIS、GPS 三种独立技术有机集成,具有探测范围大、获取信息速度快且连续、全方位、自动化、实时三维定位、高精度、动态移动、受地面条件限制少、获取信息手段多且量大等优点。

(1)遥感技术(RS)

RS 是指从高空或外层空间接收来自地球表层各类地物的电磁波信息,并通过对这些信息进行扫描、摄影、传输和处理,从而对地表各类地物和现象进行远距离探测和识别的现代综合技术。

(2)地理信息系统(GIS)

GIS 就是一个专门管理地理信息的计算机软件系统,它不但能分门别类、分级分层地去管理各种地理信息;而且还能将它们进行各种组合、分析、再组合、再分析,以及查询、检索、修改、输出、更新等操作。

(3)全球定位系统(GPS)

GPS 是具有海、陆、空全方位实时三维导航与定位能力的新一代卫星导航与定位系统。GPS 测量技术能够快速、高效、准确地提供点、线、面要素的精确三维坐标以及其他相关信息,具有全天候、高精度、自动化、高效益等显著特点。

2) 3S 技术在审计中的应用

在自然资源审计中,可以运用 RS 技术获取被审计地区大范围、多时期的遥感影像,提供自然资源资产最直接的影像基础资料,通过多期影像的对比发现自然资源资产的变化,从而统计出变化位置及变化量;也可以借助 GIS 技术通过定位、对比、计算等方法对来源于各行政主管部门的自然资源资产信息的数量、质量、属性、变量进行综合分析;还可以运用 GPS 技术对被审计地区特定目标进行定位和实地测量取证,从而获取准确的专业定位及范围信息,形成审计证据。

(1)数字正射影像制作

以基准影像、地理信息数据以及 DEM(Digital Elevation Model,译为数字高程模型)数据为基础资料,对多光谱影像进行辐射定标、大气纠正,并对全色与多光谱影像进行正射纠正。将全色与多光谱影像进行融合,再将融合影像按审计区(县)界进行裁切,并对裁切影像进行影像增强、色彩调整等处理,制作出 DOM(Digital Orthophoto Map,译为数字正射影像图)成果。

(2)多源异构数据统一

自然资源审计涉及国土、农业、林业、水利、财政等多个部门,数据源包括结构化数据、半结构化数据、非结构化数据,按照统一的数据库标准,完成多源异构数据的统一入库和归档管理,为后续的多图层综合分析与图斑提取提供基础。数据收集整合是开展自然资源资产审计的基础性工作,包括航天遥感影像数据收集与处理、部门专业资料收集整理、地理信息数据收集与处理等工作内容。

(3)自然资源信息提取

审计工作中对土地现状的调查核心内容在于提取审计图斑,而审计图斑的提取又依赖规划数据或法规转化数据与现状数据的综合对比分析,这就要求提供大量审计主题的遥感解译图斑。因此,需要根据审计内容以及被审计区域的地理区位要素、影像数据特点等总结并建立不同区域的解译标准,以适合不同区域的实际情况。

3)3S 技术应用效果

(1)为审计提供宏观预测和辅助决策

审计一般具有区域长、周期长的特点以及复杂的环境现象和变化,很难在短时间看清楚它的发展、变化及效果,为此建立审计区域变化监测数据库,并使用模拟和决策模型进行分析研究,可以为审计大区域的宏观决策提供可靠的科学依据。

(2)保证数据的完整性与现势性

GIS 系统将各种现有的调查数据信息有机汇集组织,进行科学地分类、管理,并通过系统的统计、分析,保证了审计区域数据的完整性;RS 用于提供大量实时、动态、快速、廉价的地理信息,保证了审计区域数据的现势性。

(3)直观表达便于审计取证、核实

GPS 用于空间数据快速定位,为遥感数据提供空间坐标,便于审计人员赴实地对疑似图斑进行定位、核实以及定性。

综合利用 3S 技术手段,包括多源异构数据统一、不同区域自然资源审计指标库的建立、遥感解译标准的建立、审计地理信息数据库的建设、遥感审计自动解译、违规问题自动发现等核心技术的研发以及审计平台的建设等,最终建立自然资源审计大数据平台,可有效形成延续性的长效自然资源审计服务能力,提高审计信息化、智能化水平,减少审计成本。

2.5　审计软件

审计软件是指用于帮助完成审计工作的各种软件工具。通用的审计软件融合了计算机高速的运算速度和海量的信息存储功能以及审计程序、审计手段和审计方法。

2.5.1　审计软件的分类

审计软件可分为四种类型:第一种是现场作业软件、第二种是法规软件、第三种是专用审计软件、第四种是审计管理软件。审计作业软件是审计工作的主流,是审计工作的主要工具,审计作业软件的发展是代表着审计软件的发展水平。

1）现场作业软件

现场作业软件是指审计人员在审计一线进行审计作业时应用的软件,它主要具有以下功能:第一,能处理会计电子数据;第二,能运用审计工具对会计电子数据进行审计分析,包括审计的查账、查询、图表分析等;第三,能在工作底稿制作平台制作生成审计工作底稿,平台内应有各种取数公式,生成底稿。

2）法规软件

法规软件主要是为审计人员提供一种咨询服务,在浩瀚如海的各种财经法规中找出审计人员需要的法规条目及内容。它主要的功能如下:第一,是常规查询,有审计法规条目的查询、发文单位的时间段的查询;第二,要有一定的数据量,成熟的软件应有上千万字的法规内容,且检索速度要快;第三,应具有按内容查询的功能,这也是法规软件能否适用的主要标准,如果没有按内容检索的功能,这个法规的适用面将受到很大的限制,如审计人员要查询关于"小金库"的相关规定,法规软件应能快速地将涉及"小金库"规定的法规查找出来,并将内容以篇的形式提供给审计人员。

3）专用审计软件

专用审计软件是指为完成特殊的审计任务而专门设计的审计软件,如基建审计软件。基建审计软件有很强的特殊性,它的主要工作性质有两点,第一点涉及大量的基建图纸,第二点要有基建定额库来作参照。实际上,基建审计软件用市面上的定额核定软件就能实现,所以把这类软件归为专用审计软件。

4）审计管理软件

审计管理软件包含审计统计、审计计划、审计管理等方面。统计软件是指将审计工作成果统计上报、汇总的软件。审计计划、审计管理都是可以分别在该方面专门工作的小软件。实际上,审计管理软件可以认为是审计作业软件的延伸,审计作业软件完全可以把这些管理功能承担起来,容纳到审计作业软件中。

2.5.2　审计软件的特点

在审计工作中,最常应用的审计软件就是现场作业软件,它一般包括项目管理、数据准备、审计向导、审计实施、审计终结和系统管理等方面的内容。它在数据管理方面具有以下两个特点:

1）自动从财务软件中获取财务数据

由于审计软件是依托在财务电算化的基础上应运而生的,审计人员将采集数据的软件拷入存有财务软件的计算机后,审计软件会自动提示审计人员可采用自动或手动方式从财务软件中提取财务备份的数据,并自动将财务软件中的账簿数据、记账凭证等财务资料转换为审计资料并储存到数据采集软件中,审计人员可方便地将该资料储存到拷有审计软件的电脑中应用并生成审计工作底稿。

2)数据自动即时保存且永不丢失

审计软件在操作过程中,会自动即时保存,因此不必担心因操作不当而造成信息的丢失。由于采用计算机处理,其数据的保存应避免人为调整、修改,并留有痕迹,最大限度地保证数据的真实可靠,同时避免数据的丢失,从而保证真实完整地反映被审计单位的财务状况。

2.5.3　审计软件的作用

1)提高审计工作效率和工作质量

(1)审计软件减轻了审计人员账账、账表的核对工作

审计软件可自动生成被审计单位的财务报表,审计人员可将软件生成的报表与被审计单位提供的纸质报表逐项核对,完成账、账表的核对工作。如果核对无误,说明账、表相符;如果出现差异,则需进一步查证并分析不符的原因,审计软件还可帮助审计人员确定审计重点,提高审计效率。

(2)审计软件使审计分析更具客观性、专业性和准确性

审计软件提供了大量的专业分析工具和方法,如趋势分析法、比率分析法、对方科目分析法、结构分析法等。一方面可以使审计人员很清楚地看到某个会计科目的结构形态、所占的比重等,提高了审计效率;另一方面也可避免因审计人员经验不足或判断失误造成的审计风险,提高了审计质量。

2)使审计程序更加系统化、合理化

由于审计软件有一套完整的审计程序,它具备的符合性测试程序涵盖了几乎所有内部控制体系的审计流程,它按业务类型设定了筹资与投资循环、购货与付款循环、存货与仓储循环、销售与收款循环的内部控制测试系统,细化了每个循环的内部控制流程和重点关注点,既规范又完整,按照审计软件的提示进行内部控制的符合性测试,可以帮助审计人员更快地了解被审计单位的内部控制制度及流程,还可以避免在审计时出现漏项。

对于实施性测试程序,审计软件设定了报表分析、账表检查、辅助账审计等程序,同时,审计软件针对每个会计科目制订了一套完整的审计流程,包括账龄分析法、科目结构分析法、科目对比分析法等方法,一方面可以使审计程序更加系统化、规范化;另一方面还可以帮助审计人员更快的确定重点审计领域。

3)使抽样方法更加科学、客观

审计软件系统自带了一套抽样方法,包括 PPS 抽样、固定样本量抽样、停走抽样和发现抽样等方法,可选定一种审计抽样方法,在确定了审计风险水平和预计的误差率后,审计软件会自动生成抽样结果;可根据软件提示的样本量及具体的记账凭证号开展审计抽样工作,并根据实际审计情况调整样本量。如果在抽样过程中发现问题比较多,则应加大样本量,以使审计风险控制在可接受的水平,由此可见,审计软件使抽样方法更加科学、客观。

4）使用审计软件提取财务账簿数据可实现远程审计

使用审计软件就可以将被审计单位的账套同时拷在不同的审计人员电脑上,可实现多人同时查看一套账目。另外,审计取数也不受地域、时间等限制,便于审计人员随时随地查看被审计单位的财务账簿数据,特别适用于对外地单位的远程审计,既可实现预审功能,又可实现二级、三级复核人员随时调阅账簿。

5）可以实现审计底稿无纸化

使用审计软件,审计人员可将被审计单位的内部控制制度拷入审计软件中,并根据审计结果将相应的法律法规、内部控制制度引入软件自带的审计底稿中,还可将原始资料拍照后生成照片档案,通过审计软件转换成工作底稿保存;另外,审计人员可将生成的各种形式的审计底稿归类后形成成果记录保存在审计软件里,既节约了现场审计时间,又满足了无纸化办公的需要。

6）具有强大的查询功能

审计软件可以通过凭证日期、凭证编号、凭证名称、摘要、科目名称、科目编号、借方金额、贷方金额等查询项从账套里查询想要找的数据,既可实现从账簿的某一行记录查找该笔记账凭证的内容,也可从某张记账凭证中查看其入账情况,使审计查询快捷、方便。

2.5.4 审计软件的介绍——审计信息化集成平台

国务院国有资产监督管理委员会(简称"国资委")发布的《关于深化中央企业内部审计监督工作的实施意见》中提出:加快推动内部审计信息化建设与应用,构建与"三重一大"决策、投资、财务、资金、运营、内控等业务信息系统相融合的"业审一体"信息化平台。要积极运用大数据、云计算、人工智能等方式,探索建立审计实时监督平台,对重要子企业实施联网审计,提高审计监督时效性和审计质量。

审计信息化集成平台能支持审计各级领导包括决策层、管理层、作业层工作的全流程信息化;支持审计部门、被审计单位、中介机构、外部监督部门(国家审计、纪检巡视)等多方线上协同工作;全面助力审计工作实现决策科学化、风险导向化、管理规范化、质量可控化、审计远程化、数据集中化、业务模型化和人才综合化。

审计信息化集成平台主要包括决策支持系统、审计管理系统、在线作业系统、离线作业系统、数据分析系统、审友云、内控评价系统、工程审计系统八大核心子系统,通过信息化平台的支撑,可实现审计各阶段工作的标准化、流程化、可视化,参与各方可以通过远程协同完成全部审计工作,如图2.9所示。

审计信息化集成平台总体功能架构图

| 决策支持系统 | 集团（行业）管控 | 领导试图 | 问题统计分析 | 项目统计分析 | 风险预警提示 |

审计综合管理系统

计划管理	项目管理
档案管理	整改跟踪
审计成果	审计资源
审计对象	审计标准
专项填报	知识管理

审计云

| 法律法规库 | 审计案例库 |

在线作业系统

审计项目	审计准备
审计实施	审计终结
项目台账	项目归档
审计整改	审计文书

现场审计作业系统（审易）

项目管理	审计准备
审计实施	审计终结
项目归档	审计文书
财务分析	
通用分析	SQL分析平台

监控预警系统

财务指标管理	业务指标管理
指标阈值维护	预警过程监控
预警结果查询	预警结果处理

查询分析系统

数据监测	财政查询
科目分析	多账套查询
报表分析	指标分析
供应链分析	固定资产
审计工具	联动钻取
分析建模	高级查询

审计数据中心

数据连接	数据字典
数据采集	数据加工
数据权限	数据资产一览

| 平台管理 | 组织机构 | 系统门户 | 角色权限 | 流程引擎 | 可视化组件 | 查询分析引擎 | 资源迁移 | 两级交互 |
| | 基础设置 | 系统参数 | 表单字段设置 | 一体化设置 | 系统日志 | 主数据集成 | OA/门户集成 | 统一身份认证 |

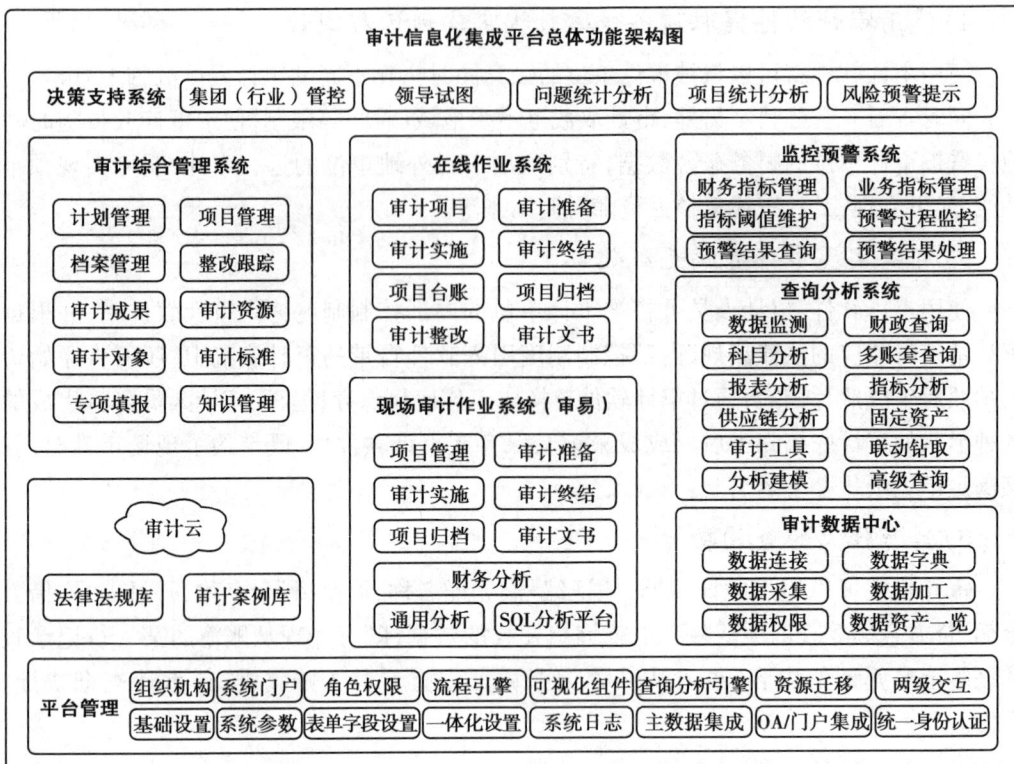

图 2.9 中国注册会计师审计信息系统功能架构

审计信息化集成平台的优势：

1) 风险可控化

在各阶段审计过程中,进行风险预警及风险对比,真正实现"风险导向,关口前移"。

2) 流程系统化

按照审计管理要求灵活配置流程,以此加强审计过程管控、提高工作效率。

3) 信息共享化

使审计管理过程痕迹化,信息查询具有实时性,便于数据统计和成果利用,实现"行为约束"和"制度落地"。

4) 审计全面化

支持根据不同类型项目灵活配置重点审计事项,保证审计的全面性,保障项目合法、合规与健康有序。

决策支持系统是为各级审计领导和审计业务主管提供的辅助决策支持工作平台;审计管理系统是为审计管理职能的领导或主管提供的综合管理协同平台,为审计人员提供的知识共享平台;在线作业系统是为审计项目实施作业人员提供的协同工作平台,方便审计项目组成员进行现场审计或远程审计;离线作业系统是为审计人员实施审计作业提供便利的审计工具,能够辅助审计人员进行数据采集、加工、查询、利用;数据分析系统集数据采集、数据建模、数据分析及指标预警于一体的数据审计产品;审计云移动端为审计作业人员提供随时查询法规和案例的移动应用;内控评价系统是为单位内控评价职能的领导或主管、评价作业人员、被评价单位反馈人员提供的内控评价协同工作平台;工程审计系统着眼于建设项目参与各方(建设方、施工方、监理方、中介服务方)在项目全生命周期内各阶段的工作事项审计。

审计信息化集成平台适配多种数据库、中间件,顺应国产化潮流,更进一步提升审计信息化安全;支持历史审计成果补录系统,形成知识沉淀,法规制度、审计案例等支持全文检索,方便后续项目借鉴参考;可实现审计标准、审计资源、审计项目、审计问题、审计知识、分析模型等关键信息统一平台共享,互通有无;支持多元化、多层级集团型企业的多场景审计业务应用,有助于落实审计垂直管理机制,成为审计垂直管控的有力抓手,降低审计管理难度。

本章小结与知识图谱

本章首先陈述了科技强审计战略,然后又介绍了审计信息化,特别强调了现代信息技术在审计中的发展与应用,最后介绍了审计软件,如图2.10所示。要求学生充分理解科技强审战略的意义,了解审计信息化发展,了解现代信息技术对审计影响,掌握在审计工作中如何应用现代信息技术,掌握审计软件的应用。

【课外思考与阅读】

思考题:

1)科技强审战略的内涵是什么?

2)大数据主要有哪些特点?

3)大数据、云计算、人工智能与智能审计的关系是什么?

4)3S技术在审计中的应用效果如何?

小论文选题指南:

科技强审背景下信息技术(区块链、大数据、人工智能等)在审计的应用研究。

科技强审计 战略	科技强审 战略内涵	技术创新应用	审计信息化	技术与审计 融合			
	"科技强审" 的价值	审计转型	审计智能	审计精准	强化服务职能	提高审计效率	节约审计成本
	推进"科技强审"	科技强审理念	加大资源 投入	夯实数据 基础	探索审计方法	搭建审计科技 应用平台	
审计信息化 概述	审计信息化简介	信息化应用	审计信息化 发展	审计信息化 框架			
	审计信息化 相关术语	信息技术（IT） 审计	计算机辅助 审计	信息系统审计	大数据审计	持续审计	联网审计
		智能审计					
金审工程	"金审工程" 应用系统	审计管理 系统	审计实施 系统				
现代信息技术 与审计	大数据	大数据的 内涵	大数据的特点				
	云计算	云计算的 内涵	云计算的特点	主流云计算 服务提供商			
	大数据、云计算、 人工智能与 智能审计						
	区块链与审计	区块链定义	区块链特征	区块链对 审计影响			
	3S技术与审计	3S技术	3S技术在审 计中的应用	3S技术应用 效果			
审计软件	审计软件分类	现场作业软件	法规软件	专用审计软件	审计管理软件		
	审计软件的特点	自动获取 财务数据	数据自动 即时保存				
	审计软件作用	审计工作 提质增效	审计程序 系统化	抽样方法 科学、客观	实现远程审计	实现审计底稿 无纸化	强大的查询 功能
	审计软件介绍—审 计信息化集成平台	风险可控化	流程系统化	信息共享化	审计全面化		

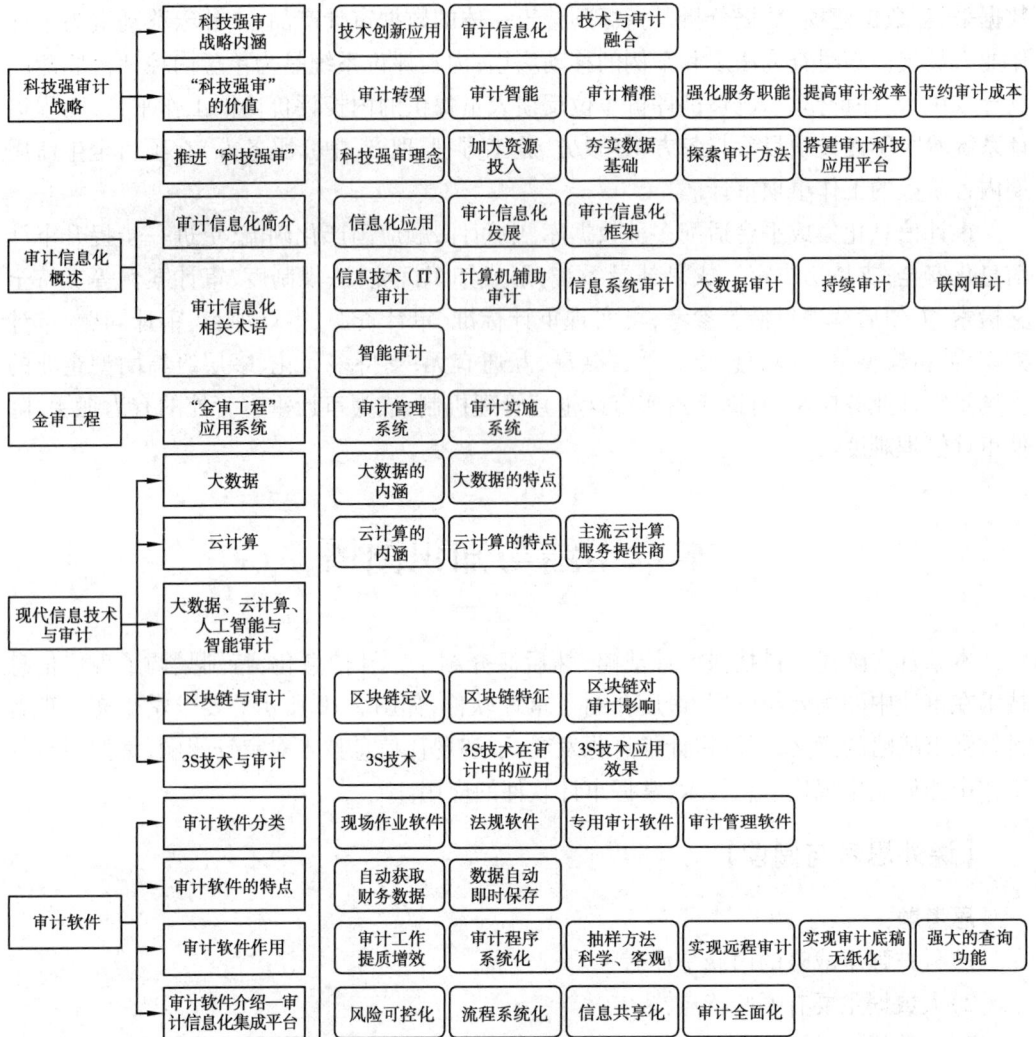

图 2.10　审计信息化——知识图谱

第3章 信息安全

信息化程度是衡量一个国家综合国力的重要标志,也是一个国家优先发展的战略目标。由于计算机网络开放性、互连性等特征,致使网络易受黑客、恶意软件和其他不轨行为的攻击,而信息化程度越高就越容易受到攻击,所造成的损失也就越大。因此,必须掌握信息安全所面临的威胁与风险的变化,动态调整信息安全防护方向,优化防御策略,补足防御薄弱点,才能真正实现信息安全防护。

【案例导读】

案例1:滴滴网络安全审查事件

滴滴公司从2021年6月30日正式在美国上市,到2021年7月初被国内展开泄露用户隐私信息调查,再到后来国内7个部门联合进行安全审查,短短半个多月的时间,就体验到了别的公司永远都无法经历的大起大落。滴滴的市值也出现了明显的下跌,根据滴滴2021年12月30日发布的财报显示,滴滴出行在三季度净亏损306亿元,累计亏损546亿元,对于投资者来说,可谓是损失惨重。

案例回放:

2021年7月2日,国家网络安全审查办公室对"滴滴出行"启动网络安全审查。2021年7月4日,国家互联网信息办公室表示根据举报,经检测核实,"滴滴出行"App存在严重违法违规收集使用个人信息问题。国家互联网信息办公室依据《中华人民共和国网络安全法》相关规定,通知应用商店下架"滴滴出行"App,要求滴滴出行科技有限公司严格依照法律要求,参照国家有关标准,认真整改存在的问题,切实保障广大用户个人信息安全。2021年7月9日,国家互联网信息办公室表示根据举报,经检测核实,"滴滴企业版"等25款App存在严重违法违规收集使用个人信息问题。国家互联网信息办公室依据《中华人民共和国网络安全法》相关规定,通知应用商店下架上述25款App,要求相关运营者严格依照法律要求,参照国家有关标准,认真整改存在的问题,切实保障广大用户个人信息安全。各网站、平台不得为"滴滴出行"和"滴滴企业版"等上述25款已在应用商店下架的App提供访问和下载服务。2021年7月16日,网络安全审查办公室有关负责同志表示,按照网络安全审查工作安排,国家网信办会同公安部、国家安全部、自然资源部、交通运输部、税务总局、市场监管总局等部门联合进驻滴滴出行科技有限公司,开展网络安全审查。

滴滴事件折射出了国内互联网行业不完善的一面,那就是针对用户信息安全的保障,这是当前国内各行业工作的重点,各大互联网巨头必须加强重视。网络并不是法外之地,相反互联网更应加强对用户个人信息和国家数据安全的保护。

案例2:瑞星公司发布《2021年中国网络安全报告》

2022年1月,瑞星公司发布《2021年中国网络安全报告》,该报告针对恶意软件、恶意网址、移动安全、企业安全等领域作出详尽分析,并对未来网络安全趋势提出建设性观点。

报告显示:2021年瑞星"云安全"系统共截获病毒样本总量1.19亿个,病毒感染次数2.59亿次。其中新增木马病毒8 050万个,为第一大种类病毒,占到总体数量的67.49%;排名第二的蠕虫病毒,数量为1 652万次,占总体数量的13.85%;勒索软件样本32.22万个,感染次数为62.4万次;挖矿病毒样本总体数量为485.62万个,感染次数184.11万次;手机病毒样本275.6万个,病毒类型以信息窃取、资费消耗、远程控制、流氓行为等类型为主。

从收集到的病毒样本分析来看,2021年利用最多的漏洞依然是微软Office漏洞,CVE-2017-11882、CVE-2018-0802、CVE-2017-0199因得益于漏洞稳定性、易用性和用户群体广泛性,始终是钓鱼邮件攻击者首选的利用漏洞。同时,Log4j2远程代码执行漏洞(CVE-2021-44228)作为引爆2021年安全行业的重大事件被着重提及,该漏洞相关利用情况被公开并迅速地在网络上扩散,引起各国高度重视,一时间全球近一半企业与之相关的业务均受到该漏洞的影响,同时也出现了诸如比利时国防部被不法分子利用Log4j2漏洞进行攻击等事件。

2021年全球APT攻击也愈发猛烈,威胁组织Darkside在短时间内先后对成品油管道运营商Colonial Pipeline、东芝公司(Toshiba Tec Corp)、化学品分销集团Brenntag等企业进行了网络攻击,窃取了大量文件并进行勒索。2021年勒索软件依然猖獗,仍主要针对政府及企业用户,越来越多的威胁组织在勒索的同时,采取文件窃取的方式来"绑架"企业的隐私文件,从历史攻击事件梳理来看这确实卓有成效,大大提高了勒索软件敲诈赎金的成功概率。同时,越来越多的攻击组织或不法分子选择运用勒索软件即服务(Ransomware as a service,RaaS)这一模式进行攻击,让不具备专业技术知识的犯罪分子可以轻而易举地发起网络敲诈活动,导致勒索软件市场规模不断扩大。

国家级APT攻击活动愈加频繁,通过捍卫网络安全来保护国家安全任重而道远,且勒索软件依然活跃,尤其是关键基础设施和重要行业领域的企业均遭受了勒索软件攻击;因此,建立网络安全综合治理体系,搭建多层防御系统是重中之重。同时,利用成功率极高的漏洞依然受到攻击者的青睐,大量没有更新的老旧软件会成为攻击者的首选利用目标,而Apache Log4j2漏洞的出现则反映出,引用开源项目时需要谨慎,建立事前源代码安全性审查、事后规范化的应急响应将成为软件开发企业必不可少的基础性安全工作。

警示:新数据、新应用、新网络和新计算成为今后一段时期信息安全的方向和热点,给未来带来新挑战,传统的网络安全技术已经不能满足新时期信息安全产业的发展,社会对信息安全的需求不断发生变化。未来,信息安全产业发展的大趋势是从传统安全走向融合开放的大安全。

【学习目的】

信息安全一直是世界各国普遍关注的焦点,信息安全不仅是一个技术问题,也是一个管理问题,涉及范围广泛,包括信息安全技术、信息安全管理体系等多方面内容。本章对信息安全的基础知识、发展历程、信息安全技术、信息安全管理体系和信息安全管理标准等内容进行了概要的阐述。要求学生:

1)了解信息安全的基础知识
2)了解信息安全技术
3)掌握信息安全管理体系
4)掌握信息安全管理标准

3.1 信息安全的基础知识

信息安全作为信息时代的安全重点和根本保障,已成为社会安全、国家安全乃至世界安全的基础,以及经济安全的命脉、国防安全的核心。掌握信息安全,就是掌握了信息时代的制高点。

3.1.1 信息安全的概念

信息是指有意义的数据,它可以记录在纸张、胶片、磁盘、磁带、光盘或其他存储介质上,通过电话、电视、邮件、即时通信工具等途径进行传递。在当今的信息时代里,各行业对信息的依赖愈来愈大,信息已成为组织中重要的资源和资产,如各项政治、商业秘密与客户信息,访问与控制权限必须加以妥善保护。

关于信息安全,不同组织有不同的定义。国际标准化组织(International Organization for Standardization,ISO)对信息安全的定义是:"在技术和管理上为数据处理系统建立的安全保护,保护计算机硬件、软件和数据不因偶然和恶意的原因而遭到破坏、更改和泄露。"

在 ISO/IEC 27001 标准中将信息安全属性定义为:信息的保密性、完整性、可用性及其他属性,如真实性、防抵赖性、可控制性、可核查性。信息安全的相关属性如下:

①保密性:保障信息仅为那些被授权使用的人所获取。保证信息不被非授权访问,即使非授权用户得到信息也无法知晓信息内容或不明白信息内容的含义,因而不能使用。

②完整性:保护信息及其处理方法的准确性和完整性。保证数据的一致性,防止数据被非法用户篡改。一方面它指在信息使用、传输、存储的过程中不发生篡改、丢失、错误等状况;另一方面是指信息处理方法的正确性。

③可用性:保障授权使用人在需要时可以获取和使用信息。保证合法用户对信息和资源的使用不会被不正当地拒绝。

④真实性:对信息的来源进行判断,能对伪造来源的信息予以鉴别。

⑤防抵赖性:建立有效的责任机制,防止用户否认其行为,这在电子商务中是极其重要的。

⑥可控制性:对信息的传播及内容具有控制能力。授权机构对信息的内容及传播具有控制能力,可以控制授权范围内的信息流向及其方法。

⑦可审查性:对出现的网络安全问题提供调查的依据和手段。在信息交流过程结束后,双方不能抵赖曾经作出的行为,也不能否认曾经接收到对方的信息。

3.1.2 信息安全的现状

据国家互联网应急中心(CNCERT)发布的网络安全态势综述分析,我国的网络信息安全主要呈现以下特点。

1)我国网络安全法律法规政策保障体系逐步健全

自《中华人民共和国网络安全法》于 2017 年 6 月 1 日正式实施以来,我国网络安全相关法律法规及配套制度逐步健全,逐渐形成了集法律、监管规则、行业与技术标准为一体的综合化、规范化体系,我国网络安全工作法律保障体系不断完善,网络安全执法力度持续加强。

2)我国互联网网络安全威胁治理取得新成效

我国互联网网络安全环境经过多年的持续治理,得到了明显改善。特别是党中央加强了对网络安全和信息化工作的统一领导,党政机关和重要行业加强网络安全防护措施;针对党政机关和重要行业的木马、僵尸恶意程序,网站安全、安全漏洞等传统网络安全事件大幅减少。

3)分布式拒绝服务攻击频次下降但峰值流量持续攀升

分布式拒绝服务(Distributed Denial of Service, DDoS)攻击是难以防范的网络攻击手段之一,其攻击手段和强度不断更新,逐步形成了"DDoS 即服务"的互联网黑色产业服务,普遍用于行业恶意竞争、敲诈勒索等网络犯罪。得益于我国网络空间环境治理取得的有效成果,经过对 DDoS 攻击资源的专项治理,我国境内的分布式拒绝服务攻击频次总体呈下降趋势。

2019 年以来,CNCERT 持续开展 DDoS 攻击团伙的追踪和治理工作。2018 年活跃的较大规模 DDoS 攻击团伙大部分已不再活跃,仅有几个攻击团伙通过不断变换资源而持续活跃。其中,最活跃的攻击团伙主要使用 XorDDoS 僵尸网络发起 DDoS 攻击,常使用包含特定字符串的恶意域名对僵尸网络进行控制,对游戏私服、色情、赌博等相关的服务器发起攻击。分析发现,恶意域名大多在境外注册,且不断变换控制端 IP 地址,持续活跃并对外发起大量攻击。

4) 虚假和仿冒移动应用增多且成为网络诈骗新渠道

近年来,随着互联网与经济、生活的深度捆绑交织,通过互联网对网民实施的远程非接触式诈骗手段不断更新,出现了"网络投资""网络交友""网购返利"等新型网络诈骗手段。随着我国移动互联网技术的快速发展和应用普及,通过移动应用来实施网络诈骗的事件日益突出,如大量虚假的"贷款"App 并无真实贷款业务,仅用于诈骗分子骗取用户的隐私信息和钱财。CNCERT 抽样监测发现,在此类虚假"贷款"App 上提交姓名、身份证照片、个人资产证明、银行账户、地址等个人隐私信息的用户超过 150 万人,大量受害用户向诈骗分子支付了上万元所谓的"担保费""手续费"等,经济利益受到实质损害。CNCERT 还发现,与正版软件图标(或名称)相似的仿冒 App 的数量呈上升趋势。

5) 数据安全问题引起前所未有的关注

2018 年 3 月,Facebook 公司被爆出大规模数据泄露且这些数据被恶意利用,引起国内外普遍关注。2018 年,我国也发生了包括十几亿条快递公司的用户信息、2.4 亿条某连锁酒店的用户入住信息、900 万条某网站用户数据信息、某求职网站用户个人求职简历等数据泄露事件,这些数据包含大量个人隐私信息,如姓名、地址、银行卡号、身份证号、联系电话、家庭成员等。2018 年 5 月 25 日,欧盟颁布执行个人数据保护条例《通用数据保护条例》(GDPR),掀起了国内外的广泛讨论,该条例监管收集个人数据的行为,重点保护自然人的"个人数据",如姓名、地址、电子邮件地址、电话号码、生日、银行账户、汽车牌照、IP 地址以及 Cookies 等。GDPR 实施 3 天后,Facebook 和谷歌等美国企业成为 GDPR 法案下第一批被告,这不但给业界敲响了警钟,而且督促更多企业投入精力保护数据安全,尤其是保护个人隐私数据安全。

2021 年 8 月 20 日,十三届全国人大常委会第三十次会议表决通过《中华人民共和国个人信息保护法》。自 2021 年 11 月 1 日起施行。将个人信息保护列入公益诉讼的范围,不仅保护了受害者们的诉权,更表明国家高度重视个人信息保护,对互联网企业违规处理个人信息的现象提高到了国家重点关注打击的领域。既是顺应了个人信息安全及保障合法权益的诉求,也是对近几年出现的部分互联网企业违规处理用户信息等不良现象的回应。

3.1.3 信息安全的涉及范围

信息作为一种资产,是企业或组织进行正常商务运作和管理不可或缺的资源。从最高层次来讲,信息安全关系国家的安全;对组织机构来说,信息安全关系正常运作和持续发展;对个人而言,信息安全是保护个人隐私和财产的必然要求。无论是个人、组织还是国家,保持关键信息资产的安全性都是非常重要的。信息安全的任务,就是要采取措施(技术手段及有效管理)让这些信息资产免遭威胁,或者将威胁带来的后果降到最低程度,以此维护组织的正常运作。为保障信息安全,要求有信息源认证、访问控制,不能有非法软件驻留,不能有非法操作。实质就是要保护信息系统或信息网络中的信息资源免受各种类型的威胁、干扰和破坏,即保证信息的安全性。

建立在网络基础上的现代信息系统,其安全定义较为明确,那就是:保护信息系统的硬件、软件及相关数据,使之不因为偶然或者恶意侵犯而遭受破坏、更改及泄露,保证信息系统能够连续、可靠、正常地运行。在商业和经济领域,信息安全主要强调的是消减并控制风险,保持业务操作的连续性,并将风险造成的损失和影响降低到最低程度。因此,信息安全涉及因素较为广泛,如图3.1所示。

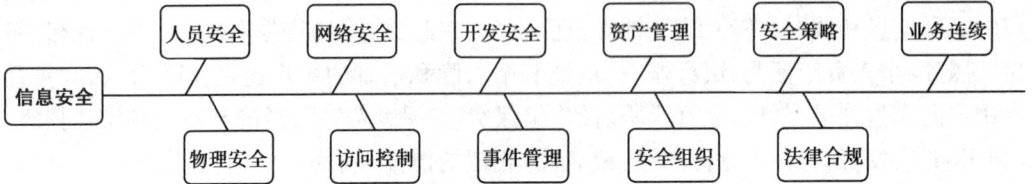

图 3.1　信息安全涉及范围

3.1.4　信息安全的意义和作用

在信息时代和网络社会中,信息安全处于头等重要的地位,它是一切安全的重中之重和先中之先,是社会发展的首要条件,是民族振兴的根本保障,是信息社会健康成长的根本保障,是国家生存不可缺少的关键因素,是世界各国努力争夺的制高点。

1)信息安全是网络时代国家生存和民族振兴的根本保障

首先,信息安全是经济安全、国家安全和民族振兴的首要条件。国家安全与经济安全越来越不可分割,而经济安全却越来越依赖信息基础设施的安全,依靠信息资源的安全。因此,保证信息网络的安全性、可靠性,保证信息资源的安全性、可用性就成为头等重要的大事。其次,信息安全是国家生存的前提条件。"信息疆域"是以带有政治影响力的信息辐射空间来划分,"信息疆域"的大小、"信息边界"的安全关系到一个民族、一个国家在信息时代的兴衰存亡。

2)信息安全是信息社会健康发展和信息革命成功的关键因素

信息安全是行使和保障合法权益的基本手段,也是整个信息社会正常运行的先决条件。信息安全保障能力既是个人素质、企业实力的重要体现,也是国家主权和社会健康的重要标志,它对个人、企业乃至国家的生存提出了新的挑战和要求,对国家的物质文明建设、精神文明建设、社会的有序管理、政权的安全巩固、国民素质的提高以及人的全面自由的发展等方面起着前所未有的深刻作用。

3)信息安全是网络时代人类生存和文明发展的基本条件

网络固有的无主管性、跨国界性、不设防性和缺少法律约束等特点,使其在为人们带来利益、价值和方便的同时,也带来了巨大的风险和隐患。每个国家在维护自身安全和主权的同时,要兼顾人类利益和全球安全。在信息时代,国家安全与人类安全在一定程度上已经不可区分,两者相互作用,互为条件。为了共同的商业和经济目的,共同商讨信息安全的对策和策略,寻求国家间的配合与协调,信息安全是时代的要求和历史的必然。在新的形势下,加强国际合作、维护信息安全、反对信息霸权已经成为人类共同的责任和义务。

4)信息安全是信息时代国家安全观的重要内容

信息时代新的国家安全观是以信息安全为基础、以经济安全为核心、以综合安全为标志,是经济安全、综合安全和信息安全的有机统一。在信息网络时代,信息安全已成为国家安全乃至世界安全的基础。首先,信息科学技术的安全是信息时代国家安全的基础所在,信息科学技术的发展与安全是一个国家综合实力发展与安全的本质和基础。其次,信息安全作为一种新型安全,是一种资源安全和战略安全。在信息社会,信息安全是整个社会、国家乃至世界的安全基础,信息安全保障能力是综合国力、经济竞争实力和生存能力的重要组成部分。

3.1.5　信息安全可能存在隐患

1)互联网体系结构的开放性

网络基础设施和协议的设计者遵循着一条原则:尽可能创造用户友好性、透明性高的接口,使网络能够为尽可能多的用户提供服务。但是,这带来了另外的问题:用户自身忽视系统的安全状况,而不法分子会利用互联网体系结构的开放性所形成的漏洞进行非法入侵。

2)通信协议的缺陷

数据包网络需要在传输节点之间存在信任关系,以保证数据包在传输过程中拆分、重组步骤的正常工作。由于在传输过程中,数据包需要被拆分、传输和重组,因此必须保证每个数据包以及中间传输单元的安全,但通信协议还存在一定缺陷。

网络中的服务器主要有用户数据报协议(UDP)和传输控制协议(TCP)两个主要的通信协议,使用端口号来识别高层的服务。一个端口就是一个潜在的通信通道,也就是一个入侵通道。而别有用心的人会发送一组端口扫描消息,试图以此侵入某台计算机,了解与端口号相关的计算机网络服务类型。

客户端和服务器进行通信之前,需通过三次握手过程来建立 TCP 连接,而 TCP 的三次握手也可能带来新的网络信息安全问题。

3)用户安全意识薄弱

互联网自 20 世纪 60 年代早期诞生以来,经历了快速的发展,特别是 21 世纪以后,在用户使用数量和联网的计算机数量上都有了爆炸式的增加。随着互联网的易用性增强和准入性降低,用户安全意识的薄弱为网络信息安全带来了新的挑战。

4)黑客行为

计算机黑客利用系统中的安全漏洞非法进入他人计算机系统,其危害性非常大。某种意义上,计算机黑客对信息安全的危害甚至比一般的计算机病毒更为严重。

5）恶意软件

恶意软件是指在未明确提示用户或未经用户许可的情况下,在用户计算机或其他终端上安装运行侵犯用户合法权益的软件。

恶意软件(Malware,俗称"流氓软件")也称为广告软件(Adware)、间谍软件(Spyware)、恶意共享软件(Malicious Shareware)。与病毒(或虫)不同,很多恶意软件并不是由小团体(或个人)秘密地编写和散播,也有很多知名企业和团体涉嫌此类软件。

恶意软件的特点主要有以下几点。

①强制安装:指在未明确提示用户或未经用户许可的情况下,在用户计算机或其他终端上安装软件的行为。

②难以卸载:指未提供通用的卸载方式,或在不受其他软件影响、人为破坏的情况下,卸载后仍活动程序的行为。

③浏览器劫持:指未经用户许可,修改用户浏览器或其他相关设置,致使用户访问特定网站或导致用户无法正常上网的行为。

④广告弹出:指在未明确提示用户或未经用户许可的情况下,利用安装在用户计算机或其他终端上的软件弹出广告的行为。

⑤恶意收集用户信息:指未明确提示用户或未经用户许可,恶意收集用户信息的行为。

⑥恶意卸载:指在未明确提示用户或未经用户许可,或误导、欺骗用户的情况下,卸载非恶意软件的行为。

⑦恶意捆绑:在软件中捆绑已被认定为恶意软件的行为。

⑧其他侵犯用户知情权、选择权的恶意行为。

6）操作系统漏洞

操作系统漏洞是指应用软件或操作系统在逻辑设计上的缺陷或在编写时产生的错误。这些缺陷(或错误)是黑客进行攻击的首选目标。黑客通过这些缺陷(或错误)来注入木马、病毒等,以攻击(或控制)整台计算机,从而窃取计算机中的重要资料和信息,甚至破坏计算机系统。每款操作系统问世时,本身都难免存在一些安全问题或技术缺陷,操作系统的安全漏洞是不可避免的。攻击者会利用操作系统的漏洞来取得操作系统中的高级用户权限,进行更改文件、安装和运行软件、格式化硬盘等操作。

操作系统漏洞影响的范围很大,包括系统本身及其支撑软件、网络客户和服务器软件、网络路由器和安全防火墙等。换言之,在不同的软件、硬件中都可能存在不同的安全漏洞问题。

7）内部安全

现在绝大多数的安全系统都会阻止恶意攻击者靠近系统,用户所面临的更困难的挑战是控制防护体系的内部人员所进行的破坏活动。所以,在设计安全控制时,应注意不要赋予某位管理员过多的权利。

8）社会工程学

社会工程学（Social Engineering）是指利用受害者的心理弱点、本能反应、好奇心、信任、贪婪等心理陷阱来实施欺骗、伤害等危害手段。社会工程学通过搜集大量信息来针对对方的实际情况进行心理战术，常采用交谈、欺骗、假冒或口语等方式，从合法用户中套取用户系统的秘密。

3.2　信息安全的发展

3.2.1　信息安全的发展历程

1）通信安全

在 20 世纪初期，通信技术还不发达，信息交换主要通过电话、电报、传真等手段进行，面对信息交换过程中存在的安全问题，人们强调的主要是信息的保密性，因此对安全理论和技术的研究只侧重于密码学，将密码技术作为保障通信数据安全的手段。1949年，Shannon 发表了《保密通信的信息理论》，使保密通信成为科学。20 世纪 50—60 年代的信息安全可以简单称为通信安全，即为"通信保密（COMSEC）时代"。

2）计算机安全

20 世纪 60 年代后，半导体和集成电路技术的飞速发展推动了计算机软硬件的发展，计算机的使用逐渐发展起来，这时人们的关注点转移到信息系统资产（包括硬件、软件、固件和通信、存储和处理的信息）保密性、完整性和可用性的措施和控制上。1977 年，美国国家标准局公布了国家数据加密标准（Data Encryption Standard，DES），1985 年，美国国防部公布了可信计算机系统评价准则（Trusted Computer System Evaluation Criteria，TCSEC）标志着 20 世纪 70—80 年代迎来"计算机安全（COMPSEC）时代"。

3）网络安全

20 世纪 80 年代开始，由于互联网技术的飞速发展，信息无论是对内还是对外都得到很大程度的开放，网络得到了广泛的应用，导致通过网络出现的信息安全事故层出不穷。于是，在这个时期人们的注意力集中到了"网络安全（NETSEC）"上。

4）信息安全保障

21 世纪，互联网技术得到了极大的发展，计算机和网络技术的应用进入实用化和规模化阶段，产生了更多、更复杂的信息安全问题，这时的信息安全不仅包括保密性、完整性和可用性目标，还包括诸如可控性、抗抵赖性、真实性等其他的原则和目标，信息安全也转化为从整体角度考虑其体系建设的信息保障（Information Assurance）阶段。例如，《信息保障技术框架（IATF）》就是由美国国家安全局组织专家编写的一个全面描述信息安全保障体系的框架，它提出了信息保障时代信息基础设施的全套安全需求。

3.2.2 信息安全的发展趋势

结合我国的网络安全状况,以及 5G、IPv6 等新技术的发展和应用,CNCERT 对我国网络信息安全的趋势预测有以下几方面。

1)有特殊目的、针对性更强的网络攻击越来越多

目前,网络攻击者发起网络攻击的针对性越来越强,有特殊目的的攻击行动频发。近年来,有攻击团伙长期以我国政府部门、事业单位、科研院所的网站为主要目标实施网页篡改,境外攻击团伙也持续对我国政府部门网站实施 DDoS 攻击。网络安全事件与社会活动紧密结合趋势明显,网络攻击事件高发。

2)国家关键信息基础设施保护受到普遍关注

作为事关国家安全、社会稳定和经济发展的战略资源,国家关键信息基础设施保护的工作尤为重要。当前,应用广泛的基础软硬件安全漏洞不断被披露,具有特殊目的的黑客组织不断对我国关键信息基础设施实施网络攻击,我国关键信息基础设施面临的安全风险不断加大。随着关键信息基础设施承载的信息价值越来越高,针对国家关键信息基础设施的网络攻击将愈演愈烈。

3)个人信息和重要数据泄露危害更加严重

2018 年的 Facebook 信息泄露事件让我们重新审视个人信息和重要数据的泄露可能引发的危害,信息泄露不仅侵犯个人利益,甚至可能对国家政治安全造成影响。近年来,我国境内发生了多起个人信息和重要数据泄露事件,犯罪分子利用大数据等技术手段,整合获得的各类数据,以形成对用户的多维度精准画像,所产生的危害将更为严重。

4)5G、IPv6 等新技术广泛应用带来的安全问题值得关注

目前,我国 5G、IPv6 等新技术的规模部署和使用工作逐步推进,关于 5G、IPv6 等新技术自身以及衍生的安全问题值得关注。5G 技术的应用,代表增强的移动宽带、海量的机器通信以及低时延高可靠通信,其与 IPv6 技术应用共同发展将真正实现万物互联,互联网上承载的信息将更丰富,物联网将大规模发展。但是重要数据泄露、物联网设备安全隐患等问题在目前尚未得到有效解决,物联网设备被大规模利用来发起网络攻击的问题也将更加突出。同时,区块链技术也受到国内外广泛关注并快速应用,从数字货币到智能合约,并逐步向文化娱乐、社会管理、物联网等领域延伸。随着区块链应用的发展,数字货币被盗、智能合约、钱包和挖矿软件漏洞等安全问题将更加凸显。

3.3 信息安全技术

3.3.1 密码技术、访问控制和鉴权

密码技术是信息安全技术的核心,对称加密算法标准的提出和应用、公钥加密思想

的提出是其发展的重要标志。数字签名和各种密码协议则从不同的需求角度将密码技术进行延伸。认证技术包括消息认证和身份鉴别,消息认证的目的是保证通信过程中消息的合法性、有效性;身份鉴别的目的则是保证通信双方身份的合法性,这是网络通信中最基本的安全保证。数字签名技术可以理解为手写签名在信息电子化时代的替代技术,主要用于保证数据的完整性、有效性和不可抵赖性等,它不但具有手写签名的类似功能,而且还具有比手写签名更高的可靠性。不少国家已为数字签名立法,使其具有很现实的实用价值。密钥共享、零知识证明系统等各种密码协议更是将密码技术与网络应用紧密地连接在一起。

访问控制的目的是防止对信息资源的非授权访问和非授权使用。它允许用户对其常用的信息库进行一定权限的访问,限制他人随意删除、修改或复制信息文件;还可以使系统管理员跟踪用户在网络中的活动,及时发现并拒绝"黑客"的入侵。访问控制采用最小特权原则:即在给用户分配权限时,根据每个用户的任务特点使其获得完成自身任务的最低权限,不给用户赋予其工作范围之外的任何权限。权限控制和存取控制是主机系统必备的安全手段,系统根据正确的认证,赋予某用户适当的操作权限,使其不能进行越权的操作。该机制一般采用角色管理办法,针对不同的用户,系统需要定义各种角色,然后赋予他们不同的执行权限。Kerberos 存取控制是访问控制技术的一个代表,它由数据库、验证服务器和票据授权服务器三部分组成。其中,数据库包括用户名称、口令和授权进行存取的区域;验证服务器验证要存取的人是否有此资格;票据授权服务器在验证之后发给票据,允许用户进行存取。

鉴权是信息安全的基本机制。通信的双方之间应相互认证对方的身份,以保证赋予正确的操作权限和数据的存取控制;网络也必须认证用户的身份,以保证合法的用户进行正确的操作并进行正确的审计。在实际工作中,通常有三种方法验证主体身份:一是只有该主体了解的秘密,如口令密钥;二是主体携带的物品,如智能卡和令牌卡;三是只有该主体具有的独一无二的特征或功能,如指纹、声音、视网膜或签字等。

3.3.2　物理安全技术

为了保证信息系统安全、可靠地运行,应确保信息系统在信息进行采集、传输、处理、显示、分发和利用的过程中,免遭人为或自然因素的危害。物理安全通过对计算机及网络系统的环境、场地、设备和通信线路等采取相应安全技术措施,实现对信息系统设备、设施的保护。

①环境安全。技术要素包括机房场地选择、机房屏蔽、防火、防雷、防鼠、防盗、防毁、供配电系统、空调系统、综合布线、区域防护等。

②设备安全。技术要素包括设备的标志和标记、防止电磁信息泄露、抗电磁干扰、电源保护以及设备振动、碰撞、冲击适应性等方面。此外,还包括媒体安全保管、防盗、防毁、防霉,媒体数据防拷贝、防消磁、防丢失等。

③人员安全。人员安全管理的核心是确保有关业务人员的思想素质、职业道德和业务素质,因此,人员安全要加强人员审核和人员安全教育。

3.3.3　网络安全技术

随着互联网在全世界的迅速发展和普及,网络中出现的信息泄密、数据篡改、服务拒绝等安全问题也越来越严重,因此网络安全技术在互联网中的地位越发重要,主要包括以下几方面。

1)防火墙

防火墙是位于两个信任程度不同的网络之间(如 Internet 和 Intranet 之间)的软件或硬件设备的组合,它对两个网络之间的通信进行控制,通过强制实施统一的安全策略,防止对重要信息资源的非法存取和访问,以达到保护系统安全的目的。

2)虚拟专用网络(VPN)

虚拟专用网络(Virtual Private Network,VPN)属于远程访问技术。在公用网络上建立专用网络,进行加密通讯。VPN 技术采用了认证、存取控制、机密性、数据完整性等措施,以保证信息在传输中不被偷改和复制。由于使用互联网进行传输相对于租用专线来说费用极为低廉,所以 VPN 的出现使企业通过互联网既安全又经济的传输私有的机密信息成为可能。

3)入侵检测/入侵防御

入侵检测系统(Intrusion Detection System,IDS)是从计算机网络或计算机系统中的若干关键点收集信息并对其进行分析,从中发现网络或者系统中是否有违反安全策略的行为和遭到攻击的迹象的一种机制。入侵检测系统采用旁路侦听的机制,通过对数据包流的分析,可以从数据流中过滤出可疑数据包,再通过与已知的入侵方式进行比较,确定入侵是否发生以及入侵的类型并进行报警。网络管理员可以根据这些报警确切地知道所遭到的攻击并采取相应的措施。

和入侵检测相比,入侵防御系统(Intrusion Prevent System,IPS)的目的是提供资产、资源、数据和网络的保护,而入侵检测的目的是提供网络活动的监测、审计、证据以及报告。入侵检测和入侵防御之间最根本的不同在于确定性,即入侵检测是使用非确定性的方法从现有的和以前的通信中预测出任何形式的威胁,而入侵防御所有的决策必须是确定的。

4)安全网关

安全网关是各种安全技术的融合,具有重要且独特的保护作用,其范围从协议级过滤到十分复杂的应用级过滤。早期的网关就是指路由器,而现在主要有三种网关,即协议网关、应用网关和安全网关。其中,安全网关部署在内部网络和外部网络之间。现在的网关多数都是集成多种功能为一体的集成网关。

统一威胁管理(Unified Threat Management,UTM)是安全网关的典型代表,它通过对各种安全技术的整合,为信息网络提供全面动态的安全防护体系。统一威胁管理主要提供一项或多项安全功能,它将多种安全特性集成于一个硬件设备之中,构成一个标准的统一管理平台。

3.3.4 容灾与数据备份

只要发生数据传输、数据存储和数据交换,就可能产生数据故障,如果没有采取数据备份以及灾难恢复手段和措施,就会导致数据的丢失,有时造成的损失是无法弥补和无法估量的。灾难恢复主要涉及的技术和方案有数据的复制、备份和恢复,本地高可用性解决方案和远程集群等。其中,容灾备份是通过在异地建立和维护一个备份存储系统,利用地理上的分离来保证系统和数据对灾难性事件的抵御能力。在建立容灾备份系统时会涉及多种技术,如存储区域网络(Storage Area Network,SAN)或网络附属存储(Network Attached Storage,NAS)技术、远程镜像技术、快照技术、基于 IP 的存储区域网络互连技术等。但是,灾难恢复不仅仅是恢复计算机系统和网络,除了技术层面的问题,还涉及风险分析、业务影响分析、策略制定和实施等方面的灾难恢复,是一项系统性、多学科的专业性工作。

3.4 信息安全管理

在现代信息社会,信息成为组织最重要的资产。确保信息安全,同时能够为所需要的人获取和使用,是经济发展的内在要求。但是,当前脆弱的信息技术在各种黑客和网络病毒的恶意攻击下,信息存在的安全问题可能会导致巨大的经济损失,还可能造成不良的社会影响,因此加强信息安全管理非常重要。

3.4.1 信息安全管理的概念

信息安全管理是指通过维护信息的机密性、完整性和可用性来管理和保护信息资产,是对信息安全保障进行指导、规范和管理的一系列活动和过程。信息安全管理的目的就是保护信息资产安全,保障业务稳定运行。信息安全管理涉及三因素是人、技术、制度。

人是核心。在信息安全管理过程中,人的知识、技能、经验,以及对信息安全的理解与认知是非常重要的。想要达到信息安全管理目的,就需要一支职业素养很强的专业团队。信息安全又与每个人密切相关,任何人的疏忽大意都可能导致信息安全事件的发生,提高每个人对信息安全的认知尤为重要。

技术的发展最快、技术应用最广。技术应用能够大大提高工作效率,将人的主要精力从烦琐的、重复的事务中解放出来,发挥更大的主观能动性,创造更大的价值。

制度在信息安全管理中能够辅助人和技术更好地发挥作用,提高信息安全管理的效率与效果。制度可以引领信息安全管理的方向,为技术应用提供指导。

3.4.2 信息安全管理的主要内容

信息安全管理从信息系统的安全需求出发,结合组织的信息系统建设情况,引入适当的技术控制措施和管理体系,形成了综合的信息安全管理架构,如图 3.2 所示。

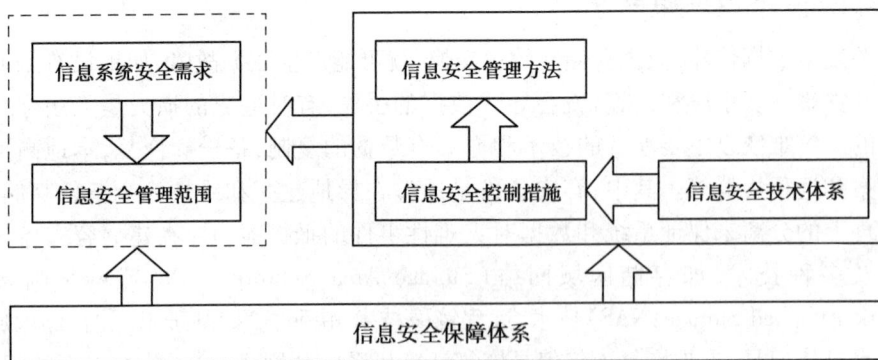

图 3.2　信息安全管理的主要内容

信息安全需求是信息安全的出发点,它包括机密性需求、完整性需求、可用性需求、抗抵赖性需求、真实性需求、可控性需求和可靠性需求等。信息安全管理范围是由信息系统安全需求决定的具体信息安全控制点,对这些控制点实施适当的控制措施可确保组织相应环节的信息安全,从而确保组织整体的信息安全水平。信息安全控制措施是指为改善具体信息安全问题而设置的技术或管理手段,信息安全控制措施是信息安全管理的基础。

ISO/IEC 27001 即为"信息技术—安全技术—信息安全管理体系要求"。ISO/IEC 27001 规定了信息安全管理体系要求与信息安全控制要求,是一个组织的全面或部分信息安全管理体系评估的基础,可作为对一个组织的全面或部分信息安全管理体系进行评审认证的标准。ISO/IEC 27001:2013 标准制订了 14 个控制域,35 个控制目标,114 个控制措施。其控制域分别是:

①信息安全策略。信息安全管理指导,依据业务要求和相关法律法规,为信息安全提供管理指导和支持。

②信息安全组织。在内部组织中,建立一个管理框架,以启动和控制组织内信息安全的实现和运行;在移动设备和远程工作中,确保移动设备远程工作及其使用的安全。

③人力资源安全。在任用前,确保员工和合同方理解其责任,并适合其角色;在任用中,确保员工和合同方意识到并履行其信息安全责任;在任用变更或终止过程中,保护组织的利益。

④资产管理。有关资产的责任,识别组织资产并定义适当的保护责任;信息分级,确保信息按照其组织的重要程度受到适当水平的保护;介质处理,防止存储在介质中的信息遭受未授权的泄露、修改、移除或破坏。

⑤访问控制。访问控制的业务要求,限制对信息和信息处理设施的访问;用户访问管理,确保授权用户对系统和服务的访问,并防止未授权的访问;用户责任,让用户承担保护并鉴别信息的责任;系统和应用访问控制,防止对系统和应用的未授权访问。

⑥密码。密码控制,确保适当和有效地使用密码技术以保护信息的保密性、真实性和完整性。

⑦物理和环境安全。设定安全区域,防止对组织信息和信息处理设施的未授权物理访问、破坏和干扰;确保设备安全,防止资产的丢失、损坏、失窃或危及资产安全以及组织活动的中断。

⑧运行安全。明确运行规程和责任,确保正确和安全的运行信息处理设施;确保信息和信息处理设施防范恶意软件;备份,防止数据丢失;日志和监视,记录事态并生成证据;运行软件控制,确保运行系统的完整性;技术方面的脆弱性管理,防止技术脆弱性的利用;信息系统审计,使审计活动对运行系统的影响最小化。

⑨通信安全。网络安全管理,确保网络中的信息及其支持性的信息处理设施得以保护;信息传输,维护在组织内及与外部实体间传输信息的安全。

⑩系统获取、开发和维护。信息系统的安全要求,确保信息安全是信息系统整个生命周期中的一个有机组成部分,这也包括提供公共网络服务的信息系统的要求;开发和支持过程中的安全,确保信息安全在信息系统开发周期中得到设计和实现;测试数据,确保用于测试的数据得到保护。

⑪供应商关系。供应商关系中的信息安全,确保供应商可访问的组织资产得到保护;供应商服务交付管理,维护与供应商协议一致的信息安全和服务交付的商定级别。

⑫信息安全事件管理。信息安全事件的管理和改进,确保采用一致和有效的方法对信息安全事件进行管理,包括对安全事态和弱点的沟通。

⑬业务持续性管理的信息安全方面。信息安全的连续性,应将信息安全连续性纳入组织业务连续性管理中,确保信息处理设施的可用性。

⑭符合性。符合法律和合同要求,避免违反与信息安全相关的法律、法规、规章或合同义务以及任何安全要求;信息安全评审,确保依据组织策略和规程来实现和运行信息安全。

3.4.3 信息安全管理体系

信息安全管理体系(Information Security Management System, ISMS)是基于业务风险方案建立、实施、运行、监视、评审、保持和改进信息安全的一套管理体系。信息安全管理体系是整个管理体系的部分,管理体系包括组织结构、方针策略、规划活动、职责、实践、程序、过程和资源。信息安全管理体系是按照 ISO/IEC 27001 标准的要求进行建立的。

1)组织在信息安全管理方面存在的漏洞与安全隐患

①信息系统管理制度不够健全,安全导向不明确,管理支持不明显。

②缺少跨部门的信息安全协调机制。

③员工信息安全意识薄弱,缺少防范意识,重要场所或信息系统容易遭受入侵。

④保护特定资产以及完成特定安全过程的职责不明确。

⑤信息系统备份设备不完善,档案、记录等储存场所不可靠。

⑥缺少一旦发生意外时保证业务连续性的措施和计划等。

2)组织建立、实施与保持信息安全管理体系后产生的作用

①强化员工的信息安全意识,规范组织信息安全行为。

②对组织的关键信息资产进行全面系统的保护。

③使组织的信息安全水平得到改进与提高。

④在信息系统受到侵袭时,确保业务活动的持续进行并将损失降到最低程度。

⑤使组织的客户或公众对组织的信息安全保障能力保持信心,提高组织的声誉。

3)信息安全管理体系的建立与运行的步骤

①制定信息安全方针。

②明确信息安全管理体系的范围,根据组织的特性、地理位置、资产和技术来确定界限。

③实施适宜的风险评估,识别资产所受到的威胁、薄弱环节和对组织的影响,并确定风险程度。

④根据信息安全方针和需要的保证程度来确定应实施管理的风险。

⑤选择适宜的控制目标和控制方式(控制费用、风险平衡)。

⑥制订可用性声明,将控制目标和控制方式的选择和选择理由文件化。

⑦有效地实施选定的控制目标和控制方式。

⑧进行内部审核和管理评审,保证体系的有效实施和持续适宜。

4)ISO/IEC 27001:2013 采用 PDCA 模式

PDCA 是全面质量管理应遵循的一种科学程序,包括 P、D、C、A 共 4 个步骤,即 P(Plan,计划)、D(Do,实施运行)、C(Check,监视审核)、A(Act,保持和改进)。PDCA 循环周而复始,一个循环结束后即进入下一个 PDCA 循环。PDCA 循环呈阶梯式上升,每循环一次解决一部分问题,到新的循环又有新的目标与内容。ISO/IEC 27001:2013 引入 PDCA 循环模式,是为建立、实施信息安全管理体系并持续改进其有效性的方法。持续改进的 PDCA 循环如图 3.3 所示。

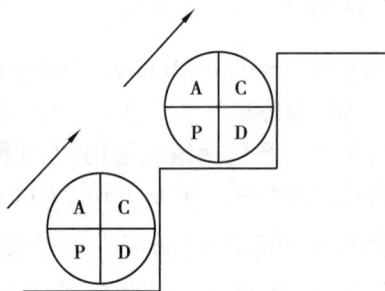

图 3.3 持续改进的 PDCA 循环

①P(Plan,计划):根据组织的业务及信息安全的运作需求,确定 ISMS 的总体目标,拟订连续性规划。

②D(Do,实施运行):实施并运行 ISMS。

③C(Check,监视审核):根据总体规划,对执行 ISMS 的情况进行监视与验证,并报告结果以供评审。

④A(Act,保持和改进):根据 ISMS 内部及管理评审,评价其有效性并采取纠正和预

防措施,以持续改进。

信息安全管理体系是一个以技术保障为基础,以组织、管理体系为核心,符合业务规律的有机整体。以 ISO/IEC 27001:2013 标准为依据构建信息安全管理体系,能够保障信息安全管理体系的有效性,保障信息资产的保密性、完整性和可用性。

随着信息化不断拓展和深化,信息风险会永恒存在。信息安全管理体系构建应遵守"投资与风险平衡""技术与管理平衡""信息系统建设与信息安全管理体系建设同步"的原则,依据 ISO/IEC 27001:2013 标准中罗列的控制域、控制目标以及控制措施,将信息安全规范管理的理念融入日常的规划发展、组织管理、政策制订、信息资产管理、物理环境安全管理等各项工作中,逐层建立起信息安全管理的规范;并且,通过采用不断循环的 PDCA 模式,保证持续处于信息安全风险受控状态,如图 3.4 所示。

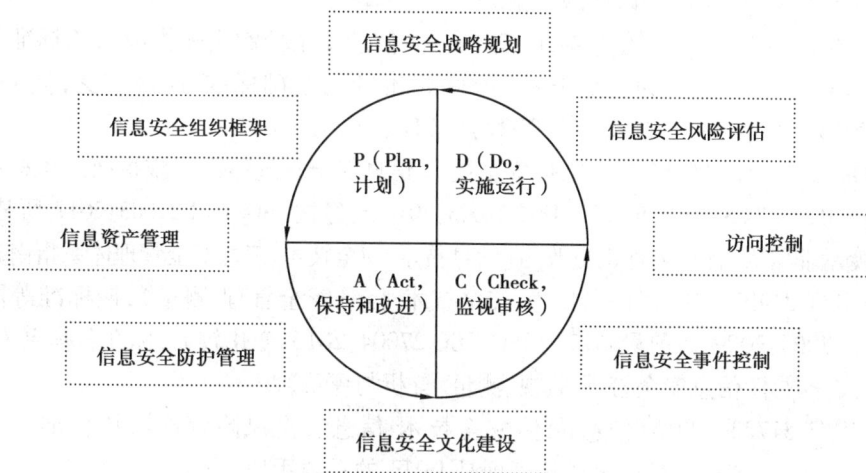

图 3.4 基于 ISO 27001:2013 的信息安全管理体系框架

3.4.4 信息安全管理标准

1)信息安全管理国际标准

国际标准化组织(International Organization for Standardization, ISO),是标准化领域中的一个国际性非政府组织,是全球最大最权威的国际标准化组织。

国际电工委员会(International Electrotechnical Commission,IEC),其任务覆盖了包括电子、电磁、电工、电气、电信、能源生产和分配等所有电工技术的标准化。

信息安全管理国际标准是 ISO/IEC 27000 标准族,负责开发的机构为 ISO/IEC JTC 1/SC27,广义的 ISO/IEC 27000 标准族包括了以 ISO/IEC 27×××编号的所有标准,即 ISO/IEC 27000 至 ISO/IEC 27059,还包括了新立项的 ISO/IEC 27102 与 ISO/IEC 27103 等。ISO/IEC 27000 标准族最早围绕 ISO/IEC 27002 发展而来,在后续的扩散过程中, ISO/IEC 27001 起到了更基础的作用。

详见国际标准化组织(ISO)官网。

2) 信息安全管理相关国家标准

ISMS 国家标准的主要研发机构为全国信息安全标准化技术委员会（代号为 SAC/TC260），绝大部分标准主要等同采用或修改采用国际标准。在上述描述的国际标准中，部分标准被采用为国家标准，如：

①GB/T 29246—2017《信息技术 安全技术 信息安全管理体系 概述和词汇》，该标准等同采用 ISO/IEC 27000：2016，但 ISO/IEC 27000：2016 已经被 ISO/IEC 27000：2018 所替代。

②GB/T 22080—2016《信息技术 安全技术 信息安全管理体系 要求》，该标准等同采用 ISO/IEC 27001：2013，为 ISO/IEC 27000 标准族的基础标准，应用广泛，主要定义了信息安全管理体系的要求，是认证的依据。

③GB/T 22081—2016《信息技术 安全技术 信息安全控制实践指南》，该标准等同采用 ISO/IEC 27002：2013，为 ISO/IEC 27000 标准族的基础标准，应用广泛，但 ISO/IEC 27002：2013 已经被 ISO/IEC 27002：2022 所替代。

④GB/T 31496—2015《信息技术 安全技术 信息安全管理体系实施指南》，该标准等同采用 ISO/IEC 27003：2010，但 ISO/IEC 27003：2010 已经被 ISO/IEC 27003：2017 所替代，新版标准变动非常大，标准名称也更改为《信息技术 安全技术 信息安全管理体系指南》。

⑤GB/T 31497—2015《信息技术 安全技术 信息安全管理 测量》，该标准等同采用 ISO/IEC 27004：2009，目前最新版为 ISO/IEC 27004：2016，变化较大，标准名称更改为《信息技术 安全技术 信息安全管理 监视、测量、分析与评价》。

⑥GB/T 31722—2015《信息技术 安全技术 信息安全风险管理》，该标准等同采用 ISO/IEC 27005：2008，信息安全风险管理是 ISMS 的重要手段，也是基础框架。2018 年 7 月，ISO 已经发布了最新版的 ISO/IEC 27005：2018。

⑦GB/T 25067—2020《信息技术 安全技术 信息安全管理体系 审核和认证机构要求》，这是一个认可标准，更类似于行政要求，等同采用 ISO/IEC 27006：2015。

⑧GB/T 28450—2020《信息技术 安全技术 信息安全管理体系审核指南》，该标准同 ISO/IEC 27007 有一定的区别。国际标准最新版为 ISO/IEC 27007：2017。

⑨GB/Z 32916—2016《信息技术 安全技术 信息安全控制措施审核员指南》，该指导性技术文件等同采用 ISO/IEC TR 27008：2011，是关于控制审核的技术报告，国际标准的最新版本是 ISO/IEC TS 27008：2019。

⑩GB/T 32920—2016《信息技术 安全技术 行业间和组织间通信的信息安全管理》，该标准等同采用 ISO/IEC 27010：2012，目前该版本已经被替代为 ISO/IEC 27010：2015。

⑪GB/T 32923—2016《信息技术 安全技术 信息安全治理》，该标准等同采用 ISO/IEC 27014：2013，国际标准的最新版本为 ISO/IEC 27014：2020。治理与管理概念相近，但是有不同的管理学含义。

信息安全管理体系国家标准的采标情况整体见表 3.1。

表 3.1 信息安全管理体系国家标准

标准编号	标准名称	对应国际标准	发布日期	实施日期	采标方式
GB/T 29246—2017	信息技术 安全技术 信息安全管理体系 概述和词汇	ISO/IEC 27000:2016	2017-12-29	2018-07-01 ☆	IDT
GB/T 22080—2016	信息技术 安全技术 信息安全管理体系 要求	ISO/IEC 27001:2013	2016-08-29	2017-03-01 ★	IDT
GB/T 22081—2016	信息技术 安全技术 信息安全控制实践指南	ISO/IEC 27002:2013	2016-08-29	2017-03-01 ☆	IDT
GB/T 31496—2015	信息技术 安全技术 信息安全管理体系实施指南	ISO/IEC 27003:2010	2015-05-15	2016-01-01 ☆	IDT
GB/T 31497—2015	信息技术 安全技术 信息安全管理 测量	ISO/IEC 27004:2009	2015-05-15	2016-01-01 ☆	IDT
GB/T 31722—2015	信息技术 安全技术 信息安全风险管理	ISO/IEC 27005:2008	2015-06-02	2016-02-01 ☆	IDT
GB/T 25067—2020	信息技术 安全技术 信息安全管理体系 审核和认证机构要求	ISO/IEC 27006:2015	2020-04-28	2020-11-01 ★	IDT
GB/T 28450—2020	信息安全技术 信息安全管理体系审核指南	ISO/IEC 27007:2017	2020-12-14	2021-07-01 ★	IDT
GB/Z 32916—2016	信息技术 安全技术 信息安全控制措施审核员指南	ISO/IEC TR 27008:2011	2016-08-29	2017-03-01 ☆	IDT
GB/T 32920—2016	信息技术 安全技术 行业间和组织间通信的信息安全管理	ISO/IEC 27010:2012	2016-08-29	2017-03-01 ☆	IDT
GB/T 32923—2016	信息技术 安全技术 信息安全治理	ISO/IEC 27014:2013	2016-08-29	2017-03-01 ☆	IDT

注 1：IDT 标识等同采用。

注 2：★标识国家标准在用，且对应的国际标准版本在用；☆标识国家标准在用，但是对应的国际标准版本失效。

更多标准，详见信息安全国家标准目录。

本章小结与知识图谱

本章首先介绍了信息安全的基础知识、发展历程，然后又讲述了信息安全技术的分类及其应用，最后介绍了信息安全管理体系内容与标准，如图 3.5 所示。要求学生了解现代信息安全基础知识，了解信息安全技术的分类与特点，掌握信息安全管理体系标准与应用。

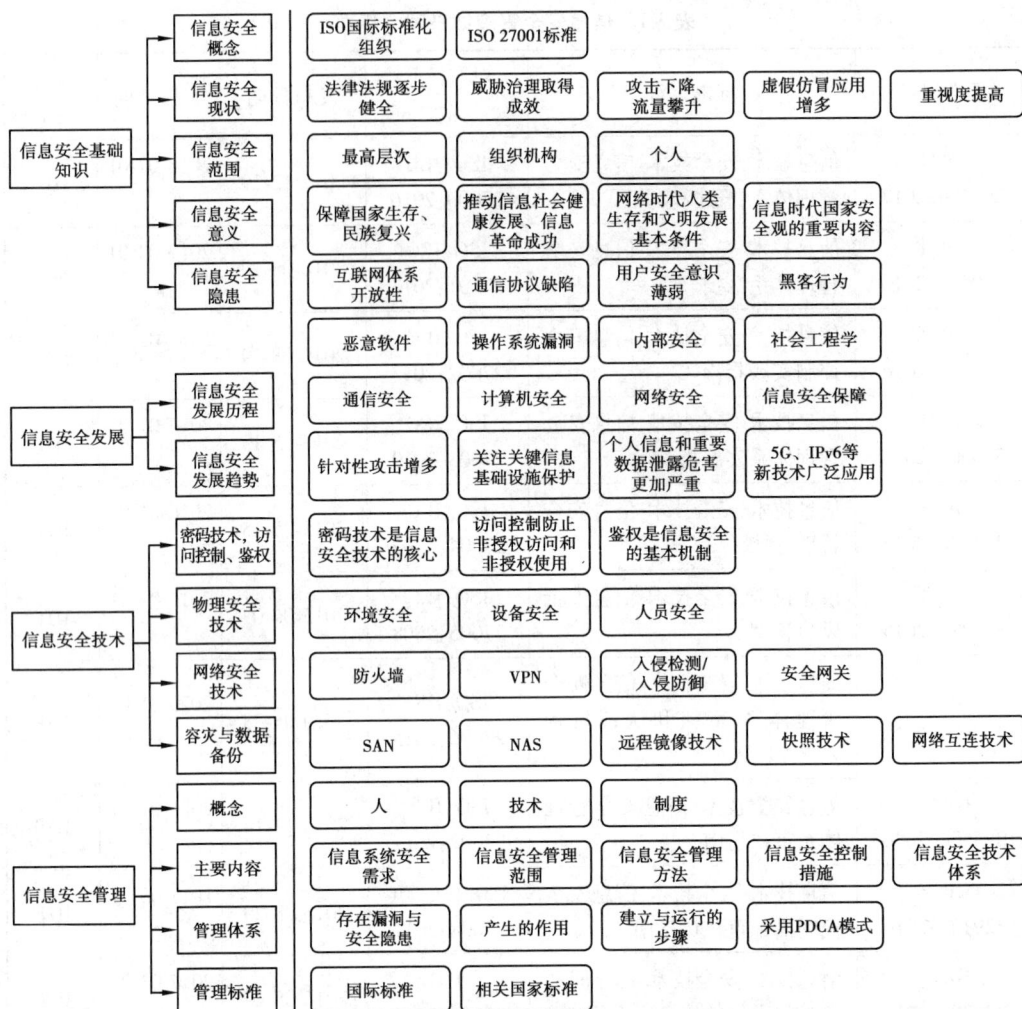

图 3.5　信息安全——知识图谱

【课外思考与阅读】

思考题：

1)信息安全的属性是什么?

2)信息安全的主流技术包括哪些?

3)简述信息安全管理体系 ISO/IEC 27001 标准。

小论文选题指南：

针对信息安全可能存在的隐患,如何加强信息安全管理?

第4章 大数据技术

大数据作为产业发展的创新要素,在数据科学与技术层面,以及商业模式、产业格局、生态价值与教育层面均带来了新理念和新思维。大数据与现有产业深度融合,在人工智能、自动驾驶、金融商业服务、医疗健康管理、科学研究等领域展现出广阔的前景,使得生产更加绿色智能、生活更加便捷,对于审计行业的发展有着深远意义。

【案例导读】

案例1:大数据技术在湖北省医保审计实践中的应用

医保大数据审计面临的首要问题就是海量数据。为了解决传统设备与手段采集困难、耗费资源巨大和数据处理分析速度慢等问题,运用云计算、大数据技术实现了数据采集标准化、数据转换规范化和数据分析高效化。如何运用大数据技术对财务数据与业务数据、跨行业和跨领域数据进行关联分析比对和深度挖掘,突出审计重点,提高审计质量和效率是当前的重点。

案例回放:

在医保审计中创新采用 Hadoop、云计算相关技术,有效解决了传统软硬件技术处理海量数据慢、容易出错等难题,极大地提高了审计质量和效率、降低了审计成本。同时,创新应用跨行业数据关联和聚类等大数据挖掘技术协助审计组发掘审计重点、得到审计疑点,提高了审计工作效率、极大地缓解了审计任务重与审计力量严重不足的矛盾。

1)构建医保审计大数据体系

①应用 Hadoop 集群技术,提高数据处理能力。

②应用分布式文件系统 HDFS,提高数据容错能力。

③集成应用 Hive 数据仓库处理工具和达梦数据库,提高数据采集加载效率。

④同步运用 MapReduce 并行计算技术与分布式 SQL 引擎处理技术,提高数据分析效率。

⑤定制开发实用小工具,提高审计质量和效率。

2）大数据挖掘技术方法在医保审计中的应用

①利用跨部门、跨领域数据关联分析，揭露医保政策执行及管理中存在的问题。

②利用聚类技术自动发现违规骗取医保基金的问题。

应用大数据技术和挖掘方法，湖北省医保审计取得了较好的效果，21天就完成了医保审计6TB数据的采集、整理和分析工作，向全省审计组提供近百万条疑点，通过审计组现场核实疑点的取证率达到了70%。全省共查出各类违纪违规资金35.63亿元，向纪检监察机关移送案件线索80件。

> **警示**：随着新一代信息技术的蓬勃发展，以云计算、大数据、区块链为代表的新技术、新应用，正日益成为提升国家治理现代化水平的重要手段，正逐渐广泛运用于各被审计单位和领域。因此，审计机关也必须进行"技术更新"以适应客观环境需求。

【学习目的】

大数据是指数字时代产生的大量数据，这些海量数据包括结构化、非结构化和半结构化数据。大数据不仅改变了商业的运营模式，也改变了科学研究的进行方式。本章主要介绍了大数据技术概念、大数据技术原理，以及大数据编程语言，要求学生：

1）了解大数据概念

2）了解大数据与云计算、物联网的关系

3）掌握大数据核心技术

4）掌握大数据编程语言

4.1　大数据概述

4.1.1　大数据的发展历程

大数据从产生到目前风靡全球，大致经历了三个发展阶段：

1）大数据的萌芽期

20世纪90年代末到21世纪初，随着人工智能、数据挖掘理论和关系型数据库技术的成熟，一些商业智能工具和知识管理技术开始被应用，如数据仓库、专家系统、知识管理系统等。

2）大数据发展的突破期

21世纪前10年，Web2.0应用迅猛发展，非结构化数据大量产生，传统处理方式难以应对，带动了大数据技术的快速突破，大数据解决方案逐渐走向成熟，形成了并行计算与分布式系统两大核心技术，谷歌的GFS和MapReduce等大数据技术受到追捧，Hadoop平台开始大行其道。

3）大数据发展的成熟期

2010 年以后,大数据概念开始风靡全球。2012 年 3 月,美国政府在白宫官方网站发布了《大数据研究和发展倡议》,这一倡议标志着大数据已经成为重要的时代特征。大数据应用渗透各行各业,数据驱动决策,信息社会智能化程度大幅提高。

4.1.2　大数据的影响

大数据具有"全样而非抽样、效率而非精确、相关而非因果"三大显著特征,完全颠覆了传统的思维方式;在社会发展方面,大数据决策逐渐成为一种新的决策方式,大数据应用有力促进了信息技术与各行业的深度融合,大数据开发极大推动了新技术和新应用的不断涌现。

1）大数据对思维方式的影响

(1)全样而非抽样

大数据技术的核心就是海量数据的存储和处理。因此,有了大数据技术的支持,科学分析完全可以直接针对全集数据而不是抽样数据,并且可以在短时间内迅速得到分析结果,速度之快,超乎人们的想象。

(2)效率而非精确

大数据时代采用全样分析而不是抽样分析,全样分析结果就不存在误差被放大的问题。大数据时代具有"秒级响应"的特征,要求在几秒内就迅速给出针对海量数据的实时分析结果,否则就会丧失数据的价值。因此,数据分析的效率成为关注的核心。

(3)相关而非因果

过去,数据分析的目的一方面是解释事物背后的发展机理;另一方面是用于预测未来可能发生的事件。在大数据时代,因果关系不再那么重要,人们转而追求"相关性"而非"因果性"。

2）大数据对社会发展的影响

(1)大数据决策成为一种新的决策方式

大数据决策可以面向类型繁多的、非结构化的海量数据进行决策分析,已经成为受到追捧的全新决策方式。例如,政府部门可以把大数据技术融入"舆情分析",通过对多种来源数据进行综合分析,弄清或测验信息中本质性的事实和趋势,揭示信息中含有的隐性情报内容,对事物发展作出情报预测,协助实现政府决策,有效应对各种突发事件。

(2)大数据应用促进信息技术与各行业的深度融合

在互联网、银行、保险、交通、材料、能源、服务等行业领域,不断累积的大数据将加速推进这些行业与信息技术的深度融合,开拓行业发展的新方向。例如,大数据可以帮助快递公司选择运费成本最低的最佳行车路径;协助投资者选择收益最大化的股票投资组合;辅助零售商有效定位目标客户群体;帮助互联网公司实现广告精准投放等。

(3)大数据开发推动新技术和新应用的不断涌现

大数据的应用需求是大数新技术开发的源泉。在各种应用需求的强力驱动下,各种突破性的大数据技术将被不断提出并得到广泛应用,数据的能量也将不断得到释放。例如,随着车联网的出现,"汽车大数据"将会深刻改变汽车保险业的商业模式,如果某家商业保险公司能够获取客户车辆的相关细节信息,并利用事先构建的数学模型对客户等级进行更加细致的判定,给予更加个性化的"一对一"优惠方案。

4.1.3 大数据技术简介

1）大数据技术概念

大数据技术是指伴随着大数据的采集、存储、分析和应用的相关技术;是一系列使用非传统的工具来对大量的结构化、半结构化和非结构化数据进行处理,从而获得分析和预测结果的一系列数据处理和分析技术。

2）大数据的基本处理流程

大数据的基本流程,主要包括数据采集、存储、分析和结果呈现等环节。数据无处不在,互联网网站、政务系统、零售系统、办公系统、自动化生产系统、监控摄像头、传感器等,每时每刻都在不断产生数据。这些分散在各处的数据需要采用相应的设备或软件进行采集,而采集到的数据通常无法直接用于后续的数据分析。因为对于来源众多、类型多样的数据而言,数据缺失和语义模糊等问题是不可避免的,所以必须采取相应措施有效解决这些问题。这就需要一个被称为"数据预处理"的过程,首先把数据变成一个可用的状态,数据经过预处理以后会被存放到文件系统或数据库系统中进行存储与管理,然后采用数据挖掘工具对数据进行处理分析,最后采用可视化工具为用户呈现结果。在整个数据处理过程中,还必须注意隐私保护和数据安全问题。

因此,从数据分析全流程的角度,大数据技术主要包括数据采集与预处理、数据存储和管理、数据处理与分析、数据安全和隐私保护等几个层面的内容。

（1）数据采集与预处理

利用数据提取、转换和加载（Extract-Transform-Load,ETL）工具将分布的、异构数据源中的数据,如关系数据、平面数据文件等,抽取到临时中间层后进行清洗、转换、集成,最后加载到数据仓库或数据集市中,成为联机分析处理、数据挖掘的基础;也可以利用日志采集工具（如 Flume、Kafka 等）把实时采集的数据作为流计算系统的输入,进行实时处理分析。

（2）数据存储和管理

利用分布式文件系统、数据仓库、关系数据库、NoSQL 数据库、云数据库等,实现对结构化、半结构化和非结构化海量数据的存储和管理。

（3）数据处理与分析

利用分布式并行编程模型和计算框架,结合机器学习和数据挖掘算法,实现对海量数据的处理和分析;对分析结果进行可视化呈现,帮助人们更好地理解数据、分析数据。

（4）数据安全和隐私保护

从大数据中挖掘潜在的巨大商业价值和学术价值的同时,构建隐私数据保护体系和数据安全体系,有效保护个人隐私和数据安全。

4.1.4　大数据的应用

数据是与自然资源、人力资源一样重要的战略资源,掌控数据资源的能力是国家数字主权的体现。大数据研究和应用是现有产业升级与新产业崛起的重要推动力量,如果落后就意味着失守战略性新兴产业的制高点。大数据将颠覆过去的商业思维,未来企业核心竞争力将不再是资金,也不是现有市场规模,而是对大数据的掌控分析能力。

大数据无处不在,包括金融、汽车、餐饮、电信、能源、体育和娱乐等在内的社会各行各业都已经融入了大数据的印迹。大数据在各个领域的应用情况见表 4.1。

表 4.1　大数据在各个领域的应用情况

领域	大数据的应用
制造业	利用工业大数据提升制造业水平,包括产品故障诊断与预测、分析工艺流程、改进生产工艺、优化生产过程能耗、工业供应链分析与优化、生产计划与排程
金融行业	大数据在高频交易、社交情绪分析和信贷风险分析三大金融创新领域发挥重要作用
汽车行业	利用大数据和物联网技术的无人驾驶汽车,在不远的未来将走入我们的日常生活
互联网行业	借助大数据技术,可以分析客户行为,进行商品推荐和有针对性广告投放
餐饮行业	利用大数据实现餐饮 O2O 模式,彻底改变传统餐饮经营方式
电信行业	利用大数据技术实现客户离网分析,及时掌握客户离网倾向,出台客户挽留措施
能源行业	随着智能电网的发展,电力公司可以掌握海量的用户用电信息,利用大数据技术分析用户用电模式,可以改进电网运行,合理地设计电力需求响应系统,确保电网运行安全
物流行业	利用大数据优化物流网络,提高物流效率,降低物流成本
城市管理	可以利用大数据实现智能交通、环保监测、城市规划和智能安防
生物医学	大数据可以帮助实现流行病预测、智慧医疗、健康管理,同时还可以帮助解读 DNA,了解更多的生命奥秘
体育和娱乐	大数据可以帮助我们训练球队,决定投拍哪种题材的影视作品,以及预测比赛结果
安全领域	政府可以利用大数据技术构建起强大的国家安全保障体系,企业可以利用大数据抵御网络攻击,警察可以借助大数据来预防犯罪
个人生活	大数据可以应用于个人生活。例如,利用与每个人相关联的"个人大数据"分析个人生活行为习惯,为其提供更加周到的个性化服务

4.2 大数据与云计算、物联网

大数据、云计算和物联网代表了 IT 领域最新的技术发展趋势,三者相辅相成,既有联系又有区别。

4.2.1 云计算

1)云计算的概念

云计算实现了通过网络提供可伸缩的、廉价的分布式计算能力,用户只需要在具备网络接入条件的地方,就可以随时随地获得所需的各种 IT 资源。云计算代表了以虚拟化技术为核心的、以低成本为目标的、动态可扩展的网络应用基础设施,是近年来最有代表性的网络计算技术与模式。

云计算包括 3 种典型的服务模式和 3 种类型,如图 4.1 所示,即 IaaS(基础设施即服务)、PaaS(平台即服务)和 SaaS(软件即服务)。IaaS 将基础设施(计算资源和存储)作为服务出租,PaaS 把平台作为服务出租,SaaS 则把软件作为服务出租。

云计算包括公有云、私有云和混合云 3 种类型。公有云面向所有用户提供服务,只要是注册付费的用户都可以使用,如亚马逊 AWS;私有云只为特定用户提供服务,比如,大型企业出于安全考虑自建的云环境,只为企业内部提供服务;混合云综合了公有云和私有云的特点,因为对于一些企业而言,一方面出于安全考虑需要把数据放在私有云中;另一方面又希望可以获得公有云的计算资源,为了获得最佳的效果,就可以把公有云和私有云进行混合搭配使用。

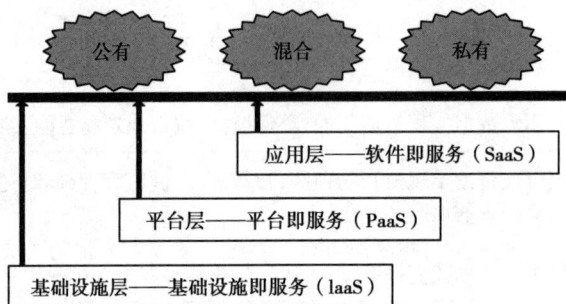

图 4.1 云计算的服务模式和类型

云计算服务供应商还可以采用云计算管理软件来构建云环境(公有云或私有云)。如 OpenStack 就是一种非常流行的构建云环境的开源软件。OpenStack 管理的资源是一个分布的系统,它把分布的计算、存储、网络、设备、资源组织起来,形成一个完整的云计算系统,帮助服务商和企业内部实现类似于 Amazon EC2 和 S3 的云基础架构服务。

2）云计算的关键技术

云计算的关键技术包括虚拟化、分布式存储、分布式计算、多租户等。

（1）虚拟化

虚拟化技术是云计算基础架构的基石，是指将一台计算机虚拟为多台逻辑计算机，在一台计算机上同时运行多个逻辑计算机，且每个逻辑计算机的应用程序都可以在相互独立的空间内运行而互不影响，从而显著提高计算机的工作效率。

虚拟化的资源可以是硬件（如服务器、磁盘和网络），也可以是软件。以服务器虚拟化为例，它将服务器物理资源抽象成逻辑资源，让一台服务器变成几台甚至上百台相互隔离的虚拟服务器，不再受限于物理上的界限，而是让 CPU、内存、磁盘、输入/输出（I/O）设备等硬件变成可以动态管理的"资源池"，从而提高资源的利用率，简化系统管理，实现服务器整合，让 IT 对业务的变化更具适应力。例如，Hyper-V 是微软的一款虚拟化产品，旨在为用户提供成本效益更高的虚拟化基础设施软件，从而为用户降低运作成本，提高硬件利用率，优化基础设施，提高服务器的可用性。

（2）分布式存储

GFS（Google File System）是谷歌公司推出的一款分布式文件系统，可以满足大型、分布式、对大量数据进行访问的应用需求。GFS 具有很好的硬件容错性，可以把数据存储到成百上千台服务器上面，并在硬件出错的情况下尽量保证数据的完整性。

谷歌公司后来又以 GFS 为基础开发了分布式数据管理系统 BigTable，它是一个稀疏、分布、持续多维度的排序映射数组，适用于非结构化数据存储的数据库，具有高可靠性、高性能、可伸缩等特点，可在廉价 PC 服务器上搭建起大规模存储集群。HBase 是针对 BigTable 的开源实现。

（3）分布式计算

面对海量的数据，传统的单指令单数据流顺序执行的方式已经无法满足快速处理数据的要求。分布式计算需要把复杂的、运行于大规模集群上的并行计算过程抽象为两个函数，并把一个大数据集切分成多个小的数据集，分布到不同的机器上进行并行处理，极大地提高了数据处理速度，可以有效满足许多应用对海量数据的批量处理需求。

谷歌公司推出了并行编程模型 MapReduce，包括 Map 和 Reduce 两个函数，可在短时间内迅速获得海量计算能力，允许开发者在不具备并行开发经验的前提下也能够开发出分布式的并行程序，并让其同时运行在数百台机器上，在短时间内完成海量数据的计算。Hadoop 开源分布式计算平台实现了 MapReduce 编程框架，被广泛应用于分布式计算。

（4）多租户

多租户技术的目的在于使大量用户能够共享同一堆栈的软硬件资源，每个用户按需使用资源，能够对软件服务进行客户化配置，而不影响其他用户的使用。多租户技术的核心包括数据隔离、客户化配置、架构扩展和性能定制。

3）云计算数据中心及其应用

云计算数据中心是一整套复杂的设施，包括刀片服务器、宽带网络连接、环境控制设备、监控设备以及各种安全装置等。数据中心是云计算的重要载体,为云计算提供计算、存储、带宽等各种硬件资源,为各种平台和应用提供运行支撑环境。

云计算在电子政务、医疗、卫生、教育、企业等领域的应用不断深化,对提高政府服务水平、促进产业转型升级和培育发展新兴产业等都起到了关键的作用。

(1)政务云

可部署公共安全管理、容灾备份、城市管理、应急管理、智能交通、社会保障等应用,通过集约化建设、管理和运行,可以实现信息资源整合和政务资源共享,推动政务管理创新,加快向服务型政府转型。

(2)教育云

可有效整合幼儿教育、中小学教育、高等教育以及继续教育等优质教育资源,逐步实现教育信息共享、教育资源共享及教育资源深度挖掘等目标。

(3)中小企业云

能够让企业以低廉的成本建立财务、供应链、客户关系等管理应用系统,大大降低企业信息化门槛,迅速提升企业信息化水平,增强企业市场竞争力。

(4)医疗云

可推动医院与医院、医院与社区、医院与急救中心、医院与家庭之间的服务共享,并形成一套全新的医疗健康服务系统,从而有效地提高医疗保健的质量。

4.2.2 物联网

物联网是新一代信息技术的重要组成部分,具有广泛的用途,同时和云计算、大数据有着千丝万缕的紧密联系。

1)物联网的概念

物联网是物物相连的互联网,是互联网的延伸,它利用局部网络或互联网等通信技术把传感器、控制器、机器、人员和物等通过新的方式连在一起,形成人与物、物与物相连,实现信息化和远程管理控制。

从技术架构上来看,物联网可分为四层,分别是感知层、网络层、处理层和应用层。每层的具体功能见表 4.2。

表 4.2 物联网每层的具体功能

层次	功能
感知层	如果把物联网系统比喻为一个人体,那么感知层就好比人体的神经末梢,用来感知物理世界,采集来自物理世界的各种信息。这个层次包含了大量的传感器,如温度传感器、湿度传感器、应力传感器、加速度传感器、重力传感器、气体浓度传感器、土壤盐分传感器、二维码标签、RFID(Radio Frequency Identification)标签和读写器、摄像头、GPS设备等
网络层	相当于人体的神经中枢,起到信息传输的作用。网络层包含各种类型的网络,如互联网、移动通信网络、卫星通信网络等

续表

层次	功能
处理层	相当于人体的大脑,起到存储和处理的作用,包括数据存储、管理和分析平台
应用层	直接面向用户,满足各种应用需求,如智能交通、智慧农业、智慧医疗、智能工业等

2)物联网关键技术

物联网是物与物相连的网络,通过为物体加装二维码、RFID 标签、传感器等,就可以实现对物体身份唯一标识和各种信息的采集,再结合各种类型网络连接,就可以实现人和物、物和物之间的信息交换。因此,物联网中的关键技术包括识别和感知技术(二维码、RFID、传感器等)、网络与通信技术、数据挖掘与融合技术等。

(1)识别和感知技术

二维码是物联网中一种很重要的自动识别技术,二维码具有信息容量大、编码范围广、容错能力强、译码可靠性高、成本低、易制作等良好特性,已经得到了广泛的应用。

RFID 技术用于静止或移动物体的无接触自动识别,具有全天候、无接触、可同时实现多个物体自动识别等特点。RFID 技术在生产和生活中得到了广泛的应用,大大推动了物联网的发展。

传感器是一种能感受到被测量的信息,并按照一定的规律将其转换成可用信号的器件或装置,具有微型化、数字化、智能化、网络化等特点。

(2)网络与通信技术

物联网中的网络与通信技术包括短距离无线通信技术和远程通信技术。短距离无线通信技术包括 ZigBee、NFC、蓝牙、Wi-Fi、RFID 等;远程通信技术包括互联网、2G/3G/4G/5G 移动通信网络、卫星通信网络等。

(3)数据挖掘与融合技术

物联网中存在大量数据来源、各种异构网络和不同类型的系统,海量物联网数据可借助庞大的云计算基础设施实现廉价存储,利用大数据技术实现快速处理和分析,满足各种实际应用需求。

现在,物联网已经广泛应用于智能交通、智慧医疗、智能家居、环保监测、智能安防、智能物流、智能电网、智慧农业、智能工业等领域,对国民经济与社会发展起到了重要的推动作用。例如,智能物流利用集成智能化技术,使物流系统能模仿人的智能,具有思维、感知、学习、推理判断和自行解决物流中某些问题的能力(如选择最佳行车路线,选择最佳包裹装车方案),从而实现物流资源的优化调度和有效配置,提升物流系统效率。

4.2.3 大数据与云计算、物联网的关系

海量数据构成了大数据的重要数据来源。没有物联网的飞速发展,就不会带来数据产生方式的变革,即由人工产生阶段转向自动产生阶段,大数据时代也不会这么快就到来。同时,物联网需要借助云计算和大数据技术,实现物联网大数据的存储、分析和处理。

1）大数据、云计算和物联网的区别

大数据侧重于对海量数据的存储、处理与分析，从海量数据中发现价值，从而服务于生产和生活；云计算本质上旨在整合和优化各种 IT 资源，并通过网络以服务的方式廉价地提供给用户；物联网的发展目标是实现物物相连，应用创新是物联网发展的核心。

2）大数据、云计算和物联网的联系

从整体上看，大数据、云计算和物联网这三者是相辅相成的。大数据根植于云计算，大数据分析的很多技术都来自云计算，云计算的分布式数据存储和管理系统（包括分布式文件系统和分布式数据库系统）提供了海量数据的存储和管理能力，分布式并行处理框架提供了海量数据分析能力，没有这些云计算技术作为支撑，大数据分析就无从谈起。反之，大数据为云计算提供了"用武之地"，没有大数据这个"练兵场"，云计算技术再先进，也不能发挥它的应用价值。

业内已经将云计算、大数据、物联网三者并称为"云大物"。大量物联网数据的生成为大数据系统提供数据，而为了获得更好的见解并做出决策，混合来自各种来源的数据是最好的方法。因此，物联网和大数据需要采用基于云计算的系统，物联网、大数据和云计算的融合开拓了决策支持系统的新视野。

4.2.4　区块链

区块链，就是由一个又一个区块组成的链条。每一个区块中保存了一定的信息，它们按照各自产生的时间顺序连接成链条。这个链条被保存在所有的服务器中，只要整个系统中有一台服务器可以工作，整条区块链就是安全的。这些服务器在区块链系统中被称为节点，它们为整个区块链系统提供存储空间和算力支持。如果要修改区块链中的信息，必须征得半数以上节点的同意并修改所有节点中的信息，而这些节点通常掌握在不同的主体手中，因此篡改区块链中的信息是一件极其困难的事。与传统的网络相比较，区块链具有两大核心特点：数据难以篡改和去中心化。基于这两个特点，区块链所记录的信息更加真实可靠，可以帮助解决人们互不信任的问题。

1）区块链类型

（1）公有区块链

公有区块链（Public Blockchain）：世界上任何个体或者团体都可以发送交易，且交易能够获得该区块链的有效确认，任何人都可以参与其共识过程。公有区块链是最早的区块链，也是应用最广泛的区块链，各大比特币（Bitcoin）系列的虚拟数字货币均基于公有区块链，世界上有且仅有一条该币种对应的区块链。

（2）行业（联合）区块链

行业区块链（Consortium Blockchain）：由某个群体内部指定多个预选的节点为记账人，每个块的生成由所有的预选节点共同决定（预选节点参与共识过程），其他接入节点可以参与交易，但不过问记账过程（记账过程本质上还是托管记账，只是变成分布式记账。预选节点的多少、如何决定每个块的记账者成为该区块链的主要风险点），其他任何人可以通过该区块链开放的应用程序接口（Application Programming Interface, API）进行限定查询。

（3）私有区块链

私有区块链（Private Blockchain）：仅使用区块链的总账技术进行记账，主体可以是一个公司，也可以是个人，且由该公司或个人独享该区块链的写入权限。本链与其他的分布式存储方案没有太大区别。传统金融都想尝试私有区块链，但公有区块链的应用已经工业化，如比特币；而私有区块链的应用产品还在摸索当中。

2）区块链架构模型

区块链架构模型自下而上由数据层、网络层、共识层、激励层、合约层和应用层共六个层级构成，如图 4.2 所示。

数据层封装了底层数据区块以及相关的数据加密和时间戳等基础数据和基本算法；网络层则包括分布式组网机制、数据传播机制和数据验证机制等；共识层主要封装网络节点的各类共识算法；激励层将经济因素集成到区块链技术体系中来，主要包括经济激励的发行机制和分配机制等；合约层主要封装各类脚本、算法和智能合约，是区块链可编程特性的基础；应用层封装了区块链的各种应用场景和案例。

3）核心技术

（1）分布式账本

分布式账本是指交易记账由分布在不同地方的多个节点共同完成，而且每一个节点记录的是完整的账目，因此它们都可以参与交易合法性的监督，同时也可以共同为其作证。

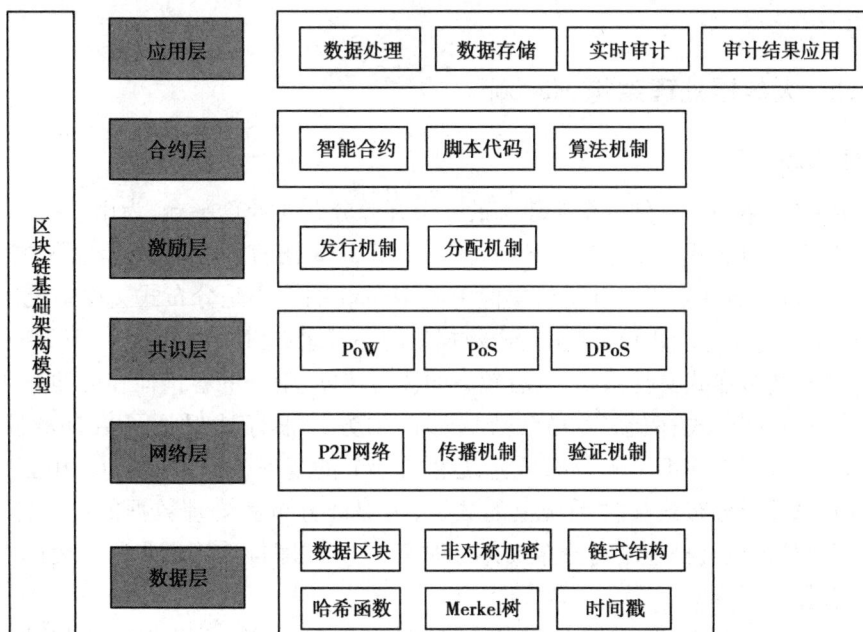

图 4.2 区块链基础架构模型

（2）非对称加密

存储在区块链上的交易信息是公开的，但是账户身份信息是高度加密的，只有在数据拥有者授权的情况下才能进行访问，从而保证了数据的安全和个人的隐私。

（3）共识机制

共识机制就是指所有记账节点之间怎么达成共识，去认定一个记录的有效性，这既是认定的手段，也是防止篡改的手段。区块链提出了四种不同的共识机制，适用于不同的应用场景，在效率和安全性之间取得平衡。

（4）智能合约

智能合约是基于这些可信的、不可篡改的数据，可以自动化地执行一些预先定义好的规则和条款。以保险为例，如果说每个人的信息（包括医疗信息和风险发生的信息）都是真实可信的，那就很容易在一些标准化的保险产品中去进行自动化的理赔。

4.3　大数据核心技术

大数据技术是许多技术的一个集合体，这些技术也并非全部都是新生事物，诸如关系数据库、数据仓库、数据采集、联机分析处理、数据挖掘、数据隐私和安全、数据可视化等技术是已经发展多年的技术，在大数据时代得到不断补充、完善、提高后又有了新的升华，也可以视为大数据技术的一个组成部分。近些年新发展起来的大数据核心技术，包括分布式并行编程、分布式文件系统、分布式数据库、NoSQL 数据库、云数据库、流计算、图计算等。

4.3.1　大数据处理架构 Hadoop

1）Hadoop 简介

Hadoop 是 Apache 软件基金会旗下的一个开源分布式计算平台，为用户提供了系统底层细节透明的分布式基础架构。Hadoop 是基于 Java 语言开发的，具有很好的跨平台特性，并且可以部署在廉价的计算机集群中。Hadoop 的核心是分布式文件系统（Hadoop Distributed File System，HDFS）和大规模数据集的并行运算（MapReduce）。HDFS 是面向普通硬件环境的分布式文件系统，具有较高的读写速度、很好的容错性和可伸缩性，支持大规模数据的分布式存储，其冗余数据存储的方式很好地保证了数据的安全性。MapReduce 允许用户在不了解分布式系统底层细节的情况下开发并行应用程序，采用 MapReduce 来整合分布式文件系统上的数据，可保证分析和处理数据的高效性。借助 Hadoop，程序员可以轻松地编写分布式并行程序，将其在廉价计算机集群上运行，完成海量数据的存储与计算。

Hadoop 被公认为行业大数据标准开源软件，在分布式环境下提供了海量数据的处理能力。几乎所有主流厂商都围绕 Hadoop 提供开发工具、开源软件、商业化工具和技术服务，如谷歌、雅虎、微软、思科、淘宝等都支持 Hadoop。

2）Hadoop 生态系统

Hadoop 是一个能够对大量数据进行分布式处理的软件框架，并且是以一种可靠、高效、可伸缩的方式进行处理的。Hadoop 凭借其突出的优势，已经在各个领域得到了广泛的应用，而互联网领域是其应用的主阵地。

Apache Hadoop 版本分为三代，Hadoop1.0/2.0/3.0。经过多年的发展，Hadoop 生态系统不断完善和成熟，目前已经包含了多个子项目，除了核心的 HDFS 和 MapReduce 外，Hadoop 生态系统还包括 Zookeeper、HBase、Hive、Pig、Mahout、Sqoop、Flume、Ambari 等功能组件。Hadoop 生态系统如图 4.3 所示。

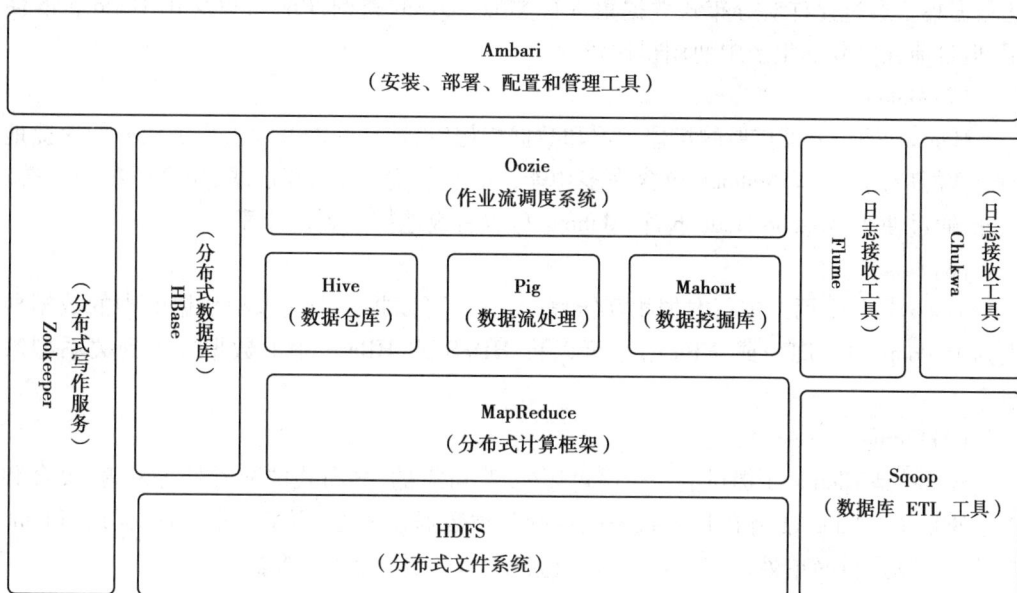

图 4.3　Hadoop 生态系统

（1）HDFS

HDFS 是 Hadoop 平台的分布式文件储存系统，HDFS 集群包含了一个主节点（Name Node），这个节点负责管理所有文件系统的元数据及存储了真实数据的数据节点（DataNode），数据节点可以有很多。HDFS 具有高容错性、适合大数据批处理、可构建在廉价机器上等优点，缺点是不支持低延迟数据访问、小文件存取、并发写入、文件随机修改。

（2）MapReduce

MapReduce 是一个计算模型，用于大规模数据集的并行运算。它极大地方便了编程人员在不会分布式并行编程的情况下，将自己的程序运行在分布式系统上。

（3）Zookeeper

Zookeeper 是一个分布式应用程序协调服务软件，是 Hadoop 和 HBase 的重要组件。它是一个为分布式应用提供一致性服务的软件，提供的功能包括配置维护、域名服务、分布式同步、组件服务等。

（4）HBase

HBase 是一个高可靠性、高性能、面向列、可伸缩的分布式存储数据库，利用 HBase 技术可在廉价机器上搭建起大规模结构化存储集群。

（5）Hive

Hive 是基于 Hadoop 的一个数据仓库工具，可以将结构化的数据文件映射为一张数据库表，并提供简单的 SQL 查询功能，可以将 SQL 语句转换为 MapReduce 任务运行。

（6）Pig

Pig 是一个高级过程语言，适合使用 Hadoop 和 MapReduce 平台来查询大型半结构化数据集。通过允许对分布式数据集进行类似 SQL 的查询，Pig 可以简化 Hadoop 的使用，但目前在实际的生产中使用得比较少。

（7）Mahout

Mahout 是一个可扩展的机器学习和数据挖掘库，旨在帮助开发人员更加方便快捷地创建智能应用程序。Mahout 包含许多功能，如聚类、分类、推荐过滤、频繁子项挖掘等。此外，通过使用 Apache Hadoop 库，Mahout 可以有效地扩展到云计算。

（8）Sqoop

Sqoop 是一个用来进行数据相互转移的工具，可以将一个关系型数据库中的数据导入到 Hadoop 的 HDFS 或 HBase，也可以将 HDFS 或 HBase 中的数据导入到关系型数据库。

（9）Flume

Flume 是 Cloudera 提供的一个高可用的、高可靠的、分布式的海量日志采集、聚合和传输的系统，Flume 支持在日志系统中定制各类数据发送方，用于收集数据；同时，Flume 提供对数据进行简单处理，并写到各种数据接收方（可定制）的功能。

（10）Chukwa

Chukwa 是一个开源的用于监控大型分布式系统的数据收集系统，构建在 Hadoop 的 HDFS 和 MapReduce 框架之上。Chukwa 还包含了一个强大和灵活的工具集，可用于展示、监控和分析已收集的数据。

（11）Oozie

Oozie 是管理 Hadoop 作业的工作流调度系统，以 XML 的形式编写调度流程，可以调度 MapReduce、Hive、Pig、shel、jar 等，使 Oozie 协调器促进了相互依赖的重复工作之间的协调。

（12）Ambari

Ambari 是一种基于 Web 的工具，用于创建、管理、监视 Hadoop 的集群，支持 Hadoop HDFS、Hadoop MapReduce、Hive、HCatalog、HBase、ZooKeeper、Oozie、Pig 和 Sqoop 等的集中管理。

4.3.2　大数据应用工具

1）数据采集

数据采集有基于网络信息的数据采集,比如交通摄像头的视频图像采集;也有基于互联网的数据采集,比如对各类网络媒介的各种页面信息和用户访问信息进行采集。在互联网数据采集中每天会产生大量的日志(一般为流式数据,如搜索引擎的访问量、查询信息等),处理这些日志需要特定的日志系统,目前比较有名的开源日志采集系统有Flume、Scribe 和 Kafka 等,表4.3 是对其简单的描述。

表4.3　开源日志采集系统

采集系统	公司	实现语言	框架	数据存储位置	特点
Flume	Cloudera	Java	Push/push	HDFS	支持在日志系统中定制各类数据发送方,用于收集数据。当节点出现故障时,日志能够被传送到其他节点上而不会丢失。采用 Zookeeper 管理,可以有多个微波激射器(maser)。可扩展性好。
Scribe	Facebook	C/C++	Push/push	HDFD 或本地	分布式收集,系统处理。当节点出现故障时,日志能够被传送到其他节点上而不会丢失。可扩展性好。
Kafka	LinkedIn/Apache	Scala	Push/pull	HDFS	高吞吐量、分布式发布订阅消息系统。支持多订阅者,当失败时能自动平衡消费者。支持线上(online)和线下(offline)的工作场景。可扩展性好。

2）数据存储

常见的存储形式有分布式文件系统和分布式数据库。分布式文件系统采用大规模的分布式存储节点来满足存储大量文件的需求,而分布式的非关系型数据库则为大规模非结构化数据的处理和分析提供支持。

常见的分布式文件系统有 GFS、HDFS、Lustre、Ceph、FastDFS 和 Mogile FS 等,具体描述见表4.4。

表4.4　分布式文件系统介绍

文件系统	公司	实现语言	特点
GFS	谷歌	C++	基于 Linux 的专有分布式文件系统;尚未开源;HDFS、Ceph 和 Lustre 都是基于 GFS 的文件系统。

续表

文件系统	公司	实现语言	特点
HDFS	Apache	Java	HDFS 是目前最流行的一个分布式文件系统,具有高容错性,适合部署在廉价的机器上。
Lustre	Oracle	C	Lustre 主要用于大型计算机集群和超级电脑,不支持副本。
Ceph	Sage Weil	C++	Ceph 具有高扩展性,数据分布均衡,并行化程度高,没有单点故障的特点;目前是 Linux 未来版本的备选文件系统,但是并没有商业部署的经历。
FastDFS	阿里巴巴	C	轻量级分布式文件系统,解决了大容量存储和负载均衡的问题,特别适合以文件为载体的在线服务,如相册网站、视频网站等。
MogileFS	Six Apart	C/C++	一套高效的文件自动备份组件,通过用户空间的文件系统接口(File System in User Space,FUSE)支持标准的可移植操作系统接口(Portable Operating System Interface,POSIX)。

非关系型数据库主要有 Redis、Tokyo Cabinet、MongoDB、CouchDB、Cassandra、Voldemort 和 HBase,表 4.5 对其进行了简单介绍。

表 4.5 非关系型数据库介绍

数据库	公司	实现语言	特点
Redis	VMware/Pivotal	C	数据都是缓存在内存中,但会周期性地把更新的数据写入磁盘或者把修改操作写入追加的记录文件,并且在此基础上实现主从(master-slave)同步。
Tokyo Cabinet	Mikio Hirabayashi	C	数据库由一系列键值(key-value)对的记录构成,其数据文件只有一个,所有操作都是依据关键字(key)做主键操作,支持 master-slave 架构。
MongoDB	MongoDB	C++	介于关系数据库和非关系数据库之间的分布式文件存储的数据库,高性能、易部署、易使用,存储数据非常方便。它非常适合实时地插入、更新与查询,并具备网站实时数据存储所需的复制功能及高度伸缩性。
CouchDB	Apache	C++	开源的、面向文档的数据库管理系统,具有高度可伸缩性,提供了高可用性和高可靠性,可以使用 JavaScript 来操作 CouchDB 数据库。

续表

数据库	公司	实现语言	特点
Cassandra	Facebook	Java	基于列族，由一堆数据库节点共同构成的整个分布式网络服务。采用 Memtable 和 SSTable 的方式进行存储，写入数据之前，需要先记录日志
Voldemort	Datesalt	Java	键值存储，适用于内容缓存，主要用于处理大量数据的高访负载以及一些日志系统等，查找速度快，但数据无结构化，通常只被当作字符串或者二进制数据。
HBase	Apache	Java	高可靠性、高性能、面向列、可伸缩、分布式的、面向列的开源数据库，技术来源于谷歌 BigTable

3）数据计算

当前流行的分布式计算框架有 MapReduce，Spark 和 Storm。这三个框架各有优势，现在都属于 Apache 基金会下的顶级项目，下面将对三个框架的特点与适用场景进行分析。

（1）MapReduce

MapReduce 是一种简洁的并行计算模型，它在系统层面解决了扩展性、容错性等问题，通过接收用户编写的 Map 函数和 Reduce 函数，自动在可伸缩的大规模集群上并行执行，从而可以处理和分析大规模的数据。MapReduce 是三者中出现最早、知名度最大的分布式计算框架，最早由谷歌提出，原生支持 Java 语言开发 MapReduce 程序。

MapReduce 主要适用于大批量的集群任务，海量数据的离线分析处理，大规模 Web 信息搜索和数据密集型并行计算。

（2）Spark

Spark 是由加州伯克利大学使用 Scala 语言开发的类似于 MapReduce 的通用并行计算框架。Spark 是一个基于内存计算的开源集群计算系统，目的是更快速地进行数据分析，因而其在时效性上有了很大提高。另外，中间结果可以保存在内存中，从而对需要迭代计算和有较高时效性要求的系统提供了很好的支持，多用于能容忍小延时的推荐与计算系统。

Spark 主要适用于需要多次操作特定数据集的应用场合，需要反复操作的次数越多，所需读取的数据量越大，受益越大；对于数据量小但是计算密集度较大的场合而言，受益就相对较小。

（3）Storm

Storm 是由 Twitter 开发的，具有容错的、全内存的流式实时计算框架，由 Java 和 Clojure 写成。在实时分析、性能监测等需要高时效性的领域广泛采用，而且它理论上支持所有语言，只需要少量代码即可完成适配器。

Storm 可以用来处理源源不断流进来的消息,处理之后将结果写入到某个存储中去。由于 Storm 的处理组件是分布式的,而且处理延迟极低,所以可以作为一个通用的分布式 RPC 框架来使用。

4)数据的展现与交互

计算结果需要以简单直观的方式展现出来,才能最终为用户所理解和使用,形成有效的统计、分析、预测及决策,应用到生产实践和企业运营中。因此,大数据的展现技术以及与数据的交互技术在大数据中也占据重要的位置。

数据可视化旨在借助图形化手段,清晰有效地传达与沟通信息。以下内容简单介绍了数据可视化常用工具。

(1)Excel

Excel 以它的数据处理和分析功能而广泛闻名,但是它也经常用于创建强大的数据可视化。Excel 可以通过不同方法迅速分析并展现数据,由多重控制选择来改变和布局可视化。

(2)Google Charts

Google Charts 非常人性化,不仅拥有一个好用且全面的模板库,而且创建的图表是交互式甚至可缩放的,让用户可以从中找到所需的模板。另外,以 HTML5 和 SVG 为基础的 Google Charts 充分考虑了跨浏览器的兼容性,并通过 VML 支持旧版本的 IE 浏览器。

(3)D3

数据驱动文档(Data-Driven Document,D3)通过数据驱动的方式创建网页,可以实现实时交互。它运行在 JavaScript 上,并可使用 HTML、CSC 和 SVG,被认为是最好的数据可视化工具库。

(4)ECharts

ECharts 是一款基于 Ember.Js 框架和使用 D3.js 的商业级数据图表,易于扩展,且有着极强的错误处理能力,可实现高度个性化定制,赋予了用户对数据进行挖掘、整合的能力。

(5)Visual.ly

Visual.ly 是一款数据可视化信息图表创建工具,它为用户提供了多个模板,不需要用户提供数据,只需要将用户的 Twitter、Facebook、Google 账户等连接到其 Visual.ly 账户中,Visual.ly 就可以获取用户的社交数据或者 Google 账户数据,通过使用这些数据,加载 Visual.ly 提供的模板,用户就可以在线自动生成信息图。

(6)R

R 作为一种统计分析软件,免费开源,集统计分析与图形显示于一体。可以运行于 UNIX、Windows 和 Mac OS 上,是一种可编程的语言,具有很强的互动性。

(7)Gephi

Gephi 是一款能在 Windows、Linux 和 Mac OS 系统上运行的开源应用程序。该平台主要用于各种网络和复杂系统,以及动态和分层图像的交互可视化与探测。

（8）Tableau

Tableau 是一款企业级的大数据可视化工具。Tableau 可以非常方便地创建图形、表格和地图，帮助任何人快速分析、可视化并分享信息。它不仅提供了 PC 桌面版，还提供了服务器解决方案，可以在线生成可视化报告。

以下章节详细介绍了几种常用的大数据应用工具。

4.3.3　分布式文件系统 HDFS

相对于传统的本地文件系统而言，分布式文件系统是一种通过网络实现文件在多台主机上进行分布式存储的文件系统。分布式文件系统的设计一般采用"客户端/服务器（Client/Server）"模式，客户端以特定的通信协议通过网络与服务器建立连接，提出文件访问请求，客户端和服务器可以通过设置访问权来限制请求方对底层数据存储块的访问。这里主要介绍 HDFS。

1）分布式文件系统结构

（1）计算机集群结构

分布式文件系统把文件分布存储到多个计算机节点上，由成千上万的计算机节点构成计算机集群。与之前使用的多个处理器和专用高级硬件的并行化处理装置不同的是，目前的分布式文件系统所采用的计算机集群都是由普通硬件构成的，这大大降低了硬件上的开销。

集群中的计算机节点存放在机架（Rack）上，每个机架可以存放 8~ 64 个节点，同一机架上的不同节点之间通过网络互连，多个不同机架之间采用另一级网络或交换机互连。

（2）分布式文件系统的结构

与普通文件系统类似，分布式文件系统也采用了块的概念，文件被分成若干个块进行存储。块是数据读写的基本单元，只不过分布式文件系统的块要比操作系统中的块大很多。比如，HDFS 默认的一个块的大小是 64 MB。

分布式文件系统在物理结构上是由计算机集群中的多个节点构成的，这些节点分为两类：一类叫"主节点"（Master Node），或者也被称为"名称节点"（Name Node）；另一类叫"数据节点"（Data Node），或者也被称为"从节点"（Slave Node）。主节点负责文件和目录的创建、删除和重命名等，同时管理着数据节点和文件块的映射关系，因此客户端只有访问主节点才能找到请求的文件块所在的位置，进而到相应位置读取所需文件块。数据节点负责数据的存储和读取，在存储时，先由主节点分配存储位置，然后由客户端把数据直接写入相应数据节点；在读取时，客户端先从主节点获得数据节点和文件块的映射关系，然后就可以到相应位置访问文件块。数据节点也要根据主节点的命令创建、删除数据块和冗余复制，如图 4.4 所示。

计算机集群中的节点可能发生故障，因此为了保证数据的完整性，分布式文件系统通常采用多副本存储。即文件块会被复制为多个副本，存储在不同的节点上，而且存储同一文件块的不同副本的各个节点会分布在不同机架上。这样，在单个节点出现故障时,就可以快速调用副本重启单个节点上的计算过程,而不用重启整个计算过程,整个机架出现故障时也不会丢失所有文件块。文件块的大小和副本个数通常可以由用户指定。

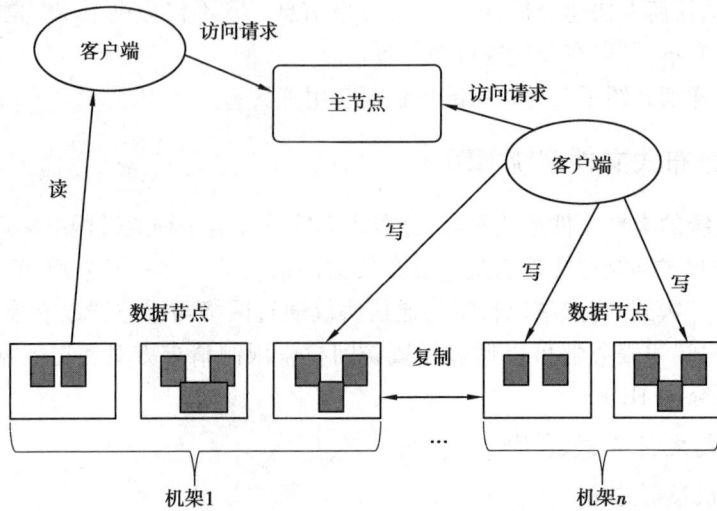

图 4.4　分布式文件系统的物理结构

分布式文件系统是针对大规模数据存储而设计的,主要用于处理大规模文件,如 TB 级文件。处理过小的文件不仅无法充分发挥其优势,而且会严重影响到系统的扩展和性能。

2)HDFS 简介

HDFS 原来是 Apache Nutch 搜索引擎的一部分,后来独立出来作为一个 Apache 子项目,并和 MapReduce 一起成为 Hadoop 的核心组成部分。HDFS 支持流数据读取和处理超大规模文件,并能够运行在由廉价的普通机器组成的集群上,这主要得益于 HDFS 在设计之初就充分考虑了实际应用环境的特点,那就是,硬件在普通服务器集群中出错是一种常态,而不是异常。因此,HDFS 在设计上采取了多种机制保证在硬件出错的环境中实现数据的完整性。总体而言,HDFS 的主要目标是:

(1)兼容廉价的硬件设备

在成百上千台廉价服务器中存储数据,常会出现节点失效的情况,因此 HDFS 设计了快速检测硬件故障和进行自动恢复的机制,可以实现持续监视、错误检查、容错处理和自动恢复,从而使其在硬件出错的情况下也能实现数据的完整性。

(2)流数据读写

普通文件系统主要用于随机读写以及与用户进行交互,而 HDFS 则是为了满足批量数据处理的要求而设计的,因此为了提高数据吞吐率,HDFS 放松了一些 POSIX 的要求,从而能够以流式方式来访问文件系统数据。

(3)大数据集

HDFS 中的文件通常可以达到 GB 甚至 TB 级别,一个数百台机器组成的集群里面可以支持千万级别的文件。

94

（4）简单的文件模型

HDFS 采用了"一次写入、多次读取"的简单文件模型，文件一旦完成写入，关闭后就无法再次写入，只能被读取。

（5）强大的跨平台兼容性

HDFS 是采用 Java 语言实现的，具有很好的跨平台兼容性，支持 JVM（Java Virtual Machine）的机器都可以运行 HDFS。

HDFS 特殊的设计在实现上述优良特性的同时，也使得自身具有一些应用局限性，主要包括以下几个方面：

（1）不适合低延迟数据访问

HDFS 主要是针对大规模数据批量处理而设计的，采用流式数据读取，具有很高的数据吞吐率；但是，这也意味着较高的延迟。因此，HDFS 不适合用在需要较低延迟（如数十毫秒）的应用场合使用。对于低延时要求的应用程序而言，HBase 是一个更好的选择。

（2）无法高效存储大量小文件

小文件是指文件大小小于一个块的文件，HDFS 无法高效存储和处理大量小文件，过多小文件会给系统扩展性和性能带来诸多问题。

（3）不支持多用户写入及任意修改文件

HDFS 只允许一个文件有一个写入者，不允许多个用户对同一个文件执行写操作，而且只允许对文件执行追加操作，不能执行随机写入操作。

3）HDFS 的存储

作为分布式文件系统，为了保证系统的容错性和可用性，HDFS 采用多副本方式对数据进行冗余存储，通常一个数据块的多个副本会被分布到不同的数据节点上。

（1）加快数据传输速度

当多个客户端需要同时访问同一个文件时，可以让各个客户端分别从不同的数据块副本中读取数据，这就大大加快了数据传输速度。

（2）容易检查数据错误

HDFS 的数据节点之间通过网络传输数据，采用多个副本可以很容易判断数据传输是否出错。

（3）保证数据的可靠性

即使某个数据节点出现故障失效，也不会造成数据丢失。

4.3.4　MapReduce

分布式并行编程与传统的程序开发方式有很大的区别。传统的程序都是以单指令、单数据流的方式顺序执行，虽然这种方式比较符合人类的思维习惯，但是这种程序的性能受到单台机器性能的限制，可扩展性较差。分布式并行程序可以运行在由大量计算机构成的集群上，从而充分利用集群的并行处理能力，同时通过向集群中增加新的计算节点，实现集群计算能力的扩充。

谷歌公司最先提出了分布式并行编程模型 MapReduce，Hadoop MapReduce 是它的开源实现。

1）MapReduce 简介

在 MapReduce 中,一个存储在分布式文件系统中的大规模数据集会被切分成许多独立的小数据块,这些小数据块可以被多个 Map 任务并行处理。MapReduce 框架会为每个 Map 任务输入一个数据子集,Map 任务生成的结果会继续作为 Reduce 任务的输入,最终由 Reduce 任务输出最后结果,并写入分布式文件系统。特别需要注意的是,适合用 MapReduce 来处理的数据集需要满足一个前提条件:待处理的数据集可以分解成许多小的数据集,而且每一个小数据集都可以完全并行地进行处理。

MapReduce 设计的一个理念就是"计算向数据靠拢",而不是"数据向计算靠拢"。因为移动数据需要大量的网络传输开销,尤其是在大规模数据环境下,这种开销尤为惊人;所以,移动计算要比移动数据更加经济。本着这个理念,在一个集群中,只要有可能,MapReduce 框架就会将 Map 程序就近地在 HDFS 数据所在的节点运行,即将计算节点和存储节点放在一起运行,从而减少了节点间的数据移动开销。

Hadoop 框架是用 Java 实现的,但是 MapReduce 应用程序则不一定要用 Java 来写。

2）Map 和 Reduce 函数

MapReduce 模型的核心是 Map 函数和 Reduce 函数,二者都是由应用程序开发者负责具体实现的。MapReduce 编程之所以比较容易,是因为程序员只要关注如何实现 Map 和 Reduce 函数,而不需要处理并行编程中的其他各种复杂问题,如分布式存储、工作调度、负载均衡、容错处理、网络通信等,这些问题都会由 MapReduce 框架负责处理。

Map 函数和 Reduce 函数都是以<key,value>作为输入,按一定的映射规则转换成另一个或一批<key,value>进行输出。

4.3.5 分布式数据库 HBase

HBase 是一个高可靠、高性能、面向列、可伸缩的分布式数据库,是谷歌 BigTable 的开源实现,主要用来存储非结构化和半结构化的松散数据。HBase 的目标是处理非常庞大的表,可以通过水平扩展的方式,利用廉价计算机集群,处理由超过 10 亿行数据和数百万列元素组成的数据表。

1）数据模型概述

HBase 是一个稀疏、多维度、排序的映射表,这张表的索引是行键、列族、列限定符和时间戳。每个值是一个未经解释的字符串,没有数据类型。用户在表中存储数据,每一行都有一个可排序的行键和任意多的列。表在水平方向由一个或者多个列族组成,一个列族中可以包含任意多个列,同一个列族里面的数据存储在一起。列族支持动态扩展,可以很轻松地添加一个列族或列,无须预先定义列数量以及类型,所有列均以字符串形式存储,用户需要自行进行数据类型转换。由于同一张表里面的每一行数据都可以有截然不同的列,因此对于整个映射表的每行数据而言,有些列的值就是空的,所以说 HBase 是稀疏的。

在 HBase 中执行更新操作时,并不会删除数据旧的版本,而是生成一个新的版本,旧有的版本仍然保留,HBase 可以对允许保留的版本数量进行设置。客户端可以选择获取距离某个时间最近的版本,或者一次获取所有版本。如果在查询的时候不提供时间戳,那么会返回距离现在最近的那一个版本的数据,因为在存储的时候,数据会按照时间戳排序。HBase 提供了两种数据版本回收方式:一是保存数据的最后 n 个版本;二是保存最近一段时间内的版本(如最近 7 天)。

2)HBase 简介

HBase 是一个分布式的、面向列的开源数据库。它采用行键(Row Key)、列族(Column Family)、列限定符(Column Qualifier)和时间戳(Timestamp)进行索引,每个值都是未经解释的字节数组。

(1)数据类型

HBase 把数据存储为未经解释的字符串,用户可以把不同格式的结构化数据和非结构化数据都序列化成字符串保存到 HBase 中,用户需要自己编写程序把字符串解析成不同的数据类型。

(2)数据操作

HBase 操作只有简单的插入、查询、删除、清空等,因为 HBase 在设计上就避免了复杂的表与表之间的关系,通常只采用单表的主键查询,所以它无法实现像关系数据库中那样的表与表之间的连接操作。

(3)存储模式

HBase 是基于列存储的,每个列族都由几个文件保存,不同列族的文件是分离的,它的优点是:可以降低 I/O 开销,支持大量并发用户查询,因为仅需要处理可以回答这些查询的列,而不需要处理与查询无关的大量数据行;同一个列族中的数据会被一起进行压缩,由于同一列族内的数据相似度较高,因此可以获得较高的数据压缩比。

(4)数据索引

HBase 只有一个索引——行键,通过巧妙的设计,HBase 中的所有访问方法,或者通过行键访问,或者通过行键扫描,从而使整个系统不会慢下来。由于 HBase 位于 Hadoop 框架之上,因此可以使用 Hadoop MapReduce 来快速、高效地生成索引表。

(5)数据维护

在 HBase 中执行更新操作时,并不会删除数据旧的版本,而是生成一个新的版本,旧有的版本仍然保留。

(6)可伸缩性

分布式数据库 HBase 是为了实现灵活的水平扩展而开发的,能够轻易地通过在集群中增加或者减少硬件数量来实现性能的伸缩。

但是,相对于关系数据库来说,HBase 也有自身的局限性,如 HBase 不支持事务,因此无法实现跨行的原子性。

3）HBase 相关概念

（1）表

HBase 采用表来组织数据，表由行和列组成，列划分为若干个列族。

（2）行

每个 HBase 表都由若干行组成，每行由行键（Row Key）来标识，行键可以是任意字符串。在 HBase 内部，行键保存为字节数组。

（3）列族

一个 HBase 表被分组成许多"列族"的集合，它是基本的访问控制单元。列族需要在表创建时就定义好。

（4）列限定符

列族里的数据通过列限定符（或列）来定位。列限定符不用事先定义，也不需要在不同行之间保持一致。列限定符没有数据类型，被视为字节数组。

（5）单元格

在 HBase 表中，通过行、列族和列限定符确定一个"单元格"（Cell）。单元格中存储的数据没有数据类型，被视为字节数组。每个单元格中可以保存一个数据的多个版本，每个版本对应一个不同的时间戳。

（6）时间戳

每个单元格都保存着同一份数据的多个版本，这些版本采用时间戳进行索引。每次对一个单元格执行操作（新建、修改、删除）时，HBase 都会隐式地自动生成并存储一个时间戳。一个单元格的不同版本是根据时间戳降序的顺序进行存储的，这样，最新的版本可以被最先读取，如图 4.5 所示。

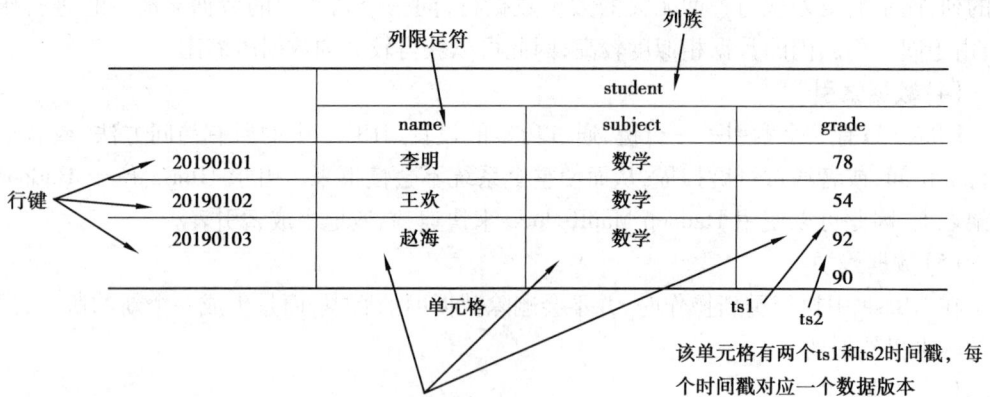

图 4.5 HBase 数据模型的一个实例

4）数据的坐标

HBase 使用坐标来定位表中的数据，也就是说，每个值都是通过坐标来访问的。对于关系数据库而言，数据定位可以理解为采用"二维坐标"，即根据行和列就可以确定表中一个具体的值。但是，HBase 中需要根据行键、列族、列限定符和时间戳来确定一个单元格,可以视为一个"四维坐标",即[行键,列族,列限定符,时间戳]。

如表 4.6 所示,由行键"201505003"、列族"Info"、列限定符"email"和时间戳"1174184619081"这 4 个坐标值确定的单元格["201505003","Info","email","1174184619081"],里面存储的值是"xie@ qq.com";由行键"201505003"、列族"Info"、列限定符"email"和时间戳"1174184620720"这 4 个坐标值确定的单元格["201505003","Info","email","1174184620720"],里面存储的值是"you@ 163.com"。

如果把所有坐标看成一个整体,视为"键",把四维坐标对应的单元格中的数据视为"值";那么,HBase 也可以看成一个键值数据库,如表 4.6 所示。

表 4.6　HBase 的数据坐标

键	值
["201505003","Info","email","1174184619081"]	xie@ qq.com
"201505003","Info","email","1174184620720"	you@ 163.com

4.3.6　NoSQL 数据库

NoSQL 是一种不同于关系数据库的数据库管理系统设计方式,是对非关系型数据库的统称,它所采用的数据模型并非传统关系数据库的关系模型,而是类似键/值、列族、文档等非关系模型。NoSQL 数据库没有固定的表结构,通常也不存在连接操作,也没有严格遵守 ACID 原则,ACID 是指原子性、一致性、隔离性、持久性。因此,与关系数据库相比,NoSQL 具有灵活的水平可扩展性,可以支持海量数据存储。此外,NoSQL 数据库支持 MapReduce 风格的编程,可以较好地应用于大数据时代的各种数据管理。NoSQL 数据库的出现,一方面弥补了关系数据库在当前商业应用中存在的各种缺陷;另一方面也撼动了关系数据库的传统垄断地位。

1)NoSQL 数据库的特点

当应用场合需要简单的数据模型、灵活的 IT 系统、较高的数据库性能和较低的数据库一致时,NoSQL 数据库是一个很好的选择。NoSQL 数据库通常具有以下 3 个特点。

(1)灵活的可扩展性

传统的关系型数据库由于自身设计机理的原因,通常很难实现"横向扩展",在面对数据库负载大规模增加时,往往需要通过升级硬件来实现"纵向扩展"。但是,当前的计算机硬件制造工艺已经达到一个限度,性能提升的速度开始趋缓,已经远远赶不上数据库系统负载的增加速度,而且配置高端的高性能服务器价格不菲,因此寄希望于通过"纵向扩展"满足实际业务需求,已经变得越来越不现实。相反,"横向扩展"仅需要非常普通廉价的标准化刀片服务器,不仅具有较高的性价比,也提供了理论上近乎无限的扩展空间。NoSQL 数据库在设计之初就是为了满足"横向扩展"的需求,因此具备良好的水平扩展能力。

(2)灵活的数据模型

关系模型是关系数据库的基石,它以完备的关系代数理论为基础,具有规范的定义,遵守各种严格的约束条件。这种做法虽然保证了业务系统对数据一致性的需求,但是过于死板的数据模型也意味着无法满足各种新兴的业务需求。相反,NoSQL 数据库旨在摆脱关系数据库的各种束缚条件,摒弃了流行多年的关系数据模型,转而采用键/值、列族等非关系模型,允许在一个数据元素里存储不同类型的数据。

(3)与云计算紧密融合

云计算具有很好的水平扩展能力,可以根据资源使用情况进行自由伸缩,各种资源可以动态加入或退出。NoSQL 数据库可以凭借自身良好的横向扩展能力,充分利用云计算基础设施,很好地融入到云计算环境中,构建基于 NoSQL 的云数据库服务。

2)NoSQL 数据库与关系数据库比较

关系数据库的突出优势在于,以完善的关系代数理论作为基础,有严格的标准,支持事务的 ACID 特性,借助索引机制可以实现高效查询,技术成熟,有专业公司的技术支持;其劣势在于,可扩展性较差,无法较好地支持海量数据存储,数据模型过于死板,无法较好地支持 Web 2.0 应用,事务机制影响了系统的整体性能等。NoSQL 数据库的明显优势在于,可以支持超大规模数据存储,灵活的数据模型可以很好地支持 Web 2.0 应用,具有强大的横向扩展能力等;其劣势在于,缺乏数学理论基础,复杂查询性能不高,一般都不能实现事务一致性,很难实现数据完整性,技术尚不成熟,缺乏专业团队的技术支持,维护较困难等。

3)NoSQL 类型

近些年,NoSQL 数据库发展势头非常迅猛。在短短四五年时间内,NoSQL 领域就爆炸性地产生了 50~150 个新的数据库,详见 NoSQL 官网。

NoSQL 数据库虽然数量众多,但是归结起来,典型的 NoSQL 数据库主要包括:

(1)键值数据库

键值数据库(Key-Value Database)会使用一个哈希表,这个表中有一个特定的 Key 和一个指针指向特定的 Value。Key 可以用来定位 Value,即存储和检索具体的 Value。Value 对数据库而言是透明不可见的,不能对 Value 进行索引和查询,只能通过 Key 进行查询。Value 可以用来存储任意类型的数据,包括整型、字符型、数组、对象等。在存在大量写操作的情况下,键值数据库可以比关系数据库发挥明显更好的性能。

(2)列族数据库

列族数据库一般采用列族数据模型,数据库由多个行构成,每行数据包含多个列族,不同的行可以具有不同数量的列族,属于同一列族的数据会被存放在一起。每行数据通过行键进行定位,与这个行键对应的是一个列族,从这个角度来说,列族数据库也可以被视为一个键值数据库。

(3)文档数据库

文档数据库通过键来定位一个文档,因此可以看成是键值数据库的一个衍生品,而且前者比后者具有更高的查询效率。对于那些可以把输入数据表示成文档的应用而言，文档数据库是非常合适的。

（4）图数据库

图数据库以图论为理论基础，一个图是一个数学概念，用来表示一个对象集合，包括顶点以及连接顶点的边。图数据库使用图作为数据模型来存储数据，完全不同于键值、列族和文档数据模型，图数据库专门用于处理具有高度相互关联关系的数据，可以高效地处理实体之间的关系，比较适合社交网络、模式识别、依赖分析、推荐系统以及路径寻找等问题。

NoSQL 数据库可以提供良好的扩展性和灵活性，很好地弥补了传统关系数据库的缺陷，较好地满足了 Web 2.0 应用的需求。但是，NoSQL 数据库也存在不足之处。由于采用非关系数据模型，因此它不具备高度结构化查询等特性，尤其是在复杂查询方面的查询效率不如关系数据库，而且不支持事务的 ACID 特性。

在这个背景下，近几年，NewSQL 数据库开始逐渐升温。NewSQL 是对各种新的可扩展、高性能数据库的简称，这类数据库不仅具有 NoSQL 对海量数据的存储管理能力，还保持了传统数据库对 ACID 和 SQL 等特性的支持。不同的 NewSQL 数据库的内部结构差异很大，但是它们有两个显著的共同特点：都支持关系数据模型；都使用 SQL 作为其主要的接口。云数据库就是具有代表性的 NewSQL 数据库。

4.3.7　云数据库

云计算是分布式计算、并行计算、效用计算、网络存储、虚拟化、负载均衡等计算机和网络技术发展融合的产物。云计算是由一系列可以动态升级和被虚拟化的资源组成的，用户无须掌握云计算的技术，只需要通过网络就可以访问这些资源，云计算的发展推动了云数据库的兴起。

1）云数据库概念

云数据库是部署和虚拟化在云计算环境中的数据库。云数据库是在云计算的大背景下发展起来的一种新兴的共享基础架构的方法，它极大地增强了数据库的存储能力，消除了人员、硬件、软件的重复配置，让软、硬件升级变得更加容易，同时也虚拟化了许多后端功能。云数据库具有高可扩展性、高可用性、采用多租形式和支持资源有效分发等特点。

在云数据库中，所有数据库的功能都是在云端提供的，客户端可以通过网络远程使用云数据库提供的服务。客户端不需要了解云数据库的底层细节，所有的底层硬件都已经被虚拟化，对客户端而言是透明的，就像在使用一个运行在单一服务器上的数据库一样，非常方便，同时又可以获得理论上近乎无限的存储和处理能力。

云数据库的特性有：动态可扩展、高可用性、较低的使用代价、易用性、高性能、免维护、安全。在大数据时代，每个企业几乎每天都在不断产生大量的数据。由于企业类型不同，对存储的需求也千差万别，而云数据库可以很好地满足不同企业的个性化存储需求。首先，云数据库可以满足大企业的海量数据存储需求；其次，云数据库可以满足中小企业的低成本数据存储需求;另外,云数据库还可以满足企业动态变化的数据存储需求。

2）云数据库产品

云数据库供应商主要分为三类。

①传统的数据库厂商,如 Teradata、Oracle、IBM DB2 和 Microsoft SQL Server 等。其中,微软的 Microsoft SQL Azure 提供了一个 Web 服务集合,可以允许用户通过网络在云中创建、查询和使用 SQL Server 数据库。

②涉足数据库市场的云供应商,如 Amazon、Google、Yahoo!、阿里、百度、腾讯等。其中,Amazon 是云数据库市场的先行者,提供基于云数据库的服务有 SimpleDB 和 Dynamo;谷歌公司推出的基于 MySQL 的云数据库是 Google Cloud SQL;而阿里云 RDS（Relational Database Service）作为现在比较流行的数据库产品之一，正在被越来越多的企业和个人购买使用。

③新兴厂商,如 Vertica、LongJump 和 EnterpriseDB 等。

4.4　大数据编程语言

4.4.1　Python 基本概念

Python 是由荷兰人吉多·范罗苏姆（Guido van Rossum）在 20 世纪 90 年代开发出来的,当初只是为了自娱自乐尝试编写一种替代 ABC 这类编程语言的脚本语言,没想到受到大家的喜欢,一直发展至今,后来引入了对多平台的支持。Python 语法相对简单,符合人的思维习惯,通过集成环境或解释器直接执行源程序。它可以运行在 Windows、Linux 等操作系统平台上,具有丰富的功能库以处理各种工作,它最强大之处就在于它丰富实用的第三方库,使得编写程序的速度非常快。

Python 是多个大学计算机科学系入门课程最受欢迎的编程语言。严格意义上来说,Python 是一种脚本语言。虽然编程语言多种多样,但是有开源和闭源之分,Python 就是一个开放核心源代码的编程语言,它开发代码的效率非常高,代码编写后非常易读,非常适合用于多人参与的项目。它支持面向对象的编程方式,同样也可以面对过程,非常灵活;它不但免费,而且可以任意复制（Copy）分发。Python 是开源自由软件,不仅容易获得,还可以阅读它的源程序并修改它。Python 在编程领域的占有率近年来上升很快,应用也日渐广泛,可以用于系统编程、图形处理、数学处理、文本处理、数据库编程、网络编程、多媒体编程等方面。

同时,Python 是一种功能强大而完善的通用语言,也是一种直译式计算机程序设计语言。该语言借鉴了脚本和解释性语言的易用性,能够高效地完成各种复杂的高层次任务。

4.4.2　Python 与大数据

随着 NumPy、SciPy、Matplotlib、ETS 等众多程序库的开发,Python 越来越适用于大数据科学计算。与大数据科学计算领域最流行的商业软件 Matlab 相比,Python 是一门真正的通用程序设计语言,比 Matlab 所采用的脚本语言的应用范围更广泛,有更多程序库的支持,适用于 Windows 和 Linux 等多种平台,完全免费并且开放源代码。虽然目前还无法替代 Matlab 中的某些高级功能,但是对于基础性、前瞻性的科研工作和应用系统的开发,完全可以用 Python 来完成。

Python 理所当然地被视为一门通用的程序设计语言,非常适合网站开发、系统管理以及通用的业务应用程序。它为 YouTube 这样的网站系统、Red Hat 操作系统中不可或缺的安装工具以及从云管理到投资银行等大型企业的 IT 系统提供技术支持,从而赢得了如此高的声誉。

不仅如此,Python 还在大数据计算领域建立了牢固的基础。Python 广泛的适用性在于,这些看似不同的应用领域通常在某些重要的方面是重叠的。易于与数据库连接、在网络上发布信息并高效地进行复杂计算的应用程序对于许多行业是至关重要的,而Python 最主要的长处就在于它能让开发者迅速地创建这样的工具。

4.4.3　大数据领域常用的 Python 包

掌握以下五个 Python 包,就可以完成绝大多数的数据分析任务。下面逐一对这五个包进行了简单介绍,并附上了相应的教程。

(1) NumPy

对于科学计算而言,它是 Python 创建所有更高层工具的基础。标准安装的 Python中用列表(list)保存一组值,可以用来当作数组使用,不过由于列表的元素可以是任何对象,所以列表中所保存的是对象的指针。例如,为了保存一个简单的[1,2,3],需要有 3个指针和三个整数对象。对于数值运算来说这种结构显然比较浪费内存和 CPU 计算时间。

此外,Python 还提供了一个 array 模块,array 对象和列表不同,它直接保存数值,和 C语言的一维数组比较类似。但是由于它不支持多维,也没有各种运算函数,所以也不适合做数值运算。NumPy 的诞生弥补了这些不足,NumPy 提供了两种基本的对象:ndarray(n-dimensional array object)和 ufunc(universal function object)。ndarray(下文统一称之为数组)是存储单一数据类型的多维数组,而 ufunc 则是能够对数组进行处理的函数。以下是它提供的一些功能:

①多维数组是一种快速、高效使用内存的数组,它提供矢量化数学运算。

②用户不需要使用循环,就可以对整个数组内的数据进行标准数学运算。

③非常便于传送数据到用低级语言(如 C 或 C++)编写的外部库,也便于外部库以NumPy 数组形式返回数据。

NumPy 不提供高级数据分析功能,但有了对 NumPy 数组和面向数组的计算的理解,能帮助用户更有效地使用像 Pandas 之类的工具。

（2）SciPy

SciPy 是一款方便、易于使用、专为科学和工程设计的 Python 工具包。它包括统计、优化、整合、线性代数模块、傅里叶变换、信号和图像处理、常微分方程求解器等功能。SciPy 库依赖于 NumPy，它提供便捷和快速的 N 维向量数组操作。SciPy 库的建立就是和 NumPy 数组一起工作，并提供许多对用户友好的和有效的数值例程，如数值积分和优化。

（3）Pandas

Pandas 是 Python 的一个数据分析包，最初由 AQR Capital Management 于 2008 年 4 月开发，并于 2009 年年底开源出来，目前由专注于 Python 数据包开发的 PyData 开发团队继续开发和维护，属于 PyData 项目的一部分。Pandas 最初被作为金融数据分析工具而开发出来，因此，Pandas 为时间序列分析提供了很好的支持。Pandas 的名称来自面板数据（panel data）和 Python 数据分析（data analysis）。Panel data 是经济学中关于多维数据集的一个术语，在 Pandas 中也提供了 Panel 的数据类型。

Pandas 是为了解决数据分析任务而创建的，Pandas 纳入了大量库和一些标准的数据模型，提供了高效操作大型数据集所需的工具。Pandas 提供了大量能使用户快速便捷地处理数据的函数和方法。由此可见，它是使 Python 成为强大而高效的数据分析环境的重要因素之一。Pandas 包含高级数据结构，以及让数据分析变得快速、简单的工具。它建立在 NumPy 之上，使以 NumPy 为中心的应用变得简单。Pandas 有以下优点：

①带有坐标轴的数据结构，支持自动或明确的数据对齐。这能防止由于数据没有对齐，以及处理不同来源的、采用不同索引的数据而产生的常见错误。

②使用 Pandas 更容易处理缺失数据。

③可以合并流行数据库（如基于 SQL 的数据库）。

Pandas 是进行数据整理（data munging）的最好工具。

（4）Matplotlib

Matlplotlib 是 Python 的一个可视化模块。它可以让用户方便地制作线条图、饼图、柱状图以及其他专业图形。用户可以使用 Matplotlib 定制所做图表的任一方面。在 IPython 中使用时，Matplotlib 有一些互动功能，如缩放和平移。它支持所有操作系统下不同的 GUI 后端（back ends），并且可以将图形输出为常见的矢量图和图形格式，如 PDF、SVG、JPG、PNG、BMP、GIF 等。通过数据绘图，用户可以将枯燥的数字转换成容易被人们接受的图表，从而给人留下更加深刻的印象。Matplotlib 是基于 NumPy 的一套 Python 工具包，这个包提供了丰富的数据绘图工具，主要用于绘制一些统计图形。

Matplotlib 有一套允许定制各种属性的默认设置。用户可以控制 Matplotlib 中的每一个默认属性：图像大小、每英寸点数、线宽、色彩和样式、子图（axes）、坐标轴和网格属性、文字和字体属性等。虽然 Matplotlib 的默认设置在大多数情况下相当好用，但是用户有时也想要在一些特别的情形下更改一些属性。

（5）Scikit-Learn

Scikit-Learn 是一个用于机器学习的 Python 模块，基于 BSD（Berkeley Software

Distribution,伯克利软件套件)开源许可证。这个项目最早由 David Cournapeau 在 2007 年发起,目前由社区志愿者进行维护。

在 Scikit-Learn 官网上面可以找到相关的资源、模块下载、文档、例程等。

Scikit-Learn 的安装需要 NumPy、SciPy、Matplotlib 等模块,Windows 用户可以到 http://www.lfd.uci.edu/~gohlke/pythonlibs/直接下载编译好的安装包以及依赖,也可以 到这个网站下载 http://sourceforge.jp/projects/sfnet_scikit-learn/。Scikit-Learn 的基本功 能主要被分为六个部分,分类、回归、聚类、数据降维、模型选择、数据预处理,具体可以参 考官方网站上的文档。

Scikit-Learn 自带一些经典的数据集,比如用于分类的 iris 和 digits 数据集,还有用于 回归分析的 boston house prices 数据集。该数据集是一种字典结构,数据存储在.data 成 员中,输出标签存储在.target 成员中。Scikit-Learn 建立在 SciPy 之上,提供了一套常用机 器学习算法,让使用者通过一个统一的接口来使用。Scikit-Learn 有助于用户迅速地在数 据集上实现流行的算法。

除此之外,还有其他一些库,如用于自然语言处理的 NLTK、用于网站数据抓取的 Scrappy、用于网络挖掘的 Pattern、用于深度学习的 Theano 等。

4.4.4　R 语言

R 语言在统计领域广泛使用,它诞生于 1980 年左右,是 S 语言的一个分支,可以认 为 R 语言是 S 语言的一种实现。S 语言是由 AT&T 贝尔实验室开发的一种用来进行数 据探索、统计分析和作图的解释型语言。最初,S 语言的实现版本主要是 S-PLUS,S-PLUS 是一个商业软件,它基于 S 语言,并由 MathSoft 公司的统计科学部进一步完善。后 来,新西兰奥克兰大学的 Ross Ihaka 和 Robert Gentleman 开发了 R 语言,由于 Ross Ihaka 和 Robert Gentleman 两人名字的首字母都是 R,因此称为 R 语言。

R 语言的主要优点概述如下。

(1)使用方便

R 语言是一款开源的大数据可视化分析软件,目前广泛应用于数据分析与统计等领 域,是目前最受欢迎的数据分析和可视化软件之一;R 语言软件安装方便,所占计算机内 存小;相较其他编程语言来说,其操作难度要小很多。这些特点为审计人员应用 R 语言 提供了方便。

(2)数据采集功能强大

R 语言能读取各种不同类型的被审计数据,如 Microsoft Excel、SPSS、SAS,以及从网 页上抓取的数据等,完全满足了审计人员开展大数据审计工作的需要。

(3)数据分析功能强大

R 语言包含众多不同功能的函数、程序包,可满足审计人员的需要;作为免费开源软 件,用户还在不断创建新的程序包来更新丰富 R 语言的使用功能;R 语言作为大数据分 析软件,能够实现大量数据分析。

(4)数据可视化功能强大

R 语言强大的数据可视化功能可以满足审计人员在可视化分析方面的各种需求。

通过关联、聚类等建模手段以及可视化技术,可以直观分析被审计数据间隐藏的各种关联信息,方便审计人员对分析结果进行宏观观察、分析,从而帮助审计人员从被审计大数据中发现审计线索及其规律。

本章小结与知识图谱

本章首先介绍了大数据概念,大数据、云计算、物联网之间的关系以及区块链技术;然后着重介绍了大数据核心技术,如大数据处理架构 Hadoop、分布式文件系统 HDFS、计算框架 MapReduce 以及分布式数据库、非结构化数据库、云数据库等;最后简要介绍了大数据编程语言 Python 和 R 语言,如图 4.6 所示。要求学生了解大数据发展进程,掌握大数据核心技术,了解大数据编程语言。

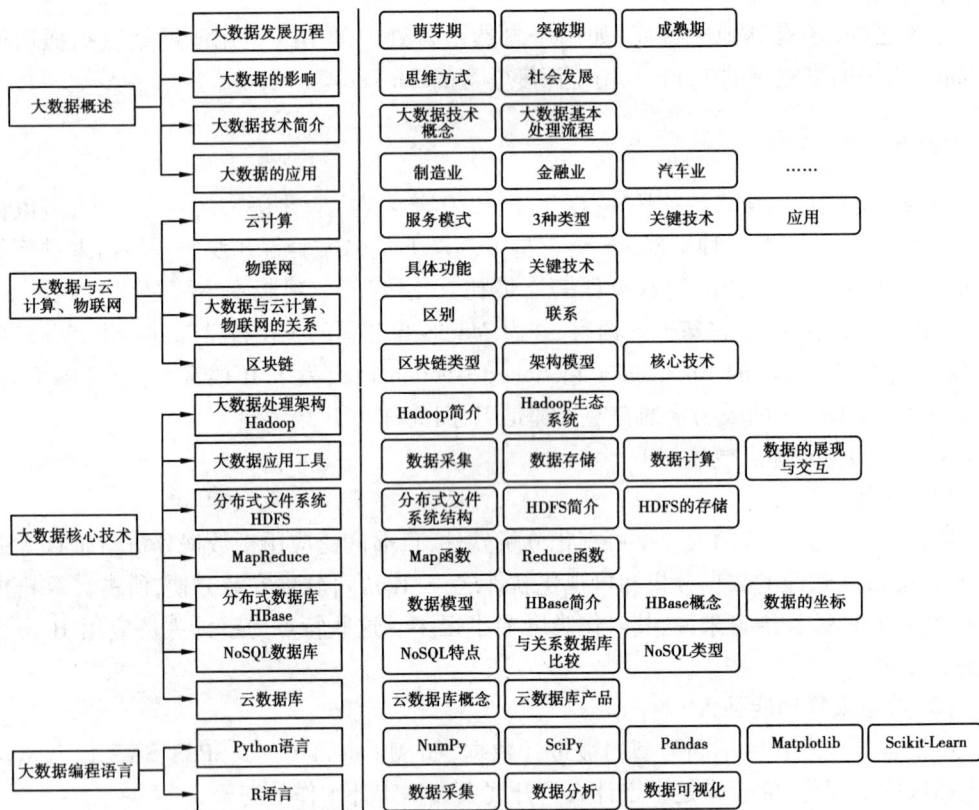

图 4.6   大数据技术——知识图谱

【课外思考与阅读】

思考题:

1)大数据与云计算、物联网的关系是什么?

2)大数据环境下的数据库有哪些类型?

3）什么是区块链,区块链有什么特点?

4）Python 编程语言常用的包有哪些?

小论文选题指南:

大数据、云计算在金融领域(或是互联网领域、制造业领域)中的应用研究。

第5章 大数据审计

大数据时代的审计工作,不仅需要创新审计模式和审计方法来应对被审计对象的海量数据,更需要将大数据技术手段和思维方式应用于审计流程,提供认识问题和解决问题的新思路,提升审计质量和效率。

【案例导读】

案例1:基于可视化分析技术的大数据审计

针对审计行业,关于大数据技术的相关研究与应用一般包括大数据智能分析技术、大数据可视化分析技术以及大数据多数据源综合分析技术,其中,大数据可视化分析技术是目前大数据审计应用比较成熟和主流的内容。

案例回放:

江汉证券公司是江汉省重点金融机构,根据江展市审计局 2018 年的审计计划安排,对该公司进行经济责任审计。其中的重点内容之一是审计该公司 2013—2018 年期间的股票交易数据中是否存在内幕交易的违规现象。

根据目前开展大数据审计的需要,以 Python 为例,分析散点图、条形图、折线图、直方图、气泡图、小提琴图等都是常用的数据可视化分析技术。以直方图分析方法为例,该分析方法在审计工作中具有一定的用途,比如,在金融审计中,通过直方图分析,审计人员可以分析客户购买股票的频率,从而判断客户购买股票的类型是否比较单一。基于以上分析,采用 Python 语言实现了针对某一股票交易数据的直方图分析方法,其分析结果示例如图 5.1 所示。X 轴表示被分析的客户编号,Y 轴表示被分析的客户购买股票的频率。客户编号为 C024、C038、C046、C064 的客户购买股票的类型比较单一,这些客户是审计人员关注的重点。

注:"江汉证券公司""江汉省""江展市"为审计中使用的化名。

客户购买股票的种类情况分析

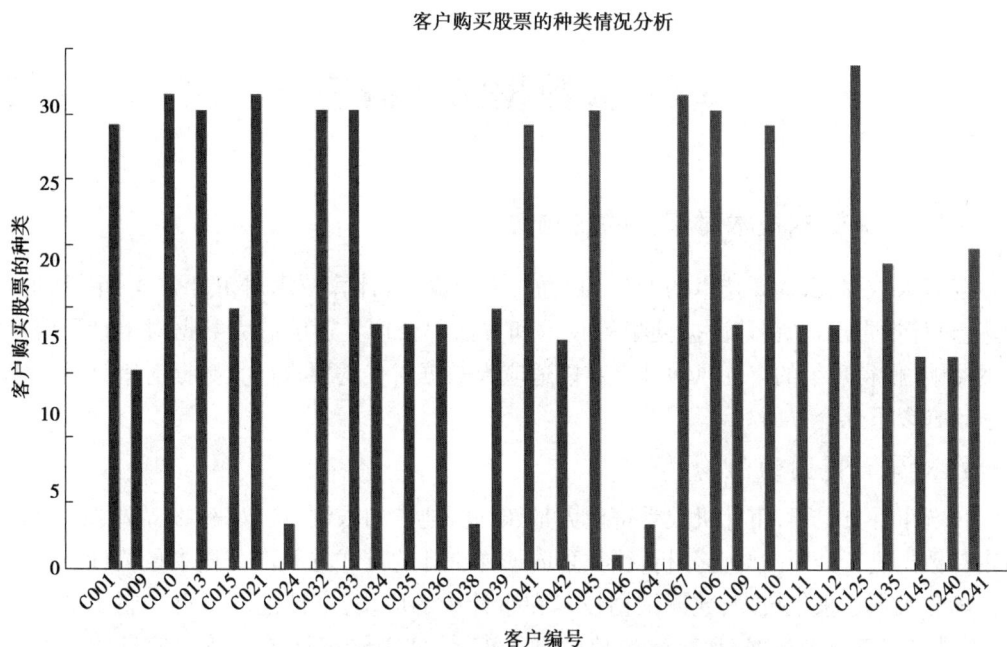

图 5.1　基于 Python 语言的直方图分析方法示例

> **警示**：大数据审计是基于全数据模式的审计，使全覆盖审计成为可能。审计人员可以分析与被审计对象相关的几乎所有数据，既有利于规避审计抽样风险，揭示抽样审计所发现不了的问题；又可以通过跨领域、跨部门和跨区域的数据分析，发现隐藏在细节数据中更具价值的信息，反映事物的整体特征。

【学习目的】

大数据审计，在理论上继承了传统审计的合理内核，但在审计方法与作业模式上将产生重大变革。为提高审计的效率与效果，必须要采用大数据技术以改进或变革审计方法与流程。本章主要介绍了大数据审计概念、技术以及方法等，要求学生：

1）理解大数据审计概念与内涵

2）掌握大数据审计技术与方法

3）掌握大数据环境下的联网审计

4）了解区块链审计技术

5）分析大数据审计案例

5.1 大数据审计概述

5.1.1 大数据技术对审计的影响

随着大数据、云计算技术的产生和发展,大数据、云计算技术对审计方式、审计抽样技术、审计报告模式、审计证据搜集等技术和方法都会产生影响。大数据对审计风险产生的影响,使得现行的审计风险准则难以适应大数据时代的要求。大数据对审计的影响还表现在以下几个方面。

1) 对审计范围的影响

传统审计方式下,审计机关受审计力量、时间、地点的限制,难以获取外部数据,难以对审计数据进行全面的对比分析,往往采取抽样审计的方式选取部分样本量估计总体特征。随着大数据采集技术、数据挖掘技术在审计中的应用,审计范围不再受制于抽样样本,而是着眼于全量数据,从整体的角度进行审计,实现被审计单位数据信息的全面覆盖;审计项目更具全面性、延伸性、整体性,审计结果更具有代表性、准确性。

2) 对审计技术的影响

在传统环境下,审计技术主要表现为现场手工审计技术;而在大数据环境下,很多传统的审计技术和方法效率低下且难以有效实施。由于大数据时代的超大数据体量和占相当比例的半结构化和非结构化数据的存在,对其进行分析、加工已经超越了传统数据库的运算能力,必须使用新的大数据存储、处理和分析方法。围绕大数据,一批新兴的数据挖掘、数据存储、数据处理与分析技术将不断涌现。在实施审计时,审计人员可使用分布式拓扑结构、云资源数据库、联网审计、数据挖掘等新型技术手段和工具,以提高审计的效率。

3) 对审计模式的影响

传统的审计模式是各个审计机构针对各自的审计任务采取现场"一对一"的审计模式。这种审计模式由于时间、地点、人力的限制,审计范围受限,难以通过数据库进行数据对比分析,所以审计效率不高、审计质量低下。在大数据环境下,审计数据都存放在云数据中心,被审数据关联的各个数据库都可以授权审计机关访问,审计机关可以通过建立大数据分析中心,通过分析模型对被审数据库中的大数据进行关联对比分析,查找疑点,然后分散查证。这样,传统的"一对一"现场审计模式就演变为"多对一"的各个审计机关协同审计模式。由此带来的不仅是审计效率的提高,而且对于综合多种审计资源并及时发现审计疑点很有益处。

5.1.2 大数据背景下审计方法的转变

随着全球经济的高速发展,大数据应运而生,审计这一行业也将面临着巨大的机遇和挑战。大数据就是大的资源环境,在这一个大的资源环境下,行业的不断发展会产生大量的资料数据,因此这就要求审计方法从传统的方式进行转变。传统的审计方法已经不再适用了,需要做出新的改变,才能够适应大数据给审计带来的变化。

1)从抽样审计模式向总体审计模式转变

在大数据的环境下,云计算的技术、数据的挖掘技术被广泛应用到各种数据的获取,为处理被审计单位数据提供了条件,降低了获取数据的难度和成本,进而审计工作人员可以通过采集数据和分析被审计单位的各类数据的总体审计方法,规避传统抽样审计的风险。传统的抽样审计方法,难以避免非样本信息的损失。如今在大数据背景下的审计方式,可以利用这一技术收集被审计单位的所有数据进行总体审计。在收集回来的数据中,通过相关联的数据比对、数据挖掘等各种方法对数据进行多方面、深层次的分析,从而挖掘出被收集回来数据中的信息,避免一些重要的问题被遗漏。使用总体审计的方式,审计工作人员可以在高处从总体来把握被审计对象,来看问题、发现问题。因此,在大数据背景下从"微观"和"宏观"两个角度进行审计可以提高审计数据的全面性、严谨性,能够更好地满足审计监督的全面覆盖的要求。

2)从单一的审计方法向多维度的审计方法转变

在传统的审计方法中,审计方法是十分单一的。随着经济的高速发展,被审计单位的数据资料复杂且量大,因此单一的审计方法不再适用于当今的审计,要向多维度的审计方法进行转变,才能快速高效地完成审计。在大数据的背景之下,审计工作人员可以利用各种各样的先进数据的处理方法对被审计单位的数据进行分析处理,快速精准地发现被审计单位所存在的问题,扩大审计的覆盖面,大大提高工作质量和效率。常用的三种审计方法有 SQL 语句查询审计法、多维度分析技术和数据挖掘技术。

3)审计职能从揭露问题向揭露、抵御和预防问题并重转变

传统的审计方法往往只反映被审计单位过去的财务状况,但随着大数据时代的出现,审计工作人员利用全新的技术手段对被审计单位的数据进行处理,且处理采集回来的各种数据的方法多种多样,大大提高了工作效率。因此,审计的职能从仅仅反映过去的财务状况、揭露被审计单位的问题逐渐向揭露被审计单位的财务问题、抵御财务风险和预防财务风险这些方向并重转变。在大数据背景下进行审计,审计工作人员可以运用一个数据库来广泛地采集数据,整合有用的数据,共享政府以及事业单位、社会团体的各种数据等;通过大数据来进行比对分析,对被审计单位的各种信息进行实时的检测,及时发现问题,规避审计的风险。同时,大数据背景下的审计还可以对同一行业长期的数据进行深入的剖析,预测该数据的趋势走向,发现其存在的规律,为政府制定相关的发展政策、改进方法、完善财政制度提供关键依据。

5.1.3　大数据审计简介

审计工作的核心是从纷繁芜杂的结构与非结构化数据中发现风险点,进而找出重大

错报。大数据技术的研究与发展为审计工作带来了机遇和挑战，引起了国内外对大数据技术在审计工作中应用的高度重视。在大数据环境下，需要考虑如何利用大数据技术审计电子数据、如何审计大数据环境下的电子数据、如何利用大数据技术审计信息系统、如何审计大数据环境下的信息系统等。

国家审计署原审计长刘家义同志在 2013 年 12 月 27 日的全国审计工作会议上指出：积极跟踪国内外大数据分析技术的新进展、新动态，探索在审计实践中运用大数据技术的途径，为推动大数据背景下的审计信息化建设做好准备。

2015 年 12 月 8 日，中共中央办公厅、国务院办公厅印发了《关于实行审计全覆盖的实施意见》等文件。其中，"创新审计技术方法"指出"构建大数据审计工作模式，提高审计能力、质量和效率，扩大审计监督的广度和深度"。为适应大数据审计需要，构建国家审计数据系统和数字化审计平台，积极运用大数据技术，加大业务数据与财务数据、单位数据与行业数据以及跨行业、跨领域数据的综合比对和关联分析力度，提高运用信息化技术查核问题、评价判断、宏观分析的能力。

2017 年 3 月，中共中央办公厅、国务院办公厅印发的《关于深化国有企业和国有资本审计监督的若干意见》提出"创新审计理念，完善审计监督体制机制，改进审计方式方法"。2016 年 12 月，世界审计组织大数据审计工作组成立，并于 2017 年 4 月 18 日在南京召开第一次会议。国家审计署在 2018 年 1 月召开的全国审计工作会议上指出"扎实开展大数据审计"。习近平总书记 2018 年 5 月 23 日在主持召开的中央审计委员会第一次会议上指出"要坚持科技强审，加强审计信息化建设"。

2019 年 4 月 25 日，审计署办公厅印发了《2019 年度内部审计工作指导意见》，意见提出，"积极创新内部审计方式方法，加强审计信息化建设，强化大数据审计思维，增强大数据审计能力，综合运用现场审计和非现场审计方式，提升内部审计监督效能"。在社会审计方面，中国注册会计师协会 2017 年提出了研究大数据、人工智能等先进信息技术在注册会计师行业的落地应用，以促进会计师事务所的信息化。综上所述，研究与应用大数据审计越来越重要。

对"大数据审计"一词，目前尚无统一定义。根据目前的研究与应用情况，大数据审计是随着大数据时代的到来以及大数据技术的发展而产生的一种新的计算机审计（审计作业信息化）方式，其内容包括大数据环境下的电子数据审计（如何利用大数据技术审计电子数据、如何审计大数据环境下的电子数据）和大数据环境下的计算机信息系统审计（如何利用大数据技术审计信息系统、如何审计大数据环境下的信息系统）两方面的内容。大数据审计包括的主要内容如图 5.2 所示。由此可见，大数据审计伴随着大数据时代的到来而出现，是审计信息化的进一步发展。

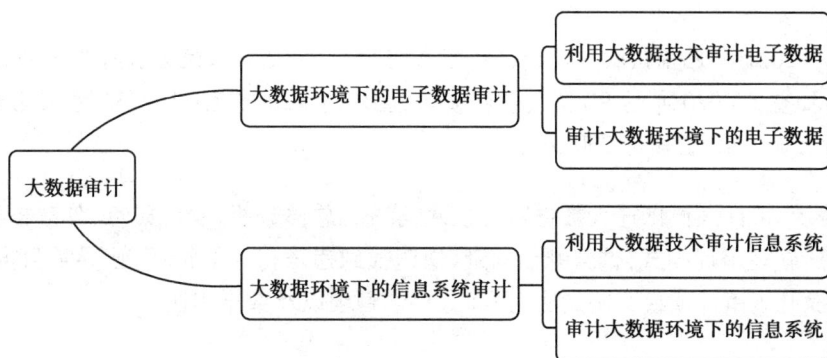

图 5.2 大数据审计的主要内容

5.2 大数据审计的内涵

案例 2：大数据审计让"虚列收入"无所遁形

某集团公司属于生产销售企业,在行业整体利润下滑的情况下,该集团公司仍然保持 40% 以上的利润增长幅度。为确保企业损益的真实、完整和可靠,审计部门于 2022 年派出审计组对该公司 2018—2021 年的收入情况进行了审计。审计后发现,集团公司存在"虚列收入"的现象。具体审计过程如下。

1) 审计准备阶段

①开展信息系统调查研究。集团公司与 Oracle 公司合作,全面引进并实施 ERP 系统,包括总账、应收、应付、资产、现金、采购管理、库存管理等模块。

②了解业务流程,确定审计重点。审计组通过查看业务流程图等方法,了解各业务模块的核心功能、各模块之间的关系、数据交互情况等,并通过座谈、查阅资料、进行控制测试等方式,对集团公司业务流程进行分析和讨论,最终确认把审计重点放在销售模块。在熟悉集团公司销售业务的基本流程后,审计组将审计关注点放在收入确认依据是否充分、是否存在财务造假的可能性等方面。

2) 审计实施阶段

①数据采集,数据整理,建立审计中间表。审计组采集的数据总量达 320 G,涉及表空间 620 个、数据库用户 150 个、数据表 36 000 个。

②数据分析,数据验证。根据集团公司关于销售业务流程的规定,门卫放行是销售业务的必经环节。若商品提货单在门卫放行系统中标示为"已提货放行",则可以判定商品已经发货,销售收入确认符合收入确认的相关规定。通过对比销售模块中的"已确认收入提货表数据"和门卫放行系统中的"未提货放行数据",分析该集团公司是否存在虚列销售收入的情况。审计组从销售模块中提取"已确认收入提货表",再从门卫系统中提取"成品放行表",并将两个表进行关联,从中筛选出"已确认收入,而未在门卫系统中标识为放行"的记录。在筛选出上述记录后,延伸取证落实,得出审计结论。

3)审计结论

2018—2021 年已确认收入的商品提货数据中,门卫放行系统无放行记录的达数百万元。审计抽查了 2020 年的 92 笔发货提货单,金额达 420 万元;其中 32 笔未见有提货人签名确认收货记录,金额达 230 万元。

> **警示:**审计人员依托大数据审计技术,实施"总体分析、发现疑点、分散核实、系统研究"新型审计模式,循着蛛丝马迹,快速找到违法行为的标记,让异常数据浮出水面,提升了审计项目实施的实时互动、科学管理以及数据利用。

5.2.1 大数据审计的对象

大数据审计是运用现代信息技术手段,主要以被审计单位信息系统和底层电子数据为切入点,在对信息系统进行检查测评的基础上,通过对底层数据的采集、转换、清理、验证,形成审计中间表;运用查询分析、多维分析、数据挖掘等多种技术和方法构建模型进行数据分析,发现趋势、异常和错误;基于"把握总体、突出重点、精确延伸"的思想收集审计证据,最终实现审计目标。

简而言之,在大数据时代,审计人员首先需要开展信息系统审计,验证信息系统的可靠性;其次,通过采集被审计单位底层电子数据构建数据审计平台,开展数据分析并撰写数据分析报告,即数据审计;最后,根据数据分析报告延伸取证,进而完成终结审计并出具审计报告。大数据审计过程如图 5.3 所示。

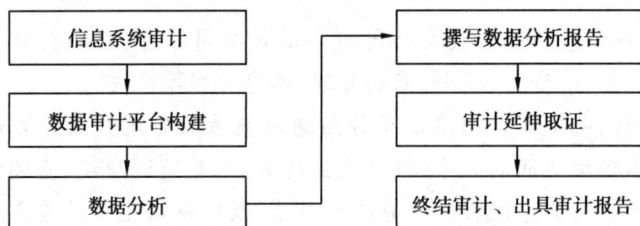

图 5.3 大数据审计过程

1)信息系统审计是开展大数据审计的前提条件

在大数据时代,信息系统审计是开展数据审计的前提条件。换言之,面对网络化与无纸化环境的构建,信息系统成为大数据时代审计的切入点之一。若信息系统存在问题,则由信息系统产生的数据将不能被审计人员所使用。因此,开展信息系统审计的目的在于,确保资产得到适当保护,保证数据的完整性、可靠性、有效性、效率性。

信息系统审计是通过收集和评价证据,确定信息系统与相关资源能否适当地保护资产、维护数据完整、提供相关和可靠的信息、有效地完成组织目标、高效率地利用资源并且存在有效的内部控制,以确保满足业务、运作和控制目标的需求,并在发生非期望事件的情况下,能够及时地阻止、检测或更正的过程。

2）数据式审计和大数据审计取代传统的财务审计

面对政府部门、事业单位及企业业财处理的全面信息化与数据化,纸质会计凭证、账簿和报表等将逐步退出经济活动领域,取而代之的是大量以电子形式存在的业财数据,海量存储技术的出现将更快地推动这一进程。

审计对象将演变为存储于计算机及其智能终端的文本、视频、图片和声音等信息。由于电子数据逐步取代纸质材料成为审计的主要对象,审计人员开展审计工作的首要步骤不再是直接查验纸质的会计凭证、账簿和报表,而是首先进行数据分析。数据式审计和大数据审计由此开始取代传统的财务审计。

3）多种作业模式并存的大数据审计作业模式

大数据时代的审计,在理论上继承了传统审计的合理内核,但在审计方法与作业模式上将产生重大变革。为提高审计的效率与效果,除了数据式审计和大数据审计之外,审计人员还将引入区块链、互联网和人工智能等现代技术以改进或变革审计作业模式,未来将形成多种审计作业模式并存的局面,如图 5.4 所示。

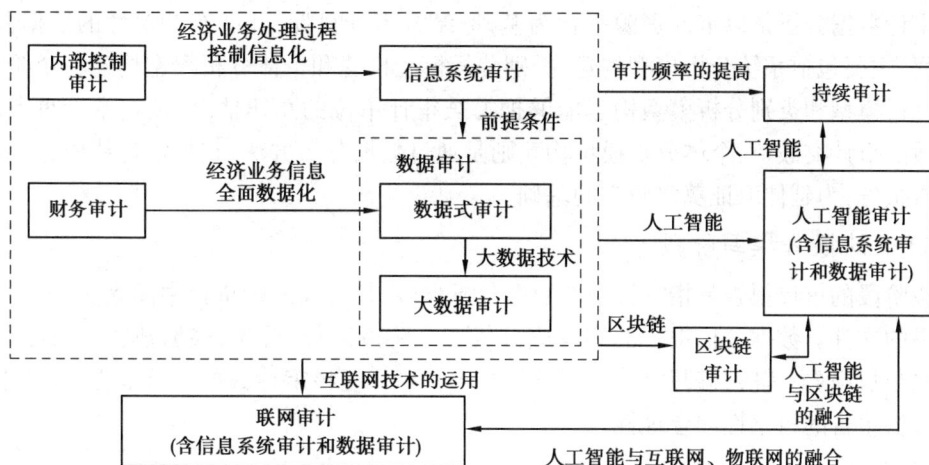

图 5.4　大数据时代多种审计作业模式

（1）区块链审计

区块链的分布式、去中心化、数据公开透明、不可篡改等特征迎合了审计发展的需求。为减少数据获取成本,提高数据分析的可靠性,区块链技术开始应用于审计领域。

（2）联网审计

互联网技术的引入实现了对被审计单位的远程网上审计,联网审计应运而生。

（3）人工智能审计

无人机、智能机器人等人工智能技术的引入,将大幅提升审计的智能化程度。

（4）持续审计

随着人工智能审计的进一步发展,可以自动实现信息系统审计、数据式审计、大数据审计和联网审计等,这又将进一步改变审计的作业模式,促进持续审计作业模式的实现。

5.2.2 大数据审计的工作流程

数据审计的发展分为电子数据审计和大数据审计两个阶段。电子数据审计流程是在数据审计的初始阶段构建的审计流程,而大数据审计流程则是对数据式审计流程的深化,扩大了数据采集范围,拓展了数据分析方法。

电子数据审计流程一般可分为审计平台构建阶段、审计数据分析阶段、审计报告撰写阶段和审计延伸取证阶段。

1) 审计平台构建阶段

数据审计取证的切入点是被审计单位的信息系统和底层电子数据。底层电子数据需要导入审计机构的软硬件平台,经过数据清理、转换后形成审计中间表,进而构建审计信息系统,开展数据分析。构建审计平台通常被分为审前调查、数据采集、数据预处理和创建审计中间表等几个阶段。

2) 审计数据分析阶段

审计数据分析是以审计资源平台为基础,结合审计目标,开展有针对性的数据分析的过程,主要包括系统分析模型构建、类别分析模型构建和个体分析模型构建三个阶段。系统分析模型和类别分析模型构建能够把握被审计单位的总体情况,锁定审计重点,选择合适的审计突破口;个体分析模型构建则是通过数据分析方法,查找审计线索,形成数据分析报告,为延伸取证奠定坚实的基础。

3) 审计报告撰写阶段

该阶段的审计报告是指审计中的数据分析报告,是记录分析审计中间表数据的过程和结果的文件。数据分析报告的撰写应分成三个阶段进行,首先,根据数据分析结果撰写数据分析报告;其次,撰写审计数据分析报告;最后,复核审计数据分析报告,验证审计数据分析报告的科学性和合理性。

4) 审计延伸取证阶段

在数据分析报告形成后,根据数据分析发现的审计线索进行延伸落实,获取被审计单位舞弊的证据,辅助财务审计、工程项目审计等工作的开展。

大数据正在改变审计规则和审计人员的工作方式,视频、音频以及文本信息等将拓展审计功能,提高审计证据的充分性、适当性和审计工作效率。大数据审计是电子数据审计的深化,而不是对电子数据审计的否定。大数据审计同样包括审计平台构建、审计数据分析、审计报告撰写和审计延伸取证四个阶段,是在采集结构化数据、半结构化数据和非结构化数据的基础上,运用大数据审计方法开展的数据分析工作。大数据审计流程如图 5.5 所示。

大数据审计的数据体量大、数据类别多,有图像、语言、文本以及数据库等多种数据源,数据格式非常丰富,包括结构化数据、半结构化数据和非结构化数据。半结构化和非结构化数据将推动新型大数据分析方法的应用,社会网络分析、数据可视化分析、文本挖掘分析等面向非结构化数据的分析方法将在大数据审计中得以广泛应用。

审计平台构建阶段

图像识别

语言识别
语言处理

结构化
数据采集

半结构化和非结构比数据采集

数据采集

数据预处理

审计信息系统平台构建

审计数据分析

撰写审计数据分析报告

审计延伸取证

常规数据分析法

数据挖掘方法

新兴大数据审计方法

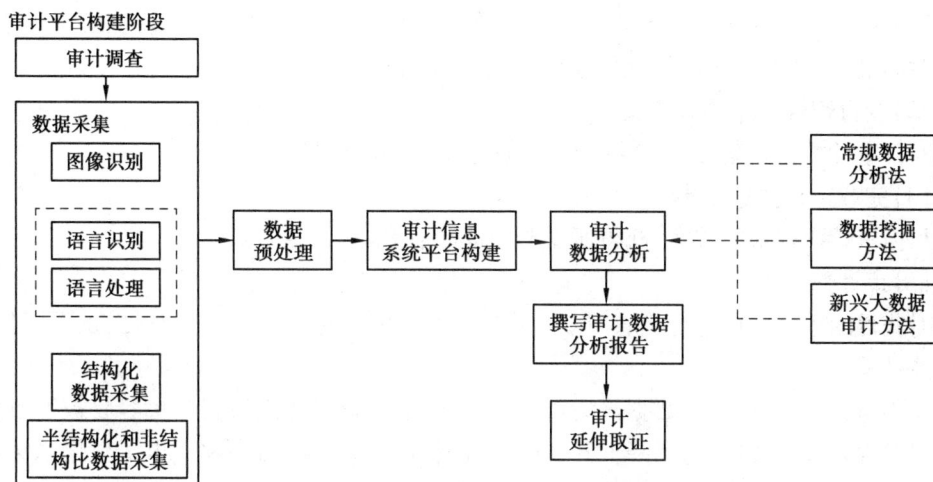

图 5.5　大数据审计流程

5.3　大数据审计的方法

大数据审计需要如下几个关键步骤：

①审计数据采集。采集审计对象信息系统中的数据。

②审计数据预处理。根据对这些数据的分析和理解,将其转换为满足审计数据分析需要的数据形式。

③审计数据分析。应用通用软件或专门的审计软件对采集到的电子数据进行分析处理,从而发现审计线索,获得审计证据。

5.3.1　大数据审计的数据采集

采集被审计单位的电子数据是开展电子数据审计的关键步骤。《中华人民共和国审计法》(2021 年修订版)第三十四条规定:审计机关有权要求被审计单位按照审计机关的规定提供财务、会计资料以及与财政收支、财务收支有关的业务、管理等资料,包括电子数据和有关文档。被审计单位不得拒绝、拖延、谎报。

1)大数据采集的主要步骤

(1)审前调查

开展大数据审计之前,首先,应在对被审计单位的组织结构进行调查的基础上,掌握被审计单位计算机信息系统在其组织内分布和应用的总体情况。然后,根据审计的目的和被审计单位计算机信息系统的重要性确认深入调查的子系统,并对此进行全面、详细的了解。通过审前调查,可以了解被审计单位信息系统的相关情况。

(2)提出审计数据需求

在审前调查的基础上,提出书面的数据需求,指定采集的信息系统名称(必要时还应指定数据库以及数据库中具体的表名称)、采集的具体方式、指定数据传递格式、所需数据的时间段、交接方式、数据上报期限和注意事项等内容。

（3）制订审计数据采集方案

制订审计数据采集方案，选择审计数据采集方法和工具。

（4）完成审计数据采集

根据审计数据采集方案，获得所需要的审计数据。

（5）审计数据验证

对获得的审计数据进行检查，以保证审计数据采集的真实性和完整性，从而降低审计风险。

需要指出的是，在审计数据采集过程中，由于电子资料比纸质资料更容易被篡改，并且难以发现篡改的痕迹，为了降低开展电子数据审计的风险，必须建立电子数据承诺制，即被审计单位必须保证所提供电子数据的真实性和完整性。

2）常用的数据采集方法

在进行数据式审计时，审计人员应按照审计需求从被审计单位的信息系统或其他来源中获得相关电子数据，可采用直接采集或间接采集的方式。审计数据采集的对象一般是被审计单位信息系统中的电子数据，或数据库中的备份数据，也可以从其他来源获得被审计单位的审计数据，例如从会计核算中心、税务等部门获得审计数据。常用的审计数据采集方法如下：

（1）直接复制

当审计单位与被审计单位使用相同的数据库时，将数据直接复制到审计人员的计算机中。

（2）通过中间文件采集

被审计单位按照审计要求，将原本不符合审计软件要求的数据转换成审计软件能读取的格式（如 TXT 格式、XML 格式等）提供给审计人员。

（3）通过 ODBC 接口采集

即审计人员通过 ODBC 数据访问接口直接访问被审计单位信息系统，转化成审计所需的格式。

（4）通过备份/恢复的方式采集

首先把被审计单位数据库系统中的数据备份出来，然后把该备份数据在自己的数据库系统中恢复成数据库格式的数据。

（5）通过专属模板采集

一些审计软件在被设计时，根据审计单位不同的特点设置了相应的模板，审计人员在进行数据采集时，通过选择相应的模板，即可自动实现数据的采集。

以上五种采集方式各有利弊，见表5.1。

表 5.1　常用五种数据采集方法的优缺点分析

数据采集方法	影响使用的因素				
	动态还是静态	对被审计系统的影响	专业知识需求	对被审计单位的依赖性	灵活程度
直接复制	静态	影响小	不需要	不依赖	一般
通过中间文件采集	静态	影响小	不需要	依赖	一般
通过 ODBC 接口采集（从被审计单位信息系统中采集）	动态	影响大	需要	不依赖	高
通过备份/恢复的方式采集	静态	影响小	需要	如果请被审计单位备份,则依赖	一般
通过专用模板采集（从备份数据中采集）	静态	影响小	不需要	不依赖	低

3）大数据审计数据采集方法示例——网络爬虫

现有审计数据的采集主要依托于被审计单位的数据库,但在大数据环境下,审计人员还需要搜集第三方数据,增强审计数据的全面性。然而这些信息大多以半结构化或非结构化格式存在,难以被审计人员直接分析,这就会影响查全率,造成一定的审计风险。因此,审计人员可以采用计算机辅助工具抓取网上数据,如网络爬虫（web crawler）。网络爬虫是一种按照特定规则抓取网络信息的程序或脚本,可以帮助审计人员获得各类与审计相关的数据,采用网络爬虫技术获取相关数据的过程如下:

①确定目的。确定抓取目标网站哪些网页上的哪些数据。

②分析页面结构。为了抓取上述数据,需要对相应的网页页面进行分析。

③实现爬虫。利用 Python、R 等编程语言撰写程序代码,抓取数据。

④数据分析。首先进行数据过滤和清洗,然后利用大数据审计技术,发现异常数据,获得审计线索,进一步延伸审计和审计事实确认,最终获得审计证据。

5.3.2　大数据审计的数据预处理

由于采集来的审计数据往往会有许多数据质量问题,不能满足后面审计数据分析的需要,这将直接影响后续审计工作得出的审计结论的准确性。因此,审计人员必须对从被审计单位获得的原始电子数据进行预处理,从而使其满足后面审计数据分析的需要。

1）数据质量的评价指标

（1）准确性

准确性是指数据源中实际数据值与假定正确数据值的一致程度。

（2）完整性

完整性是指数据源中需要数值的字段中无数值缺失的程度。

（3）一致性

一致性是指数据源中数据对一组约束的满足程度。

（4）唯一性

唯一性是指数据源中数据记录以及编码是否唯一。

（5）适时性

适时性是指在所要求或指定的时间提供一个或多个数据项的程度。

（6）有效性

有效性是指维护的数据足够严格以满足分类准则的接受要求。

2）可能存在的数据质量问题

信息系统中可能存在的数据质量问题有很多种，总结起来主要有以下几种：

（1）重复数据

重复数据是指在一个数据源中存在表示现实世界同一个实体的重复信息，或在多个数据源中存在现实世界同一个实体的重复信息。

（2）不完整数据

不完整数据是指由于录入错误等原因，字段值或记录未被记入数据库，造成信息系统数据源中应该有的字段或记录缺失。

（3）不正确数据

不正确数据是指由于录入错误、数据源中的数据未及时更新，或不正确的计算等，导致数据源中数据过时，或者一些数据与现实实体中字段的值不相符。

（4）无法理解数据值

无法理解数据值是指由于某些原因，数据源中的一些数据难以解释或无法解释，如密码数据等。

（5）不一致数据

不一致数据包括了多种问题，例如，从不同数据源获得的数据很容易发生不一致，同一数据源的数据也会因位置、表示单位以及时间不同产生不一致。

在以上这些问题中，前三种问题在数据源中出现得最多。

3）数据预处理方法

审计人员需要对采集来的电子数据进行预处理，即处理存在数据质量问题的数据，为下一步的审计数据分析做准备，帮助发现隐含的审计线索，降低审计风险，还可更改命名方式便于数据分析。

一般进行的审计数据预处理方法有：名称转换、数据类型转换、代码转换、横向合并、纵向合并、空值处理等。常用的一些数据库产品和审计软件通常都具备审计数据预处理功能。

5.3.3 大数据审计的数据分析

1）常用的审计数据分析方法

在信息环境下，审计证据的获取大多是通过信息技术对审计数据进行分析来完成的。常用的审计数据分析方法主要包括:数据查询、审计抽样、统计分析、数值分析等,其中数据查询的应用最为普遍。通过采用这些方法对审计数据进行分析,可以发现审计线索,获得审计证据。

(1)数据查询

数据查询是指审计人员针对实际的审计对象,根据自己的经验,按照一定的审计分析模型,在通用软件(如 Microsoft Access、SQL Server)和审计软件中利用 SQL 语句来分析采集来的电子数据,或应用一些审计软件中各种各样的查询命令,以某些预定义的格式来检测被审计单位的电子数据。

运用 SQL 语句的强大查询功能,通过构建一些复杂的 SQL 语句,可以完成模糊查询以及多表之间的交叉查询等工作,从而实现复杂的审计数据分析功能。除了借助通用软件应用数据查询这种方法之外,多数审计软件都提供了这种审计数据分析方法。例如,国内的审计软件有现场审计实施系统和电子数据审计模拟实验室软件等,国外的审计软件有 IDEA、ACL 等。

(2)审计抽样

审计抽样是指审计人员在实施审计程序时,从审计对象总体中选取一定数量的样本进行测试,并根据样本测试结果推断总体特征的一种方法。根据决策依据方法的不同,审计抽样可以分为两大类:统计抽样和非统计抽样。统计抽样是在审计抽样过程中,应用概率论和数据统计的模型和方法来确定样本量、选择抽样方法、对样本结果进行评估并推断总体特征的一种审计抽样方法。非统计抽样也被称为判断抽样,由审计人员根据专业判断来确定样本量、选取样本和对样本结果进行评估。审计抽样一般包括以下四个步骤。

①根据具体审计目标确定审计对象总体。

②确定样本量。

③选取样本并审查。

④评价抽样结果

(3)统计分析

统计分析的目的是探索被审计数据内在的数量规律性,以发现异常现象,快速寻找审计突破口。常用的统计分析方法包括一般统计、分层分析和分类分析等。

①一般统计。一般统计常用于具体分析之前,以对数据有一个大致的了解,它能够快速地发现异常现象,为后续的分析工作确定目标。一般统计对数值字段提供下列统计信息:全部字段以及正值字段、负值字段和零值字段的个数,某类数据的平均值,绝对值以及最大或最小的若干个值等。

②分层分析。分层分析是通过数据分布来发现异常的一种常用方法。其原理一般为:首先选取一个数值类型的字段作为分层字段,然后根据其值域将这一字段划分为若干个相等或不等的区间,通过观察对应的其他字段在分层字段的各个区间上的分布情况来确定需要重点考察的范围。

③分类分析。分类分析是通过数据分布来发现异常的另一种常用方法。其原理一

般为:首先选择某一字段作为分类字段,然后通过观察其他对应字段在分类字段各个取值点上的分布情况来确定需要重点考察的对象。

(4)数值分析

数值分析是根据被审计数据记录中某一字段具体的数据值的分布情况、出现频率等指标,对该字段进行分析,从而发现审计线索的一种审计数据分析方法。

在完成数值分析之后,审计人员会针对分析出的可疑数据,结合具体的业务进行审计判断,从而发现审计线索,获得审计证据。相对于其他方法,这种审计数据分析方法更易于发现被审计数据中的隐藏信息。常用的数值分析方法有:

①重号分析。重号分析用来查找被审计数据某个字段(或某些字段)中重复的数据。例如,检查一个数据表中是否存在相同的发票被重复多次记账。

②断号分析。断号分析主要是用于分析被审计数据中的某字段在数据记录中是否连续。

③基于 Benford(本福特)定律的数值分析方法。Benford 定律是指数字及数字序列在一个数据集中遵循一个可预测的规律。根据 Benford 定律,可以计算出数据各位上数字出现的概率。如果被分析的审计数据不符合 Benford 定律的标准概率分布曲线,则表明在被分析的审计数据中可能含有"异常"的数据。

2)大数据审计数据分析技术

(1)大数据智能分析技术

大数据智能分析技术就是采用各种高性能的数据处理算法、人工智能与挖掘算法等手段对被审计大数据进行分析,从而使审计人员能更好地从被审计大数据中获得审计线索。这是目前大数据分析领域的研究主流,它是从计算机的视角出发,强调计算机的计算能力和人工智能。但目前关于大数据智能分析技术的研究在审计领域的应用仍不成熟,大多还停留在理论研究层面。

(2)大数据可视化分析技术

人类非常擅长通过视觉获取有用信息,现代数据分析也日益依赖通过呈现图形来揭示含义和表达结果。因此,通过可视化分析技术与工具将大数据转换成易于理解、易于呈现的图形和图表,对于用户理解大数据以及大数据分析结果非常重要。

大数据可视化分析技术就是采用可视化分析技术与工具对被审计大数据进行分析,并将分析结果形成易于理解、易于呈现的图形和图表,从而使审计人员能更好地从被审计大数据中获得审计线索。大数据可视化分析技术是以人作为分析主体和需求主体,强调基于人机交互的、符合人类认知规律的分析方法,目的是将人所具备的、机器并不擅长的认知能力融入数据分析过程中。大数据可视化分析技术是目前大数据审计应用比较成熟和主流的内容。有效的方法包括文本可视化分析技术(标签云分析等)以及其他常见的大数据可视化分析技术,如气泡图(Bubble Chart)、条形图(Bar Chart)、折线图(Linechart)、饼图(Pie Chart)、散点图(Scatter Chart)、雷达图(Radar Chart)、热力图(Heat Map)等。

（3）大数据多数据源综合分析技术

大数据多数据源综合分析技术是通过对采集来的各行各业、各类的大数据，采用数据查询等常用方法或其他大数据技术方法进行相关数据的综合比对和关联分析，从而发现更多隐藏的审计线索。大数据多数据源综合分析技术也是目前审计领域应用大数据比较成熟和主流的内容。

因为大数据环境下数据量较大，所以审计人员一般应用 Oracle 数据库系统开展相关大数据的综合比对和关联分析。另外，在大数据环境下，常用审计数据分析方法，如账表分析、数据查询、统计分析、数值分析等，仍可以根据审计工作的实际情况使用，例如，与大数据技术一起组合使用、对审计大数据中的部分数据进行分析等。

5.3.4　大数据审计的数据验证

审计数据验证不仅是确保电子数据真实、正确的重要手段，也是提高审计数据采集、提高审计数据预处理和审计数据分析质量、降低审计风险的重要保证。

1）审计数据验证的重要性

（1）确认所采集数据的真实性、正确性和完整性

通过审计数据验证，可确验证电子数据对被审计单位实际经济业务活动的真实反映程度，保证审计数据采集工作准确、有效地进行，同时对采集的被审计数据进行确认，排除遗漏和失误。

（2）确认审计数据采集过程中数据的完整性

当电子数据从一台计算机迁移到另一台计算机，或从一个信息系统迁移到另一个信息系统的过程中，可能导致采集的数据发生遗漏。因此，必须对被审计数据进行充分的验证，确认数据的完整性。

（3）减少审计数据采集、审计数据预处理和审计数据分析中人为造成的失误

在审计数据采集、预处理和分析时，编写的程序存在逻辑错误，或对数据的操作不规范，或选择的方法不正确等，都可能产生部分数据遗漏或丢失等问题，导致审计结果发生错误。因此，必须对被操作的电子数据进行审计数据验证，确保数据的正确性，一是必须针对转换前存在的数据质量问题和转换要求逐一进行核对；二是确认审计数据预处理工作没有损害数据的完整性和正确性。

要确认审计数据预处理工作是否有损害数据的完整性和正确性，就必须确认审计数据预处理过程中是否有带来新的错误。

2）审计数据验证的方法

（1）利用数据库的完整性约束进行验证

数据的完整性是指数据库中的数据在逻辑上的一致性和准确性。利用数据库的完整性约束可以实现部分数据验证功能。

①域完整性。域完整性又称列完整性，指一个数据集对某一列是否有效并确定是否允许为空值。

②实体完整性。实体完整性又称行完整性,要求表中的每一行有一个唯一的标识符(关键字)。

③参照完整性。参照完整性又称引用完整性。参照完整性保证主表中数据与从表(被参照表)中数据的一致性。

(2)利用数据总量和主要变量的统计指标进行验证

①核对总记录数。首先要将采集到的电子数据的记录数与被审计单位信息系统中反映的记录数核对,以验证其完整性。

②核对主要变量的统计指标。通过核对主要变量的统计指标来验证数据的完整性。

(3)利用业务规则进行验证

业务规则是一个系统正常处理业务活动所必须满足的一系列约束的集合。这些约束有来自系统外部的,例如,国家政策和法律法规;有来自系统内部的,例如,借贷记账法要求的借贷平衡、账务处理系统中各种账户之间的勾稽关系;有些约束还作为系统的控制手段,例如,凭证号的连续性约束。利用这些约束可以对采集到的数据实施一定程度的验证。常用的方法如下:

①检查借贷是否平衡。

②凭证号断号和重号验证。

③勾稽关系。

(4)利用抽样方法进行验证

①从被审计单位提供的纸质资料中按照抽样的规则抽取一些样本,在采集后的数据中进行匹配和验证。

②从被审计单位的系统中按照抽样的规则抽取一些样本,在采集后的数据中进行匹配和验证。

5.4　大数据环境下的联网审计

2015 年 12 月 8 日,中共中央办公厅、国务院办公厅印发的《关于实行审计全覆盖的实施意见》指出,"创新审计技术方法是实现审计全覆盖的一个重要手段,要求构建大数据审计工作模式,提高审计能力、质量和效率,扩大审计监督的广度和深度,同时,探索建立审计实时监督系统,实施联网审计"。相对于现场审计,联网审计最主要的功能是远程实时或者亚实时获取被审计单位数据资料、动态预警、实时核查,是适应新的审计环境所产生的审计方式,是审计工作信息化的主攻方向之一。

5.4.1　联网审计的工作原理

联网审计是审计机构与被审计单位在网络互联环境下开展的审计。在联网审计中,审计人员不再进行现场组网,只需要利用已经组建完成的网络系统,对被审计单位进行非现场的数据采集、转换、监控、审计。联网审计的联网方式,大致分为以下两种:一是审计机构与集中会计核算、集中资金管理的数据大且集中的信息系统进行联网,可以称为大联网;二是审计机构直接与某预算单位进行联网,可以称为点对点联网。

联网审计通过不断地采集被审计单位信息系统中的数据来实现,其在技术实现上主要包括审计数据采集、审计数据传输、审计数据存储、审计数据分析,其工作原理如图5.6所示。

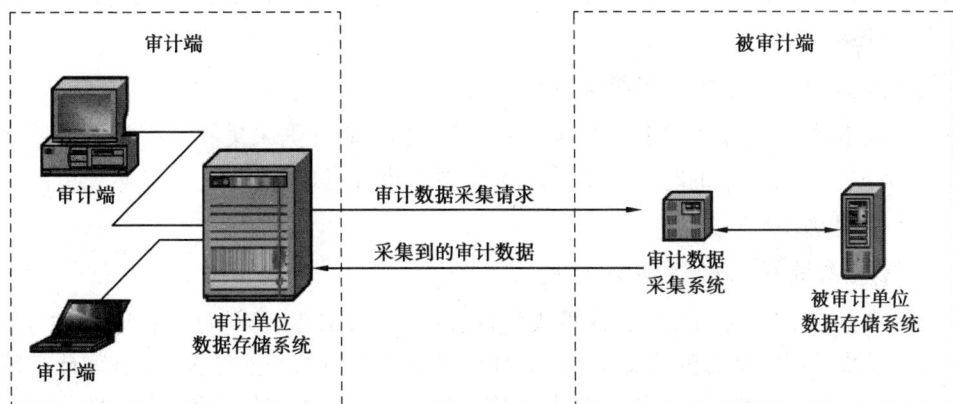

图 5.6　联网审计工作原理

1）审计数据采集

完成对被审计单位电子数据的采集。目前联网审计是通过在被审计单位数据库服务器端放置一台"数据采集前置机"的服务器,再通过安装在"数据采集前置机"中的审计数据采集软件来完成联网审计的数据采集工作。

2）审计数据传输

把采集来的电子数据通过网络传输到审计单位以供审计分析使用。

3）审计数据存储

对采集到的电子数据采取一定的方式进行存储。

4）审计数据分析

对采集来的电子数据进行分析处理并发现审计线索。

5.4.2　联网审计的特征

与传统的现场审计相比较,联网审计具有以下特征。

1）实现实时审计

通过网络互联环境,审计机构根据审计目标的需要及被审计单位财政财务管理的情况,实时访问、检查、采集被审计单位财政收支、财务收支的有关数据。对于具体的财政收支、财务收支事项,审计机构既可以在该事项结束后实施审计,也可以在该事项进行过程中实时进行审计。审计人员获取的资料不仅可以是已过去的、某一个阶段的和相对静态的,而且可以是刚刚发生的、相对鲜活的、动态的。

2）实现远程审计

联网审计中，审计机构通过网络远程访问被审计单位的财政财务管理信息系统及其数据库或数据库备份，并应用审计软件进行数据采集、分析、处理、检查和审计。除必须现场核实的审计证据以外，在被审计单位信息化程度不断提高的情况下，审计机构可逐步通过扫描（拍摄）纸质凭证以及网络视频等方式远程查阅疑点凭证，获取电子账册、凭证等审计证据。

3）实现高效率的数据采集和分析

在联网审计中，网络连接和数据采集一次性完成，其数据采集和分析的数量不受设备限制，数据采集和分析的时间也不受现场组网与审计进度的影响，可以实现更高效率的数据采集和分析。

4）信息系统成为必须审计的内容

在网络互联的方式下，由人、计算机硬件、软件和数据源组成，负责收集、加工存储、传递和提供决策所需信息的信息系统，是财政财务数据源的必然载体，也是审计必须关注的对象。网络安全性、资产安全性、数据完整性、经济活动的效果性和经济性构成了在网络互联环境下信息系统审计的目标，其中，网络安全性是信息系统审计的首要目标。

5.4.3　大数据环境下联网审计的风险分析

1）联网审计的数据采集与传输风险

（1）常用联网审计的数据采集与传输方式存在风险与挑战

为了实现审计全覆盖，同时为了更好地发挥大数据审计的优势和威力、更好地实现对不同来源数据的比较分析、更全面地发现相关问题线索，一是需要采集更多的电子数据，包括金融、财政、税收、海关、企业数据等，采集的层次不仅包括省级单位，还包括基层单位。二是不仅需要从被审计单位内部采集数据，还需要采集相关外部数据。在这种环境下，若仍然采用传统的方式，则联网审计的成本会大大增加。三是在大数据环境下，被审计单位产生的数据量大，一些单位每天产生的数据量高达数亿条，这对联网审计系统的数据采集和数据传输带来了很大的风险与挑战。

（2）大数据环境下的联网审计存在数据质量风险

审计大数据质量控制是防范与控制大数据环境带来的审计风险的一个关键问题。在传统环境下，联网审计采集被审计单位的数据大多是结构化数据。而在大数据环境下，数据来源更丰富，这些数据源于社交媒体数据，包括传感器信息、海量图像文件、Web文本、电子邮件等。联网审计不仅仅需要采集被审计单位的内部数据（结构化数据、非结构化数据），还需要采集被审计单位外部的数据，因此，数据质量控制上更加复杂，审计风险更大。

（3）联网审计大数据采集得不全面所带来的风险

在大数据环境下，审计单位需要访问第三方数据来源并将内部信息与外部信息进行集成以充分发挥大数据的潜力。然而，目前尚未建立起数据访问与数据共享机制，这为充分获得大数据带来的价值带来了障碍,影响了审计取证的查全率,造成了一定的审计风险。

2)联网审计的数据存储与管理风险

(1)联网审计的数据存储面临的挑战

在大数据环境下数据来自诸多数据源,数据模式可能不一。已有的联网审计数据存储技术将不能完全满足大数据环境的需要,被审计单位的大数据为审计数据的存储提出了挑战,研究适合大数据环境的联网审计数据存储技术成为开展联网审计的一项重要任务。在大数据环境下,联网审计数据的存储方法发生了改变,包括存储设施、存储架构、数据访问机制等。另外,在进行数据存储时,审计大数据的集成也是一个问题,需要把从不同被审计单位或同一被审计单位中不同数据源中的各种不同数据整合在一起,这些数据往往涉及诸多数据源,并且它们的数据模式也可能不一。

(2)大数据环境下的联网审计存在数据存储风险

在大数据环境下,为了获得全面、可靠的审计证据,审计人员需要从众多的被审计单位采集大量敏感和重要的数据来分析,这些审计大数据常常会含有一些详细的、潜在的、能够反映被审计单位机密的信息,这些采集来的数据集中存储在审计单位的数据中心。然而,来自网络的攻击会影响审计大数据的安全,一些对审计数据中心的恶意进攻也会造成更严重的后果,这就需要审计大数据要有合适的,贯穿审计数据采集、传输、存储、维护、分析等整个数据生命周期的控制和保护,以减少审计风险。

(3)大数据环境下的联网审计存在数据管理风险

在大数据环境下,联网审计的数据存储风险还包括灾难恢复与业务持续风险,而审计数据中心的灾难恢复与业务持续策略对联网审计有着重要的影响,主要表现有:审计数据中心如何考虑灾难恢复计划(Disaster Recovery Plan,DRP)与业务持续计划(Business Continuity Plan,BCP);审计数据中心的数据是否有备份;当发生灾难事故时,数据恢复的时间有多长;另外,审计单位和被审计单位使用的网络连接是否可靠? 数据传输是否可靠? 当网络出现故障时,是否会影响联网审计的可靠性?

3)联网审计数据分析风险

一方面,在大数据环境下,数据信息全面,隐藏的或未知的信息较多,采集来的大量数据为审计数据分析提供了基础,这需要强大、高效、实时的审计数据分析方法提供支持。另一方面,在大数据环境下,数据复杂性急剧增长,其多样性(多源、异构、多模态、不连贯语法或语义等)、低价值密度(大量不相关信息、知识"提纯"难度高)、实时性(数据需实时生成、存储、处理和分析)等复杂特征日益显著,而审计机构现有的计算机系统和审计软件不足以应对急剧增长、种类众多的被审计数据。由此可见,审计大数据的复杂性给数据分析带来了一定困难,造成了审计的数据分析风险。

5.4.4 大数据环境下联网审计的风险控制

1)改进联网审计的数据采集方法

在大数据环境下,除了需要从被审计单位内部采集数据之外,还需要采集相关外部数据。因此,除了可以采用已有的联网自动采集数据方法之外,也可以采用其他数据采集方式为开展联网审计提供基础,例如,在审计项目实施期间按规定程序依法现场采集相关数据、每年定期从相关单位采集数据、被审计单位定期报送相关数据等。因此,在实际的联网审计实施过程中,可以采取联网审计和数据报送相结合的方式来控制和减少联网审计的实施风险,其原理如图 5.7 所示。

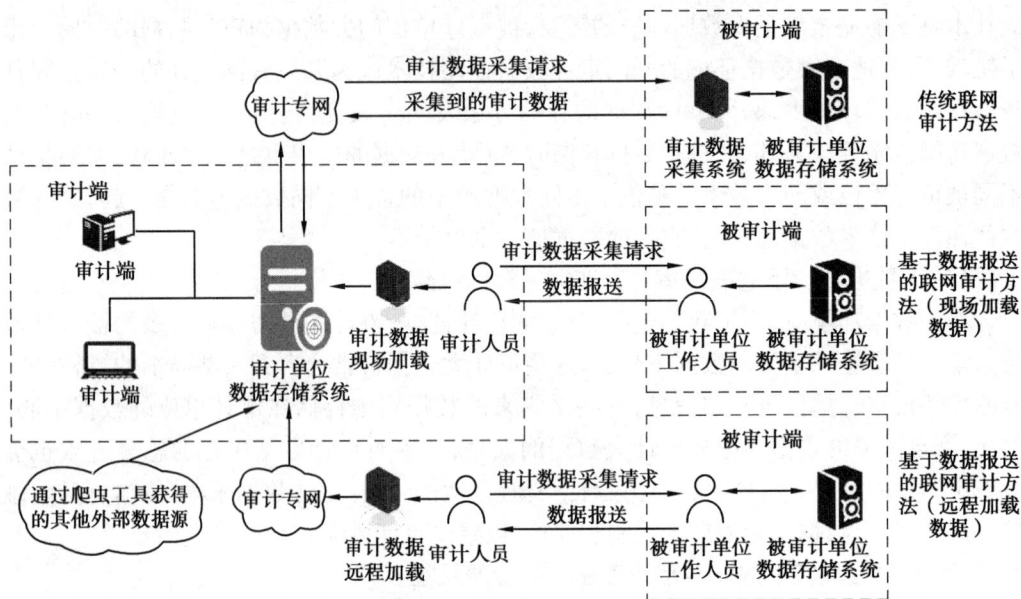

图 5.7 大数据环境下的联网审计实现方法原理

(1)传统联网审计方法

对于相对固定、数据量小、联网条件成熟的被审计单位而言,仍可以继续采用原有的联网数据采集方式。在联网采集数据的过程中,需要针对不同传输环境和数据敏感级别,采用差异化的加密及传输方式进行传输,确保数据传输的安全性和完整性。

(2)基于数据报送的联网审计方法

对于那些比较分散、审计周期不固定、数据量极大、联网条件不成熟的被审计单位,可以采用定期数据报送的采集方式。在数据报送时,一般需要采用对数据加密后通过移动介质拷贝、"双人交付"的方式进行;在报送的过程中,要注意做好介质交接记录。另外,在数据报送时,被审计单位应根据审计机关要求的数据格式提供数据,从而有效地控制数据质量风险。

(3)基于网络爬虫技术的数据采集方法

基于网络爬虫技术的数据采集方法可以有效地弥补审计大数据不全面的缺点。一方面,可将被审计单位内部数据与外部相关数据进行集成以充分发挥大数据的潜力,提高审计取证的查全率,减少审计风险。另一方面,在采用这种数据采集方式时,应注意选择好合适的公开数据源(数据采集对象),注意加强数据验证,保证采集来的相关公开数据的可靠性、完整性和准确性,减少审计风险。

2）改进联网审计的数据存储方法

借助云计算平台或分布式文件系统进行大数据环境下的联网审计数据存储与管理，这种方式可以解决大数据环境下联网审计数据的存储问题。借助云计算平台或分布式文件系统，在审计单位构建联网审计的海量数据存储系统，可以实现对采集来的数据实现按不同的应用（逻辑）或按数据特征（类型）进行分区管理，如图5.8所示。

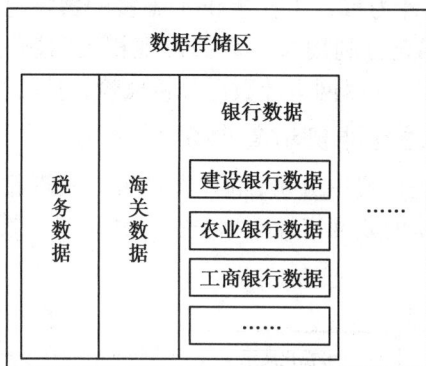

图5.8 审计数据分区管理示意图

3）加强数据存储的安全管理工作

（1）加强日常安全管理工作

大数据环境下联网审计的数据管理安全涉及管理、人员、技术等各个方面。因此，数据安全管理工作可以从管理安全（如安全管理制度与管理组织）、人员安全以及技术安全（如计算机机房、操作系统、数据库系统、网络通信、软件、硬件等）三个方面出发。

（2）采用分级保护方式进行数据应用管理

为了减少大数据环境下联网审计的数据应用风险，可根据采集来的被审计数据对象和敏感程度的不同，在数据应用管理上进行分级别保护。比如：对于一般基础类数据，如税务、工商等数据，可以对相关审计机关开放查询使用权限；对于特定的专业类数据，需要根据年度开展的审计项目实际情况进行授权；对于跨区域、跨行业的数据，需要相关部门共同审批；对于其他特殊需要数据，需要根据实际情况进行审批。

（3）加强业务连续性管理与控制

业务连续性管理是为了防止业务活动中断，保护关键业务流程不受信息系统失效或自然灾害的影响，将意外事件或灾难对业务的影响降低到最低水平的一种管理方法。在传统环境下，由于联网审计采集来的数据量小，在意外事件或灾难发生后，一般比较容易恢复，或者可以重新采集相关数据。但在大数据环境下，联网审计需要采集的数据量大、来源广、结构复杂、预处理时间长，且预处理成本高。因此，在意外事件或灾难发生时，若没有合适的针对联网审计的业务连续性管理措施，则很难对业务进行恢复。因此，对于其业务连续性管理而言，需要确保在意外事件或灾难发生后，能在规定的时间内恢复业务运作所需的IT基础设施、数据管理系统和数据查询与分析服务，最终使联网审计系统能够按照联网审计方案中规定的水平与恢复时间等目标对外提供服务。

为了做好大数据环境下联网审计数据的业务连续性管理，可以采取以下措施：指定一个部门负责联网审计数据的业务连续性管理工作;制订规范的业务连续性计划,以及业务连续性管理相关规章制度与人员名单;制订规范的 IT 服务连续性计划,包括相关的规章制度、文件以及人员名单;做好年度应急演练工作。

5.4.5 大数据环境下联网审计的数据分析方法

大数据环境下,联网审计为审计工作提供了丰富的数据,如果仅仅使用原有的联网审计数据分析方法,则不能充分利用这些数据发现相关问题,进而造成审计检查风险。因此,为了减少大数据环境下的联网审计数据分析风险,可采用以下数据分析方法。

1)对采集来的数据进行非现场集中分析

通过对采集来的数据进行集中分析,审计人员可以发现相关线索,从而为现场审计提供服务。面向大数据环境的联网审计数据分析方法原理如图 5.9、图 5.10 所示。相关分析方法分析如下。

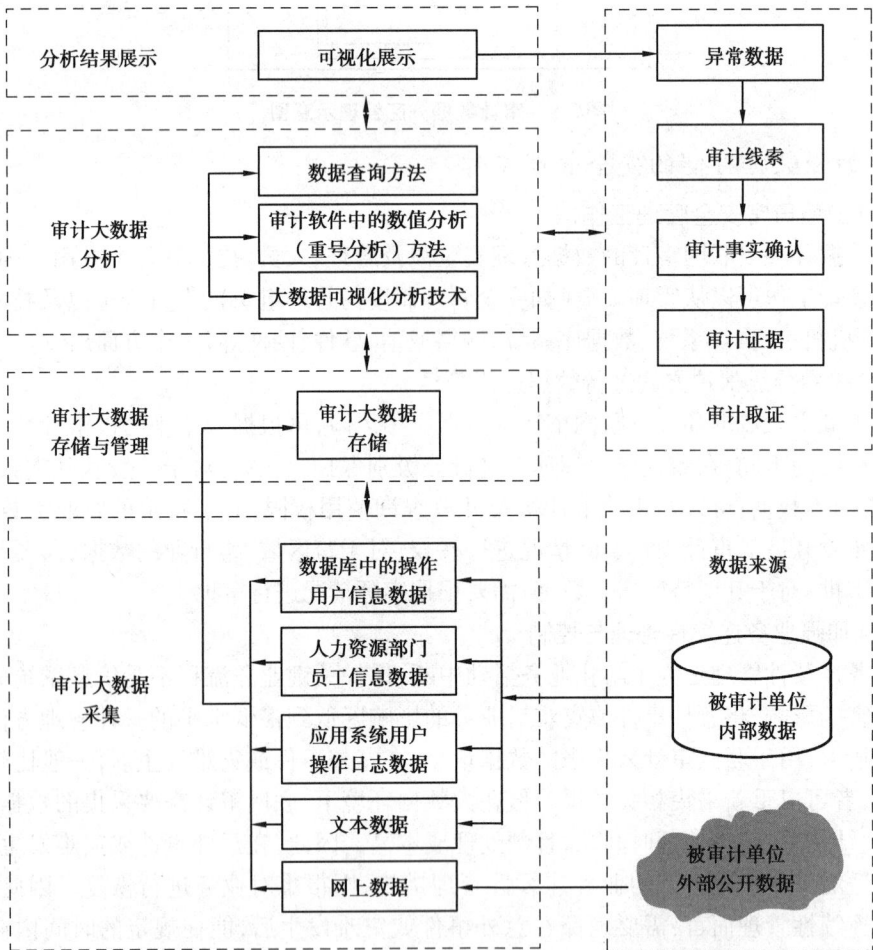

图 5.9　面向大数据环境的联网审计数据分析方法原理

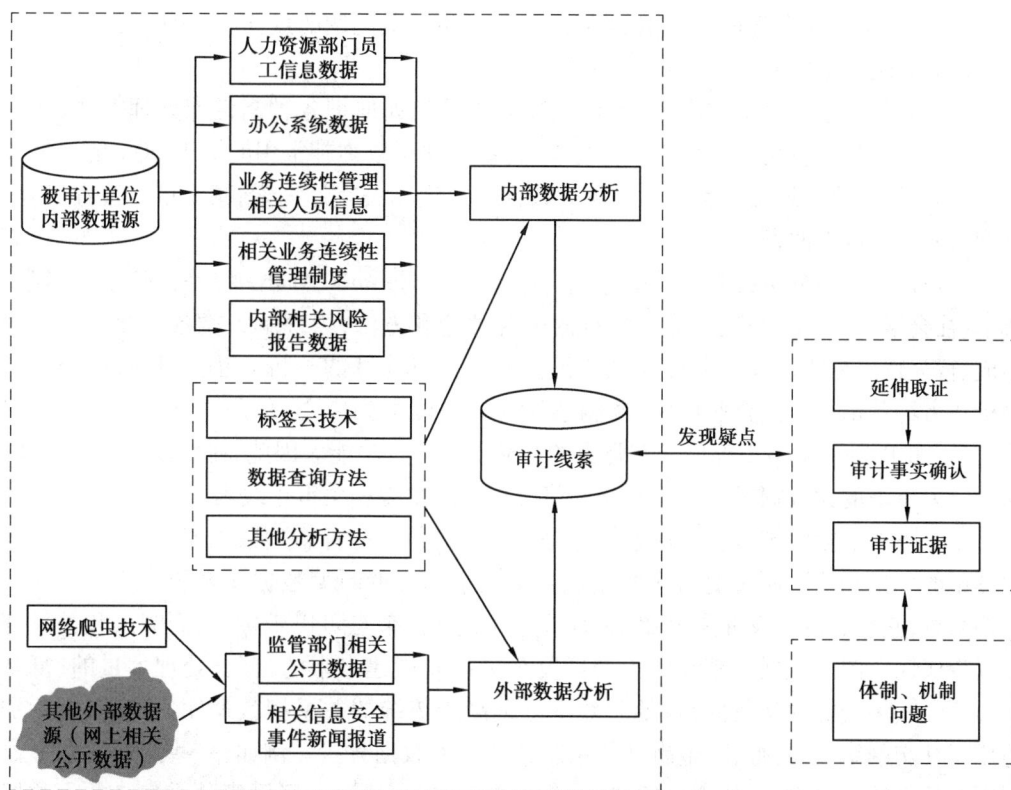

图 5.10 基于大数据技术的业务连续性管理审计方法

（1）常用的 SQL 查询方法

基于 SQL 的数据查询方法一般是通过对审计问题的分析，构建相应的 SQL 语句，然后通过在一些数据库工具（如 Microsoft Access、SQL Server 等）或审计软件中运行以上 SQL 语句，查找出相关审计线索。在大数据环境下，基于 SQL 的数据查询方法不仅局限于对一个部门数据的分析，而且更多的是要对财务数据和业务数据之间，不同部门来源数据之间，以及结构化数据、半结构化数据、非结构化数据的分析。这种方法仍然是目前比较常用和有效的方法。

（2）大数据可视化技术

在大数据环境下，数据可视化技术可以更简洁地表达被审计单位数据的信息，有助于审计人员探索、分析和解释复杂的海量数据。借助数据可视化技术，审计人员能够"洞察"被审计单位数据信息中内在因素的模式和关联，快速从大数据中发现审计线索及其特征。基于大数据可视化技术的审计线索特征挖掘方法为：首先，在审计大数据集成和预处理的基础上，借助某种大数据可视化软件对被审计数据进行可视化建模分析。其次，审计人员结合自己的审计背景知识，发挥人类视觉系统的敏感性，通过对可视化的结果图形和图像进行分析、观察和认知，从总体上系统地理解和分析被审计数据的内涵和特征，从而发现审计线索，获得审计证据。同时，根据需要，审计人员可以交互地改变可视化软件的设置，改变输出的可视化图形和图像，从不同的方面获得对被审计单位数据的理解,从而全面地发现审计线索的特征,分析产生相关问题的规律和原因。

(3)其他大数据分析方法

为了满足大数据分析的需要,审计人员需要研究如何把各种高性能处理算法、智能搜索与挖掘算法等应用于大数据审计之中,这些方法可以弥补常用的基于 SQL 的数据查询方法的不足,更好地帮助审计人员从大数据中发现相关审计线索,减少审计检查风险。典型的方法有以下两种。

一是社交网络分析技术。社交网络分析(Social Network Analysis)是指基于信息学、数学、社会学、管理学、心理学等多学科的融合理论和方法,为理解人类各种社交关系的形成、行为特点分析以及信息传播规律提供的一种可计算的分析方法。目前,社交网络分析在市场营销、广告、企业招聘、预测票房等方面已得到应用;一些流行的大数据可视化工具,如 Python、Gephi 等也具有强大的社交网络分析功能。因此,在大数据环境下,联网审计采集来的大数据可以借助社交网络分析方法发现相关审计线索。

二是图形数据库技术。图形数据库是大数据时代的一种新型数据库,它是基于数学中图论的理论和算法而实现的高效处理复杂关系网络的新型数据库系统。从数据库的结构来看,它包含的概念非常简单,只有节点和关系。节点可以带标签,而节点和关系都可以带属性。图形数据库是专门为处理复杂关系而创建出来的,擅长处理大量的、复杂的、互联的、多变的网状数据,且处理效率远远高于传统的关系型数据库。因此,它特别适用于社交网络、实时推荐、金融征信系统领域的大数据分析。例如,一些流行的图形数据库工具已被开发出来,如 Neo4J、Titan 等。在大数据环境下,联网审计采集来的大数据可以借助图形数据库技术发现相关审计线索。

2)提供远程数据查询和分析服务

为了更好地服务于现场审计项目,在实际的审计工作中,在风险可控的情况下,联网审计数据中心可以为审计人员开放相关数据,审计人员便可以通过审计专网查询相关数据库,进行数据的查询和分析,完成审计工作,远程数据查询方法如图 5.11 所示。在以上数据使用过程中,为了控制审计风险,需要做到以下几点。

①需要根据实际审计项目开放相应的数据。审计机关和审计人员应严格按照授权使用的范围、用途、方式等使用相应的数据。

②加强风险控制,分级开放数据。不同账户的权限管理必须基于“最小授权”原则,并需严格限定账户的使用范围和使用目的。

③数据使用应严格遵守保密管理规定,审批流程应执行到位。数据的使用过程要有完整的记录控制措施,完整记录数据分析和导出的操作时间、操作人、操作方式、数据内容等相关信息,并留存授权资料以供检查使用。

④加强对数据使用人员的安全保密教育,强化对数据使用安全重要性的认识。

⑤相关数据分析应均在审计机关特定的数据分析平台上进行,对经授权下载在终端中使用的相关数据,在使用完毕后应及时销毁。

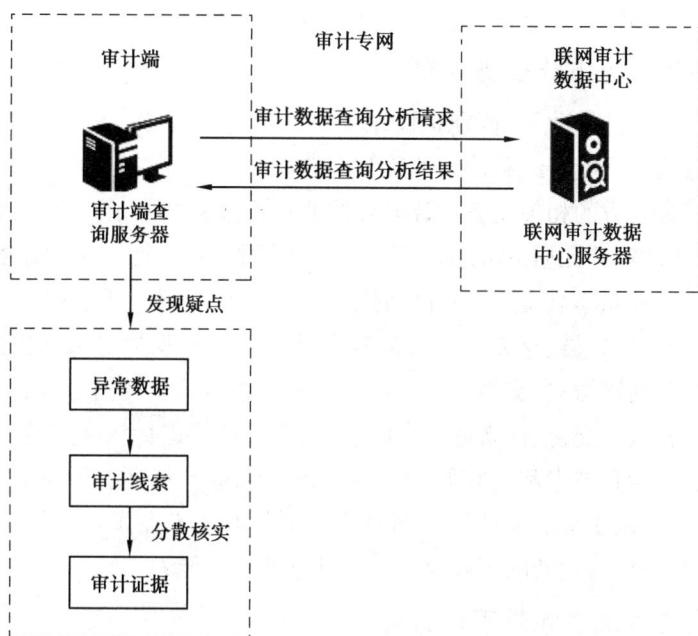

图 5.11　远程数据查询方法

5.5　区块链审计

5.5.1　区块链技术对审计能力机理的提升

1）分布式账本技术促进信息传递

分布式账本是一个分布式存储的数据库。分布式账本技术是指交易记账由存在不同终端的多个节点来共同完成，而且每一个节点的数据记录都是一份完整的账目信息，可以为会计的信息技术提供新的信息支持和实现方式。

在区块链分布式账本技术下，各节点之间信息的传达与传递几乎是同时发生的，而且不会受到第三方因素的影响。区块链每个节点的存储都是独立的、地位等同的，依靠共识机制保证存储的一致性；而传统分布式存储一般是通过中心节点向其他备份节点同步数据。在分布式账本技术下，信息记录工作由所有在线节点协同完成，没有任何一个节点能够独立完成信息的记录工作，从而避免了单一记账人被控制或者被贿赂而记假账的可能性。审计机关作为分布式账本中的一个节点，能够与所有在线节点之间实现信息传输与处理的高效协同，使传达的指令能够及时到达。当审计人员遇到紧急情况时，可以直接将信息数据在任何一个终端节点上存储和更新，再由审计机关通过在线节点对相关请求进行即时反馈。审计机关通过分布式账本还可以与被审计单位财务系统之间实现实时对接，监控和认证被审计单位的交易和财务数据，实时发现审计业务的疑点和线索,提高审计工作的效率,满足审计的需求,提高审计的及时性。

2）智能合约助力审计证据获取

在智能合约技术的推动下,特别是以以太坊为依托的智能合约的出现,大大推动了区块链技术的发展。智能合约和传统纸质合约的区别在于智能合约是由计算机生成的,代码本身解释了参与方的相关义务。智能合约的执行过程减少了人为干预,确保财务信息真实,并使形成的审计证据不可篡改。在审计过程中,审计人员可以结合工作的特点,将审计准则置入区块链资源层,形成自动执行的计算机协议。通过智能合约的优化设计,可以建立一个审计人员、相关专业人员和审计对象之间互为因果的主链和辅链相互交叉的信息互信互通网络;当交易各方信息一致时则执行区块链的审计智能合约。主链以财务维度对各种资金交易、往来业务合同、费用真实性等进行认证;辅链则站在特定专业的视角,对法律、信息技术和医疗管理等方面的信息进行认证。区块链技术下的主链与辅链双向锚定,有助于解决审计人员面对突发事件时的专业领域受限问题,减少审计人员心理压力,提高审计判断的正确性与审计证据的获取能力。

3）时间戳技术便于加强审计监督

在审计过程中,对于一些无法现场取证的数据,审计人员可以借助时间戳技术进行溯源,对财务数据的真实性进行验证。由于所有交易数据的副本都在各终端节点的区块上进行存储,数据的可追溯性与可核查性得到了很好的保障。在审计过程中,获得授权密钥的审计人员可以不受空间限制地访问审计数据,极大地提升了审计监督的效力。区块链时间戳技术还能够保证区块链上各个节点之间的数据结构具有一致性。鉴于这种数据结构的一致性,交易数据可被永久地在区块链系统中加以存储。基于区块链时间戳技术,所有相关数据都能够被审计机关实时掌握。以此为基础,审计人员可通过信息公开与审计公告,使公众参与到对防疫救灾资金使用情况的监督中来,提高审计监督的效力与效果。

5.5.2 区块链技术在审计中的应用

1）区块链审计信息平台构建

基于区块链技术搭建的审计信息平台由区块链数据中心、技术资源服务器、审计应用服务模块、实时审计访问模块四个部分所构成,如图5.12所示。

（1）区块链数据中心

区块链数据中心用于永久储存各非中心化节点提供的用于审计的数据。在区块链分布式存储结构下,被审计单位在突发公共事件应急处理中所发生的各项业务信息都将被传输到区块链网络上,并最终汇集到区块链数据中心,在进行有效整理与统计分类后实时存储。区块链数据中心所存储的数据主要包括救灾资金物资的筹集、分配、发放、使用,以及一些财税和政策的部署落实情况。所有数据都储存在带有时间戳的链式区块结构下,由系统自动提炼业务流程系统日志对应的信息,保证数据信息的真实性。区块链数据中心可以结合区块链体系的实际情况,在底层协议中融入相应的记账规则,在 AI(人工智能)技术的配合下完成审计方式的优化改进,促进审计自动化水平的提高。区块链数据中心还可以通过密码学方法构建一个可根据时序追根溯源的大账本,使得任何一笔专项资金都能够被追溯到源头。

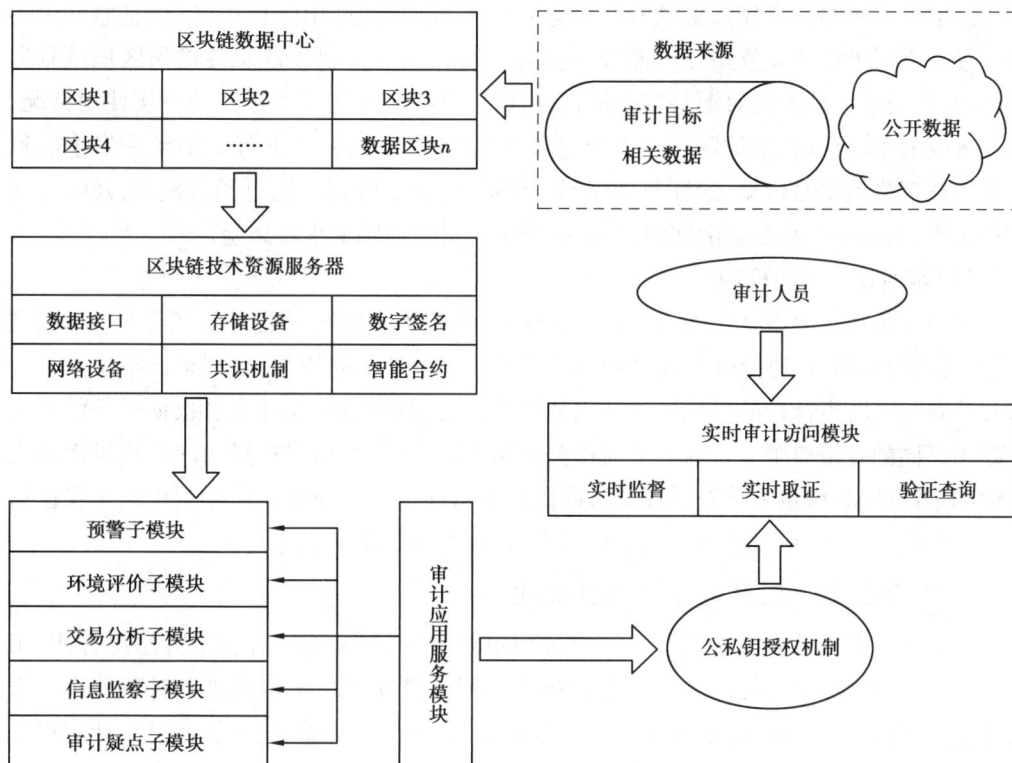

图 5.12　区块链审计信息平台的逻辑框架

(2)技术资源服务器

技术资源服务器的硬件部分由存储设备、网络设备、数据接口等组成。交易数据经数据接口可以达到高效共识,数据接口还可以保证数据传输通道畅通。网络设备用以保障信息的实时传输,并满足审计业务相关方的实时在线互动需求;网络设备还可以利用哈希算法将信息资料转换为结构化数据,并将其传输到基于分布式储存技术的存储设备中。技术服务器软件部分主要涉及共识机制、数字签名技术以及智能合约机制等,其中共识机制确保审计信息平台中的数据能够及时得到各节点的共同验证;数字签名技术用以保证无第三方验证情况下的数据真实性;智能合约的自我执行机制实现数据的批量化处理,有利于视情况需要扩大审计范围,保障审计结果可靠性。

(3)审计应用服务模块

审计应用服务模块是一个带有数据库和数据分析功能的决策支持系统,包含预警子模块、环境评价子模块、交易分析子模块、信息监察子模块和审计疑点子模块。其中审计预警子模块主要用来检测被审计单位财务运作流程是否能够对突发公共事件应对提供信息支持,以及其内控体系的合理性与可执行性,以检验被审计单位在突发公共事件应对中的风险承受能力;环境评价子模块主要依靠封装于链条的灾情实况报告、预估审计环境等与相应技术结合,对具体审计环境进行评价,对审计人员配置及部署提供建议,并依据特事特办的原则对疏漏部分进行补齐;交易分析子模块主要对各被审计单位涉及突发公共事件应对的各类经济事项及数据进行初步分析,并给出分析报告;信息监察子模块通过对物资来源及发放路径的监控,将相关数据、图片和视频信息传输到区块链数据网络中,以便于审计人员对源头数据进行查询,以掌握应急物资及经费的真实使用情况,形成有效的审计证据;审计疑点子模块是预先设置预警阈值,企业经营活动中发生的每一笔数据都将被实时传输、验证并储存到区块链上,而审计部门通过预警提示,及时发现审计疑点,实现对交易数据的实时监控,提醒审计对象面临的潜在风险。

(4)实时审计访问模块

审计人员在实时审计访问模块中进行操作,实现资金的实时监督。审计人员可以利用个人计算机(PC)、便携电脑或移动终端登录实时审计访问模块,对被审计单位进行监督和检查。实时审计访问模块受到区块链公私钥机制的保护,审计人员根据任务的不同被赋予不同的登录权限。审计人员通过公私钥机制验证后,可以通过访问模块界面获取有效的审计证据,满足审计及时性需求的同时又可保证审计质量。公私钥机制在保证信息完整的前提下,还可以对部分私密信息进行保护,有效保障信息安全。

2)基于区块链技术的审计流程优化

应对重大事件的有效方式是进行全过程跟踪审计,与常规审计在审计思维方式、工作程序、审计依据、审计标准等方面都有很大不同。借助区块链信息平台对事件进行全过程实时跟踪审计,不仅能够提高审计工作效率、促进科学决策,还能够通过审计流程优化在第一时间回应公众关切,提高审计公信力。

(1)审计证据实时采集

借助区块链信息平台实施审计,可实现审计证据采集的自动化与实时化。被审计单位的各种数据信息可经数据接口传递至区块链数据中心,如公开数据和审计目标相关数据。数据以文本文档、图像、日志、音频、视频、报告以及网页等多种格式存在,这为审计工作的开展带来很大便利。可在区块链信息平台上直接提取关键信息,并将其通过记录与验证流程打包上链,利用区块链技术形成结构化或半结构化数据。基于区块链信息平台提供的数据接口,可选择合适的数据采集方法,制订科学有效的数据采集方案,将明文语言转换为系统或机器可识别的语言,在保障数据接收与传输稳定性的基础上完成审计证据采集工作。

(2)审计流程自主实施

借助区块链信息平台实施审计,能够对审计证据进行即时分析,并对被审计单位存在的问题作出即时应对处理,实现动态纠偏。区块链信息平台还可以通过共识机制完成数据信息的分析处理,如数据存储、数据清洗与数据转换等。在审计过程中,整个数据链都在平台的多个节点进行备份,解决了传统审计存证系统面临的数据安全问题。相关数据信息在上传至区块链后,会被加盖时间戳,并通过哈希树的形式来确保数据的真实完整和可追溯性。智能合约规定执行审计测试的前提是区块链所有节点均需通过验证,进而执行审计程序。通过将利用计算机协议形成的审计智能合约嵌入至区块链信息平台,可利用区块链信息平台与被审计单位实时通信,并针对应急资金及救灾物资的拨付和分发过程进行控制测试和交易测试,从资金运动或物资流动的不间断信息中发现蛛丝马迹,再与事先置入的准则相对照,若出现不一致的情形,则系统将启动智能合约自动执行附加测试流程,自主实施一系列控制和鉴证活动。

(3)审计报告即时出具

鉴于专项资金审计都具有特殊性和紧迫性,审计机关应即时揭露在筹集、管理、使用、分配过程中存在的问题,并即时报告审计结果。审计信息的即时披露同样可以借助区块链信息平台来实现。当被审计单位有关信息传输至审计应用服务模块后,经预警子模块、环境评价子模块、交易分析子模块、信息监察子模块及审计疑点子模块的即时处理,能够得出相应的细节测试结果。然后,系统会自动调取阶段性的细节测试结果,并将其传递至审计底稿子系统。对于测试出的审计疑点,系统将启动自审查程序,与模块化置入的规则相比对,针对可能存在问题的项目输出疑点清单。当遇到系统异常、价值判断类特殊审计事项、非标准化程序异常等情况时,系统将呼叫人工操作。最后,区块链信息平台根据审计人员的即时反馈结果,并参考阶段性审计测试结果以及其他相关信息,即时出具审计报告。

5.6　基于大数据技术的金融审计和大气污染防治审计

5.6.1　基于大数据技术的金融审计

1)金融审计的内涵

金融审计是由政府审计机关和人员采用专门方法,依法对金融机构的各项业务及财务收支活动的合法性、合规性、真实性和效益性等进行审查与评价,以加强金融宏观调控和管理,促进金融事业健康发展的经济监督管理活动。它包括中央银行审计、商业银行审计以及非银行金融机构审计。

2018 年 6 月 20 日,国家审计署发布 39 号公告揭示,9 家大型商业银行违规向房地产行业提供融资 360.87 亿元,抽查的个人消费贷款中也有部分实际流入楼市股市;一些金融机构通过发行短期封闭式理财产品吸收资金,用于投资长期项目等,存在期限错配风险。3 家大型国有银行违反程序、违规承诺等办理信贷、理财业务 945.99 亿元,违规向"两高一剩"行业等提供融资 1 222.29 亿元,虚增存款规模 45.1 亿元,四大国有银行之一的工商银行名列其中。国家审计署依法出具了审计报告,下达了审计决定。工商银行至2018 年 5 月整改率达 96%,完善制度 258 项,处理责任人 662 人次。

2)基于大数据技术金融审计的重要性

党的十九大把防范化解重大风险作为"三大攻坚战"的首要战役,特别是防范金融风险。因此,如何防范化解金融风险成为目前审计领域的一项重点工作。大数据技术的发展为解决这一问题提供了机遇,研究如何采用大数据技术来防范化解金融风险具有重要的理论意义和应用价值。下面以股票内幕交易大数据审计方法和非法集资大数据审计方法为例,研究大数据技术在金融审计中的应用。

3)股票内幕交易大数据审计方法

(1)股票内幕交易大数据审计方法的重要性

股票内幕交易是金融审计关注的一个重要方面,"内幕交易"是行为人依据自己所掌握的股票、证券交易的内幕信息,泄露给他人或者加以利用,以实现股票、证券交易非法获利的行为。大数据技术的发展为解决这一问题提供了机遇,例如,美国证券交易委员会应用大数据技术分析内幕交易和会计欺诈,运用大数据策略来监督金融市场活动。虽然目前常用的电子数据审计工具(如 SQL Server、Microsoft Excel、AO 审计软件等)与方法(如 SQL 数据查询)等也能帮助分析电子数据,发现内幕交易线索,满足内幕交易审计的基本需要;但这些方法难以帮助审计人员从审计大数据中充分发现内幕交易的关系和规律。

(2)股票内幕交易大数据审计所需的数据

①被审计单位主要内部数据:大数据环境为股票内幕交易审计提供了全方位分析的相关数据,审计人员一般可以对以下数据进行分析。

A.文本数据。通过采集被审计单位的业务介绍、部门年度工作总结、风险分析报告、相关审计报告等文本数据,审计人员可以了解目前被审计单位的相关业务情况、相关风险等,便于开展相关审计工作。

B.股票交易数据。通过从被审计单位的股票交易数据库中采集相关股票交易数据,审计人员可以掌握目前所有系统中的股票交易等相关信息。

②被审计单位主要外部数据。审计人员一般可以对以下数据进行分析。

A.工商数据。为了掌握相关公司的股东、法人、投资关系等信息,审计人员需要分析相关工商数据。

B.相关银行交易数据。根据对股票交易数据的分析,在授权和合法的情况下,审计人员可以查询部分可疑单位或个人的银行交易数据,掌握资金走向。相关银行交易数据可以经批准授权后,由相关银行提供。

C.公安户籍数据。为了分析相关人员之间的亲属关系,审计人员可以分析相关公安户籍数据。

D.其他外部相关数据。除了通过以上方法获得被审计单位的相关数据之外,审计人员还可以通过一些大数据工具抓取互联网上相关公开数据,或者搜索网上关于被审计单位一些公开报道的相关股票重大利好信息等,便于辅助判断相关内幕交易问题。

（3）股票内幕交易基本特征分析

根据审计人员的审计经验,一般来说,获利大、购买标的单一、交易间隔时间短的股票交易容易存在内幕交易现象。因此,为了查找股票内幕交易,审计人员可以根据内幕交易的这些基本特征,借助大数据技术,对采集来的相关股票交易数据进行总体分析,查找具有这些特征的客户信息数据,从而发现相关可疑线索。

（4）股票内幕交易大数据审计方法原理

股票内幕交易大数据审计方法原理可概述为:首先,根据对被审计单位的调查,在访谈和现场观察等基础上,采集被审计单位的内、外部相关信息,如股票交易数据、工商数据、相关银行交易数据、公安户籍数据等结构化数据,相关文本数据（如被审计单位的部门年度工作总结、风险分析报告、相关审计报告等相关数据）等非结构化数据,以及从外部互联网上公开数据源采集来的相关文本数据。然后,在审计大数据预处理的基础上,基于"总体分析,发现疑点,分散核查,系统研究"的审计思路,根据股票内幕交易特征,采用大数据工具对股票交易数据等相关结构化数据进行建模和总体分析,审计人员通过对可视化的分析结果进行观察,快速从被审计大数据信息中发现异常数据,获得审计线索。在此基础上,采用社会网络分析对工商数据进行分析,或采用数据查询等方法分析相关银行交易数据、公安户籍数据等,通过对这些异常数据做进一步的延伸审计和审计事实确认,最终获得审计证据。综上分析,股票内幕交易大数据审计方法原理如图 5.13 所示。

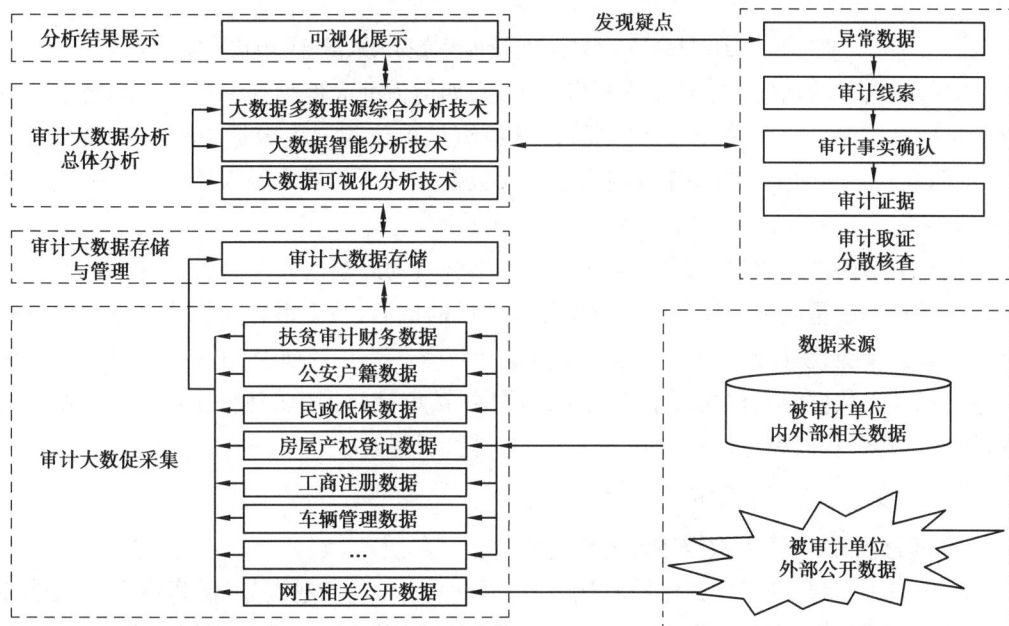

图 5.13 股票内幕交易大数据审计方法原理

其中,基于社会网络分析的股票内幕交易大数据审计方法原理为:在审计大数据集成和预处理的基础上,借助某种社会网络分析软件对被审计的股票交易大数据进行社会网络建模与分析,审计人员结合自己的审计背景知识,通过对社会网络分析的结果图形和图像进行分析与观察,从总体上发现被分析数据之间的相互关系。同时,根据需要,交互地改变社会网络分析的参数设置,改变输出的可视化图形和图像大小,从不同的方面获得对被审计数据的理解,清晰地发现被分析数据之间的相互关系,从而发现审计线索,获得审计证据。基于社会网络分析的股票内幕交易大数据审计方法原理如图 5.14 所示。

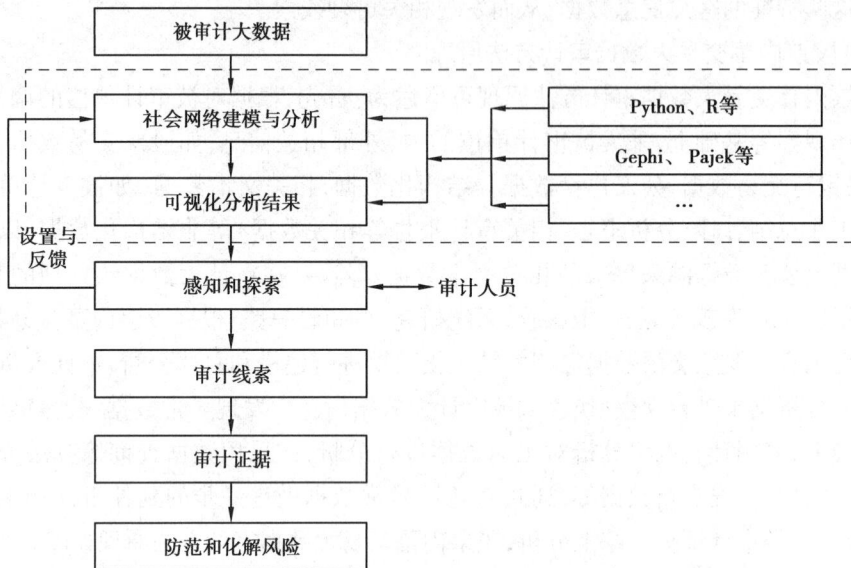

图 5.14 基于社会网络分析的股票内幕交易大数据审计方法原理

大数据时代的到来为审计工作提供了机遇,如何借助大数据环境和大数据技术从总体上把握被审计单位相关大数据情况,探索被审计单位相关大数据中的相互关系和规律,从而发现隐藏的内幕交易审计线索成为大数据环境下开展金融审计工作的一项重要任务。

相对于目前常用的审计方法,基于社会网络分析的股票内幕交易大数据审计方法具有以下优点。一是可以充分利用大数据环境提供的机遇,便于审计人员从总体上把握被审计大数据情况,快速发现可疑线索,提高审计效率。二是其研究的方法可以发现被审计单位相关大数据中的相互关系和规律,"洞察"被审计数据中的相关问题,从而发现隐藏的审计线索,从根源上达到防范、化解金融风险的目的。

4)非法集资大数据审计方法

(1)研究非法集资大数据审计方法的重要性

长期以来,我国经济社会保持较快发展,资金需求旺盛,融资难、融资贵问题比较突出,民间投资渠道狭窄的现实困难和非法集资高额回报的巨大诱惑交织共存。当前,非法集资问题日益凸显。一些案件由于参与群众多、财产损失大,频繁引发群体性事件,甚至导致极端过激事件发生,影响社会稳定。因此,防范和处置非法集资是一项长期、复杂、艰巨的系统性工程,各地区、各有关部门要高度重视,坚决守住不发生系统性区域性金融风险底线。近年来,随着金融科技、区块链等概念的提出和技术的发展,一些不法分子打着"金融创新""区块链"的旗号进行非法集资,中国银行保险监督管理委员会等多部门于 2018 年 8 月联合发布了《关于防范以"虚拟货币""区块链"名义进行非法集资的风险提示》。该文件指出,"创新工作方法,充分利用互联网、大数据等技术手段加强对非法集资的监测预警"。审计人员应用大数据技术及时发现非法集资问题对防范化解金融风险非常重要。虽然目前常用的电子数据审计工具(如 SQL Server、Microsoft Excel、AO审计软件等)与方法(如 SQL 数据查询)等也能帮助分析电子数据,发现非法集资线索,满足非法集资审计的基本需要,但这些方法难以帮助审计人员从被审计大数据中充分发现非法集资问题的关系和规律。

(2)研究背景分析

非法集资是金融审计关注的一个重要方面,非法集资是指个人、法人或其他组织未经有关部门依法批准(包括没有批准权限的部门批准,有审批权限的部门超越权限批准集资),违反国家金融管理法律规定,向社会公众(包括单位和个人)吸收资金的行为。一般来说,非法集资具有以下四个特征:

①未经有关部门依法批准或者借用合法经营的形式吸收资金。

②向社会公众即社会不特定对象(不是特定少数人)吸收资金。

③承诺在一定期限内给出资人以货币、股权、实物等方式还付本息或者给付回报。

④通过网络、媒体、传单、手机信息传递等途径向社会公开宣传。

(3)目前常用电子数据审计方法存在的不足

防范非法集资的方法有很多,其中,资金流向监测是发现并防范非法集资的关键。非法集资大部分通过银行转账进行,因此银行是发现非法集资的前哨,要充分利用各种技术段,加强对涉嫌非法集资可疑资金的实时监测预警,及早发现并报告非法集资资金动向;在严格执行大额可疑资金报告制度基础上,对各类账户交易中具有分散转入集中转出、定期批量小额转出等资金异动进行监测分析。

目前审计人员开展非法集资审计的一般方法为:借助 Microsoft Excel 等电子表格工具或 SQL Server 等数据库工具,根据非法集资的特点,采用 Microsoft Excel 的数据透视分析等功能或 SQL Server 的分类汇总等功能,对相关银行交易数据进行分析,从而发现相关可疑问题。目前常用电子数据审计方法存在的不足分析如下。

①基于电子表格软件和 SQL 的数据查询方法仅仅是通过排查的方式发现审计线索,在深度发现审计线索特征以及发现复杂隐蔽的审计线索方面尚存在很大的不足。

②进入大数据时代,数据数量不断增加,数据类型和结构更加复杂,而电子表格软件所能处理的数据数量和数据类型受限,这使得常用的电子表格软件不能满足大数据审计的需要。

③目前常用的审计方法是依据相关法律、法规以及审计经验对相关问题进行地毯式排查,难以发现复杂隐蔽的问题,以及这些问题产生的原因和规律,不能从根源上防范问题的发生。

针对非法集资涉及的人员众多、资金活动复杂、数据量巨大等特点,可以探索更多新的技术方法。例如,可以通过社会网络分析发现银行交易数据中的异常节点,从而发现相关非法集资线索。根据非法集资审计的需要,选择了适合审计项目需要的社会网络分析技术。

(4)基于社会网络分析的非法集资大数据审计方法原理分析

①被审计单位主要内部数据:大数据环境为非法集资审计提供了全方位分析的相关数据,审计人员一般可以对以下数据进行分析。

A.相关文本数据。通过采集被审计单位的相关业务介绍、部门年度工作总结、风险分析报告、相关审计报告等相关文本数据,审计人员可以了解目前被审计单位与非法集资相关的业务情况、相关风险等,便于审计人员开展相关非法集资审计工作。

B.银行交易数据。资金流向监测是发现并防范非法集资的关键。非法集资大部分通过银行转账进行,因此,审计人员需要从相关被审计单位的银行交易数据库中采集相关银行交易数据,并通过该数据发现相关非法集资的线索。

②被审计单位主要外部数据。审计人员一般可以对以下数据进行分析。

A.工商数据。为了掌握相关非法集资企业的股东、法人、投资关系,以及查看企业的经营范围、注册资金以及持续经营情况等信息,审计人员需要分析相关工商数据。

B.税务数据。为了掌握相关非法集资企业的资产状况,审计人员需要分析相关税务数据。

C.社保数据。为了分析相关人员之间的亲属关系,进而发现非法集资组织者及背后实际控制人,审计人员需要分析相关社保数据。

D.其他外部相关数据。除了通过以上方法获得被审计单位的相关数据之外,审计人员还可以通过一些大数据工具抓取互联网上相关公开数据,或者通过一些大数据工具搜索互联网上与被审计对象有关的一些关于集资的公开宣传等信息,便于辅助判断相关非法集资问题。

③非法集资大数据交易基本特征分析。如前所述,防范非法集资的方法有很多,其中,资金流向监测是发现并防范非法集资的关键。非法集资大部分通过银行转账进行,因此银行是发现非法集资的前哨。根据审计人员的审计经验,一般来说,分散转入集中转出、公司的交易量特别大,同时它的交易对手又是大量个人、定期批量小额转出的各类账户交易容易存在非法集资现象。因此,为了查找非法集资,审计人员可以根据非法集资的这些基本特征,借助大数据技术,对相关银行交易数据进行总体分析,查找具有这些特征的客户信息数据,从而发现相关审计线索。

④基于社会网络分析的非法集资大数据审计方法原理。基于社会网络分析的非法集资大数据审计方法原理可概述为:首先,根据对被审计单位的调查,在访谈和现场观察等基础上,采集被审计单位的内、外部相关信息,包括银行交易数据、工商数据、税务数据、社保数据等结构化数据,相关文本数据(如被审计单位的部门年度工作总结、风险分析报告、相关审计报告等相关数据)等非结构化数据,以及从外部网上公开数据源采集来的关于集资的公开宣传相关文本数据。然后,在审计大数据预处理的基础上,基于"总体

分析,发现疑点,分散核查,系统研究"的审计思路,根据非法集资的特征,采用社会网络分析工具对银行交易数据等相关结构化数据进行建模和总体分析,审计人员结合自己的审计背景知识,通过对社会网络分析的可视化结果图形和图像进行分析与观察,从总体上发现被分析数据之间的相互关系以及相关异常数据。

同时,根据需要,审计人员可以交互地改变社会网络分析的参数设置,改变输出的可视化图形和图像大小,从不同的方面获得对被审计数据的理解,进而清晰地发现被分析数据之间的相互关系以及相关异常数据,从而发现非法集资审计线索(如相关非法集资可疑企业等)。在此基础上,审计人员还可以进行延伸审计。例如,通过对工商数据的分析,查看可疑企业的经营范围、注册资金以及持续经营情况;通过对税务数据的分析,查看企业的资产状况;通过对社保数据的分析,逐步锁定非法集资组织者及背后实际控制人等。通过对这些异常数据做进一步的延伸审计和审计事实确认,从而发现未经批准、不特定对象、公开宣传、承诺高息并且极大可能到期无法兑付等非法集资案件线索,最终获得审计证据。综上分析,基于社会网络分析的非法集资大数据审计方法原理如图5.15所示。

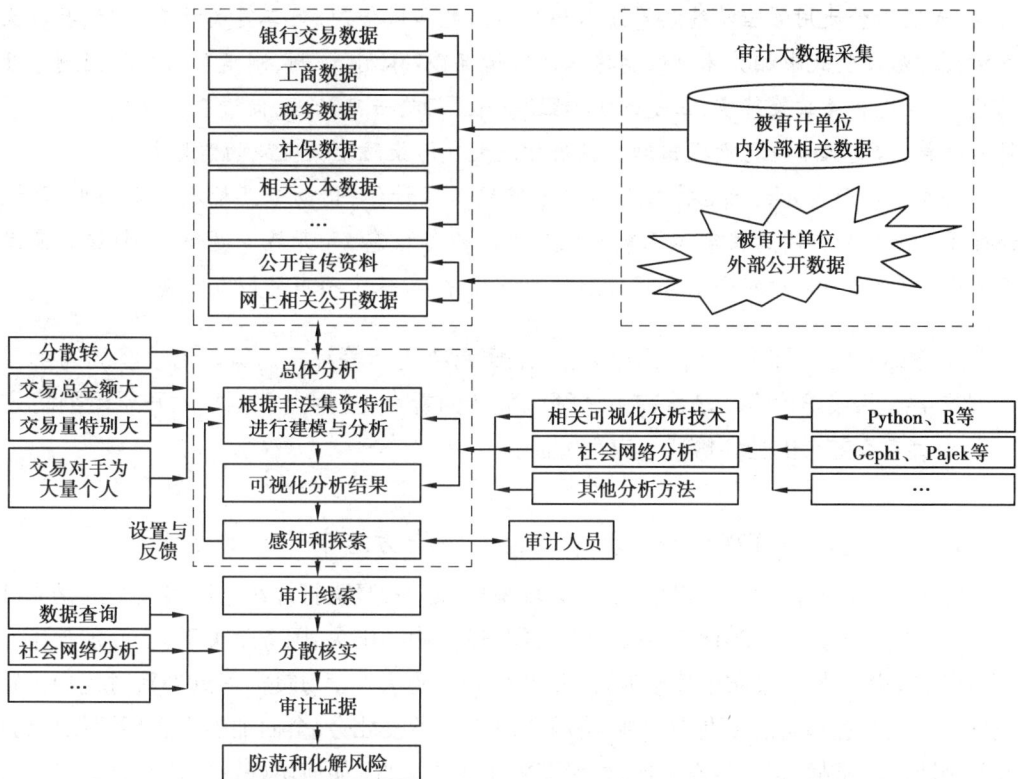

图5.15 基于社会网络分析的非法集资大数据审计方法原理

大数据时代的到来为审计工作提供了机遇,如何借助大数据环境和大数据技术从总体上把握被审计单位相关大数据情况,从中发现被审计单位相关大数据中的相互关系和规律,从而发现隐藏的非法集资审计线索成为大数据环境下开展金融审计工作的一项重要任务。

相对于目前常用的审计方法,基于社会网络分析的非法集资大数据审计方法具有以下优点。一是基于社会网络分析的非法集资大数据审计方法可以充分利用大数据环境提供的机遇,便于审计人员从总体上把握被审计大数据情况,快速发现可疑线索,提高审计效率。二是通过基于社会网络的大数据可视化分析,可以发现被审计单位相关大数据中的相互关系和规律,从而发现隐藏的审计线索,达到防范化解金融风险的目的。

5.6.2 基于大数据技术的大气污染防治审计

案例 3:郑州、开封等河南 10 个省辖市开展大气污染防治专项审计调查

2019 年 11 月 6 日,大河网记者从河南省审计厅获悉,10 月下旬开始,省审计厅拟用一个多月时间对郑州、开封、洛阳、安阳、鹤壁、新乡、焦作、濮阳、三门峡、济源等 10 个重点区域城市及所辖县(市、区)的大气污染防治情况开展专项审计调查工作。目前,74 个审计组、400 多名审计人员已全部进驻审计现场,铺开审计调查。

此次专项审计调查将实现四个工作目标:一是揭示有关市、县在大气污染防治政策落实、专项资金使用管理及绩效等方面存在的问题和风险隐患;二是关注有关市、县在大气污染防治攻坚战中相关体制机制建立运行情况,从体制、机制、制度层面分析问题产生的原因,促进相关政策落实;三是切实加强"三散"污染专项治理,促进全省环境空气质量持续改善;四是从审计角度提出助力我省打赢大气污染防治攻坚战的意见和建议。

此次审计调查开创性地将外部环保专家编入审计组,借助专业检测设备协助审计,组建了大数据分析团队收集和污染治理相关的数据信息,并开展专题培训,打造信息共享平台,加强省审计厅对全省各审计组的业务指导,确保专项审计调查圆满完成。

> **警示:**大气污染防治、水污染防治、土壤污染防治等都是污染防治攻坚战的重要内容。污染防治审计是目前审计领域关注的重点,应用大数据技术开展污染防治审计具有重要的社会价值和应用价值。

1)基于大数据可视化分析技术的大气污染防治审计的重要性

污染防治是党的十九大提出的"三大攻坚战"之一,坚决打好污染防治攻坚战是党和国家的重大决策部署。2018 年 6 月 16 日印发的《中共中央、国务院关于〈全面加强生态环境保护坚决打好污染防治攻坚战〉的意见》指出,要深入学习贯彻习近平新时代中国特色社会主义思想和党的十九大精神,决胜全面建成小康社会,全面加强生态环境保护,打好污染防治攻坚战,提升生态文明,建设美丽中国。因此,如何做好污染防治审计成为目前审计领域研究与应用的重点。虽然目前常用的电子数据审计工具(如 SQL Server、Microsoft Excel、AO 审计软件等)与方法(如 SQL 数据查询)等也能帮助分析电子数据,发现污染防治审计线索,满足污染防治审计的基本需要;但目前常用的审计方法是依据相关法律、法规以及审计经验对相关问题进行地毯式排查,难以发现复杂隐蔽的问题以及这些问题产生的原因和规律,不能从根源上防范问题的发生。除此之外,分析结果多是以二维表格形式展示,当结果数据量大时,显示的结果枯燥且不形象,不能满足大数据环境下审计发展的需要。随着信息技术的发展,大数据审计成为目前审计领域研究与应用的热点问题。

综上所述,研究如何应用大数据技术开展污染防治审计具有重要的社会价值和应用价值。大气污染防治、水污染防治、土壤污染防治等都是污染防治攻坚战的重要内容。2018 年 6 月 16 日印发的《中共中央、国务院关于〈全面加强生态环境保护坚决打好污染防治攻坚战〉的意见》指出,"坚决打赢蓝天保卫战,着力打好碧水保卫战,扎实推进净土保卫战"。2013 年 9 月 10 日,国务院印发《大气污染防治行动计划》。为保护和改善环境,防治大气污染,保障公众健康,推进生态文明建设,促进经济社会可持续发展,2015 年8 月 29 日修订的《中华人民共和国大气污染防治法》公布,该法自 2016 年 1 月 1 日起施行。因此,以大气污染防治为例,结合大数据技术以及大数据审计的研究与应用现状,研究基于大数据可视化分析技术的大气污染防治审计方法,对于依法推进大气污染防治审计工作、改善大气环境质量、保障人民群众身体健康、推进生态文明建设具有重要意义。

2)基于大数据可视化分析技术的大气污染防治审计原理分析

(1)大数据环境下大气污染防治审计所需的数据

大数据环境为大气污染防治审计提供了全方位分析的相关数据,审计人员可以对以下数据进行分析。

①文本数据。审计人员可以通过被审计单位的业务介绍、部门年度工作总结、批准的相关项目、大气污染防治工作情况的报告、相关审计报告等文本数据,了解目前被审计单位的相关业务情况、大气污染防治工作情况等,便于开展相关审计工作。

②空气质量监测数据。审计人员可以通过空气质量日均值监测数据、国控站点和省控站点 PM2.5 小时监测数据等空气质量监测数据,掌握目前该地区空气质量等相关信息。

③站点经纬度信息数据。审计人员可以通过国控站点和省控站点的经纬度信息等站点经纬度信息数据,查看国控站点和省控站点的分布情况,确定国控站点和省控站点的位置,从而为相邻站点监测数据分析比较等打下基础。

④相关企业用电数据。相关企业用电数据用于分析相关企业的生产情况,审计人员可以使用这些数据来分析相关企业与大气污染物排放之间的关系。

⑤相关财务数据。审计人员可以通过大气污染防治资金使用情况等相关财务数据,分析被审计单位是否合理使用大气污染防治资金。

⑥其他外部相关数据。除了通过以上方法获得被审计单位的相关数据之外,审计人员还可以通过一些大数据工具抓取相关环保部门网站上的空气质量监测数据,便于辅助判断空气质量监测数据的真实性等情况以及开展其他大数据分析。

(2)基于大数据可视化分析技术的大气污染防治审计方法原理

基于大数据可视化分析技术的大气污染防治审计方法原理可概述为:首先,根据对被审计单位的调查,在访谈和现场观察等基础上,采集被审计单位的内、外部相关大数据,包括相关财务数据、空气质量监测数据、站点经纬度信息数据、相关企业用电数据等结构化数据,以及被审计单位批准的相关项目、大气污染防治工作情况的报告、部门年度工作总结等非结构化数据。然后,在审计大数据预处理的基础上,基于"总体分析,发现疑点,分散核查,系统研究"的审计思路,采用大数据工具对空气质量监测数据、被审计单位批准的相关项目等相关结构化和非结构化数据进行建模与总体分析,审计人员通过对可视化的分析结果进行观察,快速从被审计大数据信息中发现异常情况(如大气污染防治相关数据变化情况、大气污染防治相关资金使用情况、被审计地区大气污染防治相关信息系统建设与应用情况等),获得审计线索。在此基础上,通过对这些异常数据做进一步的延伸审计和审计事实确认,最终获得审计证据。综上分析,基于大数据可视化分析技术的大气污染防治审计方法原理如图5.16所示。

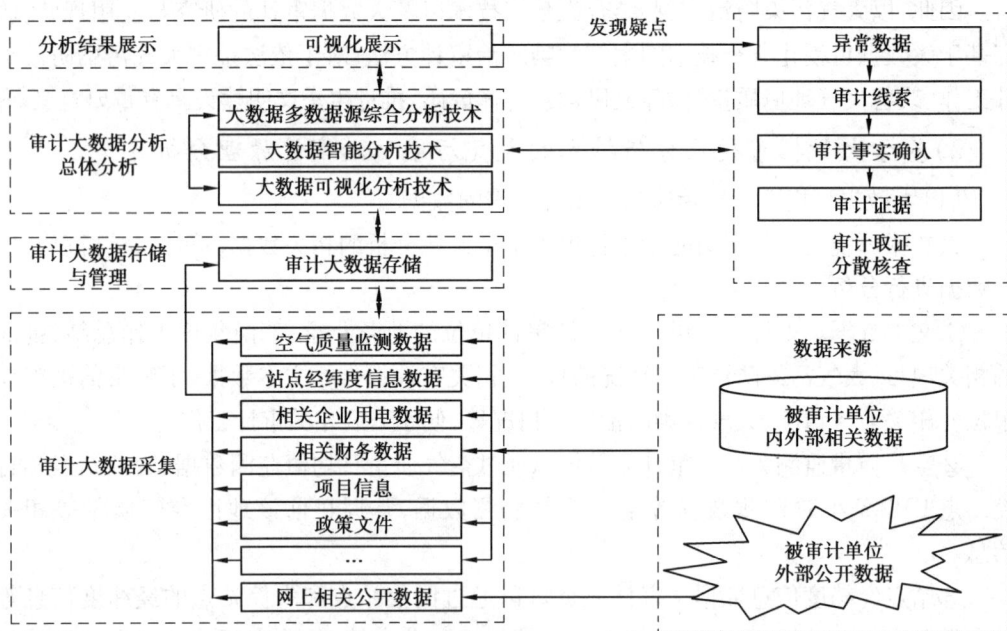

图5.16　基于大数据可视化分析技术的大气污染防治审计方法原理

大数据技术的发展为大气污染防治审计工作提供了机遇,根据这一需要,结合目前大数据审计的研究与应用现状,构建了基于大数据可视化分析技术的大气污染防治审计方法。

相对于目前传统的大气污染防治审计方法,采用这种审计方法具有以下优点。一是可以充分利用大数据环境提供的机遇,便于审计人员从总体上把握被审计的大数据情况,快速发现可疑线索,提高审计效率。二是可以发现被审计单位相关大数据中的相互关系和规律,"洞察"被审计数据中的相关问题,从而发现隐藏的审计线索。

本章小结与知识图谱

本章首先介绍了大数据技术对审计的影响以及大数据审计技术和方法,然后讲述了大数据环境下的联网审计、区块链审计,最后讲述了大数据技术在金融审计、大气污染防治审计中的应用案例,如图 5.17 所示。要求学生了解大数据审计概念和内涵,掌握大数据审计技术和方法,掌握大数据环境下的联网审计方法与风险控制,了解区块链审计技术,了解基于大数据技术的金融审计、大气污染防治审计方法。

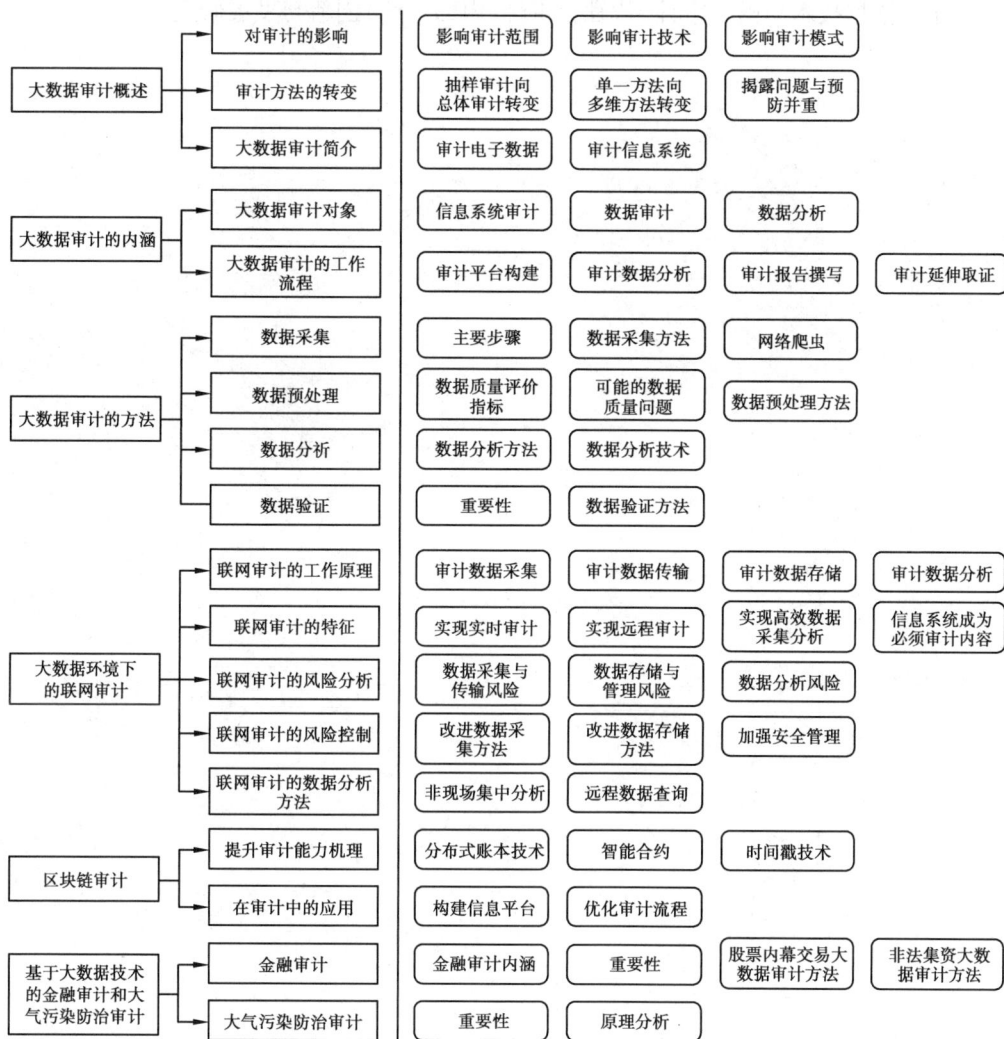

图 5.17　大数据审计——知识图谱

【课外思考与阅读】

思考题：

1）大数据审计的对象是什么？

2）大数据审计的关键步骤有哪些？

3）数据质量的评价指标有哪些？

4）什么是联网审计？

5）区块链技术提升审计能力的机理是什么？

小论文选题指南：

基于大数据技术的国家审计（或社会审计/内部审计）创新与发展研究。

第6章 人工智能审计

以习近平同志为核心的党中央高度重视人工智能发展。2017年7月8日,国务院发布《新一代人工智能发展规划》,这标志着人工智能正在从专用智能迈向通用智能,"人工智能+"的应用正在渗透到社会经济发展的各个领域。将人工智能应用于审计领域,不仅工作高效而且人工费用低,其全面普及是大势所趋,满足行业发展的需要。

【案例导读】

案例1:审计机器人在国际"四大"会计师事务所中的应用

国际"四大"会计师事务所积极探索人工智能在审计业务中的应用,不断加大在人工智能领域的投资。在审计计划、风险评估、交易测试、分析和编制审计工作底稿等审计实践中,人工智能正被用于执行审查总账、税务合规、编制工作文件、数据分析、费用合规、欺诈检测和决策等。

案例回放:

1)普华永道

普华永道(PwC)与H2O人工智能技术公司合作,研发了一款名为GL的创新机器人,其具有人工智能(Artificial Intelligence,英文缩写为AI)和机器学习(Machine Learning,简称为ML)功能,通过对海量大数据的深度分析,能够帮助审计人员在短时间内了解企业,发现舞弊和异常情况,2017年被《国际会计公报》评为"年度审计创新"。该款机器人已在加拿大、德国、瑞典、英国等12个国家的20个审计项目中成功应用。

2)安永

安永(EY)开发了一款基于云计算平台的EY Atlas,将人工智能融入到审计师的支持性环境,这款整合了人工智能和语音识别能力的智能审计程序,为员工和客户带来领先的研究体验。此外,安永还在存货审计业务中使用了带有人工智能的无人机对牛群实施盘点,使得存货数据收集更加实时、准确。

3)毕马威

毕马威(KPMG)联合微软和IBM Watson推出了KPMG Clara,这是一个全新的"自动化、敏捷、智能和可扩展"的审计平台,整合了预测分析和认知技术的各种功能,能够实现数据驱动的风险评估。

4)德勤

德勤(Deloitte)开发了一款 GRAPA 的审计专家系统,能够协助审计人员在制订审计风险策略时,高效获取以往审计库中以及全球所有同事知识库中的知识和经验,为风险评估提供支持。此外,德勤的 Argus 是一个智能工具,可以分析、搜索和定位文件中的修订内容,帮助审计人员识别合同中的微小差异,使得以往耗时耗力的文本分析工作变得快捷高效。

> **警示:** 有了人工智能的应用,审计师能够更好地利用它们在审计方面的专业知识,检查审计结果的更多细节,从长期繁重的手工流程和烦琐的文档任务中解脱出来,专注于更好地开发和高效地规划审计,提高审计效率、速度、质量,降低审计成本。

【学习目的】

机器学习、专家系统、计算机视觉、语音识别、认知计算、神经网络等人工智能(AI)技术在众多行业的深度应用,对会计和审计领域产生了颠覆性的影响。本章主要介绍了人工智能概念,以及人工智能技术在审计中的应用,要求学生:

1)了解人工智能的概念

2)了解人工智能对审计的影响

3)了解人工智能审计的基础技术

4)掌握审计机器人的应用

5)掌握人工智能审计的实施方法

6.1 人工智能概述

6.1.1 人工智能的发展历程

1)人工智能发展形成阶段(20 世纪 50—70 年代中期)

1956 年麦卡锡、马文明斯基等年轻学者们集聚在达特茅斯大学,召开了人类历史上第一次人工智能研讨会,并第一次使用了"人工智能"这一术语,这一年被视为人工智能的元年。1960 年,美国的麦卡锡(J.Mccarthy)发明了人工智能程序设计语言 Lisp,用于对符号表达式进行加工和处理。肖特里费(E.H.Shortliffe)等人从 1972 年开始研制用于诊断和治疗感染性疾病的专家系统 MYCIN,人工智能的研究已在世界许多国家相继展开。

在这一时期,由于受到基础科技发展水平以及可获取的数据量等因素的限制,人工智能的研究陷入停滞状态。

2）人工智能快速成长阶段（20 世纪 70 年代中期—20 世纪 90 年代中期）

1977 年，费根鲍姆（E.A.Feigenbaum）的"知识工程"概念引发了以知识工程和认知科学为核心的研究高潮。在此基础上，专家系统和知识工程在全世界得到迅速发展，部分人工智能产品成为商品进入生产生活。20 世纪 80 年代，人工神经元网络的相关研究取得了突破性进展。1986 年，鲁姆哈特（Rumelhart）构建了反向传播学习算法（Back Propagation，简称为 BP），成为普遍应用的神经元网络学习算法。

在这一时期，人工智能尽管在专家系统、人工神经元网络模型等方面取得了巨大的进展，能够完成某些特定的具有实用性的任务，但面对复杂问题却显得束手无策。

3）人工智能纵深发展阶段（20 世纪 90 年代中期至今）

1997 年，计算机深蓝完胜国际象棋大师卡斯帕罗夫，重新点燃了人们对人工智能的希望。2004 年，日本率先研制出了人形机器人 Asimo。IBM 研发的人工智能 Watson，通过机器学习（ML）分析和解读海量医疗数据和文献并提出治疗方案，其分析结果与医生的治疗建议具有高度的一致性。此外，人工智能在交通、教育、金融等领域也展示出巨大的应用前景。

随着 5G 技术的应用、计算能力和存储能力的提升、新算法推陈出新、分析维度的拓展，以及与图像识别等新兴人工智能技术有效结合，人工智能在视觉、语音、文字、模式和知识等方面的识别与生成领域有着重要应用，已逐步形成有效商业模式与完整产业生态圈。

6.1.2　人工智能的内涵

1）人工智能的概念

人工智能是计算机科学的一个分支，旨在探究人类智能活动的规律，构造具有一定智能的人工系统，研究如何让计算机去完成以往需要人的智力才能胜任的工作，该领域的研究包括机器人、语言识别、图像识别、自然语言处理和专家系统等。基于技术生态系统的视角，人工智能技术作为一组技术的总称，是指综合利用机器学习、计算机视觉、虚拟代理、自然语言处理/自然语言生成、认知计算等技术，使计算机实现类似人类的智能。人工智能技术与其他新兴技术协同增效，组成技术生态体系，如图 6.1 所示。

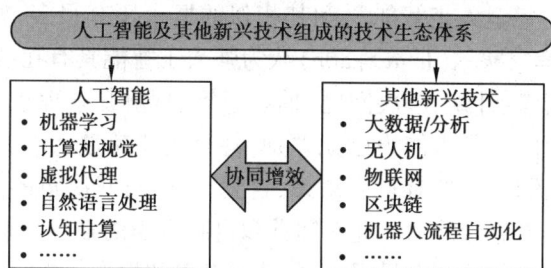

图 6.1　技术生态体系视角下人工智能与其他新兴技术的关系

2）人工智能的分类

2017 年,普华永道在一份报告中将人工智能系统划分为三种类型。

第一类为辅助型人工智能系统(Assisted AI),用以辅助人类进行决策或采取行动,具体表现为机械智能,主要执行一些常规性的重复性任务。在使用这类辅助型人工智能系统时,人类保留了最终的决策权。日常工作中使用的一些智能程序即属于此种类型,例如将语音转换成文本的应用程序,可以帮助企业的电话客服部门转录客户电话,以便更好地了解和评估客户需求,改善产品和服务。

第二类是增强型人工智能系统(Augmented AI),作为人类决策的重要补充,注重从与人类和环境的互动中学习,从数据中学习和处理信息以解决问题,因此表现出良好的分析智能和学习能力。在此种情形下,人类和人工智能系统共同作出决策。这类增强型人工智能系统能够执行一些以前难以完成的活动。例如,智慧医疗诊断系统可以迅速扫描患者数据,并为临床医生提供准确的解释和初步判断,辅助出具诊断意见。

第三种类型是自主式人工智能系统(Autonomous AI),它可以不需要人类参与和协助,通过自主学习以适应不同情况,并能独立自主地作出决策或采取行动。在此种情形下,人类将决策权委托给人工智能系统。自主式人工智能系统同时表现出直觉智能和同理心智能,其中,直觉智能使其能够创造性地、有效地适应新的环境;而同理心智能则使它能够理解人类的情感,对人类作出适当的回应和影响,并能够在无干预的情况下与人类进行有效交互。自主式人工智能系统成功应用于服务行业,例如与客户互动的聊天机器人。

3）弱人工智能与强人工智能

(1) 弱人工智能

弱人工智能亦被称作"应用型人工智能",它能够通过技术手段模拟人类或者动物的智能,其目的是专注于解决特定领域的问题,它本身不具有真正的智能或自主意识。也就是说,弱人工智能并没有学习思考的能力,无法拥有自己的判断思维能力。弱人工智能的研究领域主要集中在智能机器人、语言识别、模式识别、图像识别、专家系统、自然语言处理以及智能搜索等方面。由此可见,目前我们所看到的人工智能算法与应用仍然属于弱人工智能范畴,在弱人工智能阶段,人类起到主导作用。

(2) 强人工智能

强人工智能又称"完全人工智能",和其相似的概念还有很多,如高端"通用人工智能""超级智能"。哲学家塞尔(John Searle)认为强人工智能具有在各方面都能与人类比肩的能力,能够进行思考、计划、解决问题、抽象思维、理解复杂理念、快速学习和从经验中学习等各种类人操作,与人类能力已无差别,甚至还能超过人类。强人工智能的实质是达到人脑水平的机器智能,拥有自我意识、自我学习、自我决策的能力,不再只是一个简单工具,其本身就具有思维能力。拥有知觉和自我意识的强人工智能可以进行类人的思维活动,拥有自己的价值观和世界观体系,甚至有着和生物一样的生存需求。

6.1.3　人工智能的研究与应用

人工智能被列入"第四次工业革命",与工业、商业、金融业等行业全面融合,推动经济形态不断发生演变,从而带动社会经济实体的生命力。

1)人工智能的研究方向

①深度学习:深度学习是构建一个网络并且随机初始化所有连接的权重,将大量的数据情况输出到这个网络中,然后网络处理这些动作并且进行学习;如果这个动作符合指定的动作,将会增强权重,反之降低。

②语音识别:把语音转化为文字,并对其进行识别认知和处理。

③引擎推荐:基于用户的行为、属性,通过算法分析和处理,主动发现用户当前或潜在需求,并主动推送信息给用户的信息网络。

④计算机视觉:指计算机从图像中识别出物体、场景和活动的能力。

⑤智能机器人:把机器视觉、自动规划等认知技术、各种传感器整合到机器人身上,使机器人拥有判断、决策的能力,能在各种不同的环境中处理不同的任务。

⑥虚拟助理:其工作原理是"本地语音识别+云计算服务"。

2)人工智能的应用领域

随着人工智能技术不断进步,人工智能正加速在任何需要智能的行业领域落地应用。

(1)人工智能在零售领域的应用

人工智能在零售业的应用非常广泛,如客流统计、智能供应链、无人便利店、无人仓库/无人车等。以无人仓库为例,通过人工智能、深度学习、图像智能识别、大数据应用等技术,让工业机器人能够进行自主判断和行为,完成各种复杂任务,在商品分拣、运输、仓储等环节实现自动化。以无人便利店为例,当顾客进入无人便利店时,智能系统将通过人脸识别技术获取顾客身份,绑定顾客身份和支付信息;当购买商品以后,顾客无需排队付款,出店时通过付款通道,系统将自动识别客户身份,直接从微信、支付宝等支付工具中扣费,实现交易付款,中途也无需停顿,全程无感知购物。

(2)人工智能在医疗领域的应用

智能医疗在辅助诊断与治疗、疾病预测、医学影像辅助诊断、药物开发等方面发挥着重要作用。以辅助诊疗为例,通过应用大数据、机器学习等技术,人工智能可对病人的医疗数据进行分析,自动识别出病人的临床变量和指标,计算机自动借助相关的专业知识,模拟医生的思维和诊断推理,给出可靠的诊断和治疗方案。以智能药物研发为例,通过对患者的大数据信息进行分析,它可以帮助医生快速、准确地筛选出适合的药物;通过相关人工智能算法模拟分析,它可以对药物活性、安全性和副作用等进行预测,找出与疾病最匹配的药物。以医疗机器人为例,目前主要有外科手术机器人、康复机器人、护理机器人等。

(3)人工智能在交通领域的应用

通过将人工智能、大数据、通信技术等在交通系统中进行集成应用,打造智能交通系统。通过对交通中的车辆流量、行车速度等数据进行采集和分析,可以实现对交通情况的实时监控和调度,从而简化交通管理,提高通行能力,降低环境污染等。例如,利用人工智能、大数据等技术,通过实时分析城市交通流量,调整红绿灯间隔,可以缩短车辆等待时间,从而提升城市道路的通行效率。

(4)人工智能在制造业中的应用

人工智能在制造业中得到广泛应用,例如智能设备(人机交互系统、工业机器人等设备)、智能工厂(智能设计、智能制造、智能管理以及集成优化等内容)、智能服务(大规模个性化定制、远程运维以及预测性维护等服务模式)等。例如,预测性维护智能服务系统通过大数据采集和相关算法的分析,可以在工业生产线或设备出现问题之前预测可能出现的问题,让技术人员提前采取措施。

(5)人工智能在教育领域的应用

图像识别、语音识别、人机交互等人工智能技术都已在教育领域得到广泛应用。人工智能与教育的结合可以在一定程度上改善教育部门教师分布的不平衡和高成本,从工具层面为教师和学生提供更有效的教学与学习方法。例如,通过图像识别,可以借助通过机器对试卷进行校正和答题;通过语音识别,可以纠正、改进学生的发音,辅助教师进行英语口试测评;通过人机交互,可以在线答题和辅助教师进行在线答疑解惑。

(6)人工智能在物流业的应用

通过运用智能搜索、推理规划、计算机视觉和智能机器人技术,使物流业在运输、仓储、配送、装卸过程中实现了自动化。例如,物流业的大部分人力资源都分布在"最后一英里"的配送环节,利用大数据可以对货物的智能配送进行规划,优化物流供应配置、需求匹配、物流资源配置等。

(7)人工智能在金融领域的应用

智能客服、智能金融理财服务、大数据风控、网络信贷等在金融领域中得到广泛应用。例如,智能客服系统是在人工智能应用的基础上发展起来的一种面向行业的应用,可以通过自然语言理解、知识管理等技术实现自动问答的客户服务系统。以智能金融理财服务为例,通过对前台投资决策、中后台风险管理和运营管理等过程的信息收集、系统化处理、智能化处理,降低投资理财成本,分散投资风险,预测黑天鹅事件风险等。

6.2 人工智能审计概述

6.2.1 人工智能对审计的影响

1)人工智能改变审计取证方式,审计人员的工作重心发生转移

人工智能的发展解决了信息传递速度与成本之间的一系列难题,几乎改变了从审计计划到审计报告的整个审计过程,对数据采集、比较与验证的影响尤为显著。目前,人工智能对审计影响的焦点集中于审计工作中劳动密集型任务的自动化,审计过程中的风险

评估和识别、内部控制测试、分析程序,甚至包括验证、重新计算等在内的占比较高的实质性测试任务都可以由人工智能技术协助完成。

随着技术的不断完善与发展,这些工具可以读取、管理和分析更复杂的合同和数据,审计报告也可以通过人工神经网络和深度学习自动生成。由于合同及发票的抓取验证、账证数据的复核、银行对账、折旧及摊销的重新计算及工作底稿的自动填写等一些工作量大但不涉及太多职业判断的工作都可以通过机器人流程自动化(Robotic Process Automation,RPA)来处理,审计人员能集中精力关注更加复杂的交易事项,从而极大地提升审计工作的质量和效率。由"跟项目"到"跟部门和项目"再到"跟数据",审计工作重心逐渐由简单重复性的业务前端后移至需要更多职业判断的决策端。

2)审计风险更隐蔽,审计责任难以界定

随着技术的进步,审计业务中自动化的适用范围也在不断扩大,现有技术条件对于结构化数据的分析处理已经实现了智能化和精准化,但是以图片、视频、邮件等形态呈现的非结构化数据大多难以直接用于分析处理。由于无法全面掌控这类数据,极易出现大量的"伪相关"关系,甚至可能出现错误的推断和结论。

审计人员面临的最大挑战就是算法模型的可解释性问题,包括由于算法不同而引发审计结果的差异性,而这种不可解释性或未知性也恰恰是审计风险之所在。在从静态封闭转向动态开放的过程中,还可能存在一些由数据规模引发的异常,这些网络安全隐患甚至连计算机程序也无法快速检测发现。尤其是在出现决策失误时,很难判断其究竟是审计人员方面主观导致的,还是因为网络技术原因或算法模型而引发的,从而在认定时难以追究具体的责任。

3)人工智能技术的应用减小了审计期望差距,降低了审计资源的不对称程度

在人工智能环境下,强大的计算能力使机器具有类似人类的认知功能,审计人员能够根据国家治理的需要准确、迅速地介入相应业务流程中,无论是自然语言处理还是文字识别(Optical Character Recognition,英文缩写为OCR)等都可以同步进行;基于大数据的模型生成和算法的实时调整更是增强了审计机构的业务能力,提高了问题分析的深度和广度,从而减小了审计期望差距。不仅如此,在人工智能技术的支持下,大量结构化和非结构化的数据得以实时采集与充分的整合管理,对各种信息资源的持续监测实现了在设定情境下的智能化审计分析,全方位覆盖的审计流程打破了各业务部门的界限,降低了审计延迟,为审计资源的实时共享提供了支持。

6.2.2　人工智能对传统审计的突破

1)技术层面——计算机与人工智能协同的功能扩大

过去,传统的审计行业人工智能与计算机基本是独立的两个领域。现在,随着物联网、大数据、云计算在人工智能中的应用,机器人在审计中的学习也需要庞大的数据支持。于是,机器人开始结合物联网、大数据、云计算,与人协作服务于审计行业,其服务能力与范围不断提升。

2）审监关系——由监督关系向协作关系发展

审计机构配合监管机构了解审计工作是应尽的职责。传统的审计工作主要依靠审计人员向监管机构汇报审计的真实情况，即使是电脑记录的信息都带有人为的主观性。人工智能技术让审计工作的每一个痕迹都有追踪记录和客观记录，监管机构可以通过这些记录清晰地了解审计的过程、及时发现问题，为准确的结论提出解决方案。审计机构与监管机构的关系向深度协作发展。

3）审计结构——由提高审计质量向制订审计方案发展

当前，审计工作中使用的"人工智能"还限定在协助审计质量的提高，尽快完成审计任务的层面，即"弱人工智能"状态。随着强人工智能在审计工作中的应用，审计结构将向对审计中的问题提出独立思考意见、制订最优化方案、提高审计质量等方向发展。

4）业务范围——由被动审计向主动咨询扩展

弱人工智能在审计工作中主要应用于函证、风险评估、审计抽样等方面，而强人工智能系统能为企业预测风险、确定发展方向，人工智能的审计业务领域将越来越广泛。过去"被动审计"的被审计单位，不再仅仅局限于内部审计和外部"被审计"，而是主动要求审计机构为之提供行之有效的解决方案。

6.2.3　人工智能审计的内涵

1）人工智能审计的概念

人工智能审计就是将审计判断的规则纳入到流程自动化技术中，根据被审计单位所处的环境和行业特性，智慧生成所需的决策信息，并具有自主学习和改善提升的能力，实现信息化、网络化向自动化、智能化的转型。

在人工智能环境下，构建完善的审计数据生态系统，需要系统整合使用大量的外生变量，这些多源异构的数据流可能包括社交媒体、天气、物联网、航拍、新闻稿件以及其他与内部数据源相关联的数据，通过对海量大数据的深度挖掘和分析，可以有效识别异常和风险，提高审计效率，提升审计质量。

审计人员借助大数据分析和挖掘技术，一方面可以利用自动化审计程序拓展审计取证范围，提供更高保证程度的审计意见；另一方面，通过对审计过程中海量数据的深度挖掘分析，以及与自身发展和同行业企业发展的对标比对，能够为管理层提供更有价值和更具洞察力的咨询建议。

2）人工智能审计的主要内容

（1）智慧识别风险控制点

根据既定业务逻辑进行判断，自动完成数据输入、分类合并、汇总统计和自主学习，智慧管理和监控自动化的业务和财务流程，从而智慧识别业务和财务流程中的风险控制点，降低中间环节发生错误的可能性，提供优质财务数据，提高舞弊的难度。

（2）大数据可视化分析

审计过程可被全程监控和记录，作为审计证据以满足合规要求。通过大数据分析进行全样本资料判断,并以可视化界面呈现大数据分析结果,经分析图表中所呈现的异常与偏差,将复杂数据转化为有意义的信息,进而协助审计人员识别可能的审计风险与问题,助力企业风险管控,提升营运绩效。除此之外,部分审计工作将有可能实现全查而非抽查。

(3)企业运营改善与流程优化

根据企业所处的环境和行业特性,人工智能审计可以智慧生成所需决策信息,并通过自主学习和持续改善,使审计师可以在财务决策、经营分析、预算管理及分析等方面为企业的运营改善与流程优化提供更加广泛、更有价值、更具针对性的建议和意见。

6.2.4 人工智能在审计中的应用

1)人工智能在审计中的应用场景

(1)挖掘历史数据实现预测分析

一方面,利用历史数据,采取回归的方式,生成函数表,从而实现预测分析;另一方面,利用历史数据进行训练,形成新的判断规则,从而实现预测分析。

(2)对海量文本数据的提取和情感分析

利用网络爬虫技术和文本提取技术,从互联网采集相关数据、从文档等非结构化文件中提取出文字内容,通过文字分词技术将文字内容截取出相应词语;再利用人工智能的语义分析技术进行情感分析,判断某篇文章以及信息表达的是正面的还是负面的情感。这个方法可以应用在经济责任审计工作中,通过对舆情信息的研判分析,掌握相关人员有关工作被广大网民群众认可的情况。

(3)对大量图形完成状态识别和分类

利用人工智能中的图形识别技术,通过自然资源资产审计中获取的影像图片、固定资产投资审计中获取的施工现场图片,在有监督的学习方法下,构建图形状态识别模型,实现对图片中是否存在建筑物、是否存在裸露的土地、是否存在水体、建筑物状态是否发生变化的判断以及对建筑物类型的分类等。由于计算机能 24 小时不停歇地工作,不仅解决了因审计人力资源不足而无法有效覆盖审计面的难题,也极大地提高了审计效率。

(4)对高频交易等异常交易进行警示

利用人工智能,将历史业务数据按照相应算法进行聚类分组,再结合可视化的分析工作,分离出偏离正常值的异常交易记录,快速锁定审计疑点。

2)人工智能在审计中的应用领域

(1)在经济责任审计中利用文件内容和网络信息核查履职情况

在经济责任审计中,审计人员可以通过提取被审计单位相关文件内容,与国家相关政策、规划、计划、方案等内容进行比对,核查该单位对党中央重大政策措施贯彻落实情况,以及出台的相关制度办法是否与上级机关要求相违背。

审计人员还可以通过网络爬虫技术,自动在互联网中爬取涉及被审计单位、被审计领导干部的舆情信息,利用语义分析功能,智能分析出留言人员所持态度,帮助审计人员快速掌握相关的评价情况。

(2)在自然资源资产审计中利用图像识别地貌变化情况

在自然资源资产审计中,利用人工智能技术结合卫星影像图、遥感影像数据,可以识别出水域面积变化情况、耕地林地面积的变化情况、城市绿化率变化情况。在深度学习的综合利用下,可以进一步实现利用计算机大范围甄别地貌变化情况。

(3)在固定资产投资审计中利用图像判断项目进展情况

在固定资产投资审计中,利用不同时期的卫星影像图,利用深度学习的相关算法,分析项目地貌影像变化情况,掌握项目真实的进展情况,再结合周边环境变化情况,合理判断被审计单位报送项目工程量的真实情况。

(4)在业务数据分析中利用聚类识别违规交易

在数据分析中,利用迭代聚类、分层聚类、空间聚类等多种分析方法,从交易数据中分离出异常的记录,从中发现违规的行为。例如,在医院审计中,审计人员可以利用历史交易记录得到的药品关联度进行分析,发现医生大处方用药、不合理用药等违规行为;在证券审计中,审计人员可以利用证券交易数据,发现利用多个账户组合违规操纵证券市场的行为。

6.3　人工智能审计技术

利用人工智能技术开展审计工作,可以实现信息自动录入、合并数据、汇总统计和判断识别,精准度高、工作量小,大幅降低了审计沟通成本,并保证审计证据的合规性要求,使持续审计成为现实,提高了审计工作的实时性。

6.3.1　人工智能审计的基础技术

1)RPA 技术

机器人流程自动化(Robotic Process Automation,英文缩写为 RPA)技术,RPA 技术能根据预先设定的程序和规划,模拟人类与计算机系统的交互过程,自动执行大批量、重复性的任务,并通过遵循简单的规则来做出决策,从而实现工作流程自动化。

在大数据环境下,被审计单位具有多个应用系统,审计人员在审计时需要与多个系统进行交互。当审计人员需要频繁访问多个系统时,一些人工操作可能会导致较高的人为错误。RPA 技术的优势是能实现与多个应用系统的自动交互,这使这些审计操作非常适合应用 RPA 技术。

2)ASR 技术

自动语音识别(Automatic Speech Recognition,英文缩写为 ASR)技术,ASR 技术能够帮助审计人员对全量语音数据进行自动转写、分析,并提炼出有价值的信息及特定风险事件。在提升审计覆盖率的同时,还能降低人工成本、更准确地捕捉客户反馈、发现潜在的商业机会、精准施策、提升客户体验。

3)语音合成技术

语音合成又称为文语转换(Text To Speech,英文缩写为 TTS)技术,它通过自然语言处理等人工智能方法,将计算机自己产生的或外部输入的任意文字信息实时转化为标准流畅的语音朗读出来,从而实现让机器像人一样开口说话。

目前市场上有很多语音合成的产品,如语音合成助手、PDF Markup Cloud、百度智能云在线语音合成、讯飞在线语音合成等。

4)OCR 技术

文字识别(Optical Character Recognition,英文缩写为 OCR)技术。在审计领域,OCR技术作为一个将图片信息文本化、可审计化的重要工具,能够为基于大数据的智能化审计提供更丰富的数据来源。比如在针对重大政策跟踪审计过程中涉及的大量文本文件进行内部审计分析的过程中,这种系统化的高效信息采集手段便可以帮助审计人员节省大量机械性操作所耗费的时间和精力,大大节省了人力,使得全样本审计成为可能。OCR 技术不仅为审计智能化打下了非结构化数据采集的基础,也是助推审计智能化其他工具(如 RPA、NLP 等)发挥功效的有力支撑。

5)图像识别技术

图像识别技术是指利用计算机对图像进行处理和分析,以识别各种不同图像的技术。图像识别技术可以通过开放应用程序编程接口(Application Programming Interface,英文缩写为 API)提供给使用者,使用者通过实时访问和调用 API 实现所需要的图像识别。目前市场上有很多图像识别类产品,如百度智能云图像识别等。图像识别技术对开展审计工作也非常有用,例如,在审计过程中,审计人员可以采用图像识别技术识别被审计对象的资产是否和登记的内容一致。

6)网络爬虫技术

利用网络爬虫技术,配合图像识别、语音识别、语义理解等大数据技术,可实现对外部海量高价值数据的收集。例如,当审计人员对公司财务和经营风险进行评估时,可以先通过关键词的抓取,从宏观层面第一时间发现组织某个时期可能存在的风险点,以利于进行审计疑点和风险点的精准抓取。因此,基于爬虫的审计智能化应用实现了对大数据的采集和转换,通过对多种来源数据的智能化重组,解决信息不对称的难题,促使审计视角从"识别单业务条线风险"向"全面识别关联风险"转变,提高审计的系统性和全面性,推动审计价值由"静态时点评价"向"动态趋势评价和事前预防"转变。

7)SDA 技术

复杂数据分析(Sophisticated Data Analysis,英文缩写为 SDA)技术。审计数据通常来自内、外部的多个数据源,具有体量大、维度多、更新快、价值密度低和数据形式多样的特点。这些大量、复杂的数据在提供更多信息量的同时,也增加了数据处理的难度。复杂数据分析可以从大量数据中发现其蕴含的模式和规律,进而挖掘更多的数据价值。例如,在环境审计领域中,可借助大数据技术对大气污染、水污染中的大量、多维度的复杂数据进行聚类分析,通过算法和深度学习的技术,快速捕获审计疑点,挖掘审计证据。复杂数据分析的能力将直接影响到内部审计部门最终能否获得有价值的信息。

8)NLP 技术

自然语言处理(Natural Language Processing,英文缩写为 NLP)技术。应用 NLP 模块后的审计人员可处理海量的非结构文本数据,提高处理多数据源的审查分析能力,替代人工做繁杂的文本阅读和重要信息提取等工作。利用 NLP 技术可使烦琐的文本处理过程更加智能化,使计算机自动完成文本资料处理并提示潜在风险,实现更高效、更智能、更标准化的内部审计。例如,在舆情分析中研究投资者对组织的态度,可利用 NLP 技术快速学习和判断出投资者网络舆情是否为谣言,从而快速抓取外界环境对组织的影响程度,及时控制舆论风险。

9)知识图谱

通过知识图谱,可将企业海量且繁杂的数据内容整合为一个知识网络,从而突破关系型数据库的限制,更精准、迅速地攫取数据价值,提高审计的效率和精度,为企业打造更加高效、专业的风险管理方案。例如,在传统的银行业风险管理流程中,需要对目标主体的特征进行严格审核,包括负债、资产状况、现金流水等方面,但是这些都无法判断主体间的关联风险。知识图谱所具备的天然关联检索的特点,将审计人员从审计数据量庞大且类别纷繁复杂的困境中解放出来,并将隐含的关系网络梳理清楚,从而有效提升内审工作的效率,扩大业务覆盖范围,发现更多潜在的风险与问题,从数据中挖掘出更大的价值。

10)社会网络分析技术

社会网络分析在市场营销、广告、企业招聘、跟踪预测流感的爆发、预测票房等方面得到应用,一些流行的大数据可视化分析工具,如 Gephi、Pajek、R 语言、Python 等也具有强大的社会网络分析功能。审计人员可以借助社会网络分析方法开展大数据智能审计,发现相关审计线索。

6.3.2 人工智能审计的体系结构

人工智能审计通过融合信息系统审计、数据式审计、大数据审计和联网审计等进一步改变了审计模式和方法。与已有的审计手段相比,人工智能审计以大数据为基础,利用更广泛、更多样化的数据,通过数据挖掘、云计算、机器学习、深度学习等技术构建形成不同算法的审计模型,再根据审计的具体规则和各要素之间的勾稽关系来识别业务过程中的异常点,从而获取审计经验。

相比传统审计模式,在人工智能审计模式下,基于算法的审计决策依据更充分,决策的制订过程也更为客观、准确、迅速。由于在审计过程中还涉及与单个被审计机构有关联的风险以及整个组织所面临的整体风险,所以从全覆盖以及实时性角度来看,人工智能审计真正实现了以动态变化的方式理解并恰当管理这些风险,使持续审计成为现实。

1)人工智能审计体系结构

人工智能审计体系结构,如图 6.2 所示,借助 AI 平台这一基础层,人工智能审计以搜集的结构化和非结构化数据为数据源,通过计算机视觉、自然语言处理、知识图谱及语音识别等各种规则设定程序构建的通用层来模拟人类的各项能力,利用人工智能的通用技术与具体审计业务应用的深度融合搭建了应用层。

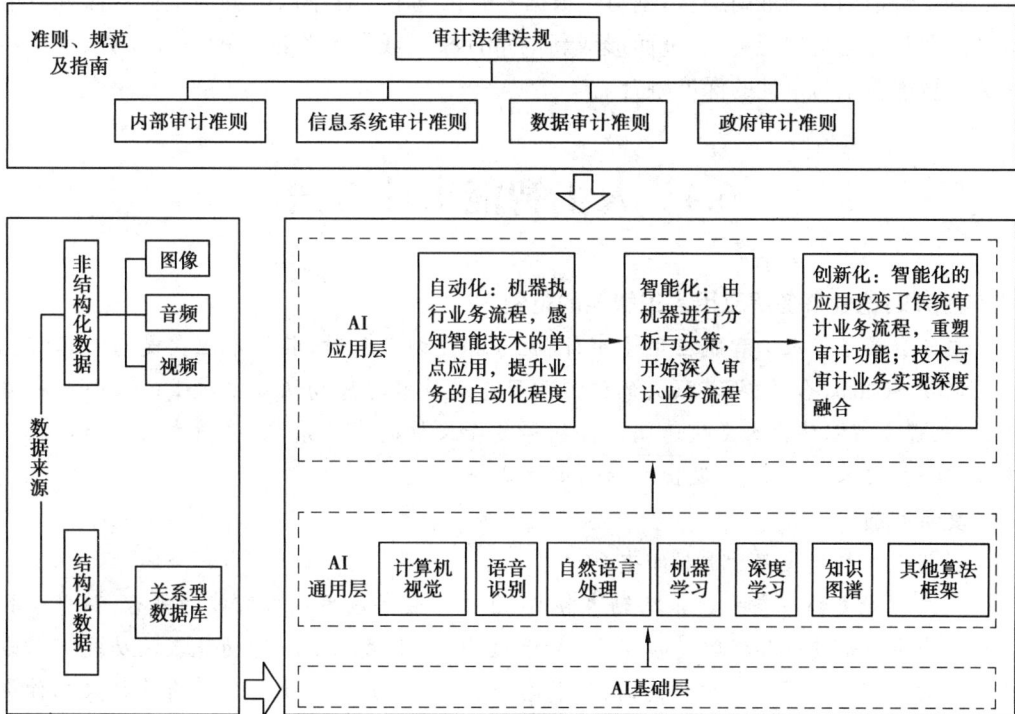

图 6.2 人工智能审计体系结构

如果存在数据量不够或者数据质量不高的情况,就需要从流程或算法上寻求解决方案。例如,对于有效样本数不足的问题,可通过采用少样本学习的算法予以解决;对于数据采集质量差的问题,可通过数据清洗和转换等方式进行处理,借助更为精细化的规则程序进行深入分析。

2)人工智能审计的三个层次

人工智能审计实现了价值创造的三个层次:自动化、智能化和创新化。

(1)自动化

作为感知智能技术的单点应用,自动化是指由审计机器人代替人类自动执行业务程序,通过多样化的传感器捕捉更全面的信息。审计全过程自动化拓宽了审计覆盖领域,实现了对所有审计项目的集中统一管理和审计数据的全覆盖。当然,在大多数情况下,自动化涉及的只是审计业务链条中的一个或某几个环节,本质上并不改变原有的业务流程。

（2）智能化

在自动化的基础上，基于知识图谱、自然语言处理及深度学习等认知智能技术和算法发展起来的智能化，让计算机具备了分析、推理和决策能力，这一阶段通过对审计业务流程的改造大幅提升了审计能力。

（3）创新化

到了价值创造的最高层次，创新化根据智能化应用过程中改变的传统业务流程对审计功能及整体流程进行重构，进而形成新的审计模式或者更为细分的审计业务，真正实现人工智能技术与审计的深度融合。

6.4　人工智能审计方法

案例2：德勤事务所应用人工智能的范例

当德勤最早将人工智能应用于审计、税务和会计工作时，其技术主要是与人工智能企业 Kira Systems 合作，将其强大的机器学习先进技术与德勤认知技术上的业务洞察力相结合，建立可以替代人类快速阅读合同等复杂文件的审计系统，将精力解放出来获取和构建分析文本数据信息，做出准确的审计结论。

案例回放：

1）将人工智能应用于文档审查平台

人工智能文档审查平台是德勤事务所2014年最早应用人工智能的平台，该平台具有从合同中自动读取和提取关键信息、标示风险、提出修正见解的功能。该功能可以减少50%以上财会人员检查文档的时间，将会计、审计人员从阅读文件的简单枯燥工作中解放出来，专注于对增值问题的分析和解释工作。

2）"小勤人"在财务管理中的应用

"小勤人"是德勤研发的人工智能财务机器人，将 OCR 技术和 Insight Tax Cloud 发票查验云助手相结合，运用到财务和审计中。"小勤人"可以将财务人员送到税务部门的增值税发票，高效自动地完成扫描、查验、对抵扣税进行批量匹配判断、抵扣、建表登记等流程。这既为审计工作带来便捷，也将财务人员从繁复的审核中解放出来，省时、省力、省心。

"小勤人"要监控和记录票据认证的每一个环节，只有满足法律合规需求的证据才能得以通过认证，保障了审计人员获取审计证据的真实性。

3）将自然语言处理技术应用于审计文件读取

自然语言处理系统能够快速自动阅读、修正并识别文件，主要帮助审计人员快速阅读文件，识别文件中的问题，让审计人员大大提高了审阅繁杂文件的效率。

4）将机器学习技术应用于审计工作

机器学习技术通过自动获得数据帮助系统提高自我性能，主要帮助审计人员在导入数据和文本后，确定被审计对象财务数据的真实性、交易的合理性，并将这一过程及形成的结论作为一种模式用于预测相似事件。这种模式对于审计人员应对企业每年快速增长的数据、了解多种商业模式的变化、缩短对文本中商业术语关键词的阅读时间、节约资源、提高审计效率都如虎添翼。此外,机器学习技术在合同管理、租赁协议、调查等以文件为支撑的商业活动中,对审计人员的帮助也都不可估量。

德勤事务所应用人工智能审计成效非常显著。主要体现为信息提取快速优化,精确分析证据预测风险,数据准确判断合理,成本降低、业务拓展。

> **警示:**人工智能技术在审计和咨询业务中的合理应用,能够提供更加快捷、精准的数据分析,能够更深入地了解业务流程,有效识别高风险的审计领域,也能提高审计效率和审计质量。

6.4.1 人工智能审计程序

1)人工智能审计重新计算程序

审计人员使用人工或计算机审计技术,核对被审计单位提供的各种材料中数据准确性的过程叫重新计算。以对固定资产折旧为例,在引入人工智能后,由于其能模仿人的思维,可以迅速获取固定资产的信息及被审计对象的使用情况,并自动选择合适的预计净残值、折旧方法以及折旧年限,根据资产的特点做出类似人脑的反应。同时,人工智能对固定资产的使用效率、产出情况等数据,都可以通过大数据技术收集到准确的信息,并由此推断固定资产可变现净值,对固定资产是否进行减值自动做出判断,整个过程基本不需要人工的参与。

2)人工智能审计检查程序

检查程序是审计人员对被审计对象的相关记录和文件(包括电子的、纸质的、其他介质的,以及被审计对象内部或外部生成的所有记录和文件)进行审查的工作过程,是审计工作的关键环节。在传统审计中,审计人员不可能对这些海量的材料一一进行查实,都是采用抽样的方法来解决。但抽样本身存在风险,即产生的被审计对象总体特征不能与被抽样结果完全真实的吻合。人工智能审计能够对所有的数据文件进行检查,从而开展全面审计工作,既可相应降低抽样带来的审计风险,保证审计报告的质量,也简化了审计抽样的流程。

3)人工智能审计分析程序

分析程序是审计人员对财务数据及财务数据之间的内在关系进行分析识别,并通过研究和调查对财务信息作出评价的过程。人工智能通过计算机技术对浩如烟海的数据进行分析和存储,能超越人脑对各种数据进行对比分析。即使是审计人员没有预设到的数据关联,或是与预期值差异重大、与其他相关信息不一致的关系或波动,人工智能都能就发现的异常情况进行报警,快速得到审计人员需要的分析结果。如果在此过程中出现错误,还可以通过数据形成的轨迹,迅速找到出差错的数据来源,显著提高审计的速度与精度。

6.4.2 人工智能审计的优点与挑战

一方面,在审计计划、风险评估、交易测试、分析和编制审计工作底稿等审计实践中,人工智能正被用于执行审查总账、税务合规、编制工作文件、数据分析、费用合规、欺诈检测和决策等,实现审计流程标准化—标准化流程数字化—数字化流程自动化的转变,并在审计过程中融入先进的数据分析和数据挖掘技术,对审计分析和决策系统进行改造。另一方面,人工智能审计的实施可能会改变审计师的判断,从而在无意中有损审计质量;此外,将人工智能技术应用于审计工作过程中,可能存在各种潜在的偏差数据驱动的偏差或是人机交互的偏差。人工智能审计的优点、挑战及风险价值见表6.1。

表6.1　人工智能在审计业务应用的优点、挑战及风险价值

人工智能在不同审计业务中的应用	优点	挑战	风险价值
风险评估	提高效率 更大的数据覆盖面	可能会传播或放大从审计人员标注的数据中习得的人为偏见	公平性 数据保护
选择测试的交易	可以选择更多的样本或测试完整的交易数据集 审计师可以更加关注异常条目	仍然需要审计人员去调查异常情况人工智能决策的原因可能并不明显	用户权限 期望差距
审计分析	更大的数据覆盖面 更强的预测分析能力 提高对数据的洞察力	难以获取优质数据 如何以不同格式的提取数据	隐私 保密性 数据保护
编制审计工作底稿	重复性/可预测任务的自动化审计师能够聚焦其他增值任务	人工智能衍生的决策缺乏可解释性和透明度,使得判定人工智能决策的合理性成为难题	透明度 收益
交易测试	提高效率 重复性/可预测任务的自动化		
监控内部控制	对客户进行持续审计 实时识别违规事件	网络安全风险 对隐私的关注 对人工智能缺乏信任	安全性 独立性 收益
内部控制评价	提高效率 对内部控制执行情况进行检查（如使用无人机进行库存检查）		
评估持续经营	高效率 更大的数据覆盖率	人工智能尚无法与人类的一般智能相提并论 审计人员可能放弃其专业判断责任	问责制 责任差距 用户权限/自主权
替代审计师判断	审计结果高度依赖于职业判断,目前人工智能仅可以处理一些低风险的判断		

6.4.3　审计机器人

智能技术逐步渗透到审计领域,改变了审计工作的运作方式,审计机器人的应用则是审计工作朝智能化方向迈进的一个重要标志。狭义的审计机器人一般是指基于 RPA 技术的工作流程自动化软件,广义的审计机器人是指对传感器技术、光学字符识别技术、云计算技术、人工智能技术、区块链技术、GPS 卫星定位技术、面部识别技术、遥感影像技术等各类先进技术部分结合或综合应用的程序、软件或系统。

1)审计机器人的技术构成

(1)RPA 技术与审计

机器人流程自动化(Robotic Process Automation,RPA)能根据预先设定的程序和规划,模拟人类与计算机系统的交互过程,自动执行大批量、重复性的任务,并通过遵循简单的规则来做出决策,从而实现工作流程自动化。目前狭义上的审计机器人就是基于 RPA 技术的一种软件,基于预设的特定规则,模拟人机交互,如输入数据、收发邮件、复制粘贴、定期询问等,主要针对的是结构性审计任务。

(2)无人机、遥感影像、物联网技术与审计

在工程审计中,尤其是边远地区,项目环境比较复杂,审计人员亲自测量要承受很大的人身安全风险,且审计质量也不能得到保证。这样的审计项目引入无人机和遥感影像技术无疑会使审计结果更加可信,安全性也更高。这两项技术同样也适用于自然资源资产离任审计、占地审计、耕地保有量审计等项目。另外,无人机也可以用于实物的盘点,从而节省大量人力资源。物联网通过各种传感器使万物互联,增加了审计取证的路径。若被审计单位的实物都贴上电子标签,利用物联网技术,可迅速收集海量实物信息,实现盘点与数据分析同步进行。

(3)大数据、云计算、人工智能技术与审计

大数据、云计算技术为审计提供了新的方法和工具。大数据是指巨量数据,对这些数据进行筛选、转化、处理,可以得到核心信息。大数据技术让抽样审计转化为全面审计成为可能。云计算是一种按量付费的模式,是一个资源池,可根据用户动态需求提供资源。大数据和云计算可以促进审计的实时性、可靠性、综合性、完整性。人工智能的核心在于感知、计算、学习、推理。自然语言处理和机器学习是人工智能审计的两个重要方向,自然语言处理是指让计算机处理人类的语言信息,包括文本信息和语音信息,其开发的主要目的是用计算机代替人工处理大量的文本和语音,如读取合同等;机器学习通俗来讲就是机器从历史数据中学习规律,用数据训练模型,以此来做判定或预测。

(4)区块链技术与审计

区块链本质是一个分布式账本,这个账本由多个节点构成,生成一个总账本,访问这个账本需要相应的权限。区块链没有中心,每个节点都有这个账本的副本。当区块链上发生交易时,总账本就会变化,副本也会跟着变动。借助区块链技术的其他机制,如共识机制、智能合约,利用其可追溯、不可篡改、去中心化的特点,能极大提高审计数据的可靠性,快速发现审计线索。

2）审计机器人的框架模型

在审计工作中应用 RPA 技术,通过调整组织架构、重塑审计业务模式、优化审计业务流程,将会极大地节约审计成本,提高审计效率;并把审计人员从高度重复性、结构化、无需复杂判断的审计任务中解放出来,使他们更加集中精力于审计风险更高的工作任务上。

审计工作本质上是一个数据采集、数据处理、数据分析与数据输出的过程,融合 RPA 机器人开发、部署与管理的需求,审计机器人框架模型可以分为五层:基础设施层、数据层、服务层、平台层和应用层,形成了审计机器人完整的体系架构。其框架模型如图 6.3 所示。

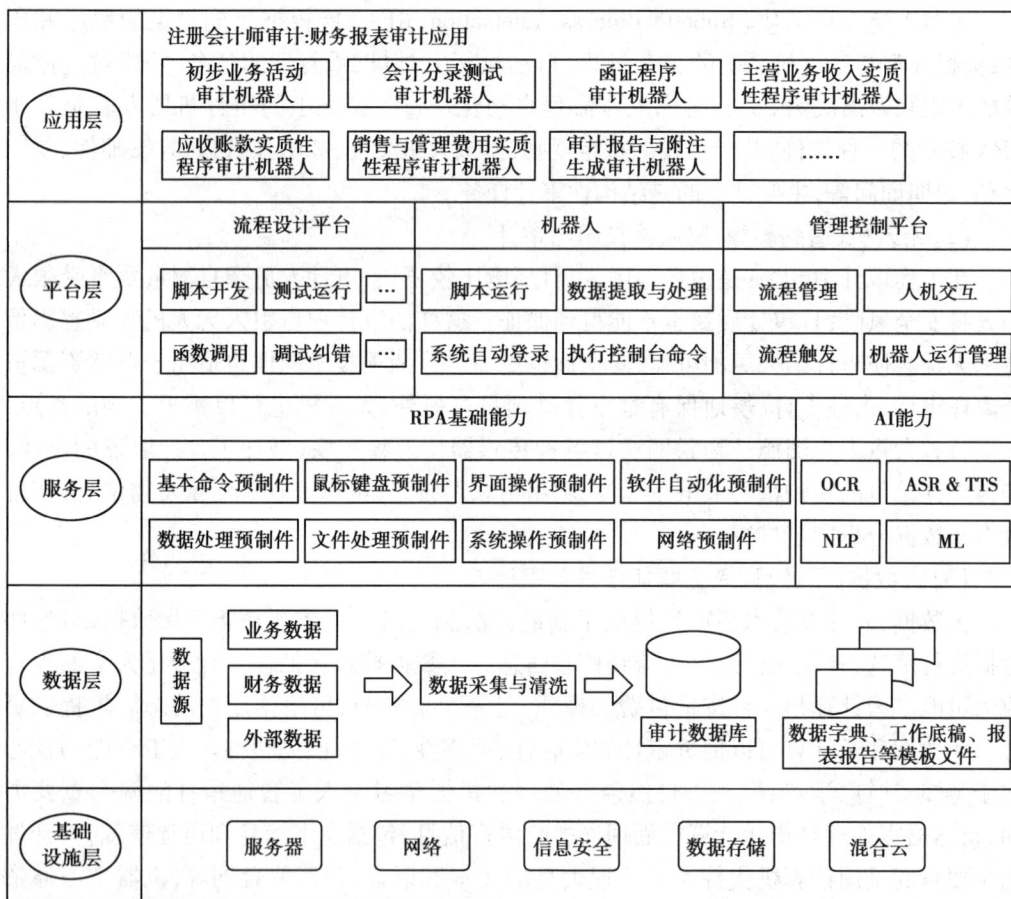

图 6.3　审计机器人的框架模型

（1）基础设施层

基础设施层是审计机器人的运行环境,包括服务器、网络、信息安全、数据存储和混合云,保障机器人能够安全、可靠地实现 7×24 小时全天候工作。

（2）数据层

数据层为审计机器人的工作提供数据保障,实现从被审计单位的信息系统和相关文件中采集业务数据及财务数据,以及从互联网上采集审计业务相关的外部数据。这些数据包括结构化数据、半结构化数据和非结构化数据三种类型,通过数据预处理后形成结构化的数据存储,保存在数据库或者形成数据字典、工作底稿及报表报告等模板文件。

(3)服务层

服务层为审计机器人开发提供所见即所得、即插即用的功能组件。审计机器人的开发涉及 RPA 的基础能力和人工智能能力,其面向应用场景进行开发的过程是对基本命令预制件、鼠标键盘预制件、界面操作预制件、软件自动化预制件、数据处理预制件、文件处理预制件、系统操作预制件和网络预制件进行组装使用的过程。在审计机器人开发过程中,具有人工智能能力的 OCR 光学字符识别技术能够将图像识别成文本;NLP 自然语言处理技术能够进行文本处理,包括自然语言理解和自然语言生成;ASR 语音识别技术可以将声音转化为文字,而 TTS 语音合成技术是将文字转化为声音;ML 机器学习主要是决策树、随机森林、人工神经网络、贝叶斯学习等算法的应用,其关注的核心问题是如何用计算的方法模拟人类的学习行为,从历史经验中获取规律(或模型),并将其应用到新的类似场景中。

(4)平台层

平台层为审计机器人的开发和应用提供支撑,包括流程设计平台、机器人和管理控制平台三部分。流程设计平台能够提供脚本开发、函数调用、测试运行、调试纠错等功能,服务于审计机器人的开发过程;机器人是流程开发后的部署,通过脚本运行,实现系统自动登录、数据提取与处理、执行控制台命令等;管理控制平台能够进行流程管理、流程触发、人机交互以及对审计机器人的运行管理等。

(5)应用层

应用层是 RPA 技术在审计领域的具体应用,是审计机器人的具体实现。例如,在注册会计师财务报表审计工作方面,可以实现初步业务活动审计机器人、会计分录测试审计机器人、函证程序审计机器人、主营业务收入实质性程序审计机器人、应收账款实质性程序审计机器人、销售与管理费用实质性程序审计机器人、审计报告与附注生成审计机器人等自动化应用。

3)审计机器人的工作步骤

(1)审计资料自动化、持续采集

根据预设规则,在每天的非业务时段抓取系统中的各业务流程性文件。例如,业务台账、信贷合同、授信审批文件等多样化的审计调阅资料。

(2)审计底稿初步填写

结合既定规则,将审计证据填入审计底稿。

(3)审计项目管理

记录审计资料获取情况和底稿填写情况,通过邮件和短信向审计经理自动汇报,使审计经理及时更新取数逻辑。

(4)文档初步审阅

将非结构化数据(如信贷合同、手工单据)与结构化数据(如业务报表)进行智能化勾稽比对,并形成初步的审计结论。

6.4.4　人工智能审计的实施方法

人工智能技术能够减少审计数据采集和分析的时间,降低简单重复的劳动。运用人工智能技术,对审计大数据进行分析,特别是当纸质合同中的信息数字化后,能够让软件自主学习审计的思维模式,使审计人员把更多的精力用于解决关键问题上。人工智能审计就是利用大数据、人工智能、云计算、机器人、自动化等先进的信息技术,实现审计作业和审计管理的智能化,从而全面提高审计效率。

1)智能审计作业

智能审计作业是指自动按审计人员的思路"智能"地完成审计数据采集、审计数据预处理、审计数据分析、审计线索核实、审计报告生成等工作,实现审计作业的智能化。智能审计作业端如图 6.4 所示。

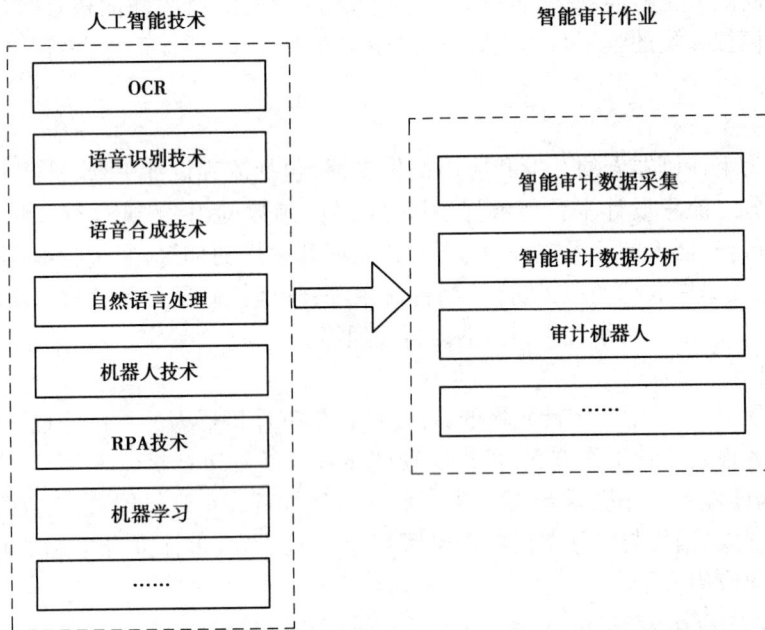

人工智能技术

- OCR
- 语音识别技术
- 语音合成技术
- 自然语言处理
- 机器人技术
- RPA技术
- 机器学习
- ……

智能审计作业

- 智能审计数据采集
- 智能审计数据分析
- 审计机器人
- ……

图 6.4　智能审计作业端

(1)基于 OCR 技术实现智能审计数据采集

使用 OCR 技术可以实现纸质材料的智能审计数据采集。通过 OCR 综合使用图像处理、计算机视觉、自然语言处理和深度学习等技术,准确全面地识别扫描件和图片中的文字,并通过语义分析理解抽取出业务所需的关键要素,在识别的同时实现文档的电子化和结构化处理。

(2)基于图像识别技术实现图像智能分析

使用图像识别技术可以实现图像数据的智能分析,从而满足大数据环境下非结构化数据分析的需要。

(3)基于 RPA 技术实现智能审计数据采集与分析

可根据审计业务的需要,通过 RPA 技术实现智能审计数据的采集与分析。使用

RPA 技术可实现自动采集被审计单位内部相关财务与业务系统中的数据,可自动抓取与被审计单位相关的外部网站信息,也可自动扫描并采集发票或电子发票中的关键信息,如发票号码、发票代码、发票日期等。例如,在发票查询验真中,审计人员可以通过 RPA 软件自动采集发票中的关键信息,然后自动登录税务机关的查验网站,输入相关发票信息,查验发票真伪。

(4)基于 ASR 和 TTS 技术实现智能审计服务机器人的应用

可根据审计业务的需要,通过 ASR 和 TTS 技术实现相关智能审计服务机器人的应用。例如,通过审计咨询机器人,可以实现机器人与审计人员的互动,解答审计人员在审计过程中遇到的相关法律法规等问题;通过审计访谈机器人,可以帮助审计人员自动完成审计访谈等工作。

(5)基于机器学习等技术实现智能审计数据分析

机器学习是实现人工智能的一种方式,是人工智能最前沿的研究领域之一。可应用机器学习算法和大数据去训练不同的审计模型,从而实现智能审计数据分析。

(6)实现智能持续审计/联网审计

在未来的审计工作中,可利用人工智能技术实现对被审计单位的持续审计,实时监控被审计单位。当发生异常交易时,人工智能软件会自动收集相关数据,并做进一步分析和复核,对需要进一步落实的疑点进行分级预警,并将信息推送给相关审计人员进行查证处理。

2)智能审计管理

目前,审计管理一般包括审计工作管理、审计项目管理、审计作业管理、审计知识管理,如图 6.5 所示。

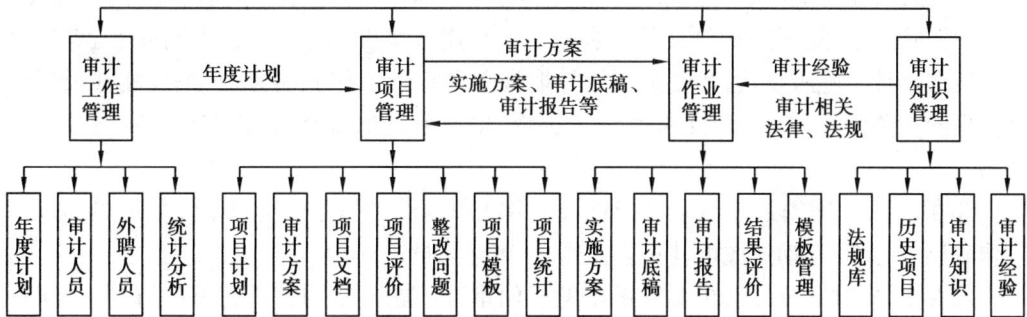

图 6.5 智能审计管理端

审计工作管理为审计项目管理提供年度计划。审计工作管理主要包括年度计划、审计人员、外聘人员、统计分析等模块,这些模块可以帮助审计单位完成年度计划的管理、本单位审计人员和外聘人员的管理,以及年度计划、本单位审计人员和外聘人员等相关内容的统计分析工作。

审计项目管理为审计作业管理提供审计方案。审计项目管理主要包括项目计划、审计方案、项目文档、项目评价、整改问题、项目模板、项目统计等模块。这些模块可以帮助审计单位完成审计的项目计划、审计方案、项目文档、项目评价、整改问题、项目模板、项目统计等相关内容的管理工作。

审计作业管理为审计项目管理提供各个审计项目的实施方案、审计底稿、审计报告等材料。审计作业管理主要包括实施方案、审计底稿、审计报告、结果评价、模板管理等模块,这些模块可以帮助审计单位完成每个审计项目作业过程中实施方案、审计底稿、审计报告、结果评价等相关内容的管理工作。

审计知识管理为审计作业管理提供审计经验、审计相关法律、法规等审计知识,便于审计人员开展审计工作。审计知识管理主要包括法规库、历史项目、审计知识、审计经验等模块。

在审计管理中,利用大数据、人工智能、云计算、机器人、自动化等先进信息技术,可以实现对审计工作、审计项目、审计作业、审计知识等功能的集中、统一管理,实现审计管理的智能化。

(1)"审计项目—审计人员"智能匹配

在审计项目人员的安排上,根据审计项目的特点,系统会智能分析审计人员库中审计人员的特长和信息,自动匹配出合适的审计人员参加合适的审计项目,实现审计人员和审计项目之间的优化配置。

(2)审计文书智能编写

在审计文书编写方面,系统能够智能生成审计通知书、审计实施方案、审计取证单、审计工作底稿、审计报告等。

①在审计准备阶段,根据审计目标,系统通过对采集来的被审计单位的业务介绍、部门年度工作总结、风险分析报告、相关审计报告等相关文本数据进行智能分析,为审计人员提供目前被审计单位的相关业务情况、相关风险等,并能根据相关分析结果和对该被审计单位的已有审计情况和相关线索,智能筛选可疑的审计事项,自动确定重点审计范围,为自动生成审计实施方案提供决策依据。另外,应用RPA技术可以智能生成审计通知书。

②在审计实施阶段,在智能生成审计取证单和审计工作底稿方面,系统能够根据审计发现的相关问题,自动查找相关法律法规,生成审计取证单和审计工作底稿等审计文书。

③在审计报告阶段,系统能够通过人工智能技术汇总和分析所有审计取证单和审计工作底稿等材料,自动形成审计报告初稿,供审计人员审核。

④在审计归档阶段,系统能够根据发现的审计问题确定如何进行整改,以及如何进行后续审计问题跟踪;系统还能够按照相关要求,自动完成审计通知书、审计实施方案、审计取证单、审计工作底稿、审计报告等审计文书和相关材料的归档,保证档案规范和材料完整。

(3)智能决策支持

利用大数据、人工智能、云计算、机器人、自动化等先进信息技术,可以帮助审计单位实现智能决策支持。

①利用大数据、人工智能、云计算等先进信息技术,系统能够智能记录各级审计部门的基本信息、在审项目和已审项目信息,实时追踪审计人员的计划安排情况和项目工作状态,以及部门人员的工作分布情况;并对审计工作内容及相关信息进行智能分析,合理

对审计资源进行智能管理和调配,从而为负责人制订审计计划或合理安排项目人员提供智能决策依据。

②通过智能统计分析,能够实现对全部审计项目、审计资源全面、准确、及时的信息统计分析,为治理、制订年度审计计划提供依据。

③通过智能分析,可以对审计整改进行关注和跟踪,提高审计结果的利用率。

(4)审计档案智能管理

审计档案管理是对审计项目的相关文档进行电子化归档管理,这些文档包括审计项目开展中形成的各种文件和材料,如审计通知书、审计方案、审计底稿、审计证据和审计报告等。利用大数据、人工智能、云计算、机器人等先进信息技术,可以实现审计档案管理的智能化和项目档案的共享利用。例如,通过无线射频识别技术,可对审计档案材料进行自动信息登记、档案清点、档案信息查询、档案外借、档案归还等日常管理工作,同时由系统自动进行相关记录。

无线射频识别技术(Radio Frequency Identification,英文缩写为 RFID)是自动识别技术的一种,是通过无线电波快速进行信息交换和存储的技术,实现了非接触式的双向通信,从而达到识别目标和数据交换的目的。

利用智能语音识别技术,可以实现和审计档案管理系统的智能交互,便于审计人员的智能查阅。

(5)智能绩效考核

绩效考核可以实现对审计项目、审计人员、中介机构的考核评分,并支持对考核评分体系的设置。例如,对审计项目进行评分考核,当所有的评分人完成评分之后,系统能够自动计算出项目的考核平均分,并通过项目的评分自动计算出中介机构的评分,从而实现对审计项目的质量控制,提高审计人员、中介机构的审计项目质量。

利用大数据、人工智能、云计算、机器人、自动化等先进信息技术,可以自动跟踪和记录审计作业与审计管理过程,系统能自动计算出项目的考核分数,实现审计绩效考核的智能化。

(6)审计知识智能管理

审计知识模块是提供审计知识共享的平台,供审计人员查阅和学习。审计知识主要包括法律制度、审计案例等模块,可方便审计人员快速检索法规制度,借鉴学习优秀的审计案例,满足审计人员的审计业务知识需求,提高审计人员业务能力。

利用大数据、人工智能、计算、机器人、自动化等先进信息技术,系统可以根据审计人员的特点和现状,个性化地向审计人员推送所需要的审计知识,实现审计知识管理的智能化。

3)应用人工智能审计的效果

(1)信息提取快速优化

人工智能应用于审计工作的第一步是审计信息的提取。由于人工智能系统能快速地从海量的被审计数据中自动、快速地筛选出需要的数据,然后依据审计需要提取相应的数据,让审计人员精准地进行分析和审查;这提升了审计人员的职业判断水平,简化了处理数据的复杂性,使审计效率高、速度快、质量好。

（2）精准分析证据预测风险

利用人工智能可视化功能，系统能够提取分析合同数据，快速为企业预测风险，并给出规避风险的独到见解。人工智能审计能够简化审计程序，加快数据的提取和输入，节约时间成本，为被审计单位找到存在的问题、潜在的风险提出解决方案。

（3）数据准确判断合理

人工智能技术的应用，既保证了审计信息的格式统一准确、审计数据具有真实性，使审计流程简化、效率提高、判断结论准确，也为企业的管理决策提供了准确的参考。

（4）成本降低、业务拓展

首先，将审计数据均纳入智能系统，避免了数据抽样的风险；其次，人工智能可以快速输入提取数据，简化了工作程序、节约了审计的时间成本；最后，智能系统扩展到被审计企业的内部业务，扩大了审计的范围，在审计业务拓展的同时大大降低了成本。

本章小结与知识图谱

本章首先介绍了人工智能的发展历程、人工智能的内涵、人工智能的应用领域以及人工智能对审计的影响，然后介绍了人工智能审计的基础技术和人工智能审计的体系结构，最后讲述了人工智能审计实施方法，如图6.6所示。要求学生了解人工智能审计内涵，掌握人工智能审计实施方法。

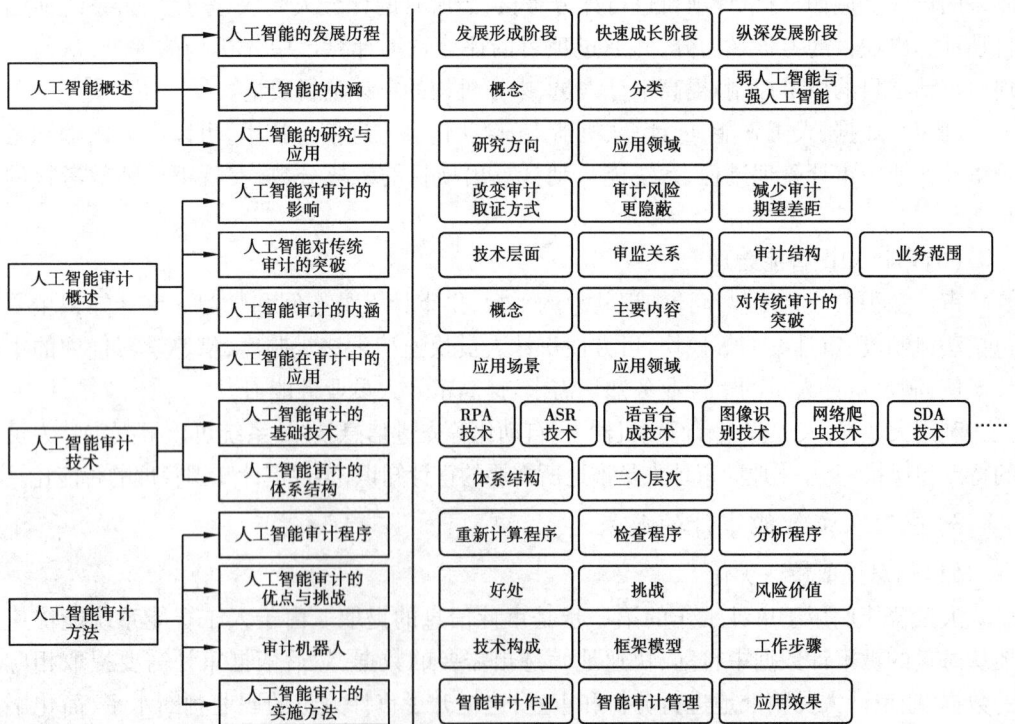

图6.6　人工智能审计——知识图谱

【课外思考与阅读】

思考题：

1）什么是人工智能？

2）什么是人工智能审计？

3）审计机器人的技术构成有哪些？

4）简述人工智能审计的实施方法。

小论文选题指南：

人工智能在审计中的应用研究。

第7章 信息系统审计概述

当今社会与经济的正常运转,越来越依赖各种"系统"。一方面,数据的完全电子化已成为趋势,在信息系统的支撑下,企事业单位运营效率提升、业务风险得到更好的管控;另一方面,信息系统自身也带来了各种新的风险。

【案例导读】

案例1:交易系统出现故障上热搜　招商证券被责令整改

2022年3月14日上午,沪深两市开盘后,市值超千亿的龙头券商——招商证券(600999)交易系统出现系统故障,包括交易页面无法成交、无法撤回等问题。"招商证券崩了"因此登上微博热搜。招商证券证券事务代表回复媒体称,当日早间交易系统出现问题。

案例回放:

据了解,此次故障是系统反馈功能出现问题,实际上报单功能正常,也就是说,相关交易已经正常完成,但投资者无法在系统界面查询到,故而引起部分投资者恐慌。

14日中午,招商证券回应称,"集中交易系统所有交易委托都已实时传送至交易所系统,但是由于成交回报处理延迟,部分客户在客户端未及时收到成交回报信息,撤单交易受到影响,系统其他功能正常。"

值得注意的是,这并非招商证券第一次出现问题。2020年7月,也曾发生过招商证券App宕机至少15分钟。此外,其他交易系统也出现过类似崩溃事件,见表7.1。

表7.1　部分券商交易系统出现故障概况

披露机构	系统出现问题的单位	具体情况描述
浙江证监局	浙江同花顺网络科技有限公司	2021年10月28日上午,"同花顺"App出现异常,同时在新浪微博等媒体出现舆情事件,对市场造成严重影响。截至当日下午3时,仍未向证监局报告此次信息系统异常的原因及处置情况

续表

披露机构	系统出现问题的单位	具体情况描述
山东证监局	中泰证券	中泰证券未及时监测发现2021年3月21日发生的信息安全事件,反映出公司信息系统安全监测机制不健全。此外,公司在发现上述信息安全事件后未立即向证监局报告
江苏证监局	锦泰期货	锦泰期货于2020年10月12日发生恒生交易系统故障,该系统中断53分钟,该事件定性为较大事件
江苏证监局	华泰证券	华泰证券在2019年8月发生重大信息安全事件未报告
上海证监局	国泰君安	国泰君安在信息技术管理方面存在未按规定对信息系统故障进行应急报告、客户信息管控不足、内部审查未充分遵循业务合规原则等方面的问题
西藏证监局	华林证券	华林证券的部分互联网渠道交易系统于2019年9月16日9时44分42秒至10时42分11秒之间全部中断,时长为57分29秒,影响客户正常业务办理,未及时向证监局报告

券商交易系统何以这么"脆弱"?此前有相关技术人员指出,类似券商交易系统宕机的原因可能有两个,其一是券商交易系统的硬件出现问题;其二是券商某一地区瞬间下单的并发量超过了该券商交易系统的设计容量,这时候券商需要三五分钟紧急切换交易系统,期间现宕机情况。短期解决办法为切换备用机,但从根本上还需解决扩容问题。

对于事件主要类型及反映出的问题,监管部门从五大方面进行了具体分析。

其一,个别公司合规内控管理不到位,系统升级改造过程中存在薄弱环节。通报以招商证券为例指出,2022年3月14日、5月16日,招商证券在周末系统升级过程中,测试场景尤其是压力测试不够充分,导致交易系统接连发生两次信息系统安全事件。这反映出当事机构合规与内控制度不健全或执行不到位。

其二,主体责任意识不强、履行不力,未清晰、准确、完整掌握外部供应商提供软件的系统架构。例如,首创证券的上交所报盘程序于2021年5月18日发生故障,经排查,事故原因为软件服务商工程师对部署在同一服务器上的资管系统升级时,升级包存在逻辑错误,反映出当事机构未有效落实相关办法要求。

其三,运维人员操作规范性不足,未能建立有效的权限管理及复核机制。经梳理,有6起信息系统安全事件因运维人员操作不规范引发。这反映出当事机构在运维工作的流程设计与监督检查等方面存在疏漏。

其四,移动App开发管理存在短板,已成为信息系统安全事件易发领域。2022年4月25日,国家计算机病毒应急处理中心通报了13款证券公司移动App存在隐私不合规行为,涉嫌超范围采集个人隐私信息。这反映出部分行业机构在开展数字化转型、加大移动App开发投入的同时,未能同步做好相应的安全管理工作。

其五,安全管理存在漏洞,应对外部网络攻击或爬虫程序访问等网络防护能力仍需提升。监管举例称,2021 年 13 家基金公司接连出现网络安全事件,反映出当事机构网络安全防护能力不足,未能在访问控制、入侵监测及防护、病毒防护、网络安全等方面建立起全面有效的安全防护体系。

根据中国证券业协会在 2020 年 8 月发布的《关于推进证券行业数字化转型发展的研究报告》,自 2017 年以来,证券行业对信息技术的投入力度呈稳步增长之势,但和其他类型金融机构比较,证券行业的 IT 投入仍然较小。

2020 年,证监会对券商分类评级指标进行了修订。根据修订后的《证券公司分类监管规定》,信息技术投入金额位于行业平均数以上,且投入金额占营业收入的比例位于行业前 5 名、前 10 名、前 20 名的券商,分别加 2 分、1 分、0.5 分。

证券交易系统崩溃现象时有发生,由此可见,加强信息系统审计刻不容缓。

> **警示**:各证券基金经营机构应定期开展系统健壮性评估,及时消除风险隐患。一是全面、准确识别数字化转型过程中的各类技术风险,确保合规与风险管理覆盖信息技术运用的各个环节;二是建立健全信息系统安全监测机制;三是定期开展信息技术管理工作专项审计,深入排查信息系统架构问题及技术风险隐患,及时整改。以风险为导向,开展信息系统审计项目。

【学习目的】

为了促进信息系统安全、稳定、有效、持续的运行,通过对信息系统的安全性、稳定性和有效性进行审计、咨询,能够降低被审计单位面临的信息系统风险,促使被审计单位信息技术发展目标与其总体目标、战略相一致。本章主要介绍了信息系统审计的内涵、目标、内容、类型,要求学生:

1)了解信息系统审计的内涵
2)了解信息系统审计的目标
3)掌握信息系统审计的内容
4)掌握信息系统审计的类型
5)掌握信息系统绩效审计的方法

7.1 信息系统审计的发展历程

7.1.1 第一阶段——传统的信息系统审计

20 世纪 60 年代初,计算机应用于企业管理的企业财务数据处理和会计核算等。IBM 出版了《电子数据审计》和《内部电子处理和审计轨迹》,美国执业会计协会于 1968 年出版了《电子数据处理系统与审计》。这个阶段主要是针对财务数据的审计,称为 EDP 审计。

1994 年,电子数据处理审计师协会(EDPAA)更名为信息系统审计与控制协会(ISACA),ISACA 是全球公认的信息科技管治、监控、保安,以及标准合规的领导组织,也是国际注册信息系统审计师(CISA)考试的发起者和组织者。

7.1.2　第二阶段——现代信息系统审计的形成

案例 2:《黑客攻击启示录》

2017 年 9 月 16 日,上海市委网信办和上观新闻联合推出《黑客攻击启示录》,展示现代电子设备之间的互联,揭露黑客入侵各国银行、电力、电脑设备、住宿、交通、通讯等关键信息基础设施的真实现象。

打开电脑,你却无法再访问文件,苦心写了大半的毕业论文也无法打开;

入住五星级酒店,结账用的信用卡信息却被泄露;

预订的航班,突然短信通知你改签,还得交"手续费";

打开电视,发现竟然一片蓝屏;想上网,却突然停电了……

这些都是在全球各国曾真实发生的事故,由此可见:

1) 企业的生存与发展越来越依赖信息系统

互联网的出现,使得企业的信息系统不再是一个信息孤岛,由互联网与内部的信息系统构成了一个完整的信息空间。比如航空公司的网上订票系统、银行的资金实时结算系统等,如果没有信息系统的支撑,业务开展就将举步维艰、难以为继。还有一些新兴产业,其商业模式完全依赖于信息系统,如阿里巴巴和京东等电子商务公司,假如没有信息系统,这些企业将失去生存的空间。

2) 来自互联网的威胁成为企业经营的潜在风险

案例 3:黑客破解网银 App 漏洞非法获利 2 800 万——加强信息系统安全防范

马某利用"黑客"技术,长期在网上寻找全国各家银行、金融机构的安全漏洞。2018 年 5 月,他发现某银行 App 软件中的质押贷款业务存在安全漏洞,遂使用非法手段获取了 5 套该行的储户账户信息,在账户中存入少量金额后办理定期存款,后通过技术软件成倍放大存款金额,借此获得质押贷款,累计非法获利 2 800 余万元。

警示:金融证券机构应不断提升信息系统安防等级,更新安防措施,抵御各类不法入侵,维护金融秩序和储户安全。

来自互联网潜在的风险可能是数据受损或丢失、密码、账号被盗、受到非法远程控制、系统(网络)无法使用、浏览器配置被修改等。

3) 信息系统审计成为外部审计不可或缺的一环

案例 4:安然事件——传统会计审计的盲点

安然公司曾经是世界上最大的能源、商品和服务公司之一,名列《财富》杂志"美国 500 强"的第七名。然而,2001 年 12 月 2 日,安然公司突然向纽约破产法院申请破产保护,该案成为美国历史上企业第二大破产案。

从 1990—2000 年,安然公司的销售收入从 59 亿美元上升到 1 008 亿美元,净利润从 2.02 亿上升到 9.79 亿。安然公司打造了电子商务平台"安然在线",通过电子商务交易平台进行虚假的关联交易,形成虚假利润,误导公众,抬高股价,最终导致泡沫破灭、股民巨亏。

> **警示:**从安然事件可以看出,仅针对财务的传统审计不能避免假账真审,已不再适应经济发展,实施信息系统审计是外部审计不可或缺的一环。

4)信息系统审计成为内部控制的主要参与者

案例5:法国兴业银行事件——内部控制的盲点

2008 年,法国兴业银行的交易员杰罗姆·凯维埃勒进行未经授权的交易导致该行损失 49 亿欧元。凯维埃勒闯过了银行的五道关卡,动用资金超过 500 亿欧元,他利用信息系统隐瞒他所进行的违规交易,规避内部控制。

法国兴业银行虽然拥有严格成熟的风险控制机制,但是并没有与银行的信息系统很好地衔接,从而让凯维埃勒钻了空子。

> **警示:**企业的内部控制机制已经实现了程序化、数字化、虚拟化,内部控制与信息系统已相互融合为一个整体,内部控制的审计离不开信息系统审计。

7.1.3 信息系统审计的发展

1)信息系统审计的外延扩大了

信息系统审计对象包括信息系统运行的有形设施、运行环境、内部控制情况、生成不同时期的数据以及关联单位的相关信息,涉及的信息系统扩大到经济运行的方方面面,外延更加拓展。

2)信息系统审计的内涵更加丰富了

安然事件后,美国国会和政府通过了萨班斯法案(SOX 法案),规范了企业电子数据的保存、审计和问责等问题,赋予了信息系统审计前所未有的功能定位。多数会计事务所成立了独立的风险管理部门,专门从事信息系统审计工作,从而克服传统会计审计的盲点,避免假账真审。

3)信息系统审计已经成为不可或缺的管理职责

法国兴业银行杰罗姆事件的问题所在是严格成熟的风险控制机制没有与银行的信息系统很好地衔接,从而让杰罗姆钻了空子,这充分显示了缺少信息系统审计是内部控制产生盲点的原因。因此,从信息系统入手加强业务风险控制体系的建设和管理,可以帮助企业充分考虑信息系统控制与业务风险控制的协调作用。

7.2　信息系统审计的内涵

7.2.1　信息系统审计的概念

1）国际信息系统审计协会（ISACA）的定义

信息系统审计是一个获取并评价证据，以判断计算机系统是否能够保证资产的安全、数据的完整以及有效率地利用组织的资源并有效果地实现组织目标的过程。

2）《第 3205 号内部审计实务指南——信息系统审计》的定义

信息系统审计是对组织信息系统建设的合法合规性、内部控制的有效性、信息系统的安全性、业务流程的合理有效性、信息系统运行的经济性所进行的检查与评价活动。

7.2.2　信息系统审计的一般原则

信息系统审计应建立信息系统审计组织管理体系，并根据有关制度、标准和要求开展信息系统审计活动。其一般原则包括：

①信息系统审计需结合所在组织的战略目标、业务目标、治理要求和管理授权开展审计。

②信息系统审计应合理保证信息系统的运行符合法律法规以及相关监管要求。

③信息系统审计应在充分了解组织信息系统治理、管理和应用的基础上作出客观评价。

④信息系统审计应结合组织的业务流程、信息系统及应用数据开展审计工作。

⑤信息系统审计应不断提升审计人员技能，严格履行审计程序，提高审计工作质量。

7.2.3　信息系统审计的职能

信息系统审计有审计、控制和管理三大职能。

1）审计职能

以相关规定、标准等为评价依据，评价被审计对象的信息资产和信息系统是否安全、可信，反映经济活动的电子轨迹是否合法、合规、合理和有效，从而督促被审计对象遵纪守法，提高经济效益。

2）控制职能

站在企业发展的全局进行分析和考虑问题，检查信息系统是否得到有效控制，以及控制程度和效果。

3）管理职能

对企业信息资产安全与信息系统运行状况提供决策咨询，确保信息技术发展与企业的战略一致。

7.2.4　信息系统审计的特点

信息系统审计除了具备传统审计的权威性、客观性、公正性等特点之外,还具备一些独有的特点。例如,信息系统审计可以突破物理区域限制,开展远程非现场审计;信息系统审计要求审计人员具备较高的信息化知识和技能;信息系统审计的内容更加广泛;信息系统工作难以量化,审计评价时需要定性与定量相结合等。

7.3　信息系统审计的目标与内容

7.3.1　信息系统审计的目标

1)信息系统审计的总体目标

通过对信息系统的审计,揭示信息系统面临的风险;评价信息系统技术的适用性、创新性,信息系统投资的经济性,信息系统的安全性、运行的有效性等内容;合理保证信息系统的安全性、真实性、有效性、经济性。

2)信息系统审计的具体目标

①保证信息系统建设符合国家有关法律法规和组织内部制度;保证信息系统建设方案、规划内容充分体现组织的战略目标,并对信息系统建设、应用与公司的经营目标的一致性作出评价。

②信息系统审计应促进信息系统在购置、开发、使用、维护过程中,以及数据在生产、加工、修改、转移、删除等处理中都必须符合国家相关法律法规、准则、组织内部规定等,并应促进信息系统有效实现既定业务目标。

③提高组织信息系统的可靠性、稳定性、安全性,数据处理的完整性和准确性。

7.3.2　信息系统审计的对象和内容

1)信息系统审计的对象

信息系统审计的对象,包括操作系统、主机、网络、数据库、应用软件、数据、管理制度等。

2)信息系统审计的内容

信息系统审计的内容,主要包括对组织层面信息技术控制、信息技术一般性控制及业务流程层面相关应用控制的检查和评价。信息系统审计是对以计算机为核心的信息系统,通过专业判断和评价,合理保证信息系统安全、稳定、有效,并向信息系统的高层管理者及使用者提供问题解决方案,以达到改善经营和为组织增加价值目的的一个过程。

(1)信息系统的管理、规划与组织

评价信息系统的管理、计划与组织方面的策略、政策、标准、程序和相关实务。

（2）信息技术基础设施与操作实务

评价组织在技术与操作基础设施的管理和实施方面的有效性及效率，以确保其充分支持组织的商业目标。

（3）资产的保护

对逻辑、环境与信息技术基础设施的安全性进行评价，确保其能支持组织保护信息资产的需要，防止信息资产在未经授权的情况下被使用、披露、修改、损坏或丢失。

（4）灾难恢复与业务持续计划

这些计划是在发生灾难时，能够使组织持续进行业务，对这种计划的建立和维护流程需要进行评价。

（5）应用系统的开发、获得、实施与维护

对应用系统的开发、获得、实施与维护方面所采用的方法和流程进行评价，以确保其达到组织的业务目标。

（6）业务流程评价与风险管理

评估业务系统与处理流程，确保根据组织的业务目标对相应风险实施管理。

信息系统审计的对象与内容，如图 7.1 所示。

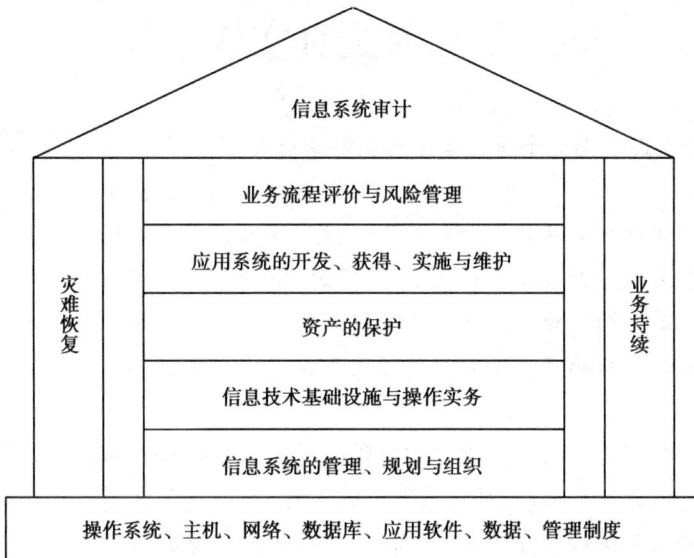

图 7.1　信息系统审计的对象与内容

7.3.3　信息系统审计的类型

1）信息系统真实性审计

审核企业信息系统和电子数据的真实性、完整性、合法性，为财务审计提供依据。这是对传统审计的补充，防止假账真审。

以"安然事件"为例，安然公司虚构交易量是通过电子商务平台实现的，可是这些电子数据是否真实地反映了实际情况，传统财务审计的方法和手段无能为力，只有信息系统审计才能防止假账真审。

2)信息系统安全性审计

审查企业信息系统和电子数据的安全性、可靠性、可用性、保密性。一是防止互联网对信息系统的威胁;二是防止来自企业内部对信息系统的危害。

以法国兴业银行的杰罗姆案为例,杰罗姆正是利用信息系统的缺陷等越权进入系统,进行违规操作导致百年银行濒临破产。因此,安全性审计是真实性审计的基础和前提。

3)信息系统绩效审计

信息系统的绩效审计是对信息系统投入产出比的审核,包括效果性、效率性、经济性。

以美国福克斯·梅亚公司使用ERP系统失败为例,福克斯·梅亚公司曾经是美国最大的药品分销商之一,投巨资购买了第三方ERP系统,而这套ERP系统所达到的效果非常不理想,仅仅能够处理2.4%的当天订单,最终福克斯·梅亚公司宣告破产。

7.4　信息系统真实性审计

案例6:贫困人口建档立卡信息系统真实性审计案例

湖北省审计厅赴某县扶贫的资金审计组在对该县扶贫办建档立卡贫困人口信息系统数据做分析时,了解到县扶贫办没有对各乡镇扶贫办完成的建档立卡系统数据做过审核验收,且录入资料也分散在各乡镇扶贫办;因此,审计组短时间内无法对建档立卡数据的真实性进行验证。最后,审计组决定从县卫计局提供的截至审计之日的新农合参合人员信息系统数据入手,从而完成了对该县贫困人口建档立卡信息系统真实性审计工作。

案例回放:

在审计过程中,审计组发现县卫计局提供的新农合参合人员的信息系统数据反映了参合人员身份证号、户主代码、家庭成员等关键信息,且该县新农合参合覆盖率在90%以上,基本上能够满足数据比对分析条件;因此,审计组决定以新农合数据替代公安户籍数据,对该县建档立卡人员信息的真实性做具体分析。审计组首先将建档立卡人员信息系统数据导入到SQL中并命名为"贫困户信息列表",与新农合参合人员信息系统数据比对,以身份证号为关键字段进行子查询、左连接等;其次将上述两类数据相加,确认人数累加之和等于建档立卡贫困人员信息系统总人数,以此说明上述分析流程的完整性;然后通过具体SQL查询语句提取审计分析得到的疑点数据的详细信息,并生成疑点表;最后,将上述疑点表导出到EXCEL中,并提交给当地公安部门,通过分析确认有无虚假人员或其他无法从户籍系统中查询到的异常信息。

大多数审计工作都需要通过数据的合并、查询、提取、比对验证被审计单位相关系统数据的真实性。因此,开展信息系统真实性审计工作迫不可待。

> **警示**:信息系统真实性审计的作用是审核组织的信息系统所提供的数据是真实、完整、合法的,为财务审计保驾护航。

7.4.1　信息系统真实性审计的定义

信息系统真实性审计是指被审计单位的管理信息系统,特别是财务信息系统中的数据和流程是否有错误,使用过程中是否存在错弊。对此,应当通过一定的审计程序,由信息系统审计人员对信息系统中数据的真实可信程度发表意见。

信息系统审计师最关注的有三大模块:财务系统、业务系统、电子商务系统。

1)财务系统审计

财务系统一般具有多币种的处理能力,可由用户定义账本位币,并可以用任何币种为单位进行统计分析。财务系统为用户提供符合我国财务的多种格式的凭证和账簿,包括收款凭证、付款凭证、转账凭证、数量凭证、外币凭证,银行日记账、现金日记账、数量账、往来账、多栏账,总账、明细账等。财务系统具有功能丰富、灵活性高、通用性强、操作简便、严密可靠的特点。

(1)财务系统的作用

财务系统的作用在于它是财务管理的一个核心部分,为企业的库存、采购、销售、生产等提供指导,为企业领导的决策提供及时、准确的财务信息。

(2)财务系统审计的目标

财务系统审计的目标是审查财务数据处理流程的真实性和合法性,以及财务数据输入、输出环节的真实性和合法性。

2)业务系统审计

业务系统是指一个企业把自己的产品推向市场并取得最大化收益的一个企业分系统。以模块划分,业务系统包括营销规划、销售平台、销售进程管理、客户服务管理、客户关系管理、风险防范。

(1)业务系统的分类

包括营销规划、销售平台、销售进程管理、客户服务管理、客户关系管理、风险防范。

(2)业务系统审计的目标

审查业务数据处理流程的真实性和合法性,以及业务数据输入、输出环节的真实性和合法性。注册会计师与信息系统审计师必须相互配合才能完成审计工作。

3)电子商务系统审计

电子商务是传统商业活动各环节的电子化、网络化、信息化。电子商务系统是以电子商务为基础的网上交易系统。

(1)电子商务模式的分类

主要包括 B2B(Business-to-Business,企业与企业之间)、B2C(Business to Customer,企业对消费者之间)、C2C(Consumer to Consumer,消费者与消费者之间)、B2G(Business to

Government,企业与政府机构之间)、C2G（Consumer to Government,消费者与政府机构之间)等。

（2）电子商务系统审计的目标

审查电子交易的真实性和合法性,以及电子交易处理流程的真实性和合法性。通过审计财务系统、业务系统、电子商务系统三者之间的逻辑一致性,信息系统审计师才能对信息系统中的数据真实可靠的程度发表意见,从而降低审计风险,信息系统审计组成部分如图7.2所示。

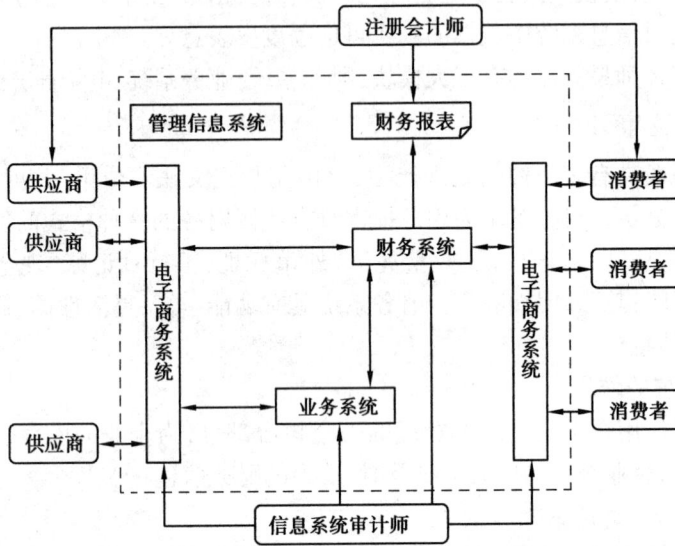

图7.2　信息系统真实性审计组成部分

7.4.2　信息系统真实性审计的分类

管理信息系统是一个 IPO（Input-Process-Output）系统,由输入数据、数据加工处理、输出数据三部分组成。因此,信息系统真实性审计分为输入审计、处理审计、输出审计。通过对管理信息系统审计,可以确保系统中的财务数据、交易数据和业务数据的真实、合法、完整。信息系统真实性审计的内容如图7.3所示。

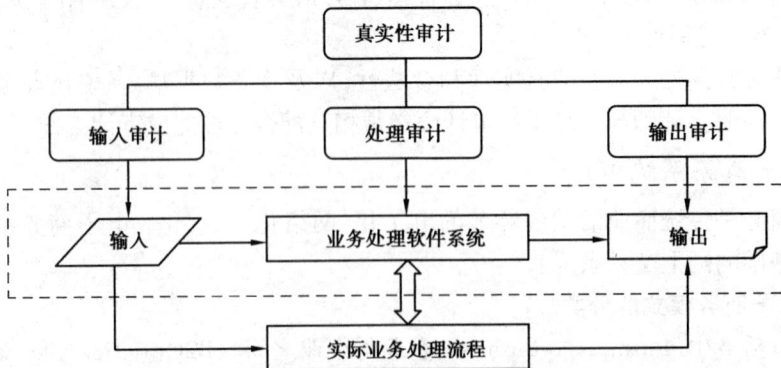

图7.3　信息系统真实性审计的分类

1）数据输入审计

（1）数据输入

数据输入是在数据处理系统中将系统外部原始数据传输给系统内部,并将这些数据以外部格式转换为系统便于处理的内部格式的过程。其方式与使用设备密切相关。以地理信息系统为例,数据输入的方式通常有以下几种。

①矢量跟踪数字化。主要输入有关图形的点、线、多边形位置坐标。

②光栅扫描数字化。主要输入有关图像或网格图数据。

③键盘输入。主要输入有关图形、图像的属性数据。

（2）输入审计的分类

①数据录入和导入控制测评。

②数据修改和删除控制测评。

③数据校验控制测评。

④数据入库控制测评。

⑤数据共享与交换控制测评。

⑥备份与恢复数据接收控制测评。

2）数据处理审计

（1）数据处理

数据处理是从大量的、杂乱无章的、难以理解的数据中抽取并推导出对于某些特定的人们来说有价值、有意义的数据。

（2）处理审计的分类

①数据转换控制测评。

②数据整理控制测评。

③数据计算控制测评。

④数据汇总控制测评。

3）数据输出审计

（1）数据输出

数据输出是指计算机对各类输入数据进行加工处理后,将结果以用户所要求的形式输出。

（2）输出审计的分类

①数据外设输出控制测评。

②数据检索输出控制测评。

③数据共享输出控制测评。

④备份与恢复输出控制测评。

7.4.3　信息系统真实性审计的范围

审计范围是指被审计对象涉及的领域和内容。

1）业务流程审核

业务流程是企业中一系列创造价值的活动的组合。业务数据是发现财务数据错弊的重要线索。一般为了规避审计,在财务数据的处理上比较规范,而在业务数据上的处理容易存在错报、漏报或瞒报的情况。因此,对业务数据的真实性和合法性审计是非常重要的。业务流程审核的步骤如下:

①了解分析业务过程,画出业务流程图。

②根据业务流程图,画出数据流程图。

③根据数据流向,分析相关数据项之间的标准关联依赖逻辑。

④从数据库读取相关数据,验证实际数据项之间与业务信息系统处理流程之间的符合性,不符合依赖关系的处理则构成审计线索。

2）财务处理审核

财务信息系统处理流程的真实合法是真实性审计的核心内容。在财务信息系统环境下开展财务报表审计工作,必须充分认识并考虑财务系统潜在的风险,并且实施相应的审计程序。

①账务处理原则要与本单位的业务性质、规模大小、繁简程度、经营管理的要求和特点等相适应,有利于加强会计核算工作的分工协作,有利于实现会计控制和监督目标。

②账务处理程序要能正确、及时、完整地提供会计信息使用者需要的会计核算资料。

③账务处理程序要在保证会计核算工作质量的前提下,力求简化核算手续,节约人力和物力,降低会计信息成本,提高会计核算的工作效率。

3）交易活动审核

电子交易虚拟化、电子化的交易行为彻底颠覆了原来的审计方法,即使财务处理合法规范、真实可靠,但是由于交易数据的不正确,也会直接导致财务数据的虚假性。

交易数据既是电子商务系统的输出数据,也是财务系统的输入数据,因此必须同时审核财务系统和电子商务系统。

4）真实性审核的过程

真实性审核是以财务数据审核为中心,通过交易数据、业务数据相互印证,形成证据链,才能对数据的真实可靠程度发表意见。

7.5　信息系统安全性审计

案例7:青岛市城市一卡通——利用系统漏洞套取资金

2011年2月21日至6月30日,审计组对青岛市一卡通清算系统进行了审计,此次信息系统审计是结合交通运输委员会经济责任审计开展的,该项目的一个重要目标是评价领导任职期间所建设信息系统的安全性和有效性,进而发现其中是否存在违规问题。

案例回放：

青岛市政府为了整合各种公共信息资源、优化政府公共服务，实现"一卡多用，一卡通用"，启动了城市一卡通工程建设（以下简称琴岛通卡）。琴岛通卡项目建设是一项涵盖科技创新、支付体系创新、公共服务创新的便民利民工程。鉴于审计时间及审计力量所限，不可能对所有系统全面开展审计，需要有重点地择取和备注。依据上述原则，确定对琴岛通卡清算系统实施一般控制和应用控制审计。对于一般控制和应用控制，审计人员在总体控制审计的基础上，合理界定了审计的关键领域和重要事项。通过过渡时的控制情况，发现部分人员通过在旧卡中虚假充值，然后利用一卡通系统未对旧卡卡内金额与账上记录的该卡内实际金额进行一致性校验的漏洞，采取直接退还现金或者将虚假资金转入新卡的方式套取资金几十万元。

青岛市城市一卡通信息系统审计的审计结果表明信息系统存在漏洞，为避免此类问题的继续发生，审计人员向被审计单位提出加强安全性审计和系统控制，严格比对卡内金额与系统中实际记录金额一致性的建议。

> **警示：**各单位应高度重视、加强管理，切实提升系统运维保障能力。一是压实主体责任，强化安全管理，加大技术保障；二是强化内部控制和合规管理，稳妥推进系统升级改造；三是完善系统测试工作，搭建独立于生产环境的专用测试环境，丰富系统升级变更后的测试场景，加强压力测试。

7.5.1 信息系统安全审计的定义

信息系统安全审计是评判一个信息系统是否真正安全的重要标准之一。通过收集、分析、评估安全信息，掌握安全状态，制订安全策略，确保整个安全体系的完备性、合理性和适用性；这样才能将信息系统调整到"最安全"和"最低风险"的状态。信息系统安全审计已成为企业内部控制、风险控制等不可或缺的关键手段，也是威慑、打击内部计算机犯罪的重要手段。

在国际通用的 CC 准则（即 ISO/IEC 15408—2:1999《信息技术安全性评估准则》）中对信息系统安全审计（Information System Security Audit，英文缩写为 ISSA）给出了明确定义：信息系统安全性审计主要指对与安全有关活动的相关信息进行识别、记录、存储和分析；审计记录的结果用于检查网络上发生了哪些与安全有关的活动，谁（哪个用户）对这个活动负责；主要功能包括安全审计自动响应、安全审计数据生成、安全审计分析、安全审计浏览、安全审计事件选择、安全审计事件存储等。

信息系统安全性审计的具体目标可分为一般安全性审计目标和特定安全审计目标。一般安全性审计目标是进行所有信息系统安全性审计必须达到的目标；特定安全性审计目标是特定信息系统安全性审计的目标。通常，信息系统安全性审计的具体目标是由被审计系统所属单位管理部门对系统的安全性认定和安全性审计总目标来确定。

7.5.2 信息系统安全性的认定

信息系统安全性认定是指被审计信息系统所属单位管理部门对系统安全性的断言或声明。企业(单位)对信息系统安全性认定通常有以下几类。

1)逻辑访问控制

逻辑访问控制安全认定是指信息系统的组织结构、业务流程和访问控制,是否能起到保护信息系统及数据,以避免非法访问、泄露或损毁的效果。

2)物理访问控制

物理访问控制安全认定是指对信息系统中各组件控制接触的保护情况,包括对计算机、各种重要网络设备、存储设备及敏感设备和资料等是否存放得当,以防止未经授权人接触信息系统的重要组件。

3)环境风险控制

环境风险控制安全认定是指对存放信息系统各组件的设施抵抗自然灾害的能力声明,包括对火灾、洪水、停电、电压突变及静电感应等环境因素而导致破坏的抵抗能力。

4)软件系统框架安全控制

软件系统框架的安全认定是指被审计信息系统所采用的软件体系结构,对组成系统各部件之间安全交互所提供的安全控制情况及效果。安全的软件系统框架将对防止非法入侵系统、未授权的变更导致数据和程序完整性受损等起到保护作用。

7.5.3 信息系统安全性审计的目标

在信息系统安全性审计实务中,安全性审计目标包括以下三个方面。

1)可用性

可用性是信息系统能够在规定条件下和规定时间内完成规定功能的特性,它是系统安全的最基本要求之一。系统的可用性主要体现为系统的抗毁性、生存性和有效性。

(1)抗毁性

抗毁性是指系统在人为破坏下的可用性。系统的抗毁性主要说明系统的组件在受到人为损坏的情况下,能够继续提供服务的能力。

(2)生存性

生存性是指系统在随机破坏情况下的可用能力。该指标主要反映系统部件因自然老化或受到不可预测损坏对系统可用性的影响。

(3)有效性

有效性是一种基于业务性能的可用性。该指标主要反映在信息系统部件失效情况下,满足业务性能要求的程度。

2)保密性

保密性是确保被审计系统信息不被泄露给非授权的用户、实体或过程的特性。该指标主要反映系统防侦测、防辐射、信息加密的性能。

3）完整性

完整性包括数据完整性和系统完整性。数据完整性是指信息未经授权不能进行改变的特性；系统完整性是指系统以无损方式运行预定功能，以防止未经授权的操作的特性。

7.5.4　信息系统安全性审计的范围

信息系统安全审计的对象是信息系统安全控制活动，这些安全控制活动的实施主要是为了满足企业安全需求的信息系统安全体系。信息系统的安全体系通常从技术、管理及组织三个方面进行构建，因此，信息系统的安全技术体系、管理体系及组织体系成为信息系统安全性审计范围。

1）信息系统的安全技术体系审计

根据美军全国防信息系统安全计划（DISSP）提出的三维安全体系思路，在信息系统的安全体系中，技术体系主要由信息系统构成单元安全、协议层次安全和系统所提供的安全服务三部分构成。信息系统安全技术体系如图 7.4 所示。因此，信息系统安全技术体系的审计范围应包括对系统构成单元、协议层次和系统所提供安全服务的审计。

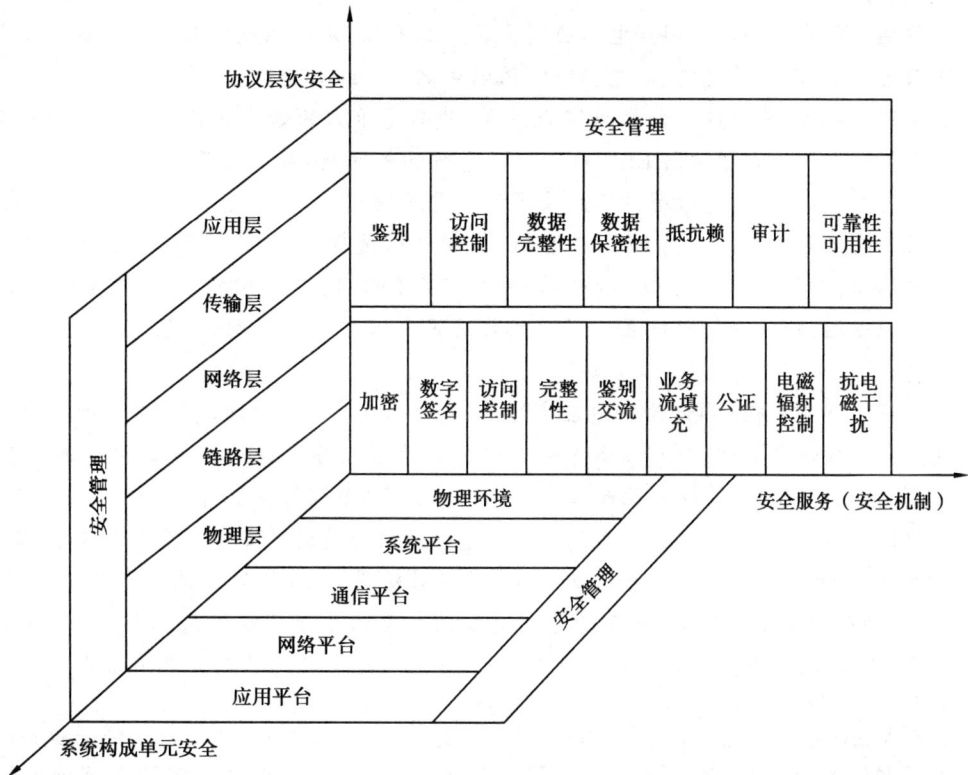

图 7.4　信息系统安全技术体系

2）信息系统的管理体系审计

管理是信息系统安全的灵魂。管理体系由制度管理、培训管理和法律管理三个部分组成。因此,管理体系审计范围主要是制度、人员培训及相关法律、法规对信息系统主体及其外界关联行为的规范情况。

3）信息系统的组织机构体系审计

组织机构体系是信息系统的组织保障系统,该体系由机构、岗位和人事三个模块所组成。信息系统的组织机构体系审计的范围是保证信息系统安全的组织保障系统。

7.6 信息系统绩效审计

案例8：许继集团有限公司实施 ERP 失败

1998 年年初,该公司采用 Symix 公司(后更名为 Frontstep 公司)的产品实施 ERP。直到同年 7 月,许继实施 ERP 的进展都很顺利。可是随后的一系列变故让项目彻底失败。4 年过去了,许继的销售额从当时的 15 亿元上升到目前的 22 亿元。但是,对许继来讲,当初实施的 ERP 如今却成了负担。

案例回放：

许继集团有限公司是国家电网公司直属产业单位,是中国电力装备行业的大型骨干和龙头企业,产品覆盖发电、输电、配电、用电等电力系统各个环节,横跨一二次、高中压、交直流装备领域,是国内综合配套能力最强、最具竞争力的电力装备制造商及系统解决方案提供商。许继希望运用 ERP 能解决三个方面的问题：第一方面是希望通过 ERP 规范业务流程;第二方面是希望信息的收集整理更通畅;第三方面是希望通过这种形式,使产品成本的计算更准确。在 ERP 选型时,许继公司选择了 Symix。Symix 在中小型企业中做得不错,价位也比较适中。刚开始,许继实施 ERP 的进展都很顺利,包括数据整理、业务流程重组、物料清单的建立。厂商的售后服务工作也还算到位,基本完成了产品的知识转移。

1998 年 8 月,许继内部为了适应市场变化,开始发生重大的机构调整。原来,许继没有成立企业内部事业部,而是以各个分厂的形式存在。各个分厂在激烈的市场竞争中,出现了这样的怪现象：许继自己制造的零部件,比如每个螺钉在公司内部的采购价格是 5 分钱,但在市场上 3 分钱就可以拿到。大调整的结果是将这些零部件分厂按照模拟法人的模式来进行运作。企业经营结构变了,而当时所用的 ERP 软件流程却已经定死了,Symix 厂商似乎也无能为力,想不出很好的解决方案。于是许继不得不与 Symix 公司友好协商,项目暂停,虽然已经运行了 5 个月,但是继续运行显然已经失去了意义。

警示：许继实施 ERP 失败说明,信息系统绩效审计应聚焦于过程中最核心的绩效评价,建立科学合理的绩效审计评价模型,才能契合企业绩效多投入多产出的特点。

7.6.1　信息系统绩效审计的必要性

信息系统信息化项目涉及技术、竞争、管理、企业文化等多个方面,仅通过财务指标难以评价 IT 项目的效果。

信息系统绩效审计就是利用经济性、效率性、效果性替代单纯的财务指标或单纯的技术指标作为衡量依据,从而综合、全面、客观、科学地进行评价。通过信息化项目评估,审计人员可以分析项目对企业盈利能力的影响,为公司的决策提供依据。

7.6.2　信息系统绩效审计的含义

根据审计内容所涵盖的信息系统生命周期阶段的不同,可以将信息系统绩效审计分为狭义的信息系统绩效审计和广义的信息系统绩效审计。

狭义的信息系统绩效审计是指将信息系统建设项目完成后的验收效果、运行情况、成本效益等作为内容进行审计与评价。

广义的信息系统绩效审计是指对贯穿信息系统整个生命周期的各个阶段(包括规划与组织、设计与开发、交付与运行、实施与维护以及日常评测与改进等)开展的绩效评价。

不管是狭义的信息系统绩效审计还是广义的信息系统绩效审计,其目的都是提升信息系统建设及运行效率,促进组织目标实现。

7.6.3　信息系统绩效审计的特点

信息系统绩效审计结合了绩效审计和信息系统,具有以下三个方面的特点。

1)经济性

信息系统提供供应、库存、生产、财务等方面的功能,能够及时、准确地提供对决策有重要影响的消息,从而提高决策的科学性和可行性,节省投资,避免不必要的开支。

2)效率性

信息系统可提高企业物流、资金流、信息流一体化管理的效率,降低库存,提高资金利用率和减少经营风险,控制产品生产成本,缩短产品生产周期,提高产品质量和合格率,减少坏账、呆账金额;改善与顾客和供应商的关系,提高企业荣誉。

3)效果性

信息系统可实现企业流程再造,让企业能够更合理地配置企业资源(包括人员、物品、资金、设备、信息等),优化业务,提高企业的管理水平,增强企业的竞争力。信息系统所强调的是人、财、物、供、产、销全面结合、全面受控、实时反馈、动态协调、以销定产、以产求供,以此实现效益最佳、成本最低。流程式管理和扁平化结构是企业物流、资金流、信息流和知识流相结合的全面的企业管理工具,它的运转使得管理改善持续化。

三者相互区别又相互联系,经济性审计主要局限于资源方面,更多用货币衡量、着重投入和成本分析;效率性审计主要涉及资源使用情况的审查,即"投入"与"产出"的关系;效果性审计是对信息系统使用以后产出情况的审查。信息系统绩效审计关系如图7.5所示。

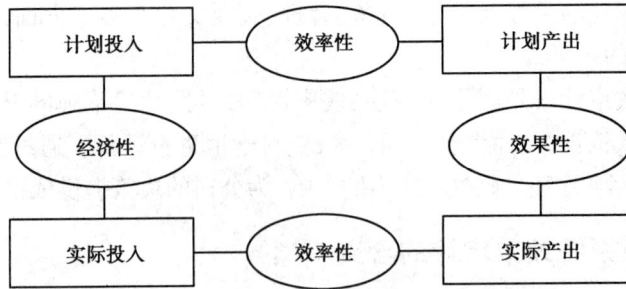

图7.5 信息系统绩效审计关系

7.6.4 信息系统绩效审计的评价标准指标

绩效评价指标通常可划分为以下几类:量化与非量化指标、财务与非财务指标、衡量过程与衡量结果。进行绩效审计时需要在评价指标体系中的各类指标之间取得一个平衡。

1)量化与非量化指标

量化指标就是将所要评价的目标予以数量化,通常以货币、产销量、百分比、完成阶段、处理件数等来表示;但并非所有评价对象均能很容易地予以数量化。例如,信息系统增进部门间的沟通、促进组织结构重组等方面的评价就很难用数字来表达,因此通常将难以量化的因素称为非量化指标。

2)财务与非财务指标

对于量化指标而言,如果能以金额表示的即为财务性指标,反之为非财务性指标。过去对 IT 项目的评价侧重财务性指标的衡量,但随着经济、技术的不断发展和外部环境的不断变化,非财务指标逐渐受到重视。促使企业越来越重视非财务指标的缘由如下所示。

①产品质量和服务越来越重要。

②信息技术的作用与影响常常是以间接方式显现出来。

③信息技术在企业中工作是长期的,短时间难以用财务指标衡量。

3)衡量过程与衡量结果的指标

衡量结果的指标体现战略执行的结果(如营业收入的增长、质量改善等),这些指标是典型的事后指标,它告诉管理者过去行动的结果。相对地,衡量过程的指标是事中指标,显示在执行某一策略时的关键因素。衡量结果的指标仅能指出最终结果,而衡量过程的指标能够指出实现最终结果的变化过程。

总之,对于信息系统绩效审计而言,信息系统给企业带来的效益是多方面的,会涉及企业中的各个层次,而且每一层次都有不同的系统使用水平和要求。因此,在进行信息系统评价时,必须结合每一个层次的系统使用特点,选取适合的评价指标。

7.6.5　信息系统绩效审计的方法

信息系统绩效审计的实施主要从四个方面来考虑,一是成本收益分析,确定信息系统的硬投入及可衡量收益;二是风险控制分析,确定系统的软投入与保障力;三是群体满意度分析,确定信息系统的目标群体满意度收益;四是系统的可持续性发展能力分析。

1) 成本收益分析

开展信息系统绩效审计必须首先要对其成本进行分析,然后再根据其收益来评价其效益情况。根据信息系统的特点,其成本涵盖了信息系统的整个生命周期,既有有形的,也有无形的,具体包含:

(1) 开发成本

具体指在信息系统的开发过程中发生的相关费用,包括前期的调研费、可行性分析耗费、设计费、开发人员工资福利,以及期间发生的其他开发支出等。若软件是商用成型软件,则该部分成本可能只有软件购买成本以及期间发生的相关费用。

(2) 实施成本

在信息系统实施过程中将发生大量费用,这可能是信息系统建立过程中一次性发生的最大的耗费,主要包含相关硬件采购、软件采购、网络通信设施、系统环境耗费、相关检测测试费用以及保险等。该部分的成本大部分都将作为固定资产而存在。

(3) 运行成本

信息系统在正常运行过程将需要相关成本的支撑,包括材料损耗、资产折旧、通信费用、人员工资福利、相关管理费等所有系统正常运行期间产生的耗费。

(4) 系统维护成本

信息系统在运行过程中产生的保证系统正常运行的维护成本,主要有维护人员工资福利、设备更新与维护费用、技术支持费用、后续开发费用等。

(5) 其他成本

主要包括重大灾难损失、系统恢复成本以及因发生意外而导致的相关耗费。

与成本相对应,信息系统的收益用可量化或定性的标准来衡量,主要有固定收益,指能长期获得相关部门的投入及拨款,这些是因信息系统的应用而带来的直接收入,可能不是通常意义上的单位可灵活支配资金;直接收益,指从信息系统提供的各种服务或信息中直接获得收益,这也是信息系统可作为生产力的直接证据;间接收益,即信息系统被利用带来的成本降低,以及其成果利用产生的收益,降低了成本即意味着收益的增加。

2) 风险控制分析

信息系统内部控制对于信息系统正常运行、达成组织目标是至关重要的,可以说"没有内部控制就没有信息系统"。对于风险控制的评价,其根本手段在于紧密结合组织目标,从系统的规划、设计、开发、实施、运行等系统生命周期的每个阶段衡量其与组织业务流程的结合度,主要有组织制度设计、业务流程再造、组织文化重塑、思想观念改革等,其直接的表现则在于组织竞争力的提升。具体来说,审计实践中应关注于利用信息系统带来的业务整合、业务流加速、出错概率降低、人员素质提高等定量或定性指标。

在风险控制审计实践中要把握风险、成本、效益平衡原则,时刻关注以下几点:一是控制成本与减少风险所得收益;二是管理层的风险喜好;三是愿意采用的风险降低方式。

3)群体满意度分析

信息系统群体满意度是评价信息系统时必不可少的内容。群体又包括内部群体与外部群体。对于内部群体来说,可操作、高容错、易掌握是多数人的基本要求,而要达到内部群体的业务需求则是其根本目标;外部群体的要求则复杂得多,其内容不但包含了内部群体的基本要求,还更多地体现了外部群体的预期,即对信息系统服务的形式预期、结果预期以及心理预期。形式预期即目标群体对信息系统界面、功能、色彩等直观易见的内容的心理感受;结果预期即目标群体对信息系统提供结果内容的深层次心理感受;心理预期即目标群体对信息系统功能、用途等相关的更深层次心理感受。在群体满意度评价的审计实践中,调查表、访谈以及实地的观察是解决此问题的较好办法,统计分析则是重要的手段。

4)可持续发展分析

可持续性评价是所有信息系统评价中最具有技术性的内容。在审计实践中,审计人员专业知识与技术能力的缺乏将会对该部分审计造成非常大的困难。如何去分析可扩充性、兼容性及成长性是当前信息系统审计应该解决的重要问题,但这并不影响我们从实践角度对它的分析。信息系统的可持续发展是与组织的发展紧密结合的,这就启示我们在评价中应紧紧围绕组织的战略、计划、愿景及业务发展方向,结合信息系统技术发展的前景,再加上专业人士的判断,进而得出信息系统的可持续发展评价。另外,可持续性发展分析也提示信息系统审计人员要关注系统后续审计,以及实现动态的可持续发展审计。

7.6.6 案例分析:人民银行信息系统绩效审计的评价方法

随着中国人民银行业务信息化程度的不断提高,其各级机构对信息系统的依赖不断加大。内审部门作为央行风险管理防线之一,需要发挥审计监督职能,并适时对信息系统进行绩效评价,以促进信息系统持续、有效运行。从研究平衡计分卡和层次分析法原理入手,结合人民银行信息系统特点,设计了人民银行信息系统绩效审计与评价指标体系,并选择人民银行信息系统进行了实证检验,初步形成了一套较为成熟的人民银行信息系统绩效审计的评价方法。

根据平衡计分卡原理,结合人民银行信息系统的特点,主要从信息系统的资金投入、内部控制、客户服务及发展成长四个层面来研究信息系统绩效评价内容和指标的设计,以此反映信息系统建设项目的经济性、效率性和效果性。

运用平衡计分卡原理设计绩效评价指标,需要按照组织的需要和特点的不同进行有针对性筛选。根据人民银行信息系统的业务特点,利用层次分析法,围绕资金投入、内部控制、客户服务、可持续性四个维度,设计了两级绩效评价指标体系(一级指标 11 个、二级指标 49 个),确定了各指标的权重,见表7.2。

表 7.2 信息系统绩效审计评价指标体系

类别	权重	一级指标	权重	二级指标	权重	评价得分
资金投入维度	35%	开发管理	40%	前期调研费	15%	
				需求和可行性分析费	20%	
				设计费	25%	
				开发人员费	40%	
		实施管理	30%	系统环境构建费	25%	
				网络通信设施部署费	20%	
				辅助软硬件采购支出	25%	
				检测测试费	15%	
				安全保障支出	15%	
		运行管理	15%	通信费	20%	
				管理费	25%	
				操作人员工资福利	25%	
				设备和材料损耗	15%	
				资产折旧	15%	
		维护管理	15%	设备更新与维护费用	25%	
				技术支持费用	25%	
				维保人员工资福利	25%	
				后续开发费用	25%	
内部控制维度	35%	管理层控制	30%	IT 战略规划	25%	
				IT 组织与职责分工	25%	
				IT 风险管理	25%	
				IT 管理制度体系	25%	
		一般控制	40%	系统开发与程序变更管理	20%	
				系统访问安全管理	30%	
				IT 日常操作管理	20%	
				物理安全管理	30%	
		应用控制	30%	输入控制	25%	
				验证控制	25%	
				接口控制	20%	
				权限控制	20%	
				职责分工	10%	

续表

类别	权重	一级指标	权重	二级指标	权重	评价得分
客户服务维度	15%	服务满意度	100%	业务需求满足度	15%	
				可操作性	12%	
				容错率	12%	
				易维护性	8%	
				易掌握性	10%	
				系统稳定运行率	15%	
				形式预期实现率	8%	
				结果预期实现率	10%	
				整体预期实现率	10%	
可持续性维度	15%	发展成长	20%	可扩展性	35%	
				兼容性	30%	
				可成长性	35%	
		应急处置	40%	应急处置方案	25%	
				应急保障	25%	
				应急演练	15%	
				突发事件处置	35%	
		日常管理	40%	维护合规率	50%	
				故障及时解决率	50%	

　　人民银行采纳了根据审计发现的绩效和合规方面的不足所提出的改进建议,进一步促进了人民银行改善信息系统建设与管理,提高了人民银行信息系统管理绩效,从而促进了信息系统的持续、安全、稳定、有效运行。

本章小结与知识图谱

　　本章首先介绍了信息系统审计发展历程,然后陈述了信息系统审计的内涵、信息系统审计目标和内容,最后就信息系统审计的三种类型进行了详细讲解,如图7.6所示。要求学生掌握信息系统审计目标和内容,了解信息系统审计三种类型,重点掌握信息系统绩效审计方法。

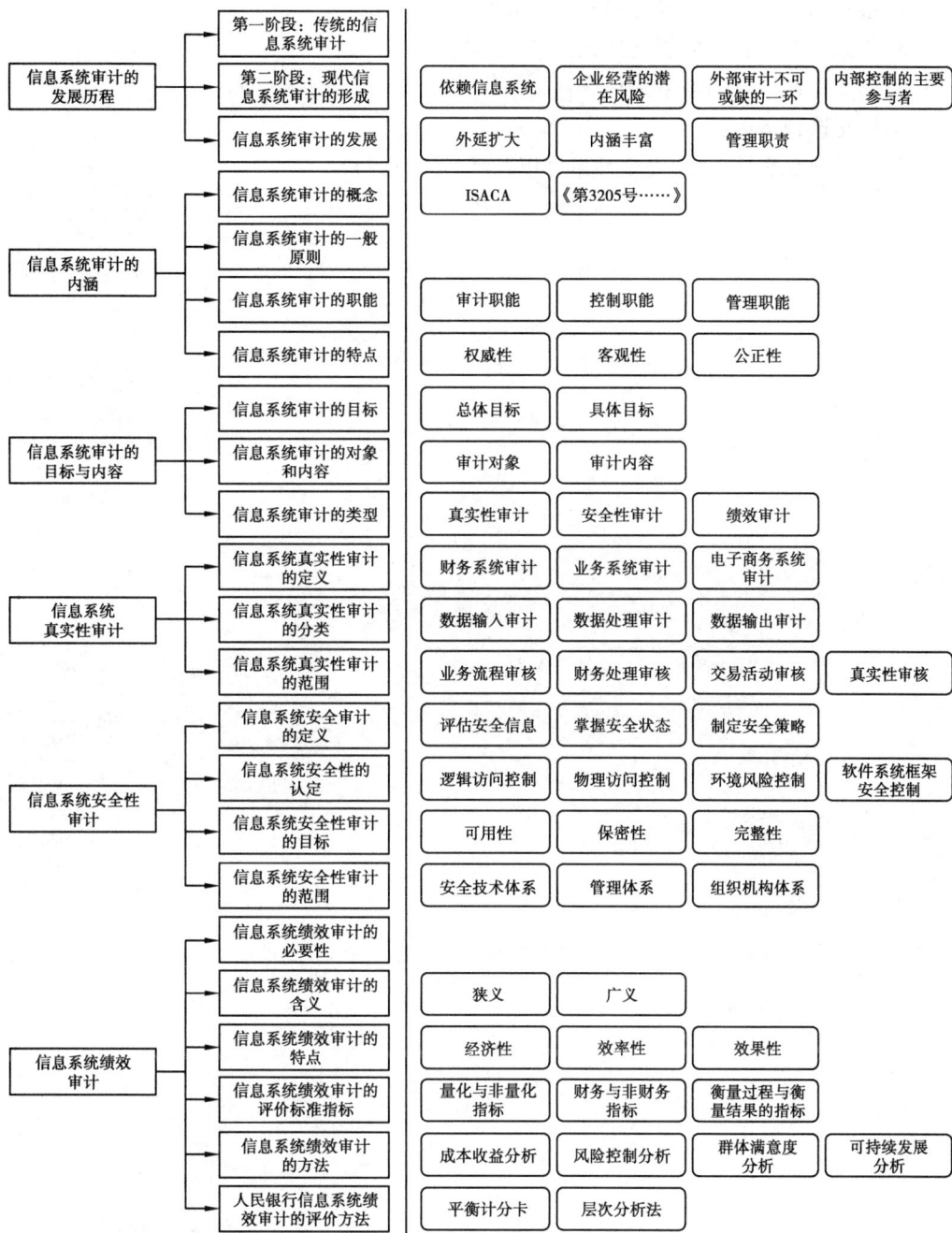

图 7.6 信息系统审计概述——知识图谱

【课外思考与阅读】

思考题：

1）什么是信息系统审计？

2）信息系统审计的对象与内容是什么？

3）信息系统审计的职能是什么？

4）信息系统审计的类型是什么？

小论文选题指南：

信息系统真实性审计、安全性审计以及绩效审计评价

第8章 信息系统审计实施

信息系统对整个组织的生产和经营管理起着举足轻重的作用,信息系统运行的可靠性和高效率对整个组织的正常运转具有密切的关系。许多现实案例已充分证明,仅对计算机管理的电子数据进行审计极有可能是信息化条件下的"假账真查",信息系统迫切需要进行严格审计。

【案例导读】

案例1:广州地铁IT审计

2006年以来,广州地铁公司组建了专门的IT审计模块,探索如何"利用计算机审计"和"通过计算机审计",经历了借力、助力和自立三个阶段。2014年,在参考业界信息系统审计理论和指导原则的基础上,结合公司实际情况,广州地铁建立了具有自身特色的信息系统审计框架。

审计新旧框架,如图8.1所示。

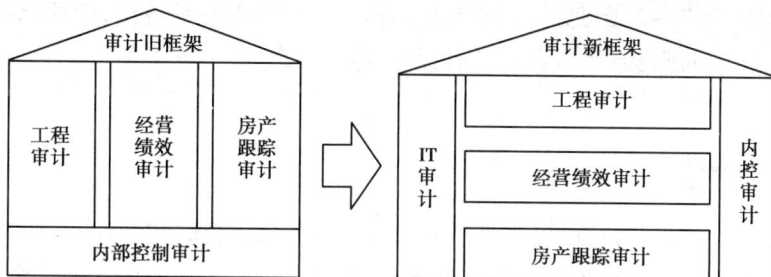

图8.1 审计新旧框架

案例回放:

广州地铁公司结合广州地铁信息化项目多、系统更新快、数据集成度高、系统控制与手工控制并重等特点,围绕信息系统构成要素、信息系统生命周期和信息系统管理三个维度,将信息系统审计的内容划分为整体计算机控制审计、应用控制审计和系统建设效能评价三个方面。

1)信息系统审计内容

①围绕"信息系统全生命周期",规范整体计算机控制审计框架。

②从内部控制角度出发,细化信息系统应用控制审计的内容。

③围绕"信息化项目"和"信息系统",综合评价信息化建设的效能。

2)信息系统审计步骤及实施策略

①以公司战略为导向,制订信息系统审计的战略。

②通过风险评估,确定各信息系统的风险等级,制订层次分明、重点突出的信息系统循环审计计划。

A.梳理信息系统脉络,全面掌握信息系统现状;

B.开展信息系统评分,制订风险导向型审计计划;

C.以风险为导向,开展信息系统审计项目,如图8.2所示。

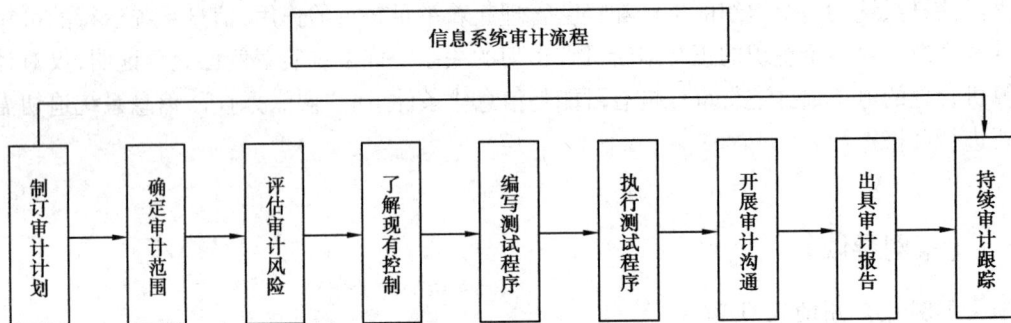

图8.2　信息系统审计流程

③建立广州地铁信息系统审计标准体系,提高审计质量。

> **警示**:由于信息技术自身的特点,加之被审计单位信息系统内部控制方面可能存在缺陷以及信息系统审计人员在专业技术和职业道德方面亦不完美,信息系统审计风险客观存在。因此,广州地铁公司需要梳理信息系统脉络,全面掌握信息系统运行情况;开展信息系统评分,制订风险导向型审计计划。

【学习目的】

实施信息系统审计,可以保证整个系统的合法性、正确性、可靠性、有效性和安全性。为了提高信息系统审计工作水平和工作效率,要求在实施及方法体系上均要做出适应性的拓展甚至创新与变革。本章主要介绍了信息系统审计的方法、工具和程序以及信息系统内部控制审计,要求学生:

1)了解信息系统审计的工作流程

2)掌握信息系统审计的方法与工具

3)了解数字证据取证方法

4)掌握信息系统审计的程序

5）了解信息系统内部控制

6）掌握信息系统内部控制审计

8.1　信息系统审计的工作流程

信息系统审计的工作流程主要包括接受审计委托、评估审计风险、制订审计计划、收集审计证据、出具审计报告、后续审计六个阶段，如图 8.3 所示。

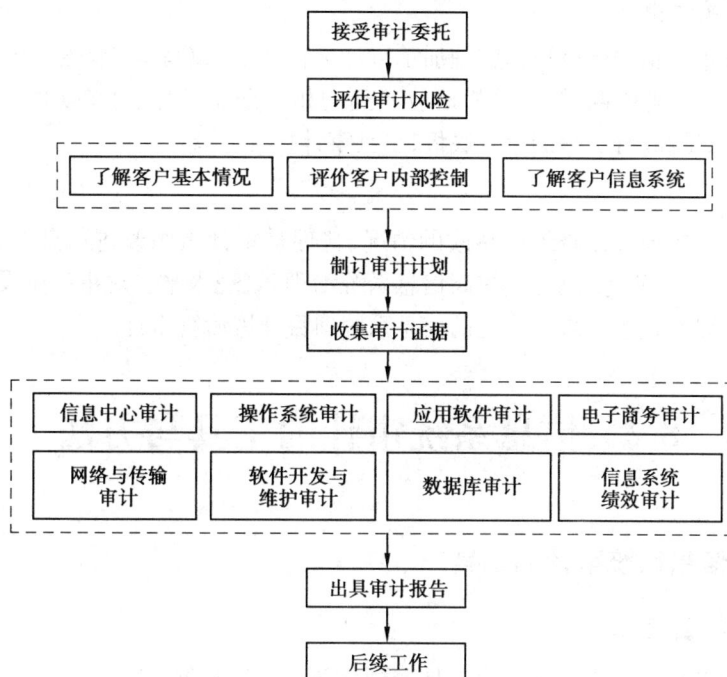

图 8.3　信息系统审计工作流程

1）接受审计委托

信息系统审计师接受审计委托，与委托人签订委托书，确认审计业务委托与被委托的关系，明确委托的目的、审计范围及双方责任与义务等事项，最终形成书面合约，审计委托书即具有法定的约束力。

2）评估审计风险

了解被审计单位基本情况、信息系统的现状以及评价其内部控制情况，在此基础上进行风险评估。

①收集被审计组织信息系统的内部控制管理制度及流程，对被审计组织相关人员进行访谈，了解组织的信息系统决策及管理政策、方法、控制活动。

②初步评估信息系统内部控制。选择被审计组织信息系统的重点业务流程，对固有风险和控制风险进行初步评估，对信息系统控制有效性作出评价。

201

3) 制订审计计划

接受审计任务,编制审计实施方案,发出审计通知书。编制审计实施方案的主要内容包括信息系统项目建设及应用情况、审计目的、审计依据、审计对象与范围、审计内容重点及方法、审计步骤与时间安排、审计组与人员分工等。

4) 收集审计证据

运用检查、复核、观察、查询、函证、白盒测试(结构测试)、黑盒测试(功能测试)、计算机取证等方法,获得审计证据。审计证据必须具备充分性、适当性和可信性。

5) 出具审计报告

信息系统审计报告阶段包括整理加工审计工作底稿、编写审计报告、出具审计结论。审计人员应运用专业判断,综合分析所收集到的相关证据,以经过核实的审计证据为依据,形成审计意见和结论,编制审计底稿,出具审计报告。

6) 后续审计

后续审计主要通过监督组织整改的情况,督促被审计组织改进信息系统治理,完善相关的规章制度、流程等,以持续提高信息系统治理、管理水平。对审计中发现的重大问题和控制缺陷以及整改效果不明显的信息系统项目开展后续审计。

8.2 信息系统审计的工具与方法

8.2.1 信息系统审计的工具

1) 数据分析工具

数据分析工具主要有文件查找工具、数据检索工具、数据结构转换工具、指针检测工具、数据处理工具(包括但不限于排序、合并、复制、创建、修改、删除、重组)、文件打印工具、数据比较工具等。

2) 数据库审计工具

数据库审计工具是指跟踪数据和数据库结构变化的工具,包括本地数据库审计、安全信息和事件管理及日志管理、数据库活动监控等。

3) 源代码安全审计工具

源代码安全审计是依据公共漏洞字典表、开放式 Web 应用程序安全项目以及设备、软件厂商公布的漏洞库,结合专业源代码扫描工具对各种程序语言编写的源代码进行的安全审计。源代码安全审计工具可提供包括安全编码规范咨询、源代码安全现状测评、定位源代码中存在的安全漏洞、分析漏洞风险、提出修改建议在内的等一系列服务。

4) 日志安全审计工具

日志安全审计的目的是收集系统日志,通过从各种网络设备、服务器、用户计算机、数据库、应用系统和网络安全设备中收集日志,进行统一管理和分析。日志审计系统有信息采集、信息分析、信息存储、信息展示等功能。

5)网络安全审计工具

网络安全审计是指按照一定的安全策略,利用记录、系统活动和用户活动等信息,检查和检验操作事件的环境及活动,从而发现系统漏洞、入侵行为或改善系统性能的过程。这也是检查评估系统安全风险并采取相应措施的一个过程。网络安全审计从审计级别上可分为三种类型:系统级审计、应用级审计和用户级审计。

6)专用审计工具箱

包括病毒查杀软件、坏磁盘恢复软件、数据反删除软件、磁盘反格式化软件、静态安全分析软件、动态安全分析软件、访问控制分析软件、漏洞扫描及渗透测试等专用工具软件。

8.2.2　信息系统审计的方法

信息系统审计的方法是指为了完成信息系统审计任务所采取的手段。在信息系统审计工作中,要完成每一项审计工作,都应选择合适的审计方法。信息系统审计方法主要包括访谈法、调查法、检查法、观察法、测试和平行模拟法、程序代码检查、编码比较法、风险评估法等。

1)访谈法

访谈法是指通过面对面或在线视频、音频等方式交谈来了解被审计对象的信息。依据不同问题的性质、目的或对象,采用不同的访谈形式。

2)调查法

调查法是在制订调研计划的基础上,通过书面或口头回答问题的方式收集、研究对象的相关资料,并做出综合分析,得到某一结论的研究方法。

3)检查法

检查法是指审计人员对组织内部或外部生成的记录和文件(包括但不限于纸质、电子或其他介质形式存在的资料)进行检查,或对资产进行实物检查。

例如,信息系统审计师通过审阅可行性研究报告、系统分析说明书、现状分析报告、输入输出和代码调查表等文档,检查上述文档以及相应的信息系统建设、应用、管理、运行是否符合国家法律法规、行业标准以及组织内部规章制度等。

4)观察法

审计人员运用观察法,观察被审计组织员工的职责履行以及业务操作程序等情况来识别员工的逻辑访问权限是否合规、软硬件物理控制是否有效、盘点信息资产是否安全。

5)数据测试法

审计人员将预先设计好的测试数据(包括正常的、有效的业务数据和不正常的、无效的业务数据)输入被测试程序加以处理,并将处理结果与事先计算的结果进行对比分析,从而验证有关应用程序处理逻辑和控制的有效性、可靠性和完整性的方法。在设计测试数据时,审计人员应充分考虑信息系统中可能发生的每一种错误,主要包括:

①数据类型错误。

②顺序紊乱的编码。

③数据超越了限制的条件。

④数据比较出错。

⑤无效的账户编码及关键字。

⑥不合理的逻辑条件判断。

⑦数据文件不匹配。

⑧计量单位用错。

数据测试法主要有黑盒法、白盒法、平行模拟法等。

(1)黑盒法

当审计人员重点关注程序是否达到所需求的功能时,可采用黑盒法来设计测试数据。黑盒法设计出的测试数据除了可以检查程序功能上的错误和缺陷外,还可以审计系统用户界面、接口、效率、初始化和终止错误。

(2)白盒法

当审计人员主要关注在程序中是否存在错误的执行路线时可以采用白盒法。白盒法是从程序内部的逻辑结构出发选取测试数据的方法,它的原理是通过审计程序中的所有执行路线来发现程序中的错误和缺陷。

(3)平行模拟法

针对某应用程序,审计人员可以用一个独立的程序去模拟该程序的部分功能,对输入数据进行并行处理,再将其结果和该应用程序处理的结果进行比较,以验证其功能的正确性。

6)程序代码检查法、程序编码比较法

(1)程序代码检查法

对被审计程序的指令逐条审计,以验证程序的合法性、完整性和程序逻辑的正确性。

(2)程序编码比较法

比较两个及以上独立保管的被审计程序版本,以确定被审计程序是否经过修改,并评估程序的改动所带来的后果。

7)风险评估法

风险评估常用技术有分级技术和经验判断法。

(1)分级技术

根据被审计对象的技术复杂性、现有控制程序的水平、可能造成的财务损失等各种因素的风险值累计为总风险值,再根据分值大小进行排列分为高、中、低级风险。

(2)经验判断法

审计人员根据专业经验、业务知识、管理层的指导、业务目标、环境因素等进行判断,以决定风险大小。

8）追踪测试法

事先对被审计系统进行修改,插入特殊追踪程序,以便审计人员对特别的交易或容易发生错误的交易进行跟踪检查;同时,保留处理前后的信息,进行分析比较,以判断系统处理和控制功能的有效性。该方法由于需要在被审计系统中插入追踪程序,因此,要求审计人员具有较高的计算机应用水平;如果被插入的追踪程序在测试结束后未被及时删除,则可能给系统带来一定的风险。

9）系统监视法

利用计算机硬件设备和系统软件的日志功能,监视系统的运行效率及硬件设备使用情况、程序被调用情况,并通过对这些日志的分析评估信息系统的控制风险。该方法具有使用方便、成本低的特点,但由于日志文件存在被修改的可能,因此,对系统重要控制功能的审计还需借助其他方法进行测试,以降低审计风险。

8.3 数字证据取证的方法与技术

信息系统审计的一个显著特点是需要处理大量的数字证据。数字证据与传统证据有明显区别,其特点是内容显示具有间接性、存放介质具有多样性、内容修改或删除没有痕迹、内容复制具有无磨损性。

数字证据取证是对计算机系统中的数据进行检查、识别、收集、分析、提取、保存的活动。计算机系统既是取证的工具,也是取证的对象。

8.3.1 数字证据取证的方法

1）数据保护

为了避免想要的信息被篡改,所有的措施都必须落实到位。审计人员应确立特定的协议,用以通知相应各方将开展电子证据搜寻工作,并告知他们不要通过任何方式破坏证据,这一点非常重要。事故响应和处理的基础设施和流程也应该落实到位,以便在事件或事故发生时进行有效地应对和司法调查。

2）数据采集

所有需要的信息和数据都应转移到受控位置。这包括所有类型的电子介质,例如固定磁盘驱动器和可移动介质。审计人员必须检查每个设备以确保其处于写保护状态,可使用称为"只读锁"的设备实现此目的。除此之外,还可以通过将陈述记录在案的方式从目击者或相关方处获得数据和信息。审计人员可通过检查易失性数据确定系统的当前状况,这种数据包括打开的端口、文件、活动进程、用户登录数据和随机存取存储器(Random Auess Memory,英文缩写为 RAM)中存在的其他数据。当计算机关闭时,此类信息会丢失。

3）数据镜像

生成镜像是一个逐比特复制数据的过程,旨在避免在执行多个分析时原始数据或信息遭到损坏。通过镜像生成过程可从磁盘中获得残留数据(例如已删除的文件、已删除文件的片段和其他存在的信息)以供分析。借助适当的工具,有时还能够从磁盘表面恢复遭到破坏的信息(甚至包括通过重新格式化擦除的信息)。

4）数据提取

此过程包括从镜像数据集中识别和选择数据,同时应保证数据的质量符合完整性和可靠性标准。提取过程不仅涉及所使用的软件和制作镜像时所用的介质,还涉及不同的源,如系统日志、防火墙日志、入侵检测系统(IDS)日志、审计轨迹和网络管理信息。

5）数据获取或正规化

此过程是指将提取到的信息转换为调查人员能够理解的格式,其中包括将十六进制或二进制数据转换为可读的字符或适合数据分析工具的格式。审计人员可以通过外推法创建数据关系,也就是使用在构建调查假设时会用到的各种技术,如融合、关联、制图、绘制关系图或时间线制作。

8.3.2 数字证据取证的技术

1）识别类技术

用于判定可能与断言或与突发事件时间相关的项目、成分和数据的一种数字取证技术。使用的典型技术有事件检测、签名处理、配置检测、误用检测、系统监视以及审计分析技术等。进行证据识别的数据主要来源于计算机主机系统、计算机外部设备和网络方面。

2）保全类技术

用于保证证据状态完整性的一种数字取证技术。证据保全是指采取有效措施保护电子证据的完整性、原始性及真实性。使用的典型技术有镜像技术、证据链监督技术、时间同步技术等。

3）收集类技术

用于提取或捕获突发事件的项目及其属性的一种数字取证技术。使用的典型技术有复制软件、无损压缩以及数据恢复技术等。

4）检查类技术

用于对突发事件的属性或特征进行仔细检查的一种数字取证技术。使用的典型检查类技术有追踪、过滤技术、模式匹配、隐藏数据发现以及隐藏数据提取等。

5）分析类技术

用于获取结论而对数字证据进行融合、关联和同化的一种数字取证技术。使用的典型分析类技术有追踪技术、统计分析技术、协议分析技术、数据挖掘技术、时间链分析技术等。

6）呈堂类技术

用于客观、清晰、准确地报告舞弊事项的一种数字取证技术。使用的典型呈堂类技术有证据链监督技术、数字摘要技术、数字签名技术、数字时间戳技术等。

呈堂类技术的主要任务是：

①通过计算机作案的日期和时间、计算机运行环境变量、操作系统版本、计算机硬盘状况以及其他相关情况记录进行归档处理。

②从取证工作的准备阶段到证据呈堂整个过程中证据的完整性情况说明。

③病毒评估分析报告、文件种类、取证工具许可证书、专家对电子证据的分析结果的归档处理和呈交。

8.4　信息系统审计的程序

案例 2：大庆油田信息系统审计

大庆油田有限责任公司信息系统审计采用的实施模式主要是借鉴常规审计模式，坚持"全面审计，突出重点"的原则，根据内部审计准则和大庆油田有限责任公司审计部业务规范，制订信息系统审计计划并实施信息系统审计工作。

案例回放：

大庆油田公司根据自身的生产实际和管控需求，面对油田信息化建设蓬勃发展和企业生产经营管理高度依赖信息技术这一现状，大庆油田有限责任公司审计部在石油内部审计行业率先开展了信息系统审计。从项目计划、组织实施和业务流程分别着手，项目计划由审计部信息管理科经过对信息系统普查情况的调研分析后确定初步立项意向，并报送给项目管理科；项目立项后，由审计部对审计人员进行知识结构和业务能力的综合考虑，最终确定适合参与项目人员，与信息管理科人员共同组成审计组。信息系统审计的业务流程除了常规审计业务流程固有的项目立项、审前准备、现场实施、审计终结等几部分外，还有项目立项前的普查调研、审前准备阶段的学习培训以及审计终结后的经验总结。大庆油田信息系统审计程序如图 8.4 所示。

信息系统审计的实施过程如下：首先依托信息系统资料库合理确定审计对象，以信息系统审计为切入点和落脚点，以计算机数据审计技术作为重要手段，采集相关信息系统数据；然后根据业务逻辑关系、数据对应特征、法律规范和审计经验等，对数据进行检查、核对、分析和挖掘，查找信息系统对应的业务处理中的可疑事项；最后通过开展系统审计与常规审计相结合的复合性审计项目，采用远程审计与现场审计相结合的方式，使审计范围覆盖信息系统支撑的业务领域，并有针对性地开展现场审计工作。

通过开展上述信息系统审计业务，不但在实践中进一步提升了信息系统审计的实务能力，同时也由于充分运用信息系统审计的方式方法促进了常规业务审计的发展，实现信息系统审计与常规业务审计的融合。此次审计结果受到大庆油田有限责任公司主要领导的高度重视,对审计报告作出批示,并对有关工作提出具体要求。进一步规范了企业经营管理行为,促进了企业的良性发展。

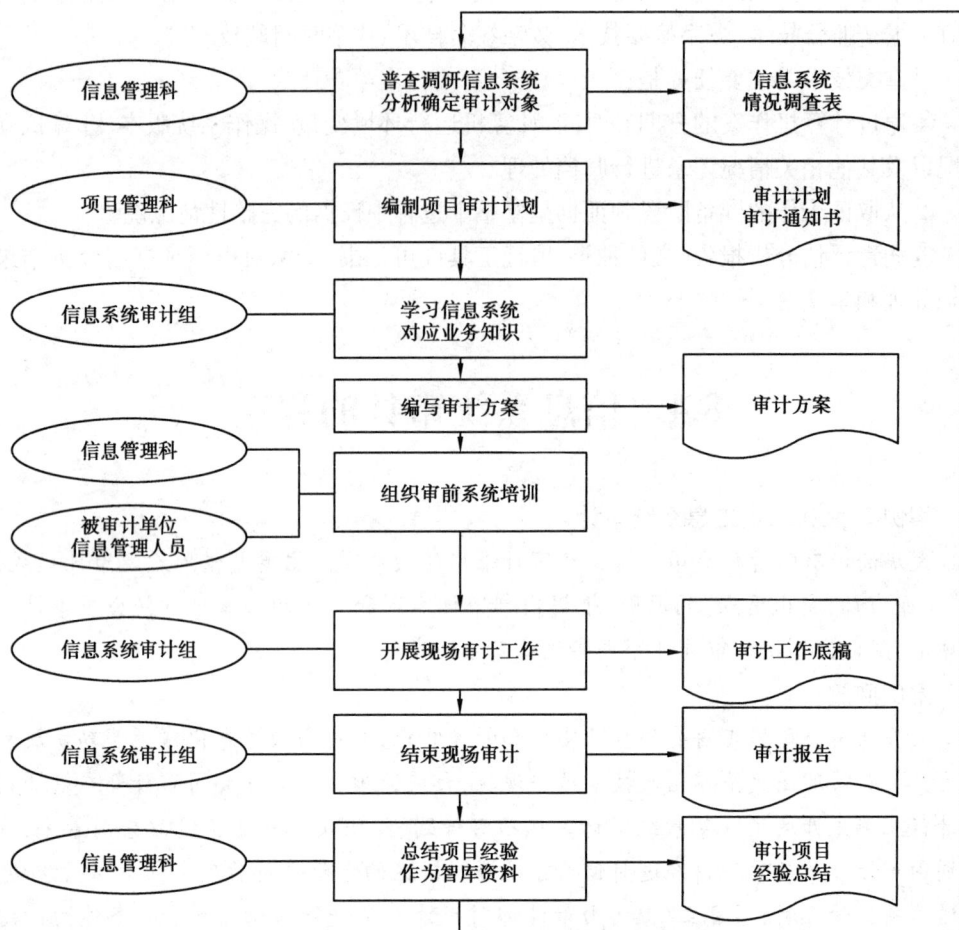

图 8.4　大庆油田信息系统审计程序

信息系统审计的程序一般包括审计准备、开展现场审计、编制审计工作底稿、出具审计报告,以及后续审计工作等多个环节。

8.4.1　审计准备

1)审前准备

信息系统审计师在实施信息系统审计前,需要根据信息系统审计的目标开展审前调查,收集法规、制度依据以及其他有关资料。审前调查主要了解组织信息系统的治理管理体制、总体架构、规划和建设、应用管理情况等。具体如下:

(1)治理和管理体制

主要了解信息系统管理机构设置、管理职责、工作流程等。

(2)系统总体架构

①系统分布。包括系统数量、规模和分布,绘制信息系统分布图。

②信息系统主要类型。

③各信息系统的基本情况和系统之间的关联关系。

④信息系统应用覆盖面及应用程度。

(3)规划和建设情况

①规划。信息系统发展规划以及规划、年度计划的落实情况。

②建设。信息系统建设程序、投入、管理,了解已完成系统和在建系统。

③应用管理。信息系统应用管理制度、使用率和应用中存在的主要问题、困难和矛盾。

2)制订审计工作方案

根据审前准备情况,制订信息系统审计工作方案。方案内容包括但不限于被审计组织信息系统的基本情况,如审计的目的、审计的依据、审计的对象与范围、审计的内容及方法、审计的步骤与时间安排、审计组与人员分工等。在审计组组成环节,审计部门可以借助外部专家的力量。在审计组中应当有具备信息技术经验和知识的专、兼职审计专家,便于补充提高审计组的胜任能力。

案例 3:×××信息系统审计工作方案

一、审计工作范围

以下提纲概括了在信息系统审计中涉及的工作范围。希望贵公司相关部门配合审计人员进行信息系统审计,包括访谈、执行系统测试(穿行测试、控制测试),以及相关审计文档的获取。

1.公司层面信息系统管理审计

将与贵公司信息科技部相关负责人交流,了解贵公司在公司层面信息系统管理的情况,并审阅有关控制存在的支持性文档,审核范围包括:

● 控制环境(包括 IT 战略规划、组织架构、人员配备、制度建设等)

● 风险评估(包括 IT 风险的识别、评估和应对)

● 信息与沟通(包括业务与 IT 部门的沟通机制)

● 监控(包括 IT 部门及人员绩效考核)

2.信息系统一般性控制与应用性控制审计

将通过访谈和审阅相关文档的方式了解和确认贵公司信息系统一般性控制层面的流程及应用控制情况。此外,还将通过抽样测试的方式检查相关控制执行的有效性。审核范围包括信息系统开发、信息系统变更、信息系统运行维护和信息安全等方面,涉及上述控制的 IT 流程包括:

● 系统开发和数据转换流程

● 程序变更流程

● 配置变更流程

● IT 基础架构变更流程

● 数据修改流程

● 用户账号及权限管理流程(包括用户账号的创建、权限的修改和删除、对超级用户

的管理和监控、用户定期权限审阅、用户口令设置等)

- 机房物理安全管理流程
- 网络安全管理流程
- 远程访问管理流程
- 防病毒管理流程
- 备份和恢复流程
- 灾难恢复计划和业务可持续性计划流程
- 问题和突发事件的管理流程
- 批处理管理流程
- 第三方服务商管理

二、审计所需资料清单

为协助审计工作,请贵公司于审计前准备以下基本文档以便我们参考及审阅,见表8.1。

表8.1 审计所需资料清单

序号	文件资料清单	状态
1	××××—××××年审计范围内系统程序变更清单,审计人员将在现场抽取样本并检查相关支持文档,包括当前应用程序版本号截屏、变更申请表、测试报告、上线验收报告、用户手册及培训计划等。请提供经过审批签字的最终版本,如果没有发生程序变更,请提供相关证明文档(系统最后更新日期等信息)	
2	××××—××××年审计范围内系统配置变更清单及相关支持文档。包括申请、审批、测试上线、验收等。由审计人员在现场抽取样本后提供即可	
3	审计范围内系统的生产环境、开发环境和测试环境主机IP地址截图(用于确认公司对生产环境、开发环境和测试环境是否实现了隔离)	
4	审计年度内信息系统关键系统用户账号创建/权限变更/删除流程	
5	××××—××××年公司的员工流动列表(包括入职、离职和岗位变动)由人力资源部提供	
6	审计范围内系统当前用户列表,包括用户名、使用人、创建日期、角色权限等内容(包括应用系统、操作系统和数据库层面)	
7	××××—××××年审计范围内系统用户账号创建/权限变更/删除申请表(包括应用系统、操作系统和数据库层面)——由审计人员在现场抽取样本后提供即可	
8	审计范围内系统用户口令及安全设置截屏(包括应用系统、操作系统和数据库层面)	
9	审计范围内系统超级用户/管理员清单(包括应用系统、操作系统和数据库层面)	

续表

序号	文件资料清单	状态
10	××××—××××年审计范围内系统超级用户/管理员操作日志定期审阅记录(包括应用系统、操作系统和数据库层面)	
11	××××—××××年审计范围内系统用户账号定期审阅记录(包括应用系统、操作系统和数据库层面)	
12	防病毒软件服务器及客户端相关设置截屏	
13	网络安全管理制度,以及相关网络拓扑图、防火墙安全策略设置截图	
14	远程访问用户权限清单,及××××年、××××年远程访问账号创建申请及审批记录——由审计人员在现场抽取样本后提供即可	
15	信息安全保密制度,以及通过网络传输的涉密或关键数据清单	
16	××××—××××年新入职IT人员签署的保密协议,以及与第三方服务商、外包人员签署的保密协议	
17	机房、数据中心清单;机房门禁系统中具有进出机房权限的人员名单;外来人员访问机房记录	
18	审计范围内系统数据的备份策略设置截屏,××××—××××年备份结果检查记录、备份介质清单、备份介质取用记录、定期备份恢复测试记录,异地备份策略截图	
19	灾难恢复计划、业务可持续性计划以及××××年、××××年定期演练报告	
20	××××—××××年IT问题处理记录	
21	审计年度内IT服务商服务协议及服务评价记录	

说明:在实际工作中,会根据访谈及对以上文档的审阅结果,来决定是否需要贵公司所提供其他相关的审计证据和样本。

8.4.2 开展现场审计

审计准备工作完成后,信息系统审计师依据审计计划开展现场审计的过程。审计人员结合审前准备了解的内容,按照被审计组织的信息化环境、业务流程、内控制度等方面的风险,明确具体项目审计目标、细化审计内容,突出审计重点。开展现场审计应主要完成以下工作:

1)评估被审计组织的信息系统内部控制

(1)了解相关信息

收集被审计组织信息系统的内部控制管理制度及流程,对被审计组织相关人员进行

访谈,了解组织的信息系统决策及管理政策、方法、控制活动等,主要内容包括:

①信息系统内部控制环境;

②风险管理;

③控制活动;

④信息与沟通;

⑤内部监督。

(2)开展控制测试

信息系统审计师通过开展控制测试,评价信息系统的内部控制要素,以确定组织能接受的控制风险。验证控制措施的执行是否符合管理政策和程序可以为审计提供合理的保证。信息系统控制测试主要包括控制环境测试和功能测试。主要内容包括:

①组织管理的控制测试;

②系统建设管理的控制测试;

③系统资源管理的控制测试;

④系统环境管理的控制测试;

⑤系统运行管理的控制测试;

⑥系统网络和通信管理的控制测试;

⑦系统数据库管理的控制测试;

⑧系统输入、处理、输出的控制测试;

⑨其他。

(3)评估信息系统内部控制

根据对组织信息系统的控制测试情况,选择组织信息系统的重点业务流程,对固有风险和控制风险进行初步评估,对信息系统控制有效性作出评价。

2)开展实质性测试

审计人员应根据控制测试结果确定实质性测试的性质、时间和范围。组织层面评价内容包括组织架构、权责分配、发展战略、人力资源、培训与考核等。

对组织信息系统开展风险评估时,应结合相关规范中有关风险评估的要求,重点关注内部和外部风险信息的搜集,利用风险识别机制按照风险评估的程序、方法,评估风险等级并检查应对策略的有效性。

对信息与沟通进行审计时,应结合组织信息与沟通的相关管理制度,对信息收集、处理和传递的及时性,反舞弊机制的健全性,财务报告的真实性,信息系统的安全性,以及利用信息系统实施内部控制的有效性等进行审查和评价。

对内部监督进行审计时,应结合组织内部监督制度,对内部监督机制的有效性进行认定和评价,重点关注内部审计机构等监督机构是否在内部控制设计和运行中有效发挥监督作用、内部控制缺陷认定是否客观、整改方案措施是否得当,并有效整改。

内部控制检查评价方法主要包括个别访谈法、调查问卷法、比较分析法、标杆法、穿行测试法、抽样法、实地查验法、重新执行法、专题讨论会法等。内部控制检查评价应综合运用上述方法,充分利用信息系统,实施在线检查、监控。

8.4.3　编制审计工作底稿

审计工作底稿应具备可追溯性并且是对已执行工作的真实记录,要在工作底稿中正确记录审计文书、活动、测试、发现和事故。工作底稿的格式和存储介质根据部门的特定需求而有所不同。信息系统审计人员尤其应该考虑如何保持审计测试证据的完整性和保护证据,以保证其作为支持审计结果证物的价值不变。

案例 4:对信息系统一般控制的了解和测试工作底稿示例

以一家 A 股上市的大型企业为例,针对项目组在执行信息系统一般控制测试时可以考虑的要素和方面进行说明,见表 8.2。表中并未列示项目组所有应当考虑的控制,所列示的控制也不一定适用于所有审计项目的具体情况。项目组在实务工作中需要根据企业的具体情况识别控制,并根据对风险的评估选取适当的样本规模进行测试(本例中样本规模的选取仅作参考)。

表 8.2　测试工作底稿示例

控制编号	控制目标	控制描述	测试程序
一、与信息技术控制环境相关的控制			
CE1	权限管理	建立和实施权限管理,确保系统内权限的分配是适当的	①访谈了解账号及权限管理机制: A.是否制订了正式的账号及权限管理制度,对账号及权限的日常变动、账号及权限的定期审阅管理进行正式规定; B.访谈了解内审部门是否对账号及权限进行适当监控。 ②获取账号及权限管理制度,检查制度设计的有效性
CE2	IT 系统管理制度	建立和适当实施 IT 系统管理制度	①访谈了解 IT 系统管理制度: A.客户是否建立正式的 IT 系统管理制度,包括是否得以执行; B.内审部门是否参与了 IT 系统管理办法的制订过程。 ②获取 IT 系统管理制度,检查制度设计的有效性
CE3	备份管理	建立和实施备份管理,确保生产系统数据的可用性	访谈了解客户的备份管理机制: A.备份:总部集中执行备份还是下属单位分别执行备份; B.备份检查:总部单位集中检查备份结果还是下属单位分别检查备份结果
二、与程序开发相关的控制(具体内容略)			
三、与程序变更相关的控制			
1.测试和质量保证(具体内容略)			

续表

控制编号	控制目标	控制描述	测试程序
2.关于迁移到使用环境的授权(具体内容略)			
3.关于迁移到生产环境的授权(具体内容略)			
四、与程序和数据访问相关的控制			
1.安全组织和管理(具体内容略)			
2.应用安全管理(具体内容略)			
3.数据安全(具体内容略)			
4.操作系统安全(具体内容略)			
5.密码安全(具体内容略)			
五、与计算机操作有关的控制			
备份管理(具体内容略)			

8.4.4　出具审计报告

案例5:×××企业信息系统审计报告

一、项目摘要

简要说明本项目的基本信息,具体包括:

(一)项目名称,所属审计项目名称,审计实施单位和主要审计人员,审计实施的时间;

(二)本项目所包括的各具体信息系统审计事项名称及所属审计事项类别;

(三)本项目所采用的信息系统审计技术和方法简要描述;

(四)审计发现和建议的简要描述。

二、被审计单位信息系统基本情况

(一)描述被审计单位信息化建设和管理的相关情况;

(二)描述与本项目相关的被审计单位主要信息系统的总体情况,分析被审计单位对这些信息系统的业务依赖程度;

(三)描述与本项目相关的被审计单位主要信息系统的组织管理、系统运行、业务流程、电子数据等方面情况。

三、被审计单位信息系统控制情况

描述与本项目相关的被审计单位主要信息系统的控制情况,包括一般控制和应用控制情况。

四、信息系统审计总体目标

详细说明本信息系统审计项目的总体审计目标。

五、审计重点内容及审计事项

描述本信息系统审计项目的重点关注内容,按照附件 1 中关于审计事项的分类,划分本信息系统审计项目所实施的审计事项。

针对每一审计事项,详细说明以下方面的内容:

(一)具体审计目标

本审计事项的具体审计目标。

(二)审计测试过程

1.详细说明在审计准备阶段需要调查了解的信息内容,调阅的资料名称,分析的管理或业务流程,编制的审计底稿等;

2.详细说明在审计实施阶段对关键控制点的分析,选择的测试技术和方法,测试的实施过程以及测试得出的初步结论等;

3.在以上说明中,要着重介绍审计测试技术、方法以及自动化工具的使用,并要对所涉及的技术、方法、工具的适用性与效果进行分析。

(三)审计发现问题和建议(略)

六、对项目的自我分析与评价

(一)描述本项目(或所属信息系统审计项目)的特点和价值所在;

(二)对该项目中各具体审计事项内容和目标的理解;

(三)信息系统审计中所使用技术、方法和工具的经验总结。

> **警示**:信息系统审计师签发的信息系统审计报告不同于其他类型的审计报告,而是以超然独立的第三方身份,对被审计组织信息系统管理的安全性、产生数据的真实性、运行的绩效等方面发表意见,具有鉴证作用。在信息系统审计报告中,应陈述信息系统审计结论、信息系统审计建议和保留意见。

1)信息系统审计报告的规范

①信息系统审计报告必须明确被审计组织、需送达人员和发布过程中的任何限制条件。

②审计报告需写明审计范围、审计目标、审计覆盖的时间跨度和所执行审计工作的性质、时间和范围。

③审计报告应写明审计发现、审计结论、审计建议和审计人员对该审计的任何保留意见、限制性或局限性。

④审计人员必须拥有足够的、恰当的审计证据来解释报告中的审计结果。

⑤当审计报告发布时,信息系统审计师必须按照审计章程或委托书上的相关条款在上面签字、签署日期并分发出去。

说明:审计报告的具体格式和内容随审计业务和审计项目的不同而不同。

2）审计报告的结构和内容

①报告简介。这部分将陈述审计目标、审计和范围限制、审计涵盖的时间段，综述审计过程中所执行审计程序和所检查流程的性质和范围，并说明信息系统审计方法和准则。

②审计发现包含在单独章节中，通常按重要性或目标接收者分组。

③信息系统审计人员针对审计中所检查控制和程序的充分性发表的总体结论和意见，以及根据检测到的缺陷识别出的实际潜在风险。

④信息系统审计师关于审计的保留意见或资质。这部分可能会说明所检查的控制或程序是否充分。审计报告的其余部分应支持该结论，并且审计过程中搜集的全部证据应为审计结论提供更大力度的支持。

⑤详细的审计发现和建议。信息系统审计师是否在审计报告中包含特定发现，这取决于发现的重要性和审计报告的目标接收者。例如，仅对当地管理层重要而对整个组织几乎没有控制意义的审计发现，可以不纳入计划提交给董事会审计委员会的审计报告中。信息系统审计人员应在上级管理层的指导下决定各级别的审计报告中应包含哪些内容。

⑥在审计过程中的各种发现，有些可能很重要，有些则实质上不重要。审计人员可以选择以备忘录等备用形式将较不重要的结果呈递给管理层。

8.5 信息系统内部控制

信息技术改变了企业的经营环境和经营方式，管理层的决策、信息的产生和流动很大程度上也需要依赖信息系统。信息系统作为企业中信息技术与组织、管理者结合的产物，其在企业中应用的日渐深入，使得信息系统业务活动和内部控制间存在很多相互交叉的内容。原本权力制衡及岗位分离为基础的内部控制逐步发展成为以信息流为基础的信息系统内部控制。

8.5.1 信息系统内部控制的需求

由于企业的业务运作已经越来越依赖于信息系统，以至于信息系统控制成为企业内部控制的重要组成部分。信息系统内部控制的要求主要体现在组织层面信息管理控制（控制环境）、应用控制（对业务流程控制）和一般控制（对信息系统基础技术架构平台进行有效的管理控制）三个方面。对信息系统内部控制的需求主要表现在如下几个方面。

1）安全

基于应用和平台；定位在那些可能影响基础设施的应用上；需要有安全的操作系统、

数据库、网络、防火墙和基础设施;审计师会寻找过度访问、缺乏职责分离、不恰当访问授权问题,也会测试关键过程,以确定控制的有效性。

2)变更控制

需要有程序能控制和确保对系统变更的恰当批准;通过技术性控制来限制和控制开发者访问系统。

3)灾难恢复

定位在基本的数据备份和恢复。

4)IT 治理

IT 是否存在清晰的策略、程序和沟通;职责分离是否明确;IT 组织是否有合适的上层论调。

5)开发及实施活动

在将新系统或系统变更引入到生产环境之前,需要建立恰当的控制;审计师可能会评估新的财务系统;数据转换和测试是关键问题。

8.5.2　信息系统内部控制的目标

实现企业价值最大化是企业内部控制的目标,也是信息系统内部控制实施的终极目标。

1)与业务目标的一致性

信息系统内部控制要从组织目标和信息化战略中抽取信息需求和功能需求,形成总体的信息系统内部控制框架,为系统的运行提供保障,保证信息技术跟上持续变化的业务目标。

2)有效利用信息资源

通过对信息资源进行有效管理,保护投资的回收,并支持决策。

3)风险管理

信息系统内部控制强调风险管理,通过制订信息资源的保护级别,强调关键的信息技术资源,有效实施监控和事故处理。信息系统内部控制是使组织适应外部环境变化、使组织内部实现对业务流程中资源的有效利用,从而达到改善管理效率和水平的重要手段。

8.5.3　信息系统内部控制的要素

内部控制要素是指内部控制制度的构成要素,是对内部控制系统、科学、合理的简明划分。信息系统内部控制由 IT 内部控制环境、IT 风险评估、IT 控制措施、IT 信息与沟通、IT 内部监控 5 项要素构成。

1)IT 内部控制环境

控制环境是对企业内部控制系统的建立和实施具有重大影响的各种要素的总称。IT 内部控制环境是实施 IT 内部控制的基础,主要包括 IT 治理架构、IT 组织与职责、IT 决策机制、IT 合规与 IT 审计。

2)IT 风险评估

风险评估主要包括目标设定、风险识别、风险分析和风险应对。IT 目标设定可理解为 IT 战略与 IT 规划,IT 风险识别与分析应对(包括对信息资产的风险、IT 流程的风险以及应用系统的风险识别与应对)。

3)IT 控制措施

针对风险评估的结果,在 IT 方面需要实施具体的 IT 控制措施,包括 IT 技术类控制措施,如防火墙、防病毒、入侵检测、身份管理、权限管理等;以及 IT 管理类控制措施,包括各类 IT 管控制度与流程,如开发管理、项目管理、变更管理、安全管理、运营管理、职责分离、授权审批等。

4)IT 信息与沟通

在 IT 领域也需要明确具体的 IT 管理制度和沟通机制,建立服务平台与事件管理程序,及时在企业内部层级之间传递和企业相关的外部信息。

5)IT 内部监控

建立 IT 内部控制体系的审核机制,评价 IT 控制的有效性。通过 IT 技术手段(如日志、监控系统、综合分析平台等)和管理手段(如内部 IT 审核、管理评审、专项检查等措施),不断改进企业的 IT 内部控制。

在 IT 内部控制实施的过程中,充分利用企业已有资源,努力做到企业的成本/收益最大化。确定严格的权限管理、稳固的信息基础平台、安全的应用系统和全面的审计监控是保证 IT 内部控制合规的四大核心要素。针对这四大要素,审计人员将提出 IT 内部控制解决方案,企业可根据实际情况,选择并组合这些解决方案,最终形成贴合自身需求的 IT 内部控制解决方案,如图 8.5 所示。

8.5.4　信息系统内部控制的涉及对象

实施信息系统内部控制主要涉及以下三个层面。

1)决策层面

①政策制定:公司整体的 IT 治理架构、决策机制和基本策略。

②信息与沟通:IT 制度的发布、沟通机制与管理程序。

③风险评估:建立风险评估流程和 IT 风险矩阵,包括信息资产评估程序和流程风险评估。

④监控检查:建立 IT 技术监控措施,包括内部 IT 审核、管理评审、专项检查等措施。

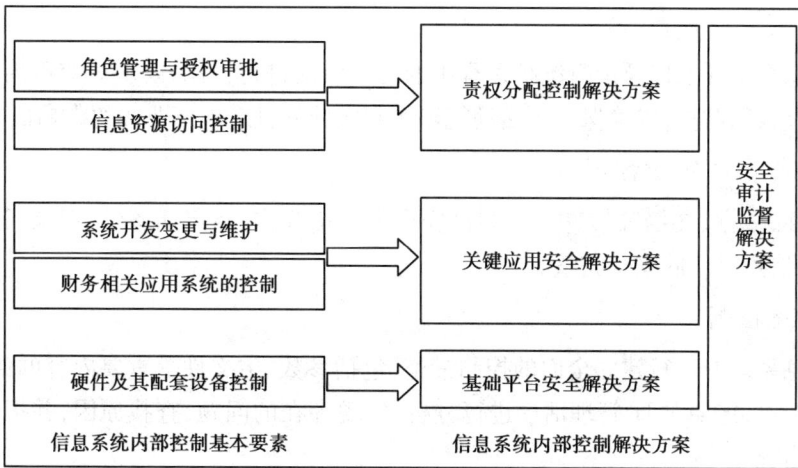

图 8.5　信息系统内部控制解决方案

2）业务层面

①信息安全策略：包括问题管理、应急管理、第三方管理、职责分离。

②信息安全流程：包括备份管理、数据中心管理、设备安全、系统安全等，管理账号等。

3）技术层面

①信息系统的变更和维护：授权和跟踪变更申请、系统编程、测试和质量保证、迁移到生产环境的授权、文档和培训、变更管理等。

②信息系统的操作和运行：对系统操作的总体控制、批处理、备份管理、管理数据中心环境、第三方管理、账号与权限管理、用户培训、服务水平协议、问题管理、事件管理等。

8.5.5　信息系统内部控制的设计内容

控制措施通常包括职责分工控制、授权控制、审核批准控制、信息资产保护控制、系统控制、人员控制、内部报告控制等。

1）职责分工控制

企业要根据自身的规模及其面临的风险来确定合适的职责分离，以限制对计算机、生产数据库、生产程序、程序文件、操作系统以及系统工具的访问，减少由于人工操作所带来的潜在危害，如系统开发人员不应该拥有访问生产环境的权限等。

2）授权控制

要求企业根据职责分工，明确各部门、各岗位办理经济业务与事项的权限范围、审批程序和相应责任等内容。企业内部各级管理人员必须在授权范围内行使职权和承担责任，业务经办人员必须在授权范围内办理业务。

3）审核批准控制

对信息系统开发以及运行维护过程中的变更活动进行控制，要求对变更活动进行申请、评估、授权和监控，以确保变更活动能够顺利实施并且对现行业务的影响最小。

4）信息资产保护控制

对软件、数据、文档等信息资产制订安全保护措施，包括定期备份、记录、管理、保险等，以确保信息财产的安全完整。

5）系统控制

对信息系统的运行建立全面的控制措施，包括参数、主文件等重要内容的访问、修改权限的监控等，定期对 IT 管理活动进行分析，发现存在的问题，查找原因，并提出改进意见和应对措施。

6）人员控制

科学设置 IT 部门的考核指标体系，对 IT 部门及其员工的绩效进行考核和评价，加强人员的日常管理以及培训。

7）内部报告控制

企业需要建立和完善信息系统内部控制报告制度，明确相关信息的收集、分析、报告和处理程序，及时提供信息系统运行和管理的重要信息，增强 IT 内部控制的时效性和针对性。

8.6 信息系统内部控制审计

信息系统内部控制审计事项主要包括组织层面信息管理控制审计事项、一般控制审计事项、应用控制审计事项三个方面。

案例6：×××A 股上市公司信息系统审计事项及关键要点，如表8.3所示。

表 8.3　信息系统审计事项

审计事项类别	审计事项子类	审计事项名称	审计事项编码
组织层面信息管理控制审计	总体 IT 控制环境审计	IT 规划和计划审计	GC-1
		IT 组织结构审计	GC-2
		IT 管理政策审计	GC-3

续表

审计事项类别	审计事项子类	审计事项名称	审计事项编码
一般控制审计（GC）	基础设施控制审计	机房物理环境控制审计	GC-4
		硬件设备采购管理控制审计	GC-5
		系统软件采购管理控制审计	GC-6
	信息系统生命周期控制审计	系统开发控制审计	GC-7
		系统采购控制审计	GC-8
		系统变更控制审计	GC-9
	信息安全控制审计	逻辑访问控制审计	GC-10
		网络安全控制审计	GC-11
		操作系统安全控制审计	GC-12
		数据库系统安全控制审计	GC-13
		最终用户控制审计	GC-14
	信息系统运营维护控制审计	系统操作管理控制审计	GC-15
		系统变更管理控制审计	GC-16
		系统灾难恢复控制审计	GC-17
	其他一般控制审计	其他一般控制审计	GC-18
应用控制审计（AC）	业务流程控制审计	业务授权与审批控制审计	AC-1
		交易数据输入控制审计	AC-2
		数据处理逻辑审计	AC-3
		数据输出控制审计	AC-4
	数据控制审计	对主数据的审计	AC-5
		对业务参数的审计	AC-6
		对重要信息的审计	AC-7
	接口控制审计	界面接口审计	AC-8
		数据接口审计	AC-9
		应用接口审计	AC-10
	系统外控制审计	补偿性控制审计	AC-11
	其他应用控制审计	其他应用控制审计	AC-12

8.6.1 对组织层面信息技术控制的审计

组织层面信息技术控制审计的内容包括以下几个方面。

1）控制环境

审计人员应关注组织的信息技术战略规划与业务布局的契合度、信息技术治理制度体系建设、信息技术部门的组织架构、信息技术治理的相关职权与责任分配、信息技术的人力资源管理、对用户的教育和培训等方面。

2）风险评估

审计人员应关注组织在风险评估总体架构中关于信息技术风险管理的流程、信息资产的分类和信息资产所有者的职责，以及对信息系统的风险识别方法、风险评价标准、风险应对措施。

3）控制活动

审计人员应关注信息系统管理的方法和程序，主要包括职责分工控制、授权控制、审核批准控制、系统保护控制、应急处置控制、绩效考评控制等。

4）信息与沟通

审计人员应当关注组织决策层的信息沟通模式，信息系统对财务、业务流程的支持度，信息技术政策、信息安全制度的传达与沟通等方面。

5）内部监督

审计人员应当关注组织的监控管理报告系统、监控反馈、跟踪处理程序以及对信息技术内部控制自我评估机制等方面。

8.6.2 对信息系统一般性控制的审计

信息系统一般性控制是确保组织信息系统正常运行的制度和工作程序，目标是保护数据与应用程序的安全，并确保异常在中断情况下计算机信息系统能持续运行。信息系统一般性控制包括硬件控制、软件控制、访问控制、职责分离等关键控制。审计人员应当采用适当的方法、合理的技术手段对信息系统建设的合规合法以及信息系统的安全管理、访问控制、基础架构、数据保护、灾难恢复等方面开展审计。信息系统一般性控制审计应当重点考虑下列控制活动。

1）系统开发和采购审计

审计人员应当关注组织的应用系统及相关系统基础架构开发和采购的授权审批，如系统开发所制订的系统目标以及预期功能是否合理、是否能够满足组织目标；系统开发的方法，开发环境、测试环境、生产环境的分离情况，系统的测试、审核、验收、移植到生产环境等环节的具体活动。

审计人员还应当对应用系统的开发与实施过程所采用的方法和流程进行评价，以确保其满足组织目标。主要内容包括评估拟定的系统开发或采购方案,确保其符合组织战略目标;评估项目管理过程,确保组织在满足成本效益原则的基础上实现风险管理框架下的组织业务目标,确保项目按计划开展,并有相应文档提供充分支持;评估相关信息系统的控制机制,确保其符合组织的相关制度规定;评估系统的开发、采购和测试、维护,对系统实施定期检查,确保其持续满足组织要求。

2) 系统运行审计

审计人员应当关注组织的信息技术资产管理、系统容量管理、系统物理环境控制、网络环境资源配置、系统和数据备份及恢复管理、问题管理和系统的日常运行管理等内容。一般控制措施包括但不限于保证数据安全、保护计算机应用程序正常运行、防止系统被非法侵入、保证在错误操作或意外中断情况下的持续运行等。

主要内容包括评估组织在信息系统运行日常操作以及信息系统基础设施管理的有效性及效率性,确保其为达到组织的目标提供支持;评估信息系统服务相关实务,确保内部和外部服务提供商的服务等级是明确并可控的;评估运行管理,确保信息系统支持功能有效满足业务需求;评估数据管理,确保数据库的完整性和最优化;评估性能的发挥及监控工具与技术应用;评估问题和事件管理,确保所有事件、问题和错误被及时记录。

3) 系统变更审计

审计人员应当关注组织的应用系统及相关系统基础架构的变更、参数设置变更的授权与审批,变更测试及移植到生产环境系统中的流程控制等。审计人员还应当对变更、配置和发布管理情况进行评估,以确保变更被详细记录。

4) 信息安全审计

审计人员应当关注组织的信息安全管理制度、物理访问、系统设置的职责分离控制,以及针对网络、操作系统、数据库、应用系统的身份认证和逻辑访问管理机制等。

主要内容包括评估逻辑、环境与信息技术基础设施的安全性,确保其能支持组织保护信息资产的需要,防止信息资产在未经授权的情况下被使用、披露、修改、损坏或丢失;评估逻辑访问控制的设计、实施和监控,确保信息资产的机密性、完整性、有效性和授权使用合规性;评估网络框架和信息传输的安全;评估环境控制的设计、实施和监控,确保信息资产充分安全。

8.6.3　对信息系统应用控制的审计

信息系统应用控制是指在业务流程层面为了合理保证应用系统准确、完整、及时地完成业务数据的生成、记录、处理、报告等功能而设计、执行的信息技术控制。对业务流程层面应用控制的审计应当考虑下列与数据输入、数据处理以及数据输出环节相关的控制活动:

1）授权与批准

在审计应用程序的访问控制时，审计人员必须关注是否只有被授权的使用人才可以访问系统数据或执行授权范围内的程序功能、输入控制是否保证每笔被处理的事务能够被正确完整地录入与编辑、是否只有合法且经授权的信息才能被正确输入。

2）系统配置控制

在审计系统配置控制时，审计人员应当主要关注应用系统基础参数的设置与调整，包括参数的正确性、审批与授权、调整日志等。

3）异常情况报告和差错报告

审计信息系统在出现不能正常运行、计算结果错误等异常情况时，系统能否自动提醒以及接收、保存差错输出报告。

4）接口/转换控制

审计人员应当对应对接口的数据流向、数据传输能力、数据转换准确性等进行测试和检查，并评估接口/转换能否保证数据流通的正确性以及数据传输能力是否满足系统功能需求。

5）一致性核对

当审计系统传输时，需重点检查传输报告分发是否建立了相应的人工控制环节，包括但不限于安全打印、接收签名、加密、只读等，以防范因非法篡改所造成的不一致。

6）职责分离

当审计系统数据的录入、修改与审核的职责分离时，审计人员应当关注对数据进行加密和敏感性分级处理的规则以及加密方式是否满足工作需求。

7）系统计算

审计信息系统对数据计算的准确性及计算效率。

本章小结与知识图谱

本章首先介绍了信息系统审计工作流程，又陈述了信息系统审计方法与工具，以及数字证据取证方法，还讲述了信息系统审计程序，最后介绍了信息系统内部控制及信息系统内部控制审计，如图8.6所示。要求学生了解信息系统审计工作流程，掌握信息系统审计方法，掌握信息系统审计程序，掌握信息系统内部控制审计。

信息系统审计的工作流程	接受审计委托	签订委托书	确认委托关系	形成书面合约
	评估审计风险	了解基本情况	了解信息系统现状	评价内部控制
	制订审计计划	信息系统应用情况	审计目的	审计对象与范围 / 审计步骤时间安排
		审计依据	审计内容与方法	审计组与人员分工
	收集审计证据	检查	复核	函证 / 白盒测试 黑盒测试
	出具审计报告	整理审计工作底稿	编写审计报告	出具审计结论
	后续审计	督促被审计单位整改	完善规章制度	
信息系统审计的工具与方法	信息系统审计工具	数据分析工具	数据库审计工具	源代码安全审计工具 / 网络安全审计工具
		日志安全审计工具	专用审计工具箱	
	信息系统审计方法	访谈法	调查法	检查法 / 数据测试法
		观察法		
		程序代码检查法	编码比较法	风险评估法 / 追踪测试法
		系统监视法		
数字证据取证的方法与技术	数字证据取证方法	数据保护	数据采集	数据镜像 / 数据提取
		数据获取或正规化		
	数字证据取证技术	识别类技术	保全类技术	收集类技术 / 分析类技术
		检查类技术	呈堂类技术	
信息系统审计的程序	审计准备	审前准备	制订审计工作方案	
	开展现场审计	评估信息系统内部控制	开展实质性测试	
	编制审计工作底稿	记录审计文书	记录审计活动	记录审计测试 / 记录发现和事故
	出具审计报告	审计报告的规范	审计报告的结构和内容	
信息系统内部控制	内部控制的需求	安全	变更控制	灾难恢复 / IT治理
		开发及实施活动		
	内部控制的目标	与业务目标一致性	有效利用信息资源	风险管理
	内部控制的要素	IT内部控制环境	IT风险评估	IT控制措施 / IT信息与沟通
		IT内部监控		
	内部控制的涉及对象	决策层面	业务层面	技术层面
	内部控制的设计内容	职责分工控制	权限控制	信息资产保护控制 / 人员控制
		审核批准控制	系统控制	内部报告控制
信息系统内部控制审计	组织层面	控制环境	风险评估	控制活动 / 信息与沟通 内部监督
	一般性控制	系统开发和采购	系统运行审计	系统变更审计 / 信息安全审计
	应用控制	授权与批准	系统配置控制	接口/转换控制 / 职责分离
		异常情况报告和差错报告	一致性核对	系统计算

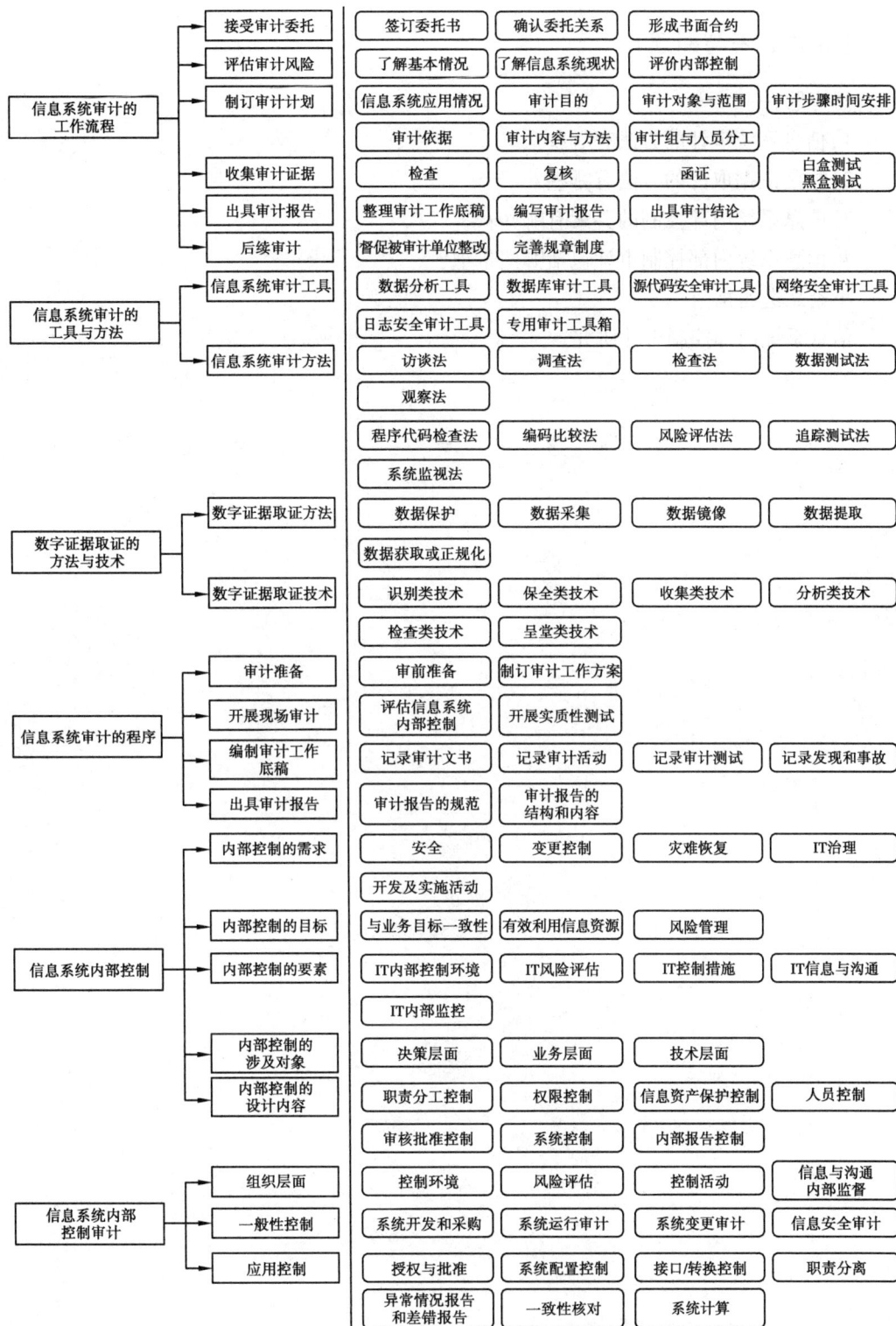

图 8.6 信息系统审计实施——知识图谱

【课外思考与阅读】

思考题：

1）信息系统审计的方法有哪些？

2）数字证据取证的方法有哪些？

3）信息系统内部控制的要素有哪些？

4）信息系统内部控制审计包括哪些事项？

小论文选题指南：

信息系统内部控制审计研究

第 9 章　专项审计

云计算、移动互联网等新技术的迅猛发展,使得各类信息呈现爆炸式增长。由于数据管理、安全隔离、访问控制及数据加密等措施不充分,面临的网络入侵和信息泄露风险越来越大,如信息泄露、数据丢失、科技创新水平下降等。因此,应加强对信息科技领域的专项审计,为组织提质增效。

【案例导读】

案例1:某城市商业银行信息科技外包审计

某城市商业银行选择了信息科技外包服务,这可能给银行引入新的风险,如信息泄露、数据丢失、科技创新水平下降等;因此,对信息科技外包风险的审计显得尤为重要。加强对信息科技外包风险管理的审计监督,严防信息科技外包风险事件,能为组织提质增效。

案例回放:

为客观充分地反映被审计对象的现状,确定以下总体策略:一是要明确评价标准;二是以风险为导向;三是科学配置审计资源;四是降低审计风险。审计总体策略如图9.1所示。

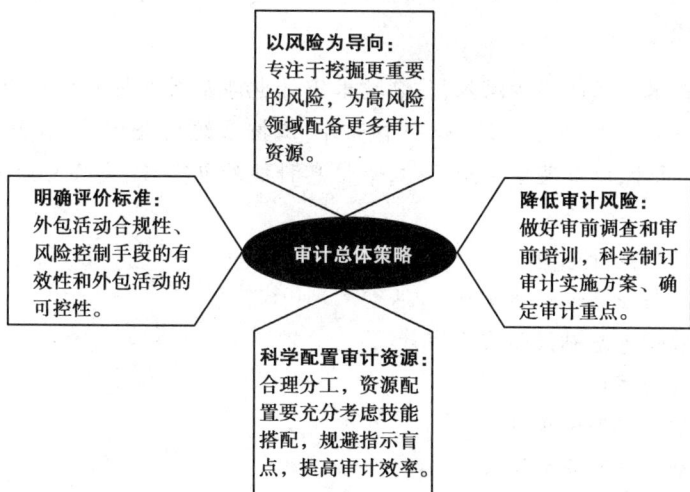

以风险为导向:
专注于挖掘更重要的风险,为高风险领域配备更多审计资源。

明确评价标准:
外包活动合规性、风险控制手段的有效性和外包活动的可控性。

审计总体策略

降低审计风险:
做好审前调查和审前培训,科学制订审计实施方案、确定审计重点。

科学配置审计资源:
合理分工,资源配置要充分考虑技能搭配,规避指示盲点,提高审计效率。

图9.1　审计总体策略

(一)建立信息科技外包风险库

以监管要求和行业最佳实践为出发点,结合某城市商行信息科技外包现状,识别潜在风险,建立信息科技外包风险库,梳理出5个领域共26个固有风险点,见表9.1。

表9.1 信息科技外包风险库

风险领域	固有风险点数量
信息科技外包管理组织架构	4
信息科技外包总体风险控制	5
外包商的评估、准入、退出、监控和评价及日常管理	9
外包依赖性	4
外包项目合同	4
合计	26

(二)审计内容

1.外包风险管理组织架构的完整性

2.外包风险总体控制的有效性

3.对外包商管理的有效性

4.外包集中度和外包依赖性

5.合同管理

> **警示:**通过信息科技审计,可评价外包服务目标是否符合组织的目标,判断外包合同是否清晰定义并被遵守、数据安全是否得到保障,以及在目标、功能、效益、成本方面的期望是否最终实现。

【学习目的】

随着信息技术应用的逐步深入,信息技术审计也涉及对新技术的应用。本章主要介绍了关键信息基础设施安全审计、云安全审计、工控系统安全审计、移动互联网安全审计、物联网安全审计,以及某些常见专题,如信息科技外包审计、灾备与业务连续性审计。本章要求学生:

1)掌握信息科技外包审计

2)掌握灾备与业务连续性审计

3)掌握关键信息基础设施安全审计

4)掌握云安全审计

5)了解工控系统安全审计

6)了解移动互联网安全审计

7)了解物联网安全审计

9.1　信息科技外包审计

9.1.1　信息科技外包

信息科技外包是指组织将原来由自身负责处理的某些业务活动委托给服务提供商进行持续处理的行为,包括系统研发类外包、咨询服务类外包、系统运行维护类外包及业务外包中的相关信息科技活动等内容。

服务提供商包括独立的第三方、组织的母公司或其所属集团设立在中国境内外的子公司、组织的关联公司或附属机构。非驻场外包是一种特殊形式的外包,与驻场外包一样也会导致各类风险,但具体管控环节和方式不同。

9.1.2　信息科技外包审计的内容与方法

1)信息科技外包审计的内容

(1)信息科技外包管理组织架构

①是否建立清晰、完整的信息科技外包管理组织架构。

②董事会、高管层履行信息科技外包风险管理的相关职责情况。

③是否明确信息科技外包风险管理主管部门及其职责。

④是否建立信息科技外包管理执行团队或设立专门的岗位。

(2)信息科技外包总体风险控制

①是否制订信息科技外包战略,包括信息科技外包的职能、资源能力建设方案、供应商关系管理策略和外包分级管理策略等。

②是否明确信息科技外包的定义、范围、目标和原则。

③信息科技外包风险主管部门是否定期开展全面的外包风险管理评估,保持评估的独立性,并向高级管理层提交评估报告。

④信息科技外包相关制度是否完善,是否得到有效执行。

(3)外包商的评估、准入、退出、监控和评价及日常管理

①是否对重要的外包服务提供商进行定期风险评估。

②是否对外包商实施尽职调查。

③是否对外包服务过程进行持续监控。

④服务结束时,是否对服务提供商进行后评价,并作为准入的重要参考依据。

⑤是否建立服务提供商的准入和退出标准。

⑥是否制订招投标相关制度。

⑦是否制订相应管理措施,对外包商人员进入数据中心和生产环境进行管理,确保信息安全,防止信息泄露。

⑧是否对外包商人员进行信息安全培训。

（4）外包依赖性

①是否识别具有机构集中度特点的外包服务提供商。

②是否对具有机构集中度特点的外包服务提供商作出要求，要求其提供充分的证据，证明其内部控制和管理能力、持续运营能力等。

③外包集中度是否过高。

④是否对外包服务制订应急计划，以应对服务外包商在服务中可能出现的重大缺失。

（5）外包项目合同

①合同在双方的权利、义务、安全、保密、知识产权方面是否有明确的界定。

②是否制订审批制度或流程以用于对外包服务项目进行审批。

③合同是否明确转包和变相转包相应条款。

④合同是否包含明确的定性、定量绩效指标以用于评估外包服务商所提供服务的充分性。

2）信息科技外包审计的方法

（1）外包风险管理组织架构的完整性

①调阅相关制度文件，查看是否建立了信息科技外包风险管理组织架构，是否明确信息科技外包风险管理的主管部门，是否明确各方职责。

②对分管信息科技的高管人员进行访谈，了解其与信息科技相关的从业背景以及对信息科技外包的认识，并查阅董事会、高管层履行信息科技外包风险管理职责的相关记录，如议事规则、会议纪要或者对于外包重大事项的审批流程等。

③调阅部门职责和岗位说明，确定是否建立了信息科技外包管理执行团队并配备足够人员，要求其提供相关材料证明履行以下职责：实施信息科技外包战略；制订并执行信息科技外包管理制度与流程；执行供应商准入、评价、退出管理，建立并维护供应商关系管理策略；制订保障外包服务持续性的应急管理方案，并组织实施定期演练；对外包过程中的各项管理活动进行监控及分析，定期向信息科技及外包风险管理的主管部门报告外包活动情况等。

（2）外包风险总体控制的有效性

①调阅相关文件，确认是否制订了信息科技外包战略，包括信息科技外包的职能、资源能力建设方案、供应商关系管理策略和外包分级管理策略等；确认是否明确了信息科技外包的定义、范围、目标和原则等。

②抽取部分员工进行访谈，观察其对外包风险的认知程度，以及对相关策略、制度的宣传与贯彻程度。

③调阅风险管理部开展全面外包风险管理评估的相关记录，确认其是否保持相对独立性，并获取其向高管人员提交评估报告的记录以及高管人员的批示。

④调阅信息科技外包相关制度，并抽取重要环节进行测试，确认是否得到有效执行。

⑤对已发生的重要风险事件进行再评估，以确认信息科技部等部门应对风险所采取措施的合理性、及时性。

（3）对外包商管理的有效性

①厘清信息科技外包活动流程的各个环节，识别风险主要集中存在的环节。

②调阅外包发起部门对供应商的尽职调查报告,确认以下方面内容:一是相关审批手续是否完备,是否在发起外包前做过可行性分析,是否阐明必须外包的原因;二是尽职调查是否建立在现场调研、分析的基础上,并有多个职能部门的参与,如财务、法规、后勤、纪检等;三是是否对服务商的评价进行量化。

③查看相关文件或 IT 系统,了解发起部门对于外包商的监控是否合理、及时,并查阅外包项目任务的跟踪手段,了解异常处理机制,抽取部分流程进行穿行测试,确认控制点是否有效。

④调阅外包项目招投标、后评价等相关制度要求及执行情况。

⑤调阅信息安全培训记录、机房进出记录、变更申请记录、巡检记录、保密协议等,确认外包日常管理的有效性。

⑥调阅外包人员的监控和考核记录。

(4)外包集中度和外包依赖性

①调阅外包合同清单,抽取样本进行数据分析,分别从签订笔数和金额角度进行统计,以确认是否存在外包集中度过高的情况。若存在,则访谈相关负责人是否针对集中度过高的外包商进行重点监控,并获取相关证据,证明其内部控制和管理能力、持续运营能力等。

②对于外包依赖性的问题,可以通过了解关键岗位的配备情况、核心系统运维团队的技能配备,查看 IT 项目管理系统,确认对开发项目进度的集中管理等。

(5)合同管理

①调阅信息科技外包项目合同,核实合同在双方的权利、义务、安全、保密、知识产权方面是否有明确的界定,是否包含服务外包的期限、中止的条件和善后处理的事宜以及服务外包商应承担的责任等内容。

②确认外包合同审批流程的合规性。

③查看外包合同,确认是否明确转包和变相转包相应条款,是否包含明确的定性、定量绩效指标。

9.2　灾备与业务连续性审计

案例 2:某特大型国有能源企业的灾备及业务连续性体系

作为大型央企的某特大型国有能源企业,关键业务系统面临各种威胁和挑战,其中包括自然灾害和社会灾害的威胁,以及如何确保业务的持续可用、满足国家法律法规的要求、承担企业决策层对风险管理的责任等。

案例思考:

随着某特大型国有能源企业各重要应用系统的建设和部署、关键系统高度集中化,云计算系统和大数据系统的深入使用,数据中心面临的风险更加集中。一旦数据中心发生灾难,则将导致总部、全国所有分支机构、企业的业务停顿,或造成重要数据的丢失,其后果不堪设想。同时,国家标准《信息系统安全等级保护基本要求》相关条文规定,三级等级保护以上的应用系统必须建灾备。

> **警示**：如何防范各类风险，确保数据安全和业务的连续性、满足国家相关法规的要求，成为当面亟待解决的难题。同时，灾备中心及灾备系统建设成本高昂，灾备建成后的长期运维、链路租用、预案开发及演练等都是不小的费用。如何提高灾备系统的实际效果、提高灾备系统资源利用效率也是灾备建设面临的深层次问题。

9.2.1　灾备与业务连续性管理的内涵

灾备与业务连续性是组织通过预防和恢复控制相结合，将意外事故的影响降低到最低水平，并将损失恢复到可接受程度的整个过程。其主要目标是防止业务活动中断，保护关键业务流程不受信息系统失效或自然灾害的影响，并确保其能够及时恢复。

业务连续性管理应包括识别和降低风险、有效的业务及风险评估、限制有害事故的影响范围以及确保业务及时恢复等步骤。典型的信息业务连续性管理应包括应急管理、灾难备份和业务连续性计划三个方面的内容。应急管理是指对突发事件的全过程进行管理，分为预防与应急准备、监测与预警、应急处置与救援、事后恢复与重建四个过程；灾难备份（以下简称灾备）是指为了完成灾难恢复而对数据、数据处理系统、网络系统、基础设施、专业支持能力和运行管理能力进行备份的过程；业务连续性计划是指机构通过制订计划，以及预防和恢复控制相结合，将意外事故的影响降低到最低水平，并将损失恢复到可接受程度的整个过程。

1）灾难备份和业务连续性管理

灾难备份管理，是指组织为了更好应对灾难发生，确保业务连续性，而从组织与人员、制度与策略、工具与技术等三方面所建立的灾难备份管理体系。

业务连续性管理主要包括：制订、管理、执行组织架构及实施工作人员管理；制订完备的信息业务连续性计划并对其进行测试、更新；对相关业务人员的培训；对信息业务连续性计划的审计以及管理工作的合规管理。

2）灾难恢复的关键指标和业务连续性保障级别

灾备与业务连续性管理必须高度关注灾难恢复的关键指标和确定业务连续性保障级别。

（1）灾难恢复的关键指标

①恢复时间目标。该目标指灾难发生后，信息系统从停顿到必须恢复的时间要求。该指标主要侧重业务恢复的描述，值越小，表示业务恢复的紧迫性越高。

②恢复点目标。该目标指灾难发生后，数据必须恢复到规定时间点的要求。该指标主要侧重数据恢复的描述，值越小，表示系统容忍丢失的数据量越小。

③网络恢复目标。该目标指灾难发生后，系统需要多少时间完成备份网络切换。该指标是系统切换与业务恢复的前提和基础。

④系统可用性。该目标指在要求的外部资源得到保证的前提下，产品在规定的条件下和规定的时刻或区间内（不包括计划内停机时间）处于可执行规定功能状态的能力，一

般按计划外停机时间、可用程度进行衡量。

（2）确定业务连续性保障级别

确定业务连续性保障级别，主要基于职能分类、影响范围、影响程度三方面的考虑。综合考虑上述因素，按照影响程度可分为较小影响、一般影响、严重影响，然后将信息系统业务连续性保障等级由低到高依次划分为多个级别。

9.2.2　灾难备份管理审计

灾难备份管理审计的目标是通过对灾难管理涉及的人员与组织、制度与策略、工具与技术的检查，以判断：

①组织是否根据其经营规模和业务发展的具体情况建立相应的负责灾难备份、恢复的组织架构，明确灾备组织中各类小组及人员的职责。

②组织是否根据其经营规模和业务发展的具体情况建立完备、正式的灾备系统规划，制订适宜的灾难备份与灾难恢复策略。其中，灾难恢复策略的制订应根据系统风险分析和业务影响性分析的结果进行灾难恢复等级划分，并根据成本风险平衡的原则确定每项关键业务功能的灾难恢复策略。

③组织是否依据灾难恢复策略制订恢复预案，重点检查预案的完整性、兼容性、指导性和及时性，并确保恢复预案得到定期的评审与周期性的演练。

9.2.3　业务连续性管理审计

业务连续性管理审计主要包括以下五个领域：业务连续性组织架构、业务影响分析、业务连续性计划和资源建设、业务连续性演练与持续改进、运营中断事件应急处置。

1）业务连续性组织架构审计重点

管理层对业务连续性管理具有监督和审查等职责，其重视程度和应对策略判断会对机构业务连续性管理的执行起到决定性作用。首先，管理层需要从宏观角度评估业务连续性的潜在风险，并设定长期和短期连续性目标，采取相关策略和计划来实现相应目标，增强业务的韧性；然后，根据培训、测试和监测的反馈结果来更新业务连续性目标、计划等一系列内容，其审计重点见表9.2。

表 9.2　业务连续性组织架构审计重点

业务连续性组织架构	关注业务连续性日常管理和应急处置组织架构与监管要求的匹配性和完备性
	关注业务连续性管理部门对业务连续性管理措施和管理效果，以及对业务连续性管理的指导、评估和监督情况与监管要求的差距
	关注执行部门业务连续性管理细则制度的完备性、有效性、可操作性，与监管要求的匹配性、修订及时性
	关注执行部门职责是否存在与其他部门间职责不清晰的问题，关注部门内部处室是否存在职责不清、交叉空白的问题
	关注各部门业务连续性培训组织开展情况，包括培训内容、培训覆盖人员、培训效果等

2)业务影响分析审计重点

业务影响分析是业务连续性管理的基石。业务影响分析是指对可能造成业务中断事件进行识别,并对其潜在冲击强度进行分析,包括关键业务职能识别、相互依赖性分析和中断影响,其结果直接决定对应信息系统恢复目标,其审计重点见表9.3。

表9.3 业务影响分析审计重点

业务影响分析	关注业务连续性管理部门对业务影响分析工作组织开展情况及其全面性和有效性,特别是重要业务、新产品、新业务的业务影响分析和业务连续性管理情况
	关注业务连续性管理部门汇总工作开展的全面性,确定重要业务恢复目标、恢复策略的合理性和可行性
	关注各部门业务影响分析开展情况,特别是对业务连续运营所需关键资源的识别以及关键资源面临的威胁和风险敞口的识别;关注业务之间的调用关系、恢复优先级别和恢复指标的确定
	业务连续性管理部门对业务影响分析方法、标准体系、工作流程,评估业务影响分析结果的有效性和准确性
	关注业务影响分析对产品业务的覆盖情况,特别是对各类集中处理模式业务开展业务影响分析情况

3)业务连续性计划和资源建设审计重点

作为业务连续性管理最重要的部分,企业需要根据机构规模和复杂性提前就业务连续性计划(Business Continuity Plan,简称BCP)设置足够细节化的安排,而且BCP应当是动态文件,定期根据组织架构和业务特性等内容进行更新。同时,应分配BCP所需资源,满足业务恢复目标和重要业务持续运营要求,其审计重点见表9.4。

表9.4 业务影响分析审计重点

业务连续性计划和资源建设	关注业务连续性管理部门制订的业务连续性计划的完备性和可用性
	关注科技部门制订的信息科技连续性计划的完备性和可用性
	关注执行部门所管理的重要业务纳入全行业务连续性计划情况;业务应急预案的全面性、完备性、可操作性、修订及时性;特别是涉及跨层级、跨部门、跨条线、内外联动(如同业、合作伙伴等)预案,重要业务预案,新产品新业务应急预案
	关注业务层面业务连续性资源建设在应对疫情、火灾、地震等极端场景的充足性和有效性,包括场地、备份人员、办公设备、通讯保障、应急资料等,如疫情导致办公场所禁止进入的情况
	关注科技中心重要应用生产环境高可用性建设、灾备环境性能容量资源保障,包括应急场所办公通讯、基础设施、执行文档、人力资源等准备情况
	关注业务数据等备份资源可用性,以及对系统应用和数据备份资源开展的验证工作
	关注重要业务处理节点备份人员和备用场地建设情况

4) 业务连续性演练与持续改进审计重点

企业应定期开展业务连续性测试和演练,以此来评估 BCP 等内容是否符合业务连续性目标。从演练模式上来看,可以分为三种。

一是全面演练。全面演练可以充分监测所有可供使用的资源(包括人员和信息系统)是否可以在最大限度上帮助企业保持业务连续性。全面演练可以帮助管理层更准确地识别关键业务运营部门之间的关联性。

二是有限规模演练。有限规模演练往往是针对特定业务环节或业务条线在特定环境下是否能保持业务连续性而进行的演练。

三是桌面演练。桌面演练即为负责业务连续性的人员对其在特定情况下所应扮演的角色和应负责任的讨论,其目的在于确定业务连续性计划对于个人职责和相应目标安排的合理性。最为重要的目的是在其中发现业务连续性管理漏洞和潜在值得改进的地方,因此在进行演练和测试后,应进行针对性改进,确保业务连续性管理能够满足达到目的的需求,审计重点见表9.5。

表 9.5　业务连续性演练与持续改进审计重点

业务连续性演练与持续改进	关注业务连续性管理部门自评估报告中的业务连续性演练、专项应急预案体系建设评分较低的具体原因和后续改进措施
	关注业务连续性管理部门、各执行部门、科技部门组织开展的业务连续性演练情况,特别是对跨专业、科技与业务联动、内外联动演练、重要业务、新产品新业务演练开展情况。主要内容包括应急演练覆盖面,与业务重要性和影响的匹配性、协同性、真实性,应急演练记录的完整性,对应急资源完备性及应急预案有效性验证,以及应急演练成果的经验总结
	关注科技部门制订的信息科技连续性计划的完备性和修订机制
	关注科技中心开展的信息系统连续性演练的频率、内容、范围,抽样的合理性、全面性,以及持续改进情况
	关注信息系统运维的能力建设情况
	关注重要业务集中处理节点应急演练开展和改进情况

5) 运营中断事件应急处置审计重点

处置重大运营中断突发事件是检验业务连续性管理水平高低的唯一标准。其主要内容包括应对自身业务及信息系统运行、建立日常监控体系、合理划定运营中断等级、完善应急管理预案、强化应急保障管理和对外公关,在发生运行中断事件时全方位减少对组织的影响,其审计重点见表9.6。

表9.6 运营中断事件应急处置审计重点

业务连续性演练与持续改进	关注制订的运营中断等级划分标准与监管划分匹配度,以及重大风险事件报告机制的合理性
	关注运营中断事件处理过程中的联动与协调、信息向上向下传导的有效性与及时性、技术应急和业务应急的启动,特别是跨层级、跨部门以及内外联动
	关注运营中断事件风险预警、监测体系建设,对业务运行和信息系统开展持续检测,设定风险预警指标,并纳入风险预警体系
	关注应急保障小组应急预案的全面性以及参与的中断事件处置具体情况,了解危机公关的有效性和合理性
	关注科技部门技术应急处置的及时性和有效性,关注中断事件发生后应急处置的不足、教训、经验、总结与传导
	关注向监管部门报告运营中断事件,以及提交运营中断处置工作总结和改进报告等的及时性、完整性、准确性

9.3 关键信息基础设施安全审计

案例3:美国针对石油领域关键基础设施网络安全的审计

2021年5月7日,全美最大的成品油输送管道运营商——科洛尼尔管道公司网络系统遭黑客勒索软件攻击,被迫全面暂停运营,导致美国东南部各州迅速出现大规模油料短缺,该事件凸显了关键基础设施的重要性与脆弱性。

案例回放:

美国审计署对负责能源领域关键基础设施安全保护的美国联邦运输安全管理局(TSA)开展审计,主要聚焦在可能发生的针对油气管线的网络袭击上。审计发现,虽然TSA发布了管道安全准则,将一部分管线定义为"关键设施",需要额外进行保护,但该准则缺乏明确的指向,如未明确"关键设施"的定义。这导致了美国境内油气运输量排名前100的管道系统中,至少有34个受攻击风险较高的管道系统未被确定为关键设施。

TSA于2010年3月发布的《管道安全和事故恢复协议计划》,虽然明确了联邦机构和私营部门与管道安全事件相关的角色和责任。例如,针对管道安全事件,TSA应促进联邦和管道运营商之间的信息共享,而管道和危险材料安全管理局(PHMSA)应与管道运营商确定双方职责及事后的修复工作。但是,该计划未包含管道管理网络安全威胁应对、安全事件应对标准流程和接入国土安全部的恐怖主义警报系统等3个关键领域。该计划自2010年发布之后截至接受审计时,从未进行过更新,无法跟上管道安全保护的新形势。

美国审计署向TSA提出了更新管道风险评估方法、修订TSA的管道安全准则等10项建议。

警示:关键信息基础设施作为国家的重要资产,在《中华人民共和国网络安全法》中被重点提及并要求实行重点保护。由国家互联网信息办公室发布的《关键信息基础设施安全保护条例》,划定了关键信息基础设施的保护范围,明确了各相关部门的安全保护职责,规定了安全保护的基本制度。

9.3.1 关键信息基础设施的内涵

关键信息基础设施的安全保护,首先在于如何准确识别关键信息基础设施的具体范畴及其面临的风险;其次,应制订完善的关键信息基础设施安全保护制度体系并建立保护工作的组织架构,明确责任主体;最后,提高态势感知和风险应对能力并健全应急管理体系,提升应急响应和恢复能力。

关键信息基础设施安全审计涉及关键信息基础设施的管理体系建设、风险识别与报告、安全防护、安全检测与评估、安全监测与应急处置等多个方面。

9.3.2 关键信息基础设施审计的目标与内容

1)关键信息基础设施管理体系建设审计

关键信息基础设施,是指面向公众提供网络信息服务或支撑能源、通信、金融、交通、公用事业等重要行业运行的信息系统或工业控制系统。这些系统一旦发生网络安全事故,就会影响重要行业正常运行,对国家政治、经济、科技、社会、文化、国防、环境以及人民生命财产造成严重损失。

关键信息基础设施管理体系建设,是指组织为确保关键信息基础设施安全而建立的一套完整、有效的,包括制度与流程、组织与人员、技术和工具等三方面内容的整体。

关键信息基础设施管理体系建设的审计目标,是在审查组织一般信息安全管理的基础之上,是否对关键信息基础设施安全管理予以重点关注,建立健全完善的制度体系与组织和人员管理体系,并对其提供必要的资金和人员保障。

2)关键信息基础设施及其风险识别与报告

关键信息基础设施识别,是指通过识别组织所属行业及关键业务从而确定支撑关键业务的信息系统或工业控制系统,再根据关键业务对信息系统或工业控制系统的依赖程度以及信息系统发生网络安全事件后可能造成的损失,认定关键信息基础设施。关键信息基础设施的类别包括网站类、平台类和生产业务类。

关键信息基础设施及其风险识别与报告是审查组织是否围绕关键业务和行业特点,识别支持关键业务的关键信息系统并制订和上报资产清单,同时围绕已识别的关键信息基础设施及其所处的环境,识别与基础设施相关的风险。

3)关键信息基础设施安全防护审计

关键信息基础设施保护从安全保护意识上分为三种思维方式:动态、全链条式保护思维,核心工作重点保护思维和主体的全面责任思维。采取的措施是监测、防御、处置风险和威胁,保护关键信息基础设施免受攻击、侵入、干扰和破坏。

关键信息基础设施安全防护审计的目标是审查组织是否为保障关键信息基础设施的安全,依据《中华人民共和国网络安全法》中的相关要求采取相关防护措施。

4) 关键信息基础设施的安全检测与评估

关键信息基础设施的安全检测与评估,是指组织基于既定的检测与评估制度、标准与流程,对关键信息基础设施的网络与信息安全开展常规性检查,如日常安全规范和操作流程的遵守情况、重要数据和个人信息的保护情况等,并评估当前安全措施的有效性,分析潜在安全风险及可能引起的安全事件。

关键信息基础设施的安全检测与评估的审计目标在于通过查阅组织既定的安全检测与评估制度、标准与流程,检查组织是否建立完善的检测与评估体系,定期开展检测与评估工作,对发现的问题及时上报或主动采取措施应对安全隐患或问题。

5) 关键信息基础设施的安全监测与应急处置审计

关键信息基础设施的安全监测,是指组织以明确的制度规范与流程,借助技术工具对关键信息基础设施的网络和信息安全进行监控、预警,动态、及时地识别关键信息基础设施的安全风险并采取措施恢复由于网络安全事件而受损的功能或服务。

关键信息基础设施的应急处置,是指组织为应对由突发网络安全事件造成的关键信息基础设施的性能下降、服务不可用、信息泄露等问题而制订的一整套应急处置方案,并据此定期开展应急演练工作,验证应急处置方案的有效性和应急处置机构与人员的配合度与熟练性。

关键信息基础设施的安全监测与应急处置审计的目标是检查组织是否制订并实施网络安全监测预警机制,对即将发生或正在发生的网络安全事件或威胁动态识别关键信息基础设施的安全风险,提前或及时发出安全警示并及时采取措施恢复由于网络安全事件而受损的功能或服务;检查组织是否将网络安全应急管理工作纳入整体应急管理工作框架之内,制订应急预案并据此开展应急演练工作。

9.4　云安全审计

案例4:云安全风险及审计需求分析

云计算向云用户提供经济便捷的异地存储服务,然而当云用户将数据外包给云供应商的同时就失去了对数据的物理控制权。云用户可以委托可信的第三方对云供应商进行审计以增强对云的信任。

1) 云安全事故

Cybersecurity Insiders 发布的全球《2020 年云安全报告》称,随着公有云业务的不断扩大,云服务的安全性是企业或个人采用云存储的首要考虑因素。然而,由于相关安全措施的滞后,导致云安全事故频发,使大多数组织和用户对云安全状况完全没有信心或仅有中度信心。表 9.7 为 2020 年在云安全联盟(CSA)发布的《云计算的 11 类顶级威胁》中提出的 11 类云安全主要威胁,表 9.8 列举了近年云供应商安全事故。

表 9.7　11 类云安全主要威胁

序号	云安全主要威胁	序号	云安全主要威胁
1	数据泄露	7	不安全的接口
2	配置错误和变更控制不足	8	控制薄弱
3	缺乏云安全架构和策略	9	元结构和应用程序结构失效
4	身份、访问和密钥管理不足	10	有限的云透明度
5	账户劫持	11	滥用及违法使用云服务
6	内部威胁		

表 9.8　近年云供应商安全事故

时间	云服务商	事故描述	安全风险属性
2017 年 2 月	Cloudflare	代码缺陷泄露了百万用户 HTTPS 网络会话中的加密数据,包括加密钥、cookie 和密码	完整性、机密性
2018 年 8 月	阿里云	源代码泄露,造成至少 40 家企业的 200 多个项目代码泄露	完整性、机密性
2019 年 3 月	阿里云	华北区域持续三小时大规模宕机,多个 App 和网站陷入卡顿	可用性
2019 年 10 月	亚马逊	遭受分布式拒绝服务 Distributed Denial of Service (DDoS)攻击,服务器宕机导致部分云计算服务中断	可用性

2)云安全风险及审计需求分析

云安全主要是指数据存储、加密、传输、访问安全,即保证数据的完整性、机密性、可用性。第三方审计机构在开展云安全审计时,必须依据风险导向审计的原理,从这三个方面认真分析云安全风险,明确审计需求并制定相应的审计方案。

首先,对云数据的安全审计需重点关注完整性与机密性。云存储服务中数据所有权和管理权分离,使得云端数据安全面临极大的威胁。一方面,软硬件故障、外来黑客侵入、内部人员篡改、删除数据等破坏行为会严重损害数据的完整性;另一方面,用户加密意识薄弱,云供应商可能为求牟利出卖用户隐私信息,严重损害云用户信息的机密性。

其次,对云用户的安全审计需重点关注机密性。云存储采用多租户技术(多个租户共用同一块存储介质),尽管云供应商会提供一些数据隔离技术(如身份授权访问控制)

来防止不同用户间非授权交互访问,但非授权的访问仍可能利用系统漏洞实现。因此,为保证机密性,还需对用户实施身份访问控制、日志审计和身份追溯性审计。

再次,对云供应商的审计需重点关注可用性、机密性和隐私性。由于云用户和云供应商之间存在信任博弈,审计人员需对云供应商进行安全评估及合规性审计,评价云供应商的服务是否达到安全标准,是否能够保证信息资产的持续可用性,以证实云供应商声称的安全措施是否可靠。

最后,需关注客户机密信息(含个人信息)的收集、使用、保留、披露和销毁是否受到所承诺或预设的系统保护,并符合隐私声明中的承诺以及相关行业组织发布的通用隐私原则中规定的标准。

> **警示**:越来越多的企业将自己的核心业务搬迁到云上,在云上部署了大量的 IT 基础设施(虚拟机、数据库等)、应用和数据。当 IT 设施托管在云上后,对 IT 资源的管理、查看都需要经过和依赖云平台,那就要求云平台具有支持云上 IT 运维的高可见性和可控性。因此,云安全至关重要,云安全审计必不可少。

由于云服务平台建设的复杂性和云计算自身技术特点所引发的新的信息安全和风险,对云服务平台的安全审计有其自身的特点。云安全审计涉及云服务规划与需求分析、供应商选择与合同签署、云服务平台开发测试与交付、云计算平台的安全管理、云计算平台的迁移与部署、云计算平台的安全运维、云计算服务关闭与数据迁移等多个方面。

9.4.1 云服务规划与需求分析审计

在规划与需求分析阶段,组织应根据自身的经营战略与规划,通过对组织资产,云服务平台功能性、非功能性和安全性等四个方面的需求分析,以及云服务的效益评估,综合评判部署云计算服务平台的合理性及其建设模式,并最终形成决策报告。

1)云服务综合评估

检查组织在部署云计算服务平台前,是否综合评估了采用云计算服务后获得的效益(经济效益和社会效益)、可能面临的信息安全风险、可以采取的安全措施以及决策标准,从而判断组织是否可在其可承受、容忍的风险范围内,或在当安全风险引发信息安全事件时有适当的控制或补救措施而采用云计算服务。

2)决策建议与审批

检查组织在部署云服务平台时,是否在服务综合评估的基础之上,对其进行综合分析,形成是否采用云计算服务的决策报告,并经本单位最高领导批准,从而成为决定采用云计算服务的重要依据。

9.4.2 供应商选择与合同签署审计

在供应商选择与合同部署阶段,客户应根据上阶段所提到的需求和决策报告,从服务能力、服务风险和服务费用等三个方面评估云服务供应商的服务能力,选择并与其协商和签署服务合同(包括服务水平协议、安全需求、保密要求等内容),从而完成云服务平台的开发、建设、测试以及数据和业务向云计算平台的迁移与部署。

1)云服务安全风险评估

重点检查组织是否从数据安全与存储合规角度,结合自身对部署云服务平台后可能产生风险的容忍度和处置能力进行评估,以此作为云服务供应商选择和评估的参考依据。

2)服务安全能力评估

检查组织在选择第三方云服务平台时,是否对其基本的服务安全能力进行评估。

3)云安全控制措施责任的识别

检查组织是否基于所选择的云服务部署模式,明确与云服务供应商的责任。

4)云服务合同及保密协议签署

在检查组织在选择第三方云服务供应商时,是否与其签署服务合同,并检查其内容是否包含明确的服务水平协议、安全需求、保密要求等关键内容,从而保障组织的权益。

9.4.3　云服务平台开发测试与交付审计

组织在部署云服务平台时可根据自身的能力,选择自建、二次开发或完全采购。因此,对该生命周期的检查,重点在于检查组织是否建立完善的开发、测试和验收的管理流程,从而确保在云服务平台交付后得以稳定运行。

若组织直接从云服务供应商处采购的云服务不涉及二次开发,则该项审计内容可不予考虑。

1)云平台开发规划

检查组织在进行云服务平台开发建设时,是否将开发测试安全与平台安全规划纳入到整体规划建设方案当中,并提前制订平台开发的质量管理、变更管理、测试与验收以及开发全过程安全监控等相关规范文档。

2)开发安全风险管理

检查组织在进行云服务平台开发建设时,是否实施平台开发安全风险管理,并将其集成到系统开发各生命周期活动中。

3)安全测试与培训

检查组织在进行云服务平台开发建设时,是否制订相关的平台测试计划和规程,并对其进行安全测试和平台交付前的安全培训。

9.4.4　云计算平台的安全管理审计

云计算平台的安全管理审计是指云计算平台的安全合规管理、信息安全等级保护检查测评及其他安全规范遵循工作。

1)合规识别与制度制订

检查组织是否准确识别与云计算相关的安全合规要求,如数据安全、数据存储等内容;是否制订云服务平台安全管理的规章制度及安全监督指标。

2)云服务安全管理角色及责任

检查组织在其内部是否识别并定义云服务安全管理的角色及其职责,特别关注是否涉及与客户、云服务供应商共同确定的涉及云计算服务的安全职责,同时检查职责设置的合理性。

3)信息安全等级保护落实检查

检查组织部署的云服务平台是否依据等级保护要求定级备案,并定期开展等级保护的落实检查工作。

4)资源保障

检查组织是否为云服务平台的开发部署和后期运行从制度层面提供保证机制,并检查工作的落实情况。

9.4.5　云计算平台的迁移与部署审计

云计算平台的迁移与部署是指组织根据自身的安全需求和云计算服务的安全能力要求,制订云计算服务迁移与部署计划并加以实施,确保数据和业务可以安全地向云计算平台进行迁移与部署。

1)迁移计划

检查组织在进行云服务平台迁移、部署前是否制订完善的迁移方案并对迁移过程可能产生的风险进行分析并制订应对方案,从而为后期执行迁移部署提供保证。

2)平台迁移测试与部署

检查组织是否依据已制订的迁移方案进行部署前的测试,并在部署完成后进行云服务平台的运行测试,从而保证云服务平台满足既定的各项服务指标。

9.4.6　云计算平台的安全运维审计

云平台投入运行后,虽然客户将部分控制和管理任务转移给云服务供应商,但最终安全责任还是由客户自身承担。因此,客户需要对自身的云计算服务运维进行良好的安全管理。

1)网络与通信安全

检查组织或云服务供应商是否采取有效的措施,保证云服务平台的安全,包括实施物理和虚拟网络及主机的安全区域划分、安全隔离、安全防护,并采取管理和技术措施确保网络与通信的安全性和可用性。

2）身份鉴别

检查组织或云服务供应商是否在云计算环境中，针对云用户、租户和管理员采取多种身份鉴别手段，并确保在系统整个生命周期内用户标识的唯一性；检查是否对主机、虚拟机监视器和管理平台采用证书技术，确保证书的可信度和系统的抗抵赖性；检查整个身份鉴别机制的相关配置是否受到统一控制。

3）访问控制

检查组织或云服务供应商是否针对物理资源、虚拟资源、网络与通信和用户与管理员制订相应的访问控制策略并据此执行。

4）恶意代码与入侵防范

检查组织或云服务供应商的云服务平台是否具有从基础设施层到资源抽象层的区域边界和恶意代码防护功能，并部署相应的产品；是否制订恶意代码库的升级策略并主动进行更新，并对恶意代码进行自动检测、防范和响应。

5）应用与数据安全

检查云服务供应商或组织是否采取措施对云服务平台涉及的重要数据进行有效识别和分类；检查是否从平台数据静态存储、动态传输与数据调用等三方面采取措施，确保数据的机密性和完整性；检查是否采取备份与恢复措施，确保已识别出的重要数据的可用性；检查云服务平台对外接口的安全性。

6）安全监控与审计

检查组织或云服务供应商是否对云服务平台制订安全监测的制度规范与策略，明确安全监控指标和监控对象，至少应包括资源类、安全事件和操作行为，并就云服务平台的运营管理开展安全审计（建立日志留痕记录）。

9.4.7　服务关闭与数据迁移审计

组织在进行云服务关闭与数据迁移前，应当制订关闭当前云服务平台或向其他云服务平台迁移时相关流程，从而确保组织完整退出当前云服务阶段，同时确保原云服务商的相关责任和义务得到履行。

1）关闭和迁移规划

检查组织是否就云服务平台关闭及其所涉及的平台数据迁移，制订相应的规划方案和应急预案，从而确保数据迁移的妥善执行以及服务的连续性、可用性。

2）数据迁移及其完整性和保密性保障

检查组织在云服务平台关闭时所进行的平台数据迁移操作是否有效确保组织数据的完整性和保密性。

9.5 工控系统安全审计

9.5.1 工控系统与工控系统安全隐患

工业控制系统(ICS)是数据采集与监视控制系统(SCADA)、集散控制系统(DCS)和其他控制系统(例如可编程逻辑控制器)的总称。工业控制系统主要由过程级、操作级以及各级之间和内部的通信网络构成。对于大规模的控制系统而言,也包括管理级。工控系统的脆弱性分布较广,主要集中在系统安全管理的策略和程序、工控平台与工业网络等,其安全隐患主要体现在以下几个方面:

①工业主机存在漏洞,或成为病毒攻击的首要目标,或作为跳板向下一个生产系统进行攻击。

②工业网络的边缘安全防护不足,或成为病毒传播的通道。

③工业控制设备存在脆弱性,或成为病毒攻击的对象或感染的载体。

④工业的数据保护不到位,容易被篡改、被窃取、被加密锁定。

这几年发生的典型的工业控制系统安全事件比较多,如2011年的震网病毒、2015年的乌克兰的电网的大面积停电、2016年的PLC_Blaster病毒和三一重工工程机械失联、2018年台积电、2019年委内瑞拉大面积的停电等事件。因此,加强工控系统安全审计非常有必要。

工控系统安全审计涉及工控系统的安全策略与制度规范审计、机构与人员管理审计、安全建设与管理审计、平台及数据安全审计、边界与网络通信安全审计、安全管理中心及安全审计等多个方面。

9.5.2 安全策略与制度规范审计

安全策略与制度规范是指制订工控系统的安全战略与安全规划、编写安全管理制度与规范,并予以发布与执行。

1)安全战略与规划

检查组织是否将工控网络的信息安全纳入到组织信息安全管理体系当中,并制订相应的安全战略与规划,从而判断与组织整体信息安全战略的一致性。

2)安全管理制度与规范

检查组织是否根据既定的工控安全战略和规划建立相应的安全管理制度体系,并检查相关制度与规范的完整性。

3)制度发布与修订

检查组织是否根据既定的制度管理规范,对工控安全制度规范的发布、评审和修订进行管理。

9.5.3　机构与人员管理审计

机构与人员管理是指工控安全管理组织的岗位设置、人员与资金保障、安全检查与核查工作开展情况与人员安全。

1）岗位设置

检查在组织层面是否建立工控信息安全组织及安排负责人,明确相应安全职责。

2）人员与资金保障

从资金、人员配置与人员技能方面,检查组织是否为其工控安全提供相应的保障。

3）安全检查与核查

检查组织是否对其工控安全开展定期安全检查和核查工作,明确检查与核查内容,并对不符合项进行整改。

4）人员安全

检查组织是否对包括第三方人员在内的工控安全管理人员在招聘、录用和离职(转岗)各环节开展相应的安全检查并根据其安全职责分配对应的访问权限,从而确保人员安全。

9.5.4　安全建设与管理审计

工控系统的项目建设需要将安全方案的规划与设计纳入其中,需要对工控产品与服务的供应商采取有效的安全管理。

1）安全方案规划与设计

检查组织在开展工控系统项目建设时,是否将安全规划设计纳入到整体设计方案当中,并经过安全评估和主管单位的审批与备案。

2）安全检查及供应商管理

检查组织对工控系统的产品和服务采购是否进行安全检查和测试,并对供应商采取有效的安全管理。

3）工程实施与验收

检查组织在工控系统的安全建设过程中,是否对其进行包括进度、质量和过程文档等方面的严格管理,制订系统安全测试方案并履行执行和结果审批。

4）工程交付

检查组织对工控系统安全建设项目在交付收尾阶段是否按照既定的交付清单进行验收并开展相应的技术培训,以确保后期运维等工作的顺利开展。

9.5.5 平台及数据安全审计

平台及数据安全是指工控系统平台及数据相关的物理环境安全、身份鉴别与访问控制、安全配置管理、恶意代码防护与数据安全保护。

1) 物理与环境安全

检查组织是否为确保工控网络和系统平台所处物理环境的安全而采取相应的安全控制措施。

2) 身份鉴别与访问控制

检查组织是否对工控系统中用户、重要主机设备和工控设备的身份进行鉴别并根据安全控制原则制订访问控制策略,实施相应的访问控制。

3) 安全配置管理

检查组织是否对重要主机和工控系统进行安全设置并对安全配置的基线进行定期安全备份和审核。

4) 恶意代码防护

检查组织是否对工控网络环境下的主机、工控系统和终端部署恶意代码防护设备与入侵检测设备,并定期开展漏洞扫描和代码库的升级与更新工作,验证防护设备有效性。

5) 数据安全保护

检查组织是否为确保工控网络和系统平台传输、处理和存储的用户数据、系统管理数据、鉴别信息及重要控制数据安全性而从完整性、保密性及重用性等角度采取安全控制措施。

9.5.6 边界与网络通信安全审计

边界与网络通信安全是根据工控网络及业务安全需求进行层级和安全域的划分,并据此对其部署和实现边界访问控制。

1) 安全区域边界访问控制

检查组织是否根据工控网络限制及业务安全需求,对其进行层级和安全域的划分,并据此对其部署和实现边界访问控制。

2) 安全区域边界防护

检查组织是否根据已划分的工控网络层级和安全域部署边界防护设备,以实现边界防护。

3) 网络通信安全管理

检查组织是否为确保工控网络(包括工控无线网络)及数据传输的完整性、保密性采取安全控制手段及其传输鉴别保护手段,以防范传输数据遭到非法访问或修改,并对网络进行安全监控。

4）无线网络防护

检查组织在部署工控无线网络前是否进行安全风险分析并制订相应的管理制度，采取必要的安全防护措施确保工控无线网络安全。

9.6　移动互联网安全审计

《信息安全技术 移动互联网安全审计指南（GB/Z 41290-2022）》将于 2022 年 10 月 1 日正式实施，该指南提供了移动互联网安全审计活动角色职责、审计范围、审计内容等方面的指导和建议，给出了安全审计活动的框架、功能任务及其具体内容等信息。

该指南适用于移动互联网安全审计的相关活动。该指南对移动互联网安全审计活动概述如下。

移动互联网安全审计是企业对游走于安全审计域内外移动终端的安全相关行为进行审计的活动，目的是保护私有数据、防范违规行为。移动互联网安全审计活动范围涉及整个移动互联网，是多个层面、多种信息安全技术手段的综合运用，包含终端、网络、应用三个方面的安全，各分为设备/环境安全、业务应用安全、信息安全三层。重点包括安全审计域内移动终端访问内部数据的行为、安全审计域内移动终端访问外部网络的行为、安全审计域外输出私有数据等行为。

移动互联网安全审计架构基于"分布式采集、集中式管理"的思想，在不改变现有内部网络结构和配置、不影响网络运行效率的前提下，实现安全审计域内外的事中和事后审计。

移动互联网安全审计服务无法对应于某一种安全服务，需综合使用其他安全服务来支持安全审计活动。

移动通信及互联网技术的快速发展以及平台和商业模式的巨大转变，显著推动了移动互联网的发展并呈现出一种加速化和扩大化的特征，以移动互联技术为基础的新业务和创新技术也逐步成为日常工作和生活中不可或缺的组成部分。

移动互联网由移动终端、移动应用和无线网络三部分组成。移动互联网由于其边界的不确定性及设备的移动性等特点，与有线网络相比，不仅安全风险更大，而且需要在易用性和安全性之间取得平衡。

移动互联网安全审计涉及制度与人员管理、移动无线网络物理与环境安全、网络与通信安全、安全区域边界管理、安全管理中心及安全审计、设备和计算安全、应用与数据安全、安全审计等多个方面。

9.6.1　制度与人员管理审计

移动互联网的安全管理包括日常管理机制的建立以及对于人员的安全管理。

1）制度管理

检查组织是否将移动互联网安全管理纳入组织整体网络及信息安全管理体系当中，并制订相关制度规范。

2）岗位设置与人员配备

检查组织是否根据移动互联网安全管理的需要，设立专职管理部门及各安全管理岗位；明确部门及安全岗位负责人的职责；配备相应的专职管理员、操作员和审计人员。

3）安全意识教育与技能培训

检查组织是否将移动互联网安全意识培训与教育纳入组织整体意识培训与教育规划当中。

9.6.2　移动无线网络物理与环境安全审计

移动无线网络物理与环境安全是指移动无线接入网络与设备的安装应选择合理的物理位置，避免不合理的覆盖区域和电磁干扰。

移动无线网络物理与环境安全审计是指检查移动无线网络所处物理环境是否符合安全传输要求，以防止对无线网络的传输信号产生影响。

9.6.3　网络与通信安全审计

网络与通信安全是指移动无线网络与通信的结构安全、通信的完整性与保密性、无线网络设备防护等内容。

1）结构安全

检查组织的移动无线接入设备在设计使用时，其处理能力和网络带宽能否满足业务高峰需要，且是否采用符合国家强制安全要求的产品。

2）无线网络通信完整性与保密性

检查组织是否对传输数据的无线通信网络采取加密技术，以确保传输数据的完整性与保密性，并验证加密措施的合规及有效性。

3）无线网络设备防护

检查是否对接入组织的移动无线网络终端设备及接入网关进行安全管理，以防范对所接入的无线网络构成安全威胁。

9.6.4　安全区域边界管理审计

安全区域边界管理是对移动计算节点安全区域的安全设置，通过制订和实施的访问控制策略，防止非授权访问数据信息。

1）移动计算节点区域边界安全管理

检查是否对移动计算节点安全区域进行安全设置，制订并实施访问控制策略，从而对进出该安全区域的数据信息进行控制,防止非授权访问。

2)传统计算节点区域边界安全管理

检查是否对传统计算节点安全区域进行安全设置,制订并实施访问控制策略,从而对进出该安全区域的数据信息进行控制,防止非授权访问。

3)无线和有线网络之间的边界安全管理

检查有线网络与无线网络边界之间的访问和数据流是否通过无线接入网关设备。

9.6.5　安全管理中心及安全审计

工控安全建立安全管理中心,不仅可以实现对工控系统资源、安全运行的集中、统一管理,同时还可以对工控系统涉及的主、客体制订统一的安全策略。

1)安全管理中心建设与管理

检查组织是否为确保工控安全建立安全管理中心,以实现对工控系统资源、安全运行的集中、统一管理,以及对工控系统涉及的主客体制订统一的安全策略,执行包括身份鉴别、系统与安全事件监控、安全管理与维护,以及自动化的安全监测与预警。

2)安全审计管理与实施

检查组织是否就工控涉及的主机和系统制订相应的安全审计规范、策略,并将其部署于安全管理中心,基于其具有的审计管理功能对工控平台主机系统和工控网络及其相关管理操作实施安全审计。

9.6.6　设备和计算安全审计

设备和计算安全是指移动终端及其管理系统应该采取身份标识和身份鉴别等管理措施,确保移动终端的应用软件符合安全管理的要求并处于受控环境。

1)设备身份鉴别

检查组织是否对移动终端及其管理系统采取身份标识和身份鉴别等管理措施。

2)终端应用管控

检查组织是否对移动终端的应用采取安全管控措施,以确保移动终端的应用软件安装符合安全管理要求并处于受控环境。

3)终端入侵及恶意代码防范

检查组织是否对移动终端采取恶意代码防护及漏洞管理措施,并确保漏洞补丁及恶意代码防范软件均处于最新状态。

9.6.7　应用与数据安全审计

应用与数据安全是指审计应用在开发测试等方面的安全管理,以及数据在完整性、机密性、可用性三方面的安全管理。

1）应用软件安全测评

检查组织是否对移动终端应用软件的开发、测试和使用进行安全测评,防范漏洞及违规信息收集的现象。

2）数据安全管理

检查移动终端应用程序是否具有确保数据安全存储、完整性保护和残余信息清除等功能。

3）数据备份

检查组织是否采取安全措施对移动终端存储的重要信息进行及时安全备份并制订相关的备份管理制度规范与安全策略。

9.6.8　安全审计

安全审计是指根据有关法律法规、财产所有者的委托和管理当局的授权,对计算机网络环境下的有关活动或行为进行系统的、独立的检查验证,并做出相应评价。

1）移动互联网安全审计制度

检查组织是否就移动互联网安全审计制订专项的审计规范、策略并据此部署和开展安全审计。

2）移动互联网安全审计工具

检查组织所部署的移动互联网安全审计工具所具备的功能是否能够有效支撑日常安全审计工作。

9.7　物联网安全审计

9.7.1　物联网与物联网安全

物联网技术正在加速向各行业渗透,根据中国信息通信研究院发布的《物联网白皮书(2020年)》:预计到2025年,物联网联接数的大部分增长来自产业市场,产业物联网的联接数将占到总体的61.2%。智慧工业、智慧城市、智慧交通、智慧健康、智慧能源等领域将最有可能成为产业物联网联接数增长最快的领域。

物联网通常从架构上可分为三个逻辑层,即感知层、网络传输层和处理应用层。对大型物联网来说,处理应用层一般是云计算平台和业务应用终端设备。

物联网安全的风险着重体现在感知节点及其所处物理环境的安全、物联网及其异构传输网络的通信和结构安全(如是否采取安全加密机制和网络安全防护)、用户/设备鉴别信息与感知节点数据采集信息的安全和服务中断等多种风险。

物联网安全审计涉及物联网的感知设备物理与环境安全、网络与通信安全、安全区域边界、设备和计算安全、应用与数据安全、安全审计等多个方面。

9.7.2 感知设备物理与环境安全审计

感知设备物理与环境安全是指感知层终端节点所处的物理环境对其安全产生的影响，以及所采取的相关安全防护措施是否有效。

1）终端感知节点物理与环境安全

检查感知层终端节点所处的物理环境是否对其安全产生影响，以及是否采取安全防护措施及其措施的有效性。

2）感知层网关节点物理与环境安全

检查感知层网关节点所处物理环境是否对其安全产生影响，以及是否采取安全防护措施并审查防护措施的有效性。

3）感知设备访问控制

检查组织是否对感知层网的节点、网关设备及其网络资源采取访问控制措施，以确保上层用户对上述资源的合法访问与使用。

4）感知设备恶意代码与入侵防护

检查组织是否对终端感知节点和感知网关节点部署恶意代码防护设备与入侵检测设备，并定期开展漏洞扫描和代码库的升级与更新工作，以验证防护措施有效性。

9.7.3 网络与通信安全审计

网络与通信安全是指物联网感知设备的身份认证、访问控制、无线接入的安全，以及通信网络安全管理、数据安全传输等措施的实施。

1）入网感知设备安全认证

检查组织是否对接入物联网的感知设备进行认证，以确保感知设备及其数据收集、传输的安全可靠。

2）感知设备访问控制

检查组织是否对感知设备/节点及其传感网的接入网络采取必要的安全访问控制措施，以防止对感知设备/节点及其感知网资源的非法访问与使用。

3）无线网的安全接入

检查组织是否存在通过无线网络接入的感知终端，并验证是否对其采取必要的安全工作措施，以确保无线网络的安全性。

4）异构网的安全接入与保护

检查组织是否存在异构网的物联网接入，并验证是否对其采取必要的安全工作措施,以确保异构网数据传输的完整性和保密性。

5)网络数据传输保护

重点检查组织是否为确保物联网传输数据的完整性、保密性和新鲜度采取控制措施,并对接入物联网的通信设备进行可信验证,以防止非法接入。

6)通信网络安全管理

检查组织是否对物联网通信网络采取安全监控、应急等安全管理措施,以防范因传输链路故障造成数据传输失效及服务不可用。

9.7.4 安全区域边界审计

安全区域边界是指为物联网建立安全区域边界,对安全区域边界进行访问控制,对进出边界的数据进行安全过滤,对进入物联网的设备采用准入控制等安全措施。

1)安全区域边界访问控制

检查组织是否对物联网进行安全区域的划分,并对其制订相应的访问控制策略及开展安全访问控制。

2)区域边界过滤与控制

检查组织是否基于已制订的访问控制策略,对进出区域边界的数据包和报文实施过滤机制。

3)区域边界完整性保护和准入控制

检查是否采取安全控制措施以确保区域边界的完整性,并对其实施准入的控制措施。

9.7.5 设备和计算安全审计

设备和计算安全是指对物联网系统设备身份进行鉴别与访问控制,对设备数据信息进行安全管理,以及对其进行安全监测及恶意代码和漏洞防护。

1)设备身份鉴别与访问控制

该控制项旨在检查组织是否分别对物联网系统的设备身份进行有效标识和鉴别,并确保其唯一性和鉴别信息的保密性与完整性;同时,检查是否制订相应的访问控制策略和访问操作权限。

2)设备数据信息安全管理

检查组织是否对物联网系统的设备信息及其收集、处理和存储的重要数据信息采取安全控制措施,以确保数据安全,同时审核所采取的安全技术手段是否符合国家的安全规定。

3)安全监测及恶意代码和漏洞防护

检查组织是否采取安全控制手段,例如,对应用端服务器进行安全监测,部署恶意代码防护工具;同时,开展漏洞扫描和渗透测试。

9.7.6　应用与数据安全审计

应用与数据安全是指物联相关应用在身份鉴别与访问控制等方面的安全管理,以及相关数据在完整性、机密性、可用性等方面的安全管理。

1)用户身份鉴别与访问控制

检查组织是否采取有效的控制措施,对物联网系统的用户身份进行鉴别并确保鉴别信息的安全;同时,检查是否根据用户身份制订访问控制策略,以确保操作合规可控。

2)用户及业务数据信息安全管理

检查组织是否对物联网系统用户数据和重要业务数据制订数据安全管理策略并采取安全控制措施,以确保数据的保密性与可用性。

3)抗数据重放

检查组织是否采取安全控制手段,在确保数据新鲜性的同时,监测并防范历史数据被重放。

9.7.7　安全审计

安全审计是指制订物联网相关安全审计规范和安全审计策略,部署安全审计平台和工具,开展安全审计工作。

1)安全审计管理

检查组织是否就物联网安全制订专项的安全审计规范和安全审计策略,并据此部署和开展安全审计工作。

2)安全审计实施

检查组织是否根据既定的安全审计规范与策略开展安全审计,并检查安全审计的内容是否涵盖物联网通信安全、边界安全及系统安全;同时,验证集中式安全管理中心是否能及时发现已定义的安全事件并报警。

本章小结与知识图谱

本章主要介绍了七种专项审计,即信息科技外包审计、灾备与业务连续性审计、关键信息基础设施安全审计、云安全审计、工控系统安全审计、移动互联网安全审计、物联网安全审计,如图 9.2 所示。要求学生了解专项审计所涉及范围,掌握专项审计的目标和内容。

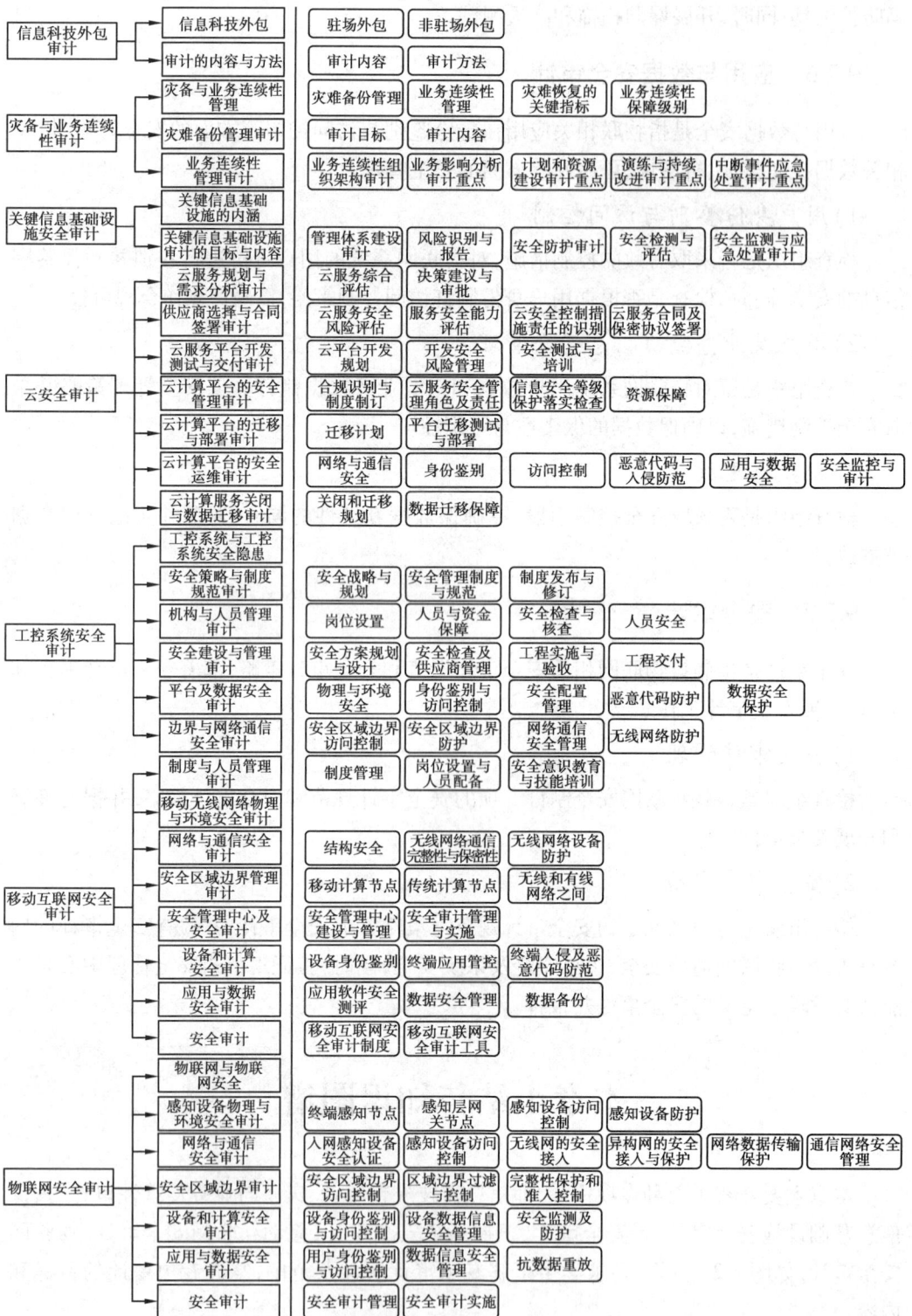

图9.2 专项审计——知识图谱

【课外思考与阅读】

思考题：

1）什么是信息科技外包审计？

2）灾备与业务连续性管理的内涵是什么？

3）为什么要开展关键信息基础设施安全审计？

4）云计算安全威胁有哪些？

5）工控系统安全隐患有哪些？

6）移动互联网安全审计涉及哪些方面？

7）物联网安全风险有哪些？物联网安全审计涉及哪些方面？

小论文选题指南：

云安全审计（或是工控系统安全审计/物联网安全审计/移动互联网安全）的研究。

第 10 章　智能审计的规范与标准

　　智能审计作为帮助组织实现信息技术战略目标、有效利用信息资源、有效管控信息技术风险的重要措施，越来越受到重视。制定和发布的一系列信息技术治理和审计方面的规范与标准，有力地促进了相关组织改善信息技术治理结构，同时也有效地提高了信息技术审计规范化水平。

【案例导读】

案例 1：COBIT 标准的应用案例——央行信息技术审计

　　信息技术审计标准既能够有效地提高信息技术审计规范化水平，又能够促进信息系统使用单位对信息技术治理结构的改善。因此，中国人民银行决定借鉴 COBIT 标准，并结合自身实际，尝试构建一套包括控制流程、审计指南和评价指南的人民银行信息技术审计标准，其主要内容涵盖了以下几个方面。一是从系统的角度，采用自上而下的方法，以风险为导向，全面规划审计领域和内容；二是以控制为主线，确定各项流程控制目标和控制措施，明确相应的审计方法；三是以治理为目标，建立成熟度模型指导 IT 审计评价，以此促进 IT 治理水平的提高。

　　根据上述思路，中国人民银行 IT 审计标准主要由控制流程、审计指南和评价指南三部分组成，如图 10.1 所示。

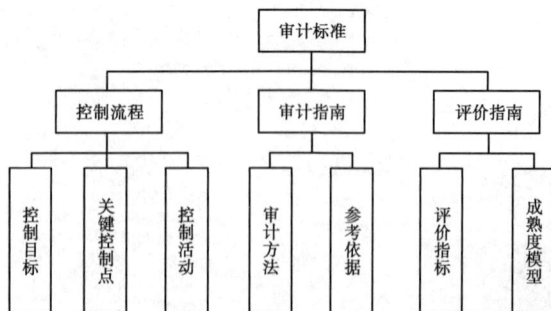

图 10.1　中国人民银行信息技术审计的标准结构

1)规划审计领域和内容,设计控制流程,明确审计关注内容

按照人民银行 IT 发展现状和规划,审计领域包括计划、建设、运行和监控 4 个方面,涵盖了人民银行 IT 管理的所有内容。近年来,人民银行 IT 审计也是紧紧围绕这 4 个领域开展的。通过对人民银行 IT 审计内容进行归类,并参考 COBIT 流程设置,确定了 4 个领域中的 32 个控制流程,形成了人民银行 IT 审计详细控制流程一览表,见表 10.1。

表 10.1　人民银行 IT 审计详细控制流程一览表

审计领域	控制流程
1.计划	1.1　IT 规划
	1.2　IT 管理架构
	1.3　信息和技术架构
	1.4　IT 财务管理
	1.5　IT 人员配备
	1.6　信息交流与沟通
	1.7　IT 风险评估
	1.8　质量管理
	1.9　项目管理
2.建设	2.1　可行性研究和需求分析
	2.2　应用系统开发与维护
	2.3　相关设施和资源获取
	2.4　运营知识保障
	2.5　变更管理
	2.6　系统测试与发布
3.运行	3.1　服务水平管理
	3.2　服务外包管理
	3.3　容量和性能管理
	3.4　确保持续服务
	3.5　确保系统安全
	3.6　培训
	3.7　事件管理
	3.8　配置管理
	3.9　问题管理
	3.10　数据管理
	3.11　物理环境管理
	3.12　运营管理

续表

审计领域	控制流程
4.监控	4.1 实时监控
	4.2 监督检查
	4.3 IT绩效评价
	4.4 IT内部控制评价
	4.5 确保遵循外部要求

2)细化控制流程,明确审计方法和参考依据

在确定了32个控制流程之后,为提高审计标准的指导性和操作性,人民银行对每个控制流程自上而下进行了层层细化。一是将控制流程分解为若干子流程,并为其设置详细的控制目标;二是梳理了各控制目标的关键控制点;三是进一步将控制点分解为更细的控制活动。控制活动就是IT管理各方面的具体操作,审计人员可以通过对控制活动的检查来确认控制目标是否实现,进而自下而上对整个流程控制情况进行确认。

人民银行通过对控制流程进行细分确定了控制活动,针对这些控制活动编制详细的审计方法,并列示审计依据予以参考,形成IT审计指南,从而对IT审计自计划、方案制订,到现场实施提供全面的指导。在开展IT审计项目时,既可选择对全部流程开展IT全面审计,也可以选择只对相关流程开展各类专项IT审计,流程的选择以审计范围和目标为指导。

3)建立评价指标和成熟度模型,明确评价方法

根据人民银行IT审计需要,审计评价已成为不可或缺的重要部分。使用成熟度模型对被审计对象的IT控制和管理情况进行评价,能够确定被审计对象IT管理所处阶段和水平,明确其存在的不足、差距和改进方向,帮助IT管理者采取措施提升IT整体治理水平,见表10.2。

表10.2 评价指标和成熟度模型

熟度等级	通用判定标准
0——无级别	流程完全未识别,或流程没有任何控制
1——始级	已意识到控制的重要性,但未建立标准的控制流程,采用临时控制办法;控制缺乏统筹规划
2——重复级	已建立控制流程,使不同人员在执行相同任务时能够采用类似的操作程序,但未对这些流程组织正式的培训和贯彻;实际控制过程对个人知识与能力存在很强的依赖性,控制不力或失效的情况时有发生
3——定义级	已通过规范文件建立控制流程,并通过正式的培训进行贯彻;虽已明确要求工作中必须遵循这些流程,但偏离流程的现象仍有发生;流程和控制本身还不尽完善,只是现有工作惯例的正式化

续表

熟度等级	通用判定标准
4——管理级	管理层监督和衡量对控制流程的遵循性,并在流程失效时采取必要的纠正措施;流程已处于持续改进中
5——优化级	基于持续改进的结果及业界的成熟度模型,控制流程已被优化为最佳实践。IT 作为一个整体,不仅可以使业务和工作流程自动化,还可以提供改进质量和效率的工具,使组织快速适应

> **警示:**智能审计的规范与标准既能够规范相关组织开展信息技术审计,提供审计评价指南;同时又能够促使各信息技术相关部门据此改进信息技术的管理和控制。根据业界成熟的信息技术治理和审计标准构建相关组织的信息技术审计标准,具有十分重要的现实意义。

【学习目的】

　　智能审计相关的规范与标准较为庞杂,相互之间既有区别又有交叉,大致分为与职业、技术、管理、行为相关的四类。遵循智能审计规范与标准,为指导、评价审计工作提供依据,不仅有助于审计工作质量的提高,还有助于维护审计组织和审计人员的正当权益。本章主要介绍了与智能审计相关的组织、与智能审计相关的规范和标准,要求学生:

　　1)了解与智能审计相关的组织

　　2)了解与智能审计相关的国际规范

　　3)掌握与信息系统审计相关的国内规范

　　4)了解与信息安全相关的国内标准

10.1　与智能审计相关的组织

10.1.1　与智能审计相关的国际组织

1)国际标准化组织

　　国际标准化组织(International Organization for Standardization,英文缩写为 ISO)是标准化领域中的一个国际性非政府组织。ISO 成立于 1947 年,是全球最大、最权威的国际标准化组织,全体大会是 ISO 最高权力机构,理事会是 ISO 重要决策机构。中国是 ISO 的正式成员,代表中国参加 ISO 的国家机构是中国国家标准化管理委员会。

2)世界审计组织

　　世界审计组织(International Organization of Supreme Audit Institutions,英文缩写为

INTOSAI)成立于 1953 年,是一个独立自治的非政府组织,由联合国成员国及其专门机构成员的最高审计机关组成,具有联合国经济及社会理事会的特别咨询身份,其目标是促进各成员国审计机关帮助所在国政府充分考虑广大人民的利益,改进绩效、加强透明度、坚守责任、维护信誉、打击腐败、提升公众信任,培养更有效地取得和使用公共资源的能力,推动实现良好治理。

3)国际会计师联合会

国际会计师联合会(International Federation of Accountants,英文缩写为 IFAC)成立于 1977 年,其最高领导机构是代表大会和理事会。联合会的宗旨是以统一的标准发展和提高世界范围内的会计专业,促进国际范围内的会计协调。其任务是决定国际会计师大会的主办国、保持与参加国际会计师大会各国间的联系、促进国际地区机构的发展和信息的交流、参考和吸收各国提出的意见、扩大国际会计职业协调委员会的业务,并为改进业务提供咨询。中国注册会计师协会 1997 年 5 月 8 日正式成为国际会计师联合会成员。

4)国际内部审计师协会

国际内部审计师协会(Institute of Internal Auditors,英文缩写为 IIA)成立于 1941 年,是由内部审计人员组成的国际性审计职业团体,把"在全世界范围内提高内部审计的形象"作为战略目标。国际内部审计师协会的会员称为国际注册内部审计师,组织机构主要有理事会、执行委员会、国际委员会和总部。协会自成立以来,为在全球范围内推动内部审计事业的发展做出了卓有成效的工作。1987 年 12 月,中国内部审计学会加入了国际内部审计师协会,成为 IIA 的国家分会。

5)信息系统审计与控制协会

信息系统审计与控制协会(Information Systems Audit and Control Association,英文缩写为 ISACA)成立于 1969 年,是一个跨国界、跨行业的非盈利专业机构,是全球公认的信息管理、控制、安全和审计专业设定规范的组织。ISACA 制定的信息系统审计和信息系统控制标准为全球执业者所遵从,ISACA 的国际信息系统审计师(CISA)认证得到全球的公认。

10.1.2 与智能审计相关的国内组织

1)中华人民共和国审计署

中华人民共和国审计署是根据 1982 年 12 月 4 日五届全国人民代表大会第四次会议通过的《中华人民共和国宪法》第 91 条的规定,于 1983 年 9 月 15 日正式成立的。在国务院总理领导下,主管全国的审计工作。审计署是国务院组成部门,是国务院的审计机关。中央审计委员会办公室设在审计署。

2)中国审计学会

中国审计学会(China Audit Society,英文缩写为 CAS)成立于 1984 年,学会是由全国省级(含计划单列市)审计学会、全国性的行业审计学会、从事审计研究的大专院校和科研机构、社会审计组织和内部审计机构、审计及相关领域的知名人士自愿参加的全国的研究审计科学的学术性团体,是非营利性社会组织。

中国审计学会的最高权力机构是会员代表大会。理事会是会员代表大会的执行机构,常务理事会在理事会闭会期间行使职权。秘书处为日常办事机构,下设办公室与《审计研究》编辑部。学会设有计算机审计分会、审计教育分会、环境审计专业委员会三个分支机构,以及学术委员会、编辑委员会两个专门工作机构。

3）中国会计学会

中国会计学会（Accounting Society of China,英文缩写为 ASC）成立于 1980 年 1 月,是财政部所属,由全国会计领域各类专业组织,以及会计理论界、实务界会计工作者自愿结成的学术性、专业性、非营利性社会组织;是联系政府机构、工商界和学术界的桥梁和纽带;是会计精英就财务会计改革与实践进行交流的高层次平台。

4）中国内部审计协会

中国内部审计协会（China Institute of Internal Audit,英文缩写为 CIIA）的前身是于 1987 年 4 月成立的中国内部审计学会,是由具有一定内部审计力量的企事业单位、社会团体和从事内部审计相关工作的人员自愿结成的全国性、专业性、非营利性社会组织。本会的宗旨是:服务、管理、宣传、交流,即以内部审计职业化建设为主线,通过向会员提供优质服务、实行职业自律管理、加强内部审计宣传、开展国内外交流,不断提升本会的职业代表性和社会影响力,充分发挥现代内部审计理念引领者、职业代言人、实践推动者、智力支撑者的作用,以推动我国内部审计事业的科学发展。

5）中国注册会计师协会

中国注册会计师协会（The Chinese Institute of Certified Public Accountants,英文缩写为 CICPA,中文简称"中注协"）成立于 1988 年,是中国注册会计师职业组织。1995 年,"中国注册审计师协会"并入,组成新的中国注册会计师协会。中国实行强制会员制,即会计师事务所和注册会计师必须加入注册会计师协会,前者为团体会员,而后者则为个人会员。

中注协积极探索行业管理的规律,加强对注册会计师和非执业会员的服务、监督、管理,协调职能建设,建立完善行业管理和服务体系。

6）全国信息安全标准化技术委员会

全国信息安全标准化技术委员会,简称为"信安标委",编号为 TC260,由国家标准化管理委员会筹建并进行业务指导。信安标委是网络安全专业领域从事标准化工作的技术组织,对网络安全国家标准进行统一技术归口,统一组织申报、送审和报批,具体范围包括网络安全技术、机制、服务、管理、评估等领域。

7）全国信息技术标准化技术委员会

全国信息技术标准化技术委员会,简称为信标委,编号为 TC28,成立于 1983 年,是在国家标准化管理委员会以及工业和信息化部的共同领导下,从事全国信息技术领域标准化工作的技术组织。信标委的工作范围是信息技术领域的标准化,涉及信息采集、表示、处理、传输、交换、描述、管理、组织、存储、检索及其技术,以及系统与产品的设计、研制、管理、测试及相关工具的开发等的标准化工作。

8）中国通信标准化协会

中国通信标准化协会（China Communications Standards Association，英文缩写为 CCSA）的标准化工作侧重于电信和互联网领域，其中安全方面的标准主要由网络与信息安全技术工作委员会（TC8）的有线网络安全工作组（WG1）、无线网络安全工作组（WG2）、安全管理工作组（WG3）和安全基础工作组（WG4）来负责制定。CCSA 已经在电信、工业互联网等领域开展了网络安全态势感知相关的探索。

10.2　与智能审计相关的国际规范和标准

10.2.1　ISACA 信息系统审计准则体系

ISACA 信息系统审计准则是由 ISACA 下的准则部（Standard Board）制定的，由三个层次组成，分别是信息系统审计标准、信息系统审计指南、信息系统审计程序，此框架为 CISA 执业提供了多层次的指引。截至 2013 年 12 月，ISACA 共发布了 16 项基本准则、41 项审计指南和 11 项作业程序。

1）审计标准与审计指南、审计程序的关系

审计标准是 ISACA 审计准则体系的总纲和基础，对信息系统审计指南和审计程序的制定起着指导作用。ISACA 的审计指南与审计程序都是在审计标准的指导下制定或推导出来的，审计标准是审计指南与审计程序制定的基础依据，信息系统审计准则体系如图 10.2 所示。信息系统审计人员根据 ISACA 发布的信息系统审计指南和审计程序开展审计工作。

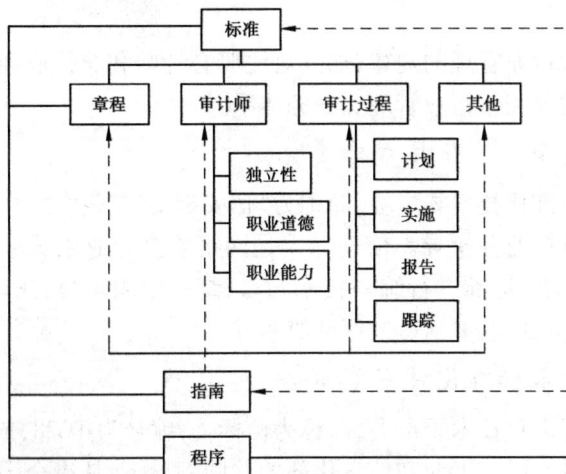

图 10.2　ISACA 的准则体系

2）第一层次——信息系统审计标准

信息系统审计标准是整个准则体系的总纲,是制定指南和程序的基础依据。它规定了审计章程及审计过程(从计划、实施、报告到跟踪)必须达到的基本要求,是 CISA 的资格条件、执业行为的基本规范。审计标准的制定方式为:ISACA 先根据审计工作的一般要求,颁布 S1 到 S8 的基本准则,对审计人员的职业能力以及信息系统审计的程序进行规范;再结合信息系统审计的特点和要求,陆续颁布 S9 到 S16 等其他基本准则,以填补先前所颁布的准则不足或缺陷,见表 10.3。这种制定方式的可扩展性较强,能够适应信息技术飞速发展的要求,ISACA 可根据信息系统审计发展的要求弥补基本准则存在的不足与缺陷。

表 10.3　信息系统审计标准

审计标准的基本准则		审计标准的补充标准	
S1	审计章程	S9	不正当及非法行为
S2	审计独立性	S10	信息技术治理
S3	职业道德和标准	S11	审计计划中风险评估的运用
S4	职业能力	S12	审计重要性
S5	审计计划	S13	应用其他审计专家的工作成果
S6	审计工作的实施	S14	审计证据
S7	审计报告	S15	信息技术控制
S8	后续工作	S16	电子商务

3）第二层次——信息系统审计指南

信息系统审计指南是依据审计标准制定的,是标准的具体化,为信息系统审计标准的实施提供了指引,详细规定了 CISA 实施审计业务、出具审计报告的具体指引,为 CISA 在执行审计业务中如何遵守审计准则提供指导,信息系统审计指南见表 10.4。

表 10.4　信息系统审计指南

信息系统审计指南		信息系统审计指南	
G1	应用其他审计师及专家的工作成果	G5	审计章程
G2	审计取证	G6	信息系统审计中的重要性概念
G3	应用计算机辅助审计技术	G7	应有的职业谨慎
G4	信息系统业务外包情况下的审计	G8	审计文档

续表

信息系统审计指南		信息系统审计指南	
G9	不正当行为的审计考虑	G25	对虚拟专用网络的审核
G10	审计抽样	G26	企业流程再造项目审核
G11	信息系统控制的效果	G27	移动计算
G12	组织关系和独立性	G28	计算机取证
G13	审计计划中风险评估的利用	G29	执行后的评审
G14	应用系统评审	G30	职业能力
G15	审计计划修订	G31	保密
G16	第三方对信息系统控制的影响	G32	业务连续性计划的审核
G17	非审计角色对审计独立性的影响	G33	对网络使用的总体考虑
G18	信息系统管理	G34	责任、权威及义务
G19	不正当及非法行为	G35	后续工作
G20	审计报告	G36	生物控制
G21	企业资源规划系统评审	G37	配置管理过程
G22	B2C 电子商务审核	G38	存取控制
G23	系统开发生命周期审核	G39	信息技术组织
G24	网络银行		

4) 第三层次——信息系统审计程序

信息系统审计程序是依据标准和指南制定的。它为 CISA 提供了一般审计业务(尤其是审计计划和审计实施阶段的业务)的程序和步骤,是遵守标准和指南的一些通常审计程序,它为 CISA 提供了很好的工作范例。信息系统审计程序所提供的只是 CISA 在审计时能满足审计准则要求的通常做法,并不要求强制执行。CISA 在执行具体的审计业务时,要根据特定的信息系统和特定的技术环境作出自己的职业判断,选择适当的审计程序,见表 10.5。

表 10.5 信息系统审计程序

信息系统审计程序		信息系统审计程序	
P1	信息系统风险评估	P7	不正当及非法行为
P2	数字签名	P8	安全评估之渗透测试及弱点分析
P3	入侵检测	P9	加密技术的管理控制评价
P4	病毒及其他恶意代码	P10	商业应用改变控制
P5	控制风险自我评估	P11	电子资金转移
P6	防火墙		

5)信息系统审计师的职业准则

信息系统审计师是一个特殊的职业,审计的质量与审计师的主体高度相关,审计人员的独立性、职业道德、职业能力等因素将对审计质量产生决定性的影响。

(1)独立性

独立性是审计主体的根本,有独立性才会有客观性,有客观性才会有审计质量的保证。

ISACA 的审计准则体系中涉及独立性的有 S2(审计独立性)、G12(组织关系和独立性)、G16(第三方对信息系统控制的影响)、G17(非审计角色对审计独立性的影响)、G34(责任、权威及义务)。

(2)职业道德

职业道德是为指导审计人员在从事审计工作中保持独立的地位、公正的态度和约束自己行为而制定的一整套职业道德规范。ISACA 的审计准则体系中涉及职业道德的是标准 S3(职业道德和标准)。

(3)职业能力

职业能力是指审计人员完成审计任务、实现审计目标、满足社会需求的能力,它是一种审计服务的供给能力。ISACA 的审计准则体系中涉及职业能力的有 S4(职业能力)和 G30(职业能力)。

10.2.2 COBIT 标准

信息系统和技术控制目标(Control Objectives for Information and related Technology,英文缩写为 COBIT)是目前国际上通用的信息系统审计标准,由信息系统审计与控制协会(ISACA)于 1996 年公布。这是一个在国际上公认的、权威的安全与信息技术管理和控制的标准,目前已经更新至 2019 版。COBIT 标准已在世界一百多个国家的重要组织与企业中运用,指导这些组织有效地利用信息资源以及管理与信息相关的风险。

COBIT 是面向整个企业的企业信息和技术治理(EGIT)及管理框架。企业 IT 是指企业为实现其目标而在任何领域实施的所有技术和信息处理。换句话说,企业 IT 包括但不仅限于组织的 IT 部门。

COBIT 框架对治理和管理进行了明确区分。这两个学科涵盖不同的活动,需要不同的组织结构,并服务于不同目的。

治理是指对利益相关方的需求、条件和选择方案进行评估,以确定全面均衡、达成共识的企业目标;通过确定优先等级和制订决策来设定方向,再根据设定的方向和目标监控绩效与合规性。而管理层则按照治理机构设定的方向计划、构建、运行和监控活动,以实现企业目标。

1)COBIT 治理体系原则

COBIT 2019 治理体系的六大原则,如图 10.3 所示。

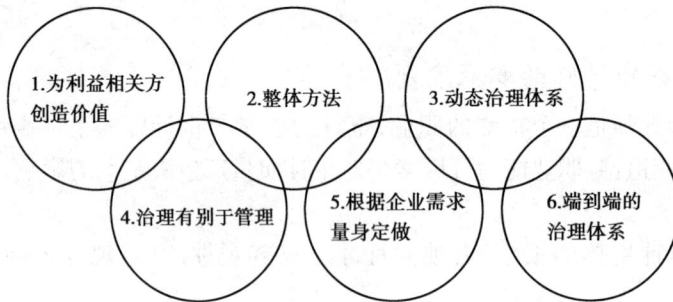

图 10.3　COBIT 2019 治理体系的六大原则

(1)为利益相关方创造价值

每个企业都需要治理体系,以满足利益相关方的需求,并通过使用 IT 来创造价值。价值反映了效益、风险与资源之间的平衡,企业需要可行的战略和治理系统来实现这一价值。

(2)整体方法

企业 IT 治理体系包括若干组件,这些组件可能是不同类型的,但能以整体协同的方式运作。

(3)动态治理体系

治理体系应该是动态的。这意味着每次更改一个或多个设计因素(如战略或技术变更)时,必须考虑这些变化对 EGIT 体系的影响。EGIT 动态视图有助于构建可行的、面向未来的 EGIT 体系。

(4)治理有别于管理

治理体系应明确区分治理与管理的各自相关活动和结构。

(5)根据企业需求量身定做

企业应根据自身需求制订治理体系,使用一系列设计因素作为参数来定制治理系统的组件并确定优先级。

(6)端到端的治理体系

治理体系应全面覆盖整个企业,不仅应关注 IT 职能,还应关注企业为实现其目标而在任何领域实施的所有技术和信息处理。

2)COBIT 治理与管理目标

若要让信息和技术促进企业目标的实现,首先应达成一系列的治理和管理目标。COBIT 中的治理和管理目标分为五个领域,见表 10.6。

治理目标被列入评估、指导和监控(EDM)领域。

管理目标分为四个领域。

①调整、规划和组织(APO)。针对 IT 的整体组织、战略和支持活动。

②内部构建、外部采购和实施(BAI)。针对 IT 解决方案的定义、采购和实施以及它们到业务流程的整合。

③交付、服务和支持(DSS)。针对 IT 服务的运营交付和支持,包括安全。

④监控、评价和评估(MEA)。针对 IT 的性能监控及其与内部性能目标、内部控制目标和外部要求的一致程度。

表 10.6　COBIT 中的核心控制域及治理和管理目标

核心控制域	治理和管理目标
评估、指导和监控(EDM)	确保治理框架的设置和维护(EDM01)、确保实现效益(EDM02)、确保风险优化(EDM03)、确保资源优化(EDM04)、确保利益相关方参与(EDM05)
调整、规划和组织(APO)	妥当管理的 IT 管理框架(APO01)、妥当管理的战略(APO02)、妥当管理的企业架构(APO03)、妥当管理的创新(APO04)、妥当管理的组合(APO05)、妥当管理的预算和成本(APO06)、妥当管理的人力资源(APO07)、妥当管理的关系(APO08)、妥当管理的服务协议(APO09)、妥当管理的供应商(APO09)、妥当管理的质量(APO011)、妥当管理的风险(APO012)、妥当管理的安全(APO013)、妥当管理的数据(APO014)
内部构建、外部采购和实施(BAI)	妥当管理的计划(BAI01)、妥当管理的需求定义(BAI02)、妥当管理的解决方案识别和构建(BAI03)、 妥当管理的可用性和容量(BAI04)、妥当管理的组织变更(BAI05)、妥当管理的 IT 变更(BAI06)、妥当管理的 IT 变更接受和交接(BAI07)、妥当管理的知识(BAI08)、妥当管理的资产(BAI09)、妥当管理的配置(BAI10)、妥当管理的项目(BAI011)
交付、服务和支持(DSS)	妥当管理的运营(DSS01)、妥当管理的服务请求和事故(DSS02)、妥当管理的问题(DSS03)、妥当管理的连续性(DSS04)、妥当管理的安全服务(DSS05)、妥当管理的业务流程控制(DSS06)
监控、评价和评估(MEA)	妥当管理的绩效和一致性监控(MEA01)、 妥当管理的内部控制系统(MEA02)、妥当管理的外部要求合规性(MEA03)、妥当管理的鉴证(MEA04)

3）COBIT 治理体系组件

为满足治理和管理目标,每个企业都需要建立、定制和维护由多个组件构成的治理体系。组件是单独或共同促进企业的 IT 治理体系良好运营的因素,这些组件彼此交互,形成了一个整体性的 IT 治理体系。

组件可以是不同类型的。其中,最熟悉的组件是流程。除此之外,治理体系的组件也包括组织结构、政策和程序、信息项、文化和行为、技能和能力以及服务、基础设施和应用程序,如图 10.4 所示。

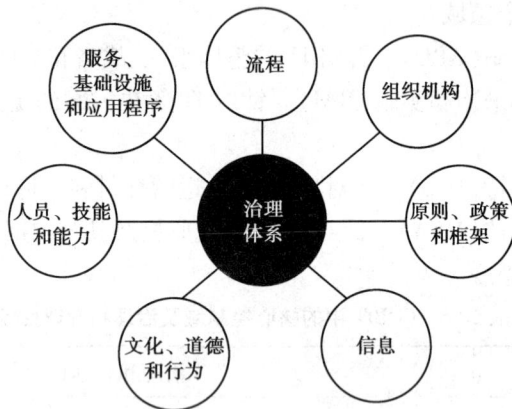

图 10.4　COBIT 治理体系组件

①**流程**描述了一组为实现某种目标而安排有序的实务和活动,并生成了一组支持实现整体 IT 相关目标的输出内容。

②**组织结构**是企业的主要决策实体。

③**原则、政策和框架**将理想行为转化为实用的日常管理指导。

④**信息**在任何组织中无处不在,包括企业生成和使用的全部信息。COBIT 侧重于有效运转企业治理系统所需的信息。

⑤**文化、道德和行为**(个人层面与企业层面)作为治理和管理活动的成功因素之一,其价值往往被低估。

⑥**人员、技能和能力**对作出正确决策、采取纠正行动和成功完成所有活动而言是必不可少的。

⑦**服务、基础设施和应用程序**包括为企业提供 IT 处理治理体系的基础设施、技术和应用程序。

4）COBIT 设计因素

设计因素可能影响企业治理系统的设计,为企业成功使用 IT 奠定基础。设计因素包括以下因素的任意组合。

（1）企业战略

企业可以有不同的战略,这些战略可以用一种或多种原型来表示,如成长/收购、创新/差异化、成本领导、客户服务/稳定性等。组织通常有一项主要战略,最多有一项次要战略。

（2）企业目标

通过达成（一组）企业目标来实现企业战略。这些目标在 COBIT 框架中被定义,按照平衡计分卡（BSC）维度进行组织,并包含表 10.7 所示的要素。

表 10.7 企业目标设计因素

平衡计分卡（BSC）维度	企业目标
财务	创造有竞争力的产品和服务组合
财务	妥当管理业务风险
财务	遵守外部法律和法规
财务	提高财务信息的质量
客户	建立以客户为中心的服务文化
客户	保证业务服务连续性和可用性
客户	提高管理信息的质量
内部	优化内部业务流程功能
内部	优化业务流程成本
内部	提高员工技能、动力和生产力
内部	遵守内部政策
成长	妥当管理的数字化转型计划
成长	创新产品和业务

（3）风险概况

企业风险概况标识了企业当前暴露的 IT 相关风险,并指明了哪些风险领域超出风险偏好。风险类别包括 IT 投资决策制定、投资组合定义和维护;计划和项目生命周期管理;IT 成本和监督;IT 专业知识、技能和行为;企业/IT 架构;IT 运营基础设施事故;未授权的行动;软件采用/使用问题;硬件事故;软件故障;逻辑攻击（黑客攻击、恶意软件等）;第三方/供应商事故;违规;地缘政治问题;劳工行动;自然灾害;基于技术的创新;环境;数据和信息管理等。

（4）IT 相关问题

评估企业 IT 风险的一个方法是考虑企业当前面临哪些 IT 相关问题,也就是说,企业当前存在哪些 IT 相关风险。最常见的有以下 IT 相关问题。

①由于被认为对业务价值的贡献较低,整个组织内的不同 IT 实体受挫。

②由于举措失败或被认为对业务价值的贡献较低,业务部门（即 IT 客户）和 IT 部门受挫。

③重大 IT 相关事故。例如,与 IT 有关的数据丢失、安全漏洞、项目失败和应用程序错误。

④IT 外包商的服务交付问题。

⑤不符合 IT 相关法规或合同要求。

⑥关于 IT 绩效欠佳的定期审计结果,或关于 IT 服务或质量问题的评估报告。

⑦隐性和反常的重大 IT 支出,即用户部门的 IT 支出超出常规 IT 投资决策机制控制范围和批准的预算。

⑧多个举措之间的重复或重叠,或其他形式的资源浪费。

⑨IT 资源不足,员工技能欠缺或员工态度消极。

⑩IT 促成的变革或项目经常无法满足业务需求,并且延迟交付或超过预算。

⑪董事会成员、执行管理层或高级管理层不愿意参与 IT,或 IT 方面缺乏全身心投入的业务发起人。

⑫复杂的 IT 运营模式以及缺乏明确的 IT 相关决策机制。

⑬过高的 IT 成本。

⑭当前 IT 架构和系统导致新举措或创新的实施受阻或失败。

⑮业务和技术知识之间的差距导致业务用户与 IT 专家难以交流。

⑯各种来源的数据经常出现数据质量和整合方面的问题。

⑰大量的最终用户计算导致对处于开发阶段和已投入运行的应用程序缺乏监督和质量控制(以及其他问题)。

⑱业务部门在企业 IT 部门极少甚至没有参与的情况下实施自己的信息解决方案。

⑲忽视、违反隐私法规。

⑳无法利用新技术或使用 IT 技术进行创新。

(5)威胁环境

企业运营所处的威胁环境可分为正常威胁与高威胁环境。正常威胁环境是指企业运营环境被认为处于正常威胁水平。高威胁环境是指由于地缘政治、行业领域或特定情况,企业在高威胁环境中运营。

(6)合规性要求

可根据以下列出的类别对企业所遵守的合规性要求进行分类。

①低合规性要求。企业遵守最低限度的常规合规性要求,低于平均水平。

②常规合规性要求。企业遵守不同行业通用的常规合规性要求。

③高合规性要求。企业的合规性要求高于平均水平,通常与行业领域或地缘政治情况有关。

(7)IT 角色

企业 IT 角色可分为以下几类。

①支持。IT 对业务流程和服务的运行和连续性及其创新都不是至关重要的。

②工厂。如果出现 IT 故障将会直接影响到业务流程和服务的运行和连续性,但 IT 并不被视为业务流程和服务的创新驱动力。

③整顿。IT 被视为业务流程和服务的创新驱动力,但业务流程和服务的运行和连续性目前对 IT 并没有重大依赖性。

④战略。IT 对组织业务流程和服务的运行和创新至关重要。

(8) IT 采购模式

企业采用的 IT 采购模式可分为以下几类。

①外包。企业委托第三方提供 IT 服务。

②云。企业最大限度地利用云为其用户提供 IT 服务。

③内包。企业有自己的 IT 员工和服务。

④混合。采用混合模式,企业以不同程度结合采用以上三种模式。

(9) IT 实施方法

企业的 IT 实施方法可分为以下几类。

①敏捷。企业使用敏捷开发的工作方法进行软件开发。

②DevOps(DevOps 是过程、方法与系统的统称)。企业使用 DevOps 工作方法进行软件构建、部署和运行。

③传统。企业使用更经典的软件开发方法(瀑布式开发),并将软件开发与运行分离开来。

④混合。企业将传统的和现代的 IT 实施方法相结合,通常被称为"双模式 IT"。

(10) 技术采用战略

企业技术采用战略可分为以下几类。

①先行者。企业通常会尽早采用新技术,以抢占先发优势。

②追随者。企业通常会先观望,直到新技术成为主流并得到验证才会采用。

③滞后者。企业采用新技术的时间严重滞后。

(11) 企业规模

根据企业治理体系的设计可分为以下两类规模。

①大型企业(默认)。拥有超过 250 名全职员工(FTE)的企业。

②中小型企业。拥有 50~250 名全职员工的企业。

关于 COBIT 2019,更详细的内容请查看国际信息系统审计协会(ISACA)官网。

10.2.3　ISO/IEC 27000 标准系列

ISO/IEC 27000 标准系列(即"信息安全管理体系标准族",简称"ISO27K")由国际标准化组织(ISO)及国际电工委员会(IEC)联合定制,见表 10.8。该标准系列由最佳实践所得,提出对信息安全管理的建议,并对信息安全管理系统领域中的风险进行相关管控。

表 10.8　ISO/IEC 27000 标准系列的关系

标准词汇	标准要求	标准指南	标准特定行业指南	标准特定控制措施指南
ISO/IEC 27000	ISO/IEC 27001	ISO/IEC 27002	ISO/IEC 27010	ISO/IEC 2703x
	ISO/IEC 27006	ISO/IEC 27003	ISO/IEC 27011	ISO/IEC 2704x

续表

标准词汇	标准要求	标准指南	标准特定行业指南	标准特定控制措施指南
	ISO/IEC 27009	ISO/IEC 27004	ISO/IEC 27017	ISO/IEC 2705x
		ISO/IEC 27005	ISO/IEC 27018	
		ISO/IEC 27007	ISO/IEC 27019	
		ISO/IEC TR 27008	ISO 27799	
		ISO/IEC 27013		
		ISO/IEC 27014		
		ISO/IEC 27016		
		ISO/IEC 27021		
		ISO/IEC 27023		

国际标准化组织（ISO）及国际电工委员会（IEC）规划的 ISO/IEC 27000 系列包含下列标准。

1）ISO/IEC 27000 信息技术—安全技术—信息安全管理体系—概述和词汇

ISO/IEC 27000 提供了信息安全管理体系（ISMS）标准族中所涉及的通用术语及基本原则，是 ISMS 标准族中最基础的标准之一。ISMS 标准族中的每个标准都有"术语和定义"部分，但不同标准的术语间往往缺乏协调性，而 ISO/IEC 27000 则主要用于实现这种协调。

2）ISO/IEC 27001 信息技术—安全技术—信息安全管理体系—要求

ISO/IEC 27001 是 ISO/IEC 27000 系列的主要标准，类似于 ISO 9000 系列中的 ISO 9001，各类组织可以按照 ISO 27001 的要求建立自己的 ISMS，并通过认证。

3）ISO/IEC 27002 信息安全、网络安全和隐私保护—信息安全控制

该标准用于实施基于 ISO/IEC 27001 信息安全管理体系（ISMS）时，作为组织实施普遍接受的信息安全控制项的指南。

4）ISO/IEC 27003 信息技术—安全技术—信息安全管理体系—指南

该标准给出了 ISMS 实施的关键成功因素，实施过程依照 ISO/IEC 27001 要求的 PDCA 模型进行，并进一步介绍了各个阶段的活动内容及详细实施指南。

5）ISO/IEC 27004 信息技术—安全技术—信息安全管理—监视、测量、分析和评估

该标准定义了 ISMS 的测量过程：首先要实施 ISMS 的测量，应定义选择测量措施，同时确定测量的对象和验证准则，形成测量计划；实施 ISMS 测量的过程中，应定义数据的

收集、分析和报告程序,并评审、批准提供资源以支持测量活动的开展;在 ISMS 的检查和处置阶段,也应对测量措施加以改进,这就要求首先定义测量过程的评价准则,对测量过程加以监控,并定期实施评审。

6）ISO/IEC 27005 信息技术—安全技术—信息安全—风险管理

该标准介绍了一般性的风险管理过程,并重点阐述了风险评估的几个重要环节,包括风险评估、风险处理、风险接受等。在标准的附录中,不仅给出了资产、影响、脆弱性以及风险评估的方法,并列出了常见的威胁和脆弱性,还给出了根据不同通信系统以及不同安全问题和威胁选择控制措施的方法。

7）ISO/IEC 27006 信息技术—安全技术—信息安全管理系统审核和认证机构的要求

该标准的主要内容是对从事 ISMS 认证的机构提出了要求和规范,或者说它规定了一个机构具备怎样的条件就可以从事 ISMS 认证业务。更多现行标准见表 10.9。

表 10.9　ISO/IEC 27000 标准族中现行标准（除上述已列出部分外）

标准号	标准名称	标准号	标准名称
ISO/IEC TS 27006-2	信息技术—安全技术—信息安全管理系统审核和认证机构的要求—第 2 部分:隐私信息管理体系	ISO/IEC 27013	信息安全、网络安全和隐私保护—ISO/IEC 27001 和 ISO/IEC 20000-1 综合实施指南
ISO/IEC 27007	信息技术—安全技术—信息安全管理体系审核指南	ISO/IEC 27014	信息安全、网络安全和隐私保护—信息安全治理
ISO/IEC TR 27008	信息技术—安全技术—信息安全控制审核指南	ISO/IEC TR 27016	信息技术—安全技术—信息安全管理组织经济学
ISO/IEC TS 27008	信息技术—安全技术—信息安全控制评估指南	ISO/IEC 27017	信息技术—安全技术—基于 ISO/IEC 27002 的云服务信息安全控制操作规范
ISO/IEC 27009	信息安全、网络安全和隐私保护—ISO/IEC 27001 在特定领域的应用—要求	ISO/IEC 27018	信息技术—安全技术—在充当 PⅡ 处理器的公共云中保护个人身份信息（PⅡ）的行为准则
ISO/IEC 27010	信息技术—安全技术—部门间和组织间通信的信息安全管理	ISO/IEC TR 27019	信息技术—安全技术—基于 ISO/IEC 27002 的能源行业过程控制系统信息安全管理指南
ISO/IEC 27011	信息技术—安全技术—基于 ISO/IEC 27002 的电信组织的信息安全控制操作规范	ISO/IEC 27019	信息技术—安全技术—能源公用事业行业信息安全控制

续表

标准号	标准名称	标准号	标准名称
ISO/IEC 27021	信息技术—安全技术—信息安全管理系统专业人员的能力要求	ISO/IEC 27033-6	信息技术—安全技术—网络安全—第 6 部分:保障无线 IP 网络接入安全
ISO/IEC TS 27022	信息技术—信息安全管理系统的流程指南	ISO/IEC 27034	信息技术—安全技术—应用安全(含 7 部分,目前缺第 4 部分)
ISO/IEC TR 27023	信息技术—安全技术—映射 ISO/IEC 27001 和 ISO/IEC 27002 的修订版	ISO/IEC 27034-1	信息技术—安全技术—应用安全—第 1 部分:概述和概念
ISO/IEC 27031	信息技术—安全技术—信息和通信技术为业务连续性做好准备的准则	ISO/IEC 27034-2	信息技术—安全技术—应用安全—第 2 部分:组织规范性框架
ISO/IEC 27032	信息技术—安全技术—网络安全的准则	ISO/IEC 27034-3	信息技术—安全技术—应用安全—第 3 部分:应用安全管理过程
ISO/IEC 27033	信息技术—安全技术—网络安全(含 7 部分)	ISO/IEC 27034-5	信息技术—安全技术—应用安全—第 5 部分:协议与应用安全控制数据结构
ISO/IEC 27033-1	信息技术—安全技术—网络安全—第 1 部分:概述与概念	ISO/IEC TS 27034-5-1	信息技术—安全技术—应用安全—第 5-1 部分:协议与应用安全控制数据结构,XML 模式
ISO/IEC 27033-2	信息技术—安全技术—网络安全—第 2 部分:网络安全的设计和实施指南	ISO/IEC 27034-6	信息技术—安全技术—应用安全—第 6 部分:案例研究
ISO/IEC 27033-3	信息技术—安全技术—网络安全—第 3 部分:参考网络方案—威胁、设计技术和控制问题	ISO/IEC 27034-7	信息技术—安全技术—应用安全—第 7 部分:保证预测框架
ISO/IEC 27033-4	信息技术—安全技术—网络安全—第 4 部分:利用安全网关保障网络间的通信安全	ISO/IEC 27035	信息技术—安全技术—信息安全事件管理(含 4 部分,缺第 4 部分)
ISO/IEC 27033-5	信息技术—安全技术—网络安全—第 5 部分:使用虚拟专用网络(VPN)保护跨网络通信的安全	ISO/IEC 27035-1	信息技术—安全技术—信息安全事件管理—第 1 部分:事件管理的原则

标准号	标准名称	标准号	标准名称
ISO/IEC 27035-2	信息技术—安全技术—信息安全事件管理—第 2 部分:计划和准备事件响应的准则	ISO/IEC 27041	信息技术—安全技术—确保事件调查方法的适宜性和充分性的指导意见
ISO/IEC 27035-3	信息技术—安全技术—信息安全事件管理—第 3 部分:ICT 事件响应操作指南	ISO/IEC 27042	信息技术—安全技术—数字证据的分析和解释准则
ISO/IEC 27036	信息技术—安全技术—供应商关系的信息安全(含 4 部分)	ISO/IEC 27043	信息技术—安全技术—事件调查原则与过程
ISO/IEC 27036-1	信息技术—安全技术—供应商关系的信息安全—第 1 部分:概述和概念	ISO/IEC 27050	信息技术—电子数据取证(含 4 部分)
ISO/IEC 27036-2	信息技术—安全技术—供应商关系的信息安全—第 2 部分:要求	ISO/IEC 27050-1	信息技术—电子数据取证—第 1 部分:概述和概念
ISO/IEC 27036-3	信息技术—安全技术—供应商关系的信息安全—第 3 部分:ICT 供应链安全指南	ISO/IEC 27050-2	信息技术—电子数据举证—第 2 部分:电子数据取证治理与管理指南
ISO/IEC 27036-4	信息技术—安全技术—供应商关系的信息安全—第 4 部分:云服务安全指南	ISO/IEC 27050-3	信息技术—电子数据举证—第 3 部分:电子数据取证实用规则
ISO/IEC 27037	信息技术—安全技术—数字证据的识别、收集、获取和保存准则	ISO/IEC 27050-4	信息技术—电子数据举证—第 4 部分:电子数据取证技术准备
ISO/IEC 27038	信息技术—安全技术—数字编辑的规范	ISO/IEC 27070	信息技术—安全技术—虚拟信任根建立要求
ISO/IEC 27039	信息技术—安全技术—入侵检测系统(IDPS)的选择、部署和操作	ISO/IEC TS 27100	信息技术—网络安全—概述和概念
ISO/IEC 27040	信息技术—安全技术—存储安全	ISO/IEC 27102	信息安全管理—网络保险指南

续表

标准号	标准名称	标准号	标准名称
ISO/IEC TR 27103	信息技术—安全技术—网络安全与 ISO 及 IEC 标准	ISO/IEC 27555	信息技术、网络安全和隐私保护—个人识别信息删除指南
ISO/IEC TS 27110	信息技术、网络安全和隐私保护—网络安全框架开发指南	ISO/IEC TS 27570	隐私保护—智慧城市隐私指南
ISO/IEC TR 27550	信息技术—安全技术—系统生命周期过程的隐私工程	ISO/IEC 27701	ISO/IEC 27001 与 ISO/IEC 27002 在隐私信息管理的扩展要求与指南
ISO/IEC 27551	信息技术、网络安全和隐私保护—基于属性的不可链接实体鉴别要求	ISO 27799	应用 ISO/IEC 27002 的健康信息安全管理

更多可参考 ISO/IEC 27000 标准系列相关资料。

10.2.4　ITIL 标准

信息技术基础构架库(Information Technology Infrastructure Library, ITIL)是一套被广泛承认的用于有效 IT 服务管理的实践准则。

ITIL 最初是为提高英国政府部门 IT 服务质量而开发的,但它很快在英国的各个企业中得到了广泛的应用和认可,目前已经成为业界通用的事实标准,现由英国政府商务部办公室(Office of Government Commerce, OGC)负责管理。

1)ITIL 的目标

ITIL 是一组综合的最佳实践,用于帮助企业向客户交付 IT 服务。ITIL 使企业组织能够根据业务需求调整 IT 资源,从而使客户价值最大化。它通过衡量、监控、优化 IT 服务与服务提供商的表现来降低成本,并向企业展示如何轻松地实现标准化服务管理。虽然每个企业组织在 IT 基础设施和治理方面都不相同,但 ITIL 的指导方针足够灵活,可以帮助任何企业组织实现其服务管理目标。

2)ITIL 的核心概念与理论

①4 个维度:组织与人员、信息与技术、合作伙伴与供应商、价值流与流程。

②5 个组件:服务价值链、最佳实践、指导原则、治理、持续改进。

③6 个价值链活动:计划、改进、驱动、设计与转换、获得与构建、交付与支持。

3）ITIL 的最佳实践

为了实现以上目标，ITIL 的最新版本 ITIL4 于 2019 年发布，引入了 34 种管理实践。这些实践，以前被称为"流程"，可以定义为一套企业组织资源，旨在实现预期的目标。这些实践（流程）中有详细说明，概述了谁参与了这些流程以及这些流程是如何进行的。这 34 种实践共分为三大类：一般管理实践（14 个）、服务管理实践（17 个）和技术管理实践（3 个），见表 10.10。

表 10.10　ITIL 的最佳实践

一般管理实践	服务管理实践	技术管理实践
架构管理	可用性管理	部署管理
持续改进	商业分析	基础架构和平台管理
信息安全管理	职责与绩效管理	软件开发与管理
知识管理	变更控制	
测量与报告	故障事件管理	
组织变更管理	IT 资产管理	
服务组合管理	监控和事件管理	
项目管理	问题管理	
关系管理	发布管理	
风险管理	服务目录管理	
服务财务管理	服务配置管理	
战略管理	服务连续性管理	
供应商管理	服务设计	
劳动力和人才管理	IT 服务台	
	服务水平管理	
	服务请求管理	
	服务验证和测试	

10.2.5　SOX 法案

《SOX 法案（萨班斯法案）》又被称为《萨班斯-奥克斯利法案》。2002 年，美国爆发了一系列的财务和管理丑闻，如安然（美国最大的能源公司）和世通（世界通信会计）事件，这些丑闻严重破坏了美国金融证券制度，彻底打击了投资者对美国资本市场的信心。

为了扭转这一局面,美国国会通过了《2002 年公众公司会计改革和投资者保护法案》。该法案由美国参议院银行委员会主席萨班斯(Paul Sarbanes)和众议院金融服务委员会主席奥克斯利(Mike Oxley)联合提出,又被称作《2002 年萨班斯-奥克斯利法案》(Sarbanes-Oxley Act 2002,简称 SOX 法案)。该法案对美国《1933 年证券法》《1934 年证券交易法》作出大幅修订,在公司治理、会计职业监管、证券市场监管等方面作出了许多新的规定。2002 年 7 月,美国时任总统布什将此法案签署为正式法律。

1)SOX 法案概述

SOX 法案共分为 11 章。其中,第 1 章至第 6 章主要涉及对会计职业及公司行为的监管;第 7 章要求相关部门在该法案正式生效后的指定日期内提交若干份研究报告,以供相关执行机构参考,并作为未来立法的参照;第 8 章至第 11 章主要是提高对公司高管及白领犯罪的刑事处罚标准。

2)SOX 法案第 404 条款

SOX 法案第 404 条款的合规性实践展示了改善 IT 治理和判断 IT 治理成效的一种有效方法。虽然 SOX 法案第 404 条款合规性的要求有主要关注财务报告相关信息系统的局限性,但是由此产生的方法论和合规性实践对 IT 治理的理论发展和实践很有借鉴意义。

SOX 法案第 404 条款要求的 IT 一般性控制的合规性实践一般采用以下方法。

①首先进行 IT 一般性控制的现状分析,然后参照 COBIT 的要求建立公司的 IT 控制目标,以便进行差距分析,并在此基础上找出并确定能涵盖这些控制目标的 IT 一般性控制的关键控制点。

②每个关键控制点的控制活动都被清晰地描述和文档化,同时这些控制活动还必须具备可操作性和可检验性,最终形成所谓的 IT 控制矩阵(IT control matrix)。

③相关公司都必须具备一整套与 IT 控制相关的文档,即所谓的 SOX 法案合规性文档,如 IT 政策、IT 控制矩阵、IT 控制活动描述、IT 控制测试方法等。

④通过细致扎实的工作落实已被确定的 IT 控制点,从而使 IT 控制得到贯彻实施。

根据 SOX 法案第 404 条款的要求,管理层必须每年对这些控制点进行测试和评估,对测试得出的控制缺陷增设补救和改进措施,并进行再次测试。如果在规定的期限内,控制缺陷还是不能得到改正,外部审计人员将根据情况针对控制缺陷和程度发表审计意见。

10.2.6　COSO 内部控制框架

COSO 内部控制框架实际上是全美反舞弊性财务报告委员会发起组织(The Committee of Sponsoring Organizations of the Treadway Commission,英文缩写为 COSO)在 1992 年 9 月发布的一份报告,报告的正式名称是"内部控制—整合框架"。该报告是美国审计行业最广泛接受并使用的内部控制框架,包括国家审计和会计师事务所在内的审计都以 COSO 作为检查组织内部控制的标准框架。作为全球最具影响力的内部控制标准,COSO 内部控制框架得到了世界许多国家的一致认可和广泛借鉴。2013 年 5 月,美国 COSO 委员会发布了更新后的《内部控制—整合框架》,受到国际内部控制理论界和实务界的广泛关注。2016 年 10 月,COSO 发布了 2016 版《全面风险管理框架的修订版(征求意见稿)》。

1)COSO 内部控制框架概述

第一部分是概括;第二部分是定义框架,完整定义内部控制,描述它的组成部分,为公司管理层、董事会和其他人员提供评价其内部控制系统的规则;第三部分是对外部团体的报告,是为报告编制报表中的内部控制的团体提供指南的补充文件;第四部分是评价工具,提供用以评价内部控制系统的有用材料。

COSO 报告提出内部控制是用以促进效率、减少资产损失风险、帮助保证财务报告的可靠性和对法律法规的遵从。COSO 报告认为内部控制有以下三个目标。

①经营的效率和效果。基本经济目标包括绩效、利润目标和资源、安全。

②财务报告的可靠性。与对外公布的财务报表编制相关的,包括中期报告、合并财务报表中选取数据的可靠性。

③符合相应的法律法规。

2)COSO 内部控制框架五要素

(1)控制环境

包括组织人员的诚实、伦理价值和能力;管理层哲学和经营模式;管理层分配权限和责任、分配组织、发展员工的方式;董事会提供的关注方向。控制环境影响员工的管理意识,是其他部分的基础。

(2)风险评估

风险评估是指确认和分析实现目标过程中的相关风险,是形成管理何种风险的依据。它随经济、行业、监管和经营条件而不断变化,需建立一套机制来辨认和处理相应的风险。

(3)控制活动

控制活动是帮助执行管理指令的政策和程序。它贯穿整个组织、各种层次和功能,包括批准、授权、证实、调整、经营绩效评价、资产保护和职责分离等各种活动。

(4)信息的沟通与交流

信息系统产生各种报告,包括经营、财务、守规等方面,使得对经营的控制成为可能。处理的信息包括内部生成的数据,也包括可用于经营决策的外部事件、活动、状况的信息和外部报告。所有人员都要理解自己在控制系统中所处的位置,以及相互的关系;必须认真对待 COSO 内部控制框架赋予自己的责任,同时也必须同外部团体如客户、供货商、监管机构和股东进行有效的沟通。

(5)对环境的监控

监控是在经营过程中进行的,通过对正常的管理和控制活动以及员工执行职责过程中的活动进行监控,来评价系统运作的质量。不同评价的范围和步骤取决于风险的评估和执行中监控程序的有效性。对于内部控制的缺陷要及时向上级报告,严重的问题要报告到管理层高层和董事会。

10.2.7 全球技术审计指南(GTAG)

国际内部审计师协会(IIA)对信息系统审计的相关内容进行了研究,发布了全球技术审计指南(Global Technology Audit Guide,英文缩写为GTAG),具体内容见表10.11。

表 10.11 全球技术审计指南(GTAG)

标准号	标准名称	标准号	标准名称
GTAG1	信息技术风险和控制	GTAG10	业务持续性管理
GTAG2	信息变更和补丁管理控制	GTAG11	制订 IT 审计计划
GTAG3	持续审计	GTAG12	审计 IT 项目
GTAG4	IT 审计管理	GTAG13	自动化环境下的舞弊防范和检查
GTAG5	隐私风险审计	GTAG14	审计用户开发的应用系统
GTAG6	IT 漏洞管理和审计	GTAG15	信息安全治理
GTAG7	信息技术外包	GTAG16	数据分析技术
GTAG8	应用控制审计	GTAG17	IT 治理审计
GTAG9	身份和访问管理		

10.3　与智能审计相关的国内规范和标准

10.3.1　信息系统审计规范

1)信息系统审计规范简介

(1)中国注册会计师协会

1999 年 2 月,中国注册会计师协会发布了《独立审计具体准则第 20 号——计算机信息系统环境下的审计》。

2006 年 2 月,中国注册会计师协会发布了《中国注册会计师审计准则第 1633 号——电子商务对财务报表审计的影响》。

2019 年 2 月,中国注册会计师协会发布了新修订的《中国注册会计师审计准则第 1211 号——通过了解被审计单位及其环境识别和评估重大错报风险》应用指南。

(2)中国内部审计协会

2008 年 9 月,中国内部审计协会发布了《内部审计具体准则第 28 号——信息系统审计》。

2013 年 8 月,中国内部审计协会发布了新修订的中国内部审计准则,其中包括《第 2203 号内部审计具体准则——信息系统审计》。

为了进一步完善内部审计准则体系以及指导信息系统审计实践,2020 年 12 月,中国内部审计协会发布了《第 3205 号内部审计实务指南——信息系统审计》。

(3)审计署

2010 年 9 月,审计署发布了《中华人民共和国国家审计准则》,其中第六十二条和第七十六条对信息系统审计提出了要求。

2012 年 2 月,审计署发布了《信息系统审计指南——计算机审计实务公告第 34 号》。

(4)相关行业也高度重视信息系统审计的应用

中国银行业监督管理委员会于 2009 年 3 月发布了《商业银行信息科技风险管理指引》,同时废除了 2006 年 11 月发布的《银行业金融机构信息系统风险管理指引》。

中国保险监督管理委员会于 2008 年 3 月发布了《保险业信息系统灾难恢复管理指引》。

中国证券监督管理委员会于 2016 年 11 月发布了金融行业推荐性标准《证券期货业信息系统审计指南》。

2)《信息系统审计指南——计算机审计实务公告第 34 号》(审计发〔2012〕11 号)

该指南概述了信息系统审计定义、信息系统审计目标、信息系统审计组织,并界定了信息系统审计内容。信息系统审计内容,包括对应用控制、一般控制和项目管理的审计。

①应用控制审计包括信息系统业务流程审计,数据输入、处理和输出控制审计,信息共享和业务协同审计。

②一般控制审计包括信息系统总体控制审计、信息安全技术控制审计、信息安全管理控制审计。

③项目管理审计包括信息系统建设的经济性评价、信息系统建设管理评价、信息系统绩效评价。

3)《第 3205 号内部审计实务指南——信息系统审计》

2021 年 1 月,中国内部审计协会发布了《第 3205 号内部审计实务指南——信息系统审计》。该指南是围绕组织信息系统涉及的组织层面、一般控制、应用控制三方面内容,梳理信息系统审计可能涉及管理环节的关键控制点,结合信息系统建设业务流程中的立项、开发、应用及运维全过程,选取信息系统审计所涉及的建设需求分析、立项管理、预算管理、成本管理、招投标管理、采购管理、合同管理、进度管理、安全管理、质量管理、应用及运维管理、运行的效果及效率等方面,全面系统地提出信息系统审计的内容框架及实务操作指南。

由于当前信息化对新技术应用的逐步深入,信息系统审计不可避免地会涉及对新技术应用(如云计算、物联网等)的审计和对某些常见专题(如 IT 外包、业务连续性等)的审计。本指南把这部分内容汇总在一起,单独形成一个有关信息系统专题审计的章节,以便于当前使用和未来扩展。本指南主要包括以下内容。

①概述部分介绍了信息系统审计的总体要求,信息系统审计的目标与内容、程序,信息系统审计的方法与工具,以及信息系统审计的组织方式等。

②组织层面信息管理控制审计包括信息系统治理审计、信息系统与业务目标一致性审计、信息系统投资与绩效审计、信息系统组织与制度审计、信息系统风险管理审计、信息系统项目管理审计等。

③信息系统一般控制审计包括应用系统开发、测试与上线审计,信息系统运维与服务管理审计,信息安全管理审计等。

④信息系统应用控制审计包括核心业务流程控制审计、应用系统输入控制审计、应用系统处理控制审计、应用系统输出控制审计、信息共享与业务协同审计等。

⑤信息系统专项审计包括信息科技外包审计、灾备与业务连续性审计、关键信息基础设施安全审计、云安全审计、数据安全审计、移动互联网安全审计、工控系统安全审计、物联网安全审计等。

⑥信息系统审计质量控制包括信息系统审计质量控制和信息系统审计人员胜任能力。

4)《中国注册会计师审计准则第1211号——通过了解被审计单位及其环境识别和评估重大错报风险》应用指南

(1)第63条

一般而言,信息技术对被审计单位内部控制的作用在于使被审计单位能够:

①在处理大量的交易或数据时,一贯运用事先确定的业务规则,并进行复杂运算;

②提高信息的及时性、可获得性及准确性;

③促进对信息的深入分析;

④提高对被审计单位的经营业绩及其政策和程序执行情况进行监督的能力;

⑤降低控制被规避的风险;

⑥通过对应用程序系统、数据库系统和操作系统执行安全控制,提高不兼容职务分离的有效性。

(2)第64条

信息技术也可能对被审计单位内部控制产生特定风险,这些风险包括:

①所依赖的系统或程序不能正确处理数据,或处理了不正确的数据,或两种情况并存;

②未经授权访问数据,可能导致数据的毁损或对数据不恰当的修改,包括记录未经授权或不存在的交易,或不正确地记录了交易。多个用户同时访问同一数据库可能会造成特定风险;

③信息技术人员可能获得超越其职责范围的数据访问权限,因此破坏了系统应有的职责分工;

④未经授权改变主文档的数据;

⑤未经授权改变系统或程序;

⑥未能对系统或程序作出必要的修改;

⑦不恰当的人为干预；

⑧可能丢失数据或不能访问所需要的数据。

（3）第 107 条

信息技术的采用影响被审计单位执行控制活动的方式。从注册会计师的角度看，如果针对信息系统的控制能够保证系统所处理信息和数据的完整性和安全性，则控制是有效的。针对信息系统的控制包括信息技术一般控制和应用控制。

（4）第 108 条

信息技术一般控制是与多个程序相关且支持应用控制有效运行的政策或程序，应用于主机、小型机和终端用户环境。保证信息完整性和数据安全性的信息技术一般控制通常包括：

①数据中心和网络运行控制；

②系统软件的购置、修改及维护控制；

③程序修改控制；

④接触或访问权限控制；

⑤应用系统的购置、开发及维护控制。

（5）第 109 条

应用控制通常是指在业务流程层面运行的人工或自动化程序，运用于由单个程序处理的交易。从性质上讲，应用控制可以是预防性的或检查性的，旨在保证会计记录的完整性。因此，应用控制与用于生成、记录、处理、报告交易或其他财务数据的程序相关。这些控制有助于保证发生的交易经过授权，并得到全面而准确地记录和处理。应用控制的举例包括对输入数据的编辑性检查，序号检查和报告例外事项的人工跟进，以及在数据录入时进行纠正。

5）《证券期货业信息系统审计指南》（中国证券监督管理委员会 2016 年）

现公布金融行业推荐性系列标准《证券期货业信息系统审计指南》包括七部分。

①《证券期货业信息系统审计指南第 1 部分：证券交易所》（JR/T0146.1—2016）；

②《证券期货业信息系统审计指南第 2 部分：期货交易所》（JR/T0146.2—2016）；

③《证券期货业信息系统审计指南第 3 部分：证券登记结算机构》（JR/T0146.3—2016）；

④《证券期货业信息系统审计指南第 4 部分：其他核心机构》（JR/T0146.4—2016）；

⑤《证券期货业信息系统审计指南第 5 部分：证券公司》（JR/T0146.5—2016）；

⑥《证券期货业信息系统审计指南第 6 部分：基金管理公司》（JR/T0146.6—2016）；

⑦《证券期货业信息系统审计指南第 7 部分：期货公司》（JR/T0146.7—2016）。

10.3.2　信息技术服务治理

GB/T 34960《信息技术服务治理》由全国信息技术标准化技术委员会发布，共分为以下五个部分。

1) GB/T 34960.1—2017 信息技术服务—治理—通用要求

该部分规定了信息技术治理(以下简称为"IT 治理")的模型和框架,规定了实施 IT 治理的原则以及开展信息技术顶层设计、管理体系和资源的治理要求,使用该部分对所管辖各类组织的 IT 治理提出要求,并进行评估、指导和监督。适用于:

①建立组织的 IT 治理体系,并实施自我评价;

②开展信息技术审计;

③研发、选择和评价 IT 治理相关的软件或解决方案;

④第三方对组织的 IT 治理能力进行评价。

2) GB/T 34960.2—2017 信息技术服务—治理—实施指南

该部分提出了信息技术治理(以下简称为"IT 治理")通用要求的实施指南,分析了实施 IT 治理的环境因素,规定了 IT 治理的实施框架、实施环境和实施过程,并明确了顶层设计治理、管理体系治理和资源治理的实施要求。适用于:

①建立组织的 IT 治理实施框架,明确实施方法和过程;

②组织内部开展 IT 治理的实施;

③对 IT 治理相关软件或解决方案实施落地的指导;

④第三方开展 IT 治理评价的指导。

3) GB/T 34960.3—2017 信息技术服务—治理—绩效评价

该部分提出了信息技术治理(以下简称为"IT 治理")的绩效评价模型、评价要素模型和评价方法,规定了 IT 绩效指标体系的建立程序。适用于:

①建立组织的 IT 绩效评价体系;

②组织评价自身 IT 治理能力成熟度;

③需方评价供方的 IT 治理实施能力;

④第三方对组织的治理能力进行评价。

4) GB/T 34960.4—2017 信息技术服务—治理—审计导则

该部分规定了信息技术审计(以下简称为"IT 审计")总则、审计组织管理、审计人员、审计流程、审计报告、审计适用对象和范围等内容。适用于:

①组织治理主体实施 IT 审计监督职能;

②建立或完善组织的 IT 审计体系;

③明确组织 IT 审计过程中的相关要求;

④规范组织 IT 审计业务的开展;

⑤建立或完善信息化下审计体系的指导;

⑥第三方或其他相关机构开展 IT 审计的指导;

⑦建立或未建立内部 IT 审计机构的组织,均可聘请第三方依据本标准的相关要求开展 IT 审计。

5) GB/T 34960.5—2018 信息技术服务—治理—数据治理规范

该部分是对数据治理现状进行评估,指导数据治理体系建立,并监督其运行和完善。

其主要任务是：

①评估数据治理的现状及需求、数据治理环境、数据资源管理和数据资产运营能力；

②指导数据治理体系的构建、数据治理域的建立和数据治理的实施落地；

③制定合理的评价体系与审计规范，监督数据治理内控、合规和绩效。

10.3.3　网络安全态势感知标准

案例 2：网络安全态势感知技术标准在政务行业中的应用实践

政务网络跨地区、跨部门的网络连接架构，大大增加了网络攻击风险，同时也增加了网络安全管理的复杂性。政务网络中主要面临网络情况复杂难于监管、安全保障能力参差不齐、业务众多易遭受攻击、内部资产难以摸清等风险。相关的监测标准及电子政务行业相关的标准，具体如下：

①《信息安全技术　网络安全监测基本要求与实施指南》（GB/T 36635—2018）规定了网络安全监测的基本要求，给出了网络安全监测的框架和实施指南。

②《国家电子政务外网安全监测体系技术规范与实施指南》（GW 0203—2014）给出了国家电子政务外网安全监测的体系框架以及实施指南。

③《信息安全技术　政务网络安全监测平台技术规范》（2020 新立项）规定了政务网络安全监测平台的技术框架、安全技术要求以及测试评价方法。

④《政务网络安全监测平台总体技术要求》（T/CIIA 005—2019）规定了政务网络安全监测平台的基本要求，提出了政务网络安全监测平台技术框架和相应的技术要求。

⑤《政务网络安全监测平台数据总线结构规范》（T/CIIA 007—2020）规定了政务网络安全监测平台数据总线的格式内容要求及管理规范。

⑥《政务网络安全监测业务服务规范（征求意见稿）》规定了政务网络安全监测业务服务所需的服务原则、服务条件、服务内容、服务过程及服务管理的相关要求，用于指导监测业务服务的选择和开展。

> **警示：**网络安全态势感知系统的工作过程大致分为安全要素采集、安全数据处理、安全数据分析和分析结果展示这几个关键阶段。安全要素采集是获取与安全紧密关联的海量基础数据，包括流量数据、各类日志、漏洞、木马和病毒样本等；安全数据处理是通过对采集到的安全要素数据进行清洗、分类、标准化、关联补齐、添加标签等操作，将标准数据加载到数据存储中；安全数据分析和分析结果展示是利用数据挖掘、智能分析等技术，提取系统安全特征和指标，发现网络安全风险，汇总成有价值的情报，并将网络安全风险通过可视化技术直观地展示出来。

网络安全态势感知是一种基于环境的，动态地、整体地洞悉安全风险的能力，它利用数据融合、数据挖掘、智能分析和可视化等技术，直观显示网络环境的实时安全状况，为网络安全保障提供技术支撑。

安全态势感知标准架构主要包括总体框架标准、前端数据源类标准、数据标准、应用标准、数据共享标准和业务支撑标准。其中数据标准包括数据预处理标准、数据存储标准和数据服务接口标准;应用标准包括安全功能类标准、安全指标体系类标准和安全可视化要素类标准;业务支撑标准包括基础标准和管理标准。

1)总体框架标准

总体框架标准作为总纲性标准,是其他标准制定的前提和基础,为网络安全态势感知其他标准的制定提供框架性要求和方向指导。总体框架标准主要包括术语和定义、安全体系架构和基本安全要求。

2)前端数据源类标准

前端数据源类标准主要是对各类前端数据源输出的数据内容和格式进行规范。

3)数据标准

数据标准包括数据处理标准、数据存储标准、数据服务接口标准三个子类。

①数据处理标准。用于规范网络安全态势感知平台数据处理层的基础能力和技术要求,为网络安全态势感知平台数据接入后的预处理工作提供指导。

②数据存储标准。用于规范和统一网络安全态势感知平台数据的存储能力和存储格式的要求。

③数据服务接口标准。为网络安全态势感知系统建立数据服务接口标准提供参考。

4)应用标准

应用标准包括安全功能类标准、态势指标体系标准、网络安全可视化要素类标准三个子类。

①安全功能类标准。梳理网络安全态势感知的通用功能要求,包括安全事件识别功能、安全事件分级功能、安全策略管理功能和自身安全功能等。

②态势指标体系类标准。以辅助网络安全管理决策为目标,结合特定网络安全业务应用场景,实现对网络安全状况的综合评估。

③网络安全可视化要素类标准。通过制定网络安全可视化要素类标准,可对网络安全可视化功能提出最基本的要求,从而规范呈现的网络安全基本要素。

5)数据共享标准

数据共享标准可对网络安全态势感知平台共享的各类数据进行规范,用于实现跨行业、跨平台的数据汇聚和利用。数据共享标准包含数据共享格式标准和数据共享接口标准两部分。

6)业务支撑标准

业务支撑标准包括基础标准和管理标准两个子类。

①基础标准。主要规范网络安全态势感知的基础要素,包括元数据标准、漏洞及脆弱性标准、攻击威胁标准和安全事件标准。

②管理标准。为网络安全态势感知平台的有序运行提供支撑,主要包括通报预警、应急响应、安全保卫、威胁处置等相关内容。

10.3.4 大数据安全标准

案例 3：360 企业安全集团大数据安全标准应用实践

为了帮助企业快速实现基于大数据的应用，360 企业安全集团研制了 360 网神安全大数据平台，支持 PB 至 EB 级别大数据的应用。为了保障该平台的大数据安全，公司积极参照各类标准规范开展工作。

1）360 网神安全大数据平台简介

360 网神安全大数据平台是一个集成了多个开源系统的开放平台，包括数据接入、数据存储、数据计算、数据分析、数据应用、数据运维管理、安全体系等功能模块，能够帮助企业快速构建海量数据分析应用，挖掘大数据的价值，如图 10.5 所示。

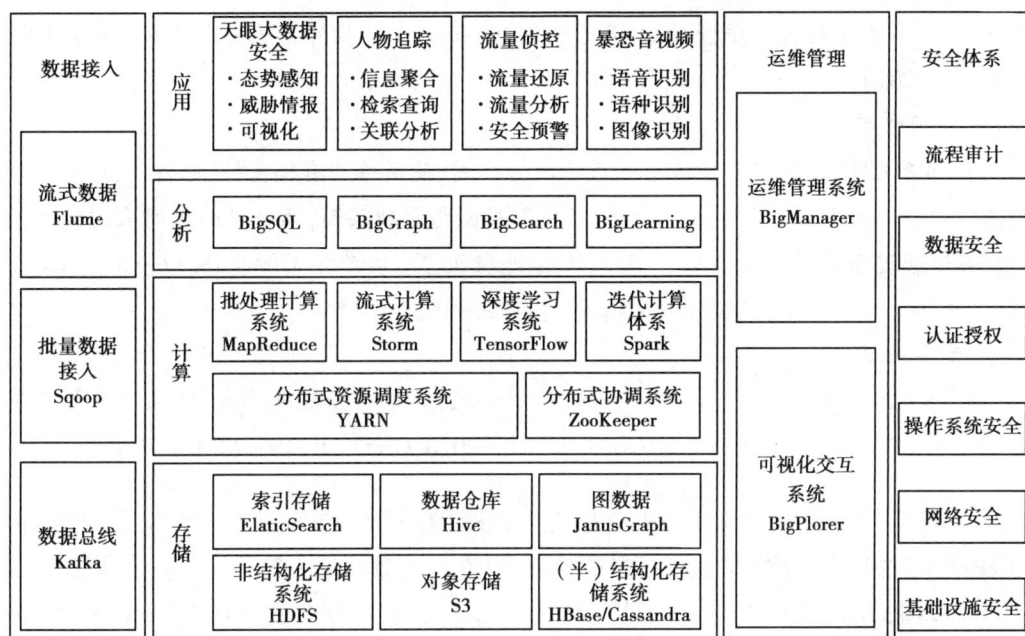

图 10.5　360 网神安全大数据平台体系架构

2）安全标准应用情况

360 网神安全大数据平台从系统、网络、数据、应用等方面采取安全防护措施来综合保障大数据安全，包括行为审计、数据安全、认证授权、操作系统安全、网络安全、技术设施安全等方面。

（1）行为审计

所有实体在平台上的行为都会被详尽地记录，作为审计记录，并以加密形式进行保存。对审计数据进行分析能够实现实体行为挖掘、异常行为发现等安全功能。这些工作参考了 GB/T 18794.7—2003、GB/T 17143.8—1997 等标准。

（2）数据安全

所有保存至本平台的数据均采用加密保存，并根据数据类型不同采用不同的加密方式。加密的数据在本平台内部使用时,能够实现透明加解密,不影响数据分析和数据挖掘等工作。这方面的工作遵守国家有关部门的规定和技术要求,如保密管理局颁发的有关标准。

(3)认证授权

认证授权贯穿于本平台每一个环节,包括但不限于数据获取、数据存储、数据计算、用户操作等方面。认证授权采用国际通用的 RBAC(Role-Based Access Control)模型,实现用户组、用户、角色、权限的细粒度管控。采用 Kerberos 进行账户信息安全认证,提供单点登录功能,能够实现用户的统一管理以及认证。

(4)操作系统安全

这主要包括操作内核安全加固、操作系统补丁更新、操作系统权限控制、操作系统端口管理、操作系统运行程序检测等,参考了《信息安全技术 操作系统安全技术要求》(GB/T 20272—2019)。

(5)网络安全

在部署之前,根据客户实际情况进行网络规划,使网络具有隔离性、保密性、稳定性等特点。平台的网络划分为 2 个层面,包括业务层面与管理层面,两个层面之间采用物理隔离。在运营过程中,对网络安全事件及时进行处置,参考了 GB/T 28517—2012、GB/T 32924—2016 和 GB/T 25068 系列标准等。

(6)基础设施安全

综合采用防病毒、边界防护、入侵防护、态势感知、威胁情报等手段,保障平台各类设备的安全。这些工作分别参考了 GB/T 20281—2020、GB/T 20275—2021 等标准。

> **警示:**为积极应对大数据安全风险和挑战,确保大数据产业的健康发展,必须重视大数据相关法规、政策和标准的建设,以便对大数据安全进行规范。法律法规作为约束大数据用户行为的规范化文件,是确保大数据平台及大数据应用安全可控、防范大数据服务安全风险、维护国家安全和公共利益的重要手段。

大数据安全标准是应对大数据安全需求的重要抓手,围绕大数据安全,需要技术、系统、平台方面的安全标准以及业务、服务、管理方面的安全标准支撑。大数据安全标准按类型可划分为基础类、安全要求类、实施指南类和检测评估类。

基础类标准旨在提供基础性的符号、术语、模型、框架等;安全要求类标准主要衔接上位法律法规,围绕大数据安全提出更具体明确的要求;实施指南类标准主要围绕安全要求的落实,基于最佳实践给出具体的实施指导;检测评估类标准主要围绕具体的实施是否满足安全要求展开,见表10.12。

表 10.12　国内大数据安全标准(部分)

标准号	标准名称	概述
GB/T 35273—2020	信息安全技术 个人信息安全规范	该标准规范了开展收集、保存、使用、共享、转让、公开披露等个人信息处理活动应遵循的原则和安全要求
GB/T 35274—2017	信息安全技术 大数据服务安全能力要求	该标准规定了大数据服务提供者应具有的与组织相关的基础安全能力和与数据生命周期相关的数据服务安全能力,并将大数据服务安全能力分为一般要求和增强要求两个级别
GB/T 37973—2019	信息安全技术 大数据安全管理指南	该标准为组织的大数据安全管理提供指导,提出了大数据安全管理基本原则,从大数据安全需求、数据分类分级、大数据活动的安全要求、评估大数据安全风险等方面,指导组织针对大数据的特点开展数据保护的管理工作
GB/T 39335—2020	信息安全技术 个人信息安全影响评估指南	该标准是《信息安全技术 个人信息安全规范》的配套标准,规定了个人信息安全风险评估的基本概念、框架、方法和流程
GB/T 37964—2019	信息安全技术 个人信息去标识化指南	该标准描述了个人信息去标识化的目标和原则,提出了去标识化的过程和管理措施
GB/T 37988—2019	信息安全技术 数据安全能力成熟度模型	该标准基于大数据环境下电子化数据在组织机构业务场景中的数据生命周期,从组织建设、制度流程、技术工具以及人员能力四个方面构建了数据安全过程的规范性数据安全保障能力的成熟度分级模型及其评估方法
GB/T 37932—2019	信息安全技术 数据交易服务安全要求	该标准规定了通过数据交易服务机构进行的数据交易服务所涉及的交易参与方、交易对象和交易过程的安全要求
GB/T 3853-T-469	信息安全技术 数据出境安全评估指南 (正在征求意见)	该标准规定了数据出境安全评估流程、评估要点、评估方法等内容

10.3.5　人工智能安全标准

人工智能安全标准体系结构包括基础,数据、算法和模型,技术和系统,管理和服务,测试评估,产品和应用等六个部分,见表 10.13。

表 10.13　国内人工智能安全标准（部分）

标准号	标准名称	概述
GB/T 20979—2019	信息安全技术 虹膜识别系统技术要求	该标准规定了以虹膜识别技术为身份鉴别提供支持的虹膜识别系统的技术要求
GB/T 36651—2018	信息安全技术 基于可信环境的生物特征识别身份鉴别协议框架	该标准规定了基于可信环境的生物特征识别身份鉴别协议，包括协议框架、协议流程、协议要求以及协议接口等内容
GB/T 37076—2018	信息安全技术 指纹识别系统技术要求	该标准对指纹识别系统的安全威胁、安全目的进行了分析，规避指纹识别系统的潜在安全风险，提出指纹识别系统的安全技术要求，规范指纹识别技术在信息安全领域的应用
GB/T 38628—2020	信息安全技术 汽车电子系统网络安全指南	该标准通过吸收采纳工业界、学术界中的实践经验，为汽车电子系统的网络安全活动提供实践指导
	信息安全技术 车载网络设备信息安全技术要求（征求意见稿）	提出解决智能网联汽车行业中关于车载网络设备信息安全技术要求标准问题。建立科学、统一的车载网络设备信息安全技术要求标准
GB/T 41387—2022	信息安全技术 智能家居安全通用技术要求	该标准规定了智能家居通用安全技术要求，包括智能家居整体框架、智能家居安全模型以及智能家居终端安全要求、智能家居网关安全要求、智能家居网络安全要求和应用服务平台安全要求，适用于智能家居产品的安全设计和实现，智能家居的安全测试和管理也可参照使用
	信息安全技术 智能门锁安全技术要求和测试评价方法（征求意见稿）	目标是针对智能门锁的信息安全技术要求和测试评价方法予以规定，解决特斯拉线圈攻击、生物识别信息仿冒、远程控制风险等智能门锁安全的新问题，使各研发单位在产品应用设计之初就对产品的信息安全设计与开发进行规范化考虑，以全面提升产品的安全性，促进行业的健康有序发展，保障包括智能门锁系统在内的网络空间安全，保障人民群众生命财产安全

10.3.6　物联网安全标准

案例 4：物联网安全标准有视频监控领域的应用实践

由于视频监控涉及诸多敏感信息和个人隐私等问题，相较于传统固定式视频监控系统，移动监控系统存在更多的安全风险。不仅有弱终端、弱密码等终端安全问题，还有开放式环境中的干扰、劫持，数据泄露等诸多安全威胁，而每一项威胁都足以对应用产生致命的打击和破坏。

鉴于以上威胁,目前主流的安全方案集中在设备认证、无线通信加密、专用无线信道、后端安全接入系统、系统互连安全体系等方面。技术实施主要以《公安物联网感知终端接入安全技术要求》(GB/T 35592—2017)、《公共安全视频监控联网信息安全技术要求》(GB35114—2017)、《信息安全技术 物联网感知层接入通信网的安全要求》(GB/T 37093—2018)等标准为指导。在移动视频监控终端上部署软/硬件数字证书的具体操作是通过无线公网专用信道及隧道加密与后端接入系统连接进行的。其中,采用 SM2 算法用于认证、签名和密钥协商,采用 SM1、SM4 等算法用于内容加密,采用 SM3 算法用于完整性校验。对于可穿戴或微型设备采用物联网安全网关、安全移动终端为网络中转接入后端的安全接入系统。后端安全接入系统,主要提供强大的宽带网络接入和加解密硬件支持,建立稳定的专用加密信道,提供对整个应用系统的安全保障。

> **警示:**物联网安全管理涉及物联网安全漏洞管理、物联网安全事件应急响应管理等。物联网安全事件应急响应也是物联网安全的最后一道重要防线,规范的安全应急工作、完备的应急能力对保障物联网业务正常运行至关重要。因此,需要研究物联网行业的漏洞安全管理方法,包括漏洞库建设、漏洞标识、共享、设备加固等方法。

物联网安全标准按主题可以划分为五类,分别是基础与通用安全类、感控设备安全类、网络与交换安全类、应用与服务安全类和安全管控与运维类。

1)基础与通用类

基础与通用类包括术语和概念、模型和框架两个子类。TC260 已发布相关通用安全标准 14 项,已发布物联网安全模型与术语类标准 1 项,即《信息安全技术 物联网安全参考模型及通用要求》(GB/T 37044—2018)。已发布的相关通用安全标准包括《信息安全技术 网络安全等级保护基本要求》(GB/T 22239—2019)等系列标准,将物联网、工业控制系统、移动互联等列入了标准规范,并且具有适用性好、可操作性强等特征,能够在物联网领域进行应用。

2)感控设备类

感控设备类包括感控终端安全、智能物联卡安全以及安全网关三个子类。TC260 已发布相关通用安全标准 4 项,物联网感控设备类安全标准 6 项。

3)网络与交换类

网络与交换类安全标准包括无线通信安全、网络设备安全以及传输交换安全三个子类。TC260 已发布相关通用安全标准 7 项,物联网网络与交换类安全标准 5 项。

4)应用与服务类

应用与服务安全类标准包括通用应用服务和垂直领域两个子类。TC260 已发布物联网应用与服务类安全标准 13 项,包括工业控制系统、智能家居等相关内容。

5)安全管控与运维类

安全管控与运维类标准包括安全管理、安全运维两个子类。TC260 已发布相关通用标准 12 项,包括安全管理及安全运维两个子类。

本章小结与知识图谱

本章首先介绍了与智能审计相关的国际组织与国内组织,如国际标准化组织(ISO)、中国审计学会(CAS)等;然后又介绍与智能审计相关的国际规范与标准,如 ISACA 信息系统审计准则体系、COBIT 标准、ISO/IEC 标准等;再讲述了与智能审计相关的国内规范与标准,如信息系统审计规范、信息技术服务治理指南等;最后介绍了信息技术安全相关标准,如图 10.6 所示。要求学生了解与智能审计相关的国际与国内组织,掌握信息系统审计相关的国际与国内规范与标准,了解信息安全相关标准。

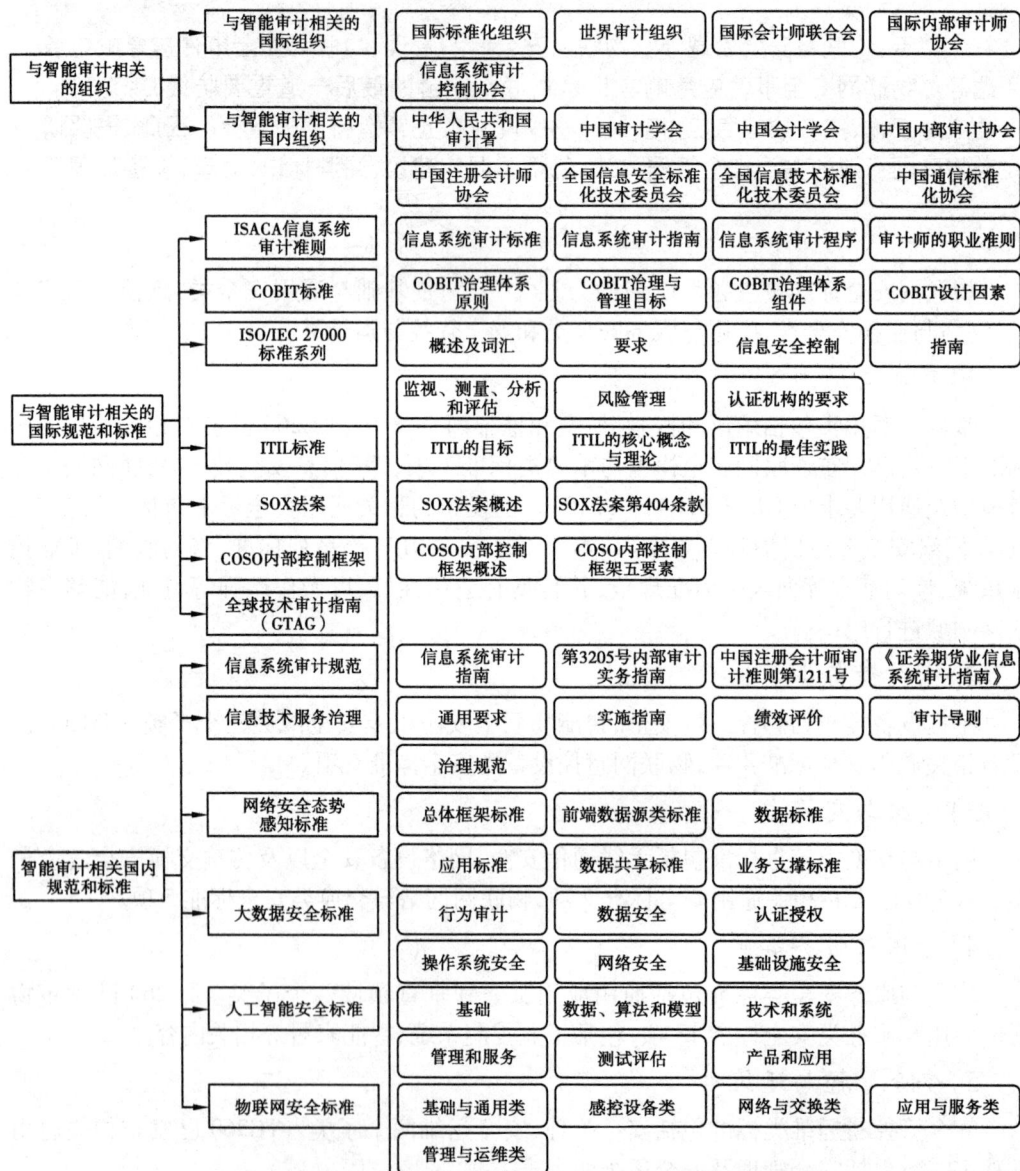

与智能审计相关的组织

- 与智能审计相关的国际组织:国际标准化组织 | 世界审计组织 | 国际会计师联合会 | 国际内部审计师协会 | 信息系统审计控制协会
- 与智能审计相关的国内组织:中华人民共和国审计署 | 中国审计学会 | 中国会计学会 | 中国内部审计协会 | 中国注册会计师协会 | 全国信息安全标准化技术委员会 | 全国信息技术标准化技术委员会 | 中国通信标准化协会

与智能审计相关的国际规范和标准

- ISACA信息系统审计准则:信息系统审计标准 | 信息系统审计指南 | 信息系统审计程序 | 审计师的职业准则
- COBIT标准:COBIT治理体系原则 | COBIT治理与管理目标 | COBIT治理体系组件 | COBIT设计因素
- ISO/IEC 27000标准系列:概述及词汇 | 要求 | 信息安全控制 | 指南 | 监视、测量、分析和评估 | 风险管理 | 认证机构的要求
- ITIL标准:ITIL的目标 | ITIL的核心概念与理论 | ITIL的最佳实践
- SOX法案:SOX法案概述 | SOX法案第404条款
- COSO内部控制框架:COSO内部控制框架概述 | COSO内部控制框架五要素
- 全球技术审计指南（GTAG）

智能审计相关国内规范和标准

- 信息系统审计规范:信息系统审计指南 | 第3205号内部审计实务指南 | 中国注册会计师审计准则第1211号 | 《证券期货业信息系统审计指南》
- 信息技术服务治理:通用要求 | 实施指南 | 绩效评价 | 审计导则 | 治理规范
- 网络安全态势感知标准:总体框架标准 | 前端数据源类标准 | 数据标准 | 应用标准 | 数据共享标准 | 业务支撑标准
- 大数据安全标准:行为审计 | 数据安全 | 认证授权 | 操作系统安全 | 网络安全 | 基础设施安全
- 人工智能安全标准:基础 | 数据、算法和模型 | 技术和系统 | 管理和服务 | 测试评估 | 产品和应用
- 物联网安全标准:基础与通用类 | 感控设备类 | 网络与交换类 | 应用与服务类 | 管理与运维类

图 10.6 智能审计的规范与标准——知识图谱

【课外思考与阅读】

思考题：

1) ISACA 信息系统准则体系由哪三个层次构成？

2) COBIT 治理体系原则是什么？

3)《第 3205 号内部审计实务指南》中定义的信息系统的一般控制审计和应用控制审计包括哪些方面？

4) 大数据安全标准按类型可划分为哪几类？

5) 人工智能安全标准体系结构包括哪几部分？

6) 物联网安全标准按主题可以划分为哪几类？

小论文选题指南：

智能审计标准与规范在实际工作中的应用研究。

参考文献

［1］ Information Systems Audit and Control Association. COBIT 2019 Framework：Introduction and Methodology［M］. Chicago：ISACA,2018.

［2］ Information Systems Audit and Control Association. COBIT 2019 Framework：Governance and Management Objetives［M］. Chicago：ISACA,2018.

［3］ 陈耿,李婷婷,韩志耕. ISACM：现代信息系统审计模型及其方法体系［J］. 会计之友, 2019(9)：125-129. DOI：10. 3969/j. issn. 1004-5937. 2019. 09. 022.

［4］ 陈耿,韩志耕,卢传中. 信息系统审计、控制与管理［M］. 北京:清华大学出版社,2014.

［5］ 陈磊,谢宗晓. 信息安全管理体系(ISMS)相关标准介绍［J］. 中国质量与标准导报, 2018(10)：16-18.

［6］ 陈伟,Smieliauskas Wally. 大数据环境下基于数据可视化技术的电子数据审计方法 ［J］. 中国注册会计师,2017(1)：85-89.

［7］ 陈伟,居江宁. 大数据审计：现状与发展［J］. 中国注册会计师,2017(12)：76-81.

［8］ 陈伟,居江宁. 基于大数据可视化技术的审计线索特征挖掘方法研究［J］. 审计研究, 2018(1)：16-21.

［9］ 陈伟. 大数据审计［M］. 北京：中国人民大学出版社,2021.

［10］ 陈伟. 基于可视化分析技术的大数据审计案例研究［J］. 中国注册会计师,2019(6)： 61-64.

［11］ 陈伟. 智能审计［M］. 北京：机械工业出版社,2021.

［12］ 陈小其. "科技强审"的发展与现实路径［J］. 中国内部审计,2019(9)：26-29.

［13］ 陈旭,冀程浩. 基于区块链技术的实时审计研究［J］. 中国注册会计师,2017(4)： 66-71.

［14］ 程平. RPA 审计机器人：理论框架与研发策略［J］. 会计之友,2021(19)：2-7.

［15］ 程皖川. 人工智能在审计实践中的应用及潜存问题思考——以德勤事务所为例 ［J］. 四川文理学院学报,2021,31(2)：145-149.

［16］ 崔飚,李传彪. 审计理论与实务［M］. 2 版. 北京：人民邮电出版社,2017.

［17］ 方志军. 数据科学与大数据技术导论［M］. 武汉：华中科技大学出版社,2019.

［18］傅贵勤,马文静,韩长艳.审计程序、审计证据与工作底稿［J］.中国内部审计,2017（8）：87-89.

［19］高海峰,杨帅,武彬.3S技术在自然资源资产离任审计中的应用［J］.西部资源,2021（6）：193-197.

［20］中华人民共和国国家质量监督检验检疫总局,中国国家标准化管理委员会.信息技术 安全技术 信息安全管理体系 要求：GB/T 22080—2016［S］.2016.

［21］国家市场监督管理总局、国家标准化管理委员会.信息安全技术 移动互联网安全审计指南：GB/Z 41290—2022［S］.2022.

［22］贺雅喆,蔡真捷.基于Python的随机森林算法在电网企业人力资源审计中的应用研究［J］.中国内部审计,2021（8）：44-50.

［23］胡沛,韩璞.大数据技术及应用探究［M］.成都：电子科技大学出版社,2018.

［24］江其玫,朱雪源.审计机器人应用困境与产品化对策［J］.中国注册会计师,2021（7）：81-85.

［25］李民,蔡鹏远.基于商业银行重大突发事件下的安全与韧性管理研究——以业务连续性管理审计为例［J］.中国内部审计,2022（3）：41-46.

［26］李云冀.大数据分析——R语言方法［M］.成都：电子科技大学出版社,2017.

［27］林子雨.大数据技术原理与应用［M］.3版.北京：人民邮电出版社,2020.

［28］刘慧娟.互联网+背景下的审计研究［M］.天津：天津科学技术出版社,2018.

［29］刘杰,刘雪晴.信息系统审计理论与审计规范文献述评［J］.财会通讯,2016（34）：32-37.

［30］刘万国,周秀霞,霍明月.基于ISO/IEC 27001：2013的高校图书馆信息安全管理体系构建研究［J］.现代情报,2017,37（4）：3-8,32.

［31］刘振海.基于COBIT的央行信息技术审计标准研究［J］.金融理论与实践,2012（12）：35-38.

［32］莫广周.以量化风险为导向的信息科技外包审计运用与实践［J］.河池学院学报,2020,40（3）：121-128.

［33］裴传聪.Python语言在央行国库支付性退库业务中的内部审计应用［J］.投资与合作,2021（5）：61-63.

［34］全国信息安全标准化技术委员会.大数据安全标准化白皮书（2018版）［EB/OL］.（2018-04-16）［2019-08-23］.全国信息安全标准化技术委员会官网.

［35］全国信息安全标准化技术委员会.人工智能安全标准化白皮书（2019版）［EB/OL］.（2019-10-31）［2020-01-16］.全国信息安全标准化技术委员会官网.

［36］全国信息安全标准化技术委员会.网络安全态势感知技术标准化白皮书（2020版）［EB/OL］.（2020-11-09）［2022-04-18］.全国信息安全标准化技术委员会官网.

［37］全国信息安全标准化技术委员会.物联网安全标准化白皮书（2019版）［EB/OL］.（2019-10-29）［2019-11-01］.全国信息安全标准化技术委员会官网.

［38］覃宪姬,陈瑜,佟柱.信息系统审计的透视与思考——基于广州地铁IT审计案例的

分析[J]. 中国内部审计,2014(8)：62-69.

[39] 唐朝霞. 央行信息系统绩效审计评价方法研究——基于平衡计分卡和层次分析法[J]. 金融理论与实践,2015(9)：111-114.

[40] 唐衍军,陶建蓉. 区块链技术推动大数据时代审计发展[J]. 审计月刊,2018(3)：13-15.

[41] 王志成. 关于深化金融审计的几点思考[J]. 审计研究,2018(4)：7-11.

[42] 魏祥健. 大数据环境下政府审计模式转变[J]. 财会月刊,2016(8)：64-67.

[43] 吴沁红. 审计信息化及其构架探析[J]. 中国管理信息化(会计版),2007,10(12)：88-90.

[44] 吴勇,余洁,王尚纯,等. 人工智能审计应用的国际进展[J]. 中国注册会计师,2021(6)：121-126.

[45] 张庆龙,邢春玉,芮柏松,等. 新一代内部审计：数字化与智能化[J]. 审计研究,2020(5)：113-121.

[46] 熊景伟. 防范化解重大风险的金融审计视角[J]. 审计观察,2019(3)：26-28.

[47] 徐超,陈勇. 区块链技术下的审计方法研究[J]. 审计研究,2020(3)：20-28.

[48] 张建平,冯舒祺. 基于PSR-ANP的煤炭企业环境绩效审计指标体系构建[J]. 会计之友,2019(3)：131-135.

[49] 张靖. 网络信息安全技术[M].北京：北京理工大学出版社,2020.

[50] 赵建辉. 区块链技术对我国财务管理及审计领域影响的研究[J]. 中国注册会计师,2019(11)：95-100.

[51] 赵廷超,燕山. 许继实施ERP失败的案例分析[J]. 电子商务世界,2002(4)：26-29.

[52] 中国内部审计协会. 第3205号内部审计实务指南——信息系统审计[EB/OL].(2021-01-21)[2021-03-05]. 中国内部审计协会官网.